民族与文化

曾少聪　主编

厦门大学出版社 国家一级出版社
XIAMEN UNIVERSITY PRESS 全国百佳图书出版单位

图书在版编目(CIP)数据

民族与文化/曾少聪主编.—厦门:厦门大学出版社,2019.3
ISBN 978-7-5615-6006-8

Ⅰ.①民… Ⅱ.①曾… Ⅲ.①社会科学—文集 Ⅳ.①C53

中国版本图书馆 CIP 数据核字(2016)第 083396 号

出 版 人 郑文礼
责任编辑 薛鹏志
封面设计 李嘉彬
技术编辑 朱 楷

出版发行 厦门大学出版社
社　　址 厦门市软件园二期望海路 39 号
邮政编码 361008
总　　机 0592-2181111 0592-2181406(传真)
营销中心 0592-2184458 0592-2181365
网　　址 http://www.xmupress.com
邮　　箱 xmup@xmupress.com
印　　刷 厦门集大印刷厂

开本 720 mm×1 000 mm 1/16
印张 22.25
插页 2
字数 360 千字
版次 2019 年 3 月第 1 版
印次 2019 年 3 月第 1 次印刷
定价 64.00 元

本书如有印装质量问题请直接寄承印厂调换

厦门大学出版社
微信二维码

厦门大学出版社
微博二维码

序　言

承蒙厦门大学及人文学院领导的信任和学术界同行的认可，2008年至2011年，我先后兼任厦门大学人类学与民族学系主任、人文学院副院长。与此同时，我也在中国社会科学院民族学与人类学研究所担任研究员。

在此期间，我与同行经常聚在一起，谈论民族与文化的话题，大家兴致很高，畅所欲言，往往有言犹未尽之感。久而久之，大家达成了在自己的研究领域里撰写论文和结集出版的共识。论文既可以是新作，也可以是已经发表而自己感到比较满意的作品。经过一段时间的准备，形成了目前的论文集。

提交的论文大致包括以下六个方面的内容：(一)理论与学科发展研究。彭兆荣对民族作为历史性的表述单位进行了论述，石奕龙阐述了20世纪40年代中国人类学发展的情况。(二)少数民族的研究。余光弘对古代传说中显示的兰屿及其周边族群互动关系进行了深入的讨论，张先清对17世纪欧洲传教士关于满族民族志展现的“鞑靼”话语做了精辟的论述，黄向春对“山都木客”的历史隐喻做了深入的研究，郭志超探讨了畲族凤凰意蕴的妇女发式和服饰，董建辉和赵华甫对贵州畲族社会文化做了深入的论述，蓝达居讨论了畲族历史的制作，王平论述了西北城镇回族聚居区经济。(三)中国传统文化研究。朱家骏以日本祭祀仪礼的音乐和乐器为例讨论基于汉字文化符号的祭祀礼仪“音乐”，刘家军论述古汉字构形中“以三为多”的文化意涵，林琦讨论《诗经》文化的传统与现代的传承，汪晓云以汉语“圣经”为例辨读文化，贺霆从跨文化视角探讨中医在法国的发展。(四)性别和社会组织研究。林红从人类学的视角探讨性别问题，黄鹤讨论文艺复兴时期意大利针对修女们的“空间规训”，杨晋涛论述闽南“老人会”的社会位置和社会功能。(五)国际移民与海外华人研究。曾少聪阐述了全球化与中国海外移民，俞云平讨论了马来西亚华巫关系，宋平从家乡想象与朝圣探讨文化民族主义与地方文化。（六）语言研究。邓晓华和王士元对壮侗语族语言的数理分类及其时间深度做了深入的探讨。

从上述的文章中我们可以看出，一是研究内容比较丰富，涉及汉族、满族、回族、畲族、台湾少数民族等民族的研究。二是研究地域比较广，内容涉及我国东北、西北、东南、西南和台湾，以及海外地区。三是研究的时间跨度比较大，既有对汉民族传统文化的探讨，又有对现代文化的论述。

中国是一个统一的多民族国家，56 个民族在历史发展过程中不断交往交流交融，形成了中华民族。中华文化是多元的，其中包含了不同民族的文化。上述论文从不同的视角阐述我国各民族的文化，展现了我国各民族文化的多样性和共性。这些论文研究的内容主要聚焦在民族与文化方面，因此本论文集的书名定为《民族与文化》。从各篇论文中我们可以看出作者共同的学术理念，以及对学术的责任心和研究的深度。

2012 年，我回到中国社会科学院民族学与人类学研究所工作。承蒙所领导的信任，我担任一些科研管理工作，头绪较多，科研任务较重，身体一度欠安，本书的出版一直被拖延。作为主编，本人对提交论文的作者深感愧疚。现在，终于有机会了却我的一桩心事，论文集交付出版社，作者们的心血没有白费。

在此，我特别感谢厦门大学出版社蒋东明、薛鹏志、牛跃天等先生对本论文集出版给予的大力支持。

曾少聪

2019 年 2 月 27 日

目　　录

20 世纪 40 年代中国人类学的概况

石奕龙

摘　要:20 世纪 40 年代的中国人类学发展情况,大致可以 1945 年作为一条分界线。在 1945 年以前,由于日本侵略者对中国的侵略,中国人类学家大多数都随大学和研究机构内迁,来到西部地区,人类学的研究也多集中在西部地区展开,且偏重于对少数民族的研究,而且也多偏重于名为“边政学”的应用研究。而在 1945 年以后,由于日本侵略者的无条件投降,人类学家们又都随着大学和科研机构迁回原处,人类学的研究再次在中国各处展开。与 30 年代相比,人类学在这一时期有了一些较大的进展,有些大学建立了人类学系来专门培养人类学研究的人才,如中山大学(1948 年)、清华大学(1947 年复办)、浙江大学(1947 年)、暨南大学(1947 年)等,人类学各分支的研究也在各地有所开展,但由于随后而来的解放战争的缘故,这一时期的人类学发展不是非常顺畅。

20 世纪 40 年代的中国人类学发展情况,大致可以 1945 年作为一条分界线。在 1945 年以前,由于日本侵略者入侵中国,中国人类学家大多数都随着大学和研究机构内迁,来到西部地区,人类学的研究也多集中在西部地区展开,而在 1945 年以后,由于日本的无条件投降,人类学家们又都随着大学和科研机构迁回原处,人类学的研究再次在中国各处展开,但由于解放战争的缘故,发展也不很顺畅。

一、人类学的教学工作

“七七”事变以后,中国东部的大学和研究机构多内迁,大多数迁到西南一带,并在这里坚持人类学的教学工作,努力培养人才。1945 年 8

月15日，日本侵略者宣布无条件投降，内迁的大学又陆续返回原处，并从1946年开始，相继建立了几个人类学系，人类学的人才培养工作又出现了一次高潮。

（一）中山大学及珠海大学

1938年，中山大学内迁，初至罗定，继迁广西龙州，最后定址云南徵江，1940年夏又迁至广东乐昌县的坪石。在这样的迁移中，中山大学研究院文科所仍坚持培养人类学人才，1939年招收梁钊韬为人类学部的研究生，跟杨成志上"人类学"、"民族学"、"民俗学"课，研究原始社会史和宗教人类学，在徵江南面的抚仙湖口对苗族、瑶族进行调查，后又跟杨成志在粤北瑶山地区调查过山瑶。在杨成志和罗香林指导下，梁钊韬写成毕业论文《中国古代巫术——宗教的起源和发展》，1941年秋获得硕士学位，留在中山大学社会学系当讲师。接着，杨成志又招王启澍为第三批研究生，主要研究贵州苗族。1944年，王启澍以《古时贵州土著宗族考》为毕业论文，获得硕士学位。此后，杨成志还招收了曾昭璇、刘孝瑜、容观琼、张寿祺等第四批研究生，培养了一批人类学研究的骨干。

除了中大研究院文科所人类学部外，中山大学其他院系如历史系、社会学系也为人类学人才的培养尽了一份力。江应梁在历史系教中国民族史、西南民族研究课程。梁钊韬1941年硕士毕业后，在中山大学社会学系当讲师，教授民族学概论。除历史系、社会学系以外，中山大学的理工院系也开有人类学课，如1939年社会学系的毕业生雷金流，1942年回中山大学研究院工作，同时也在中山大学的理工学院开设人类学课。此外，在中山大学，人类学课也是文科的公共课，如张寿祺1939年入中山大学师范学院，就修过杨成志为本科生开的人类学课，并受此影响，在1948年夏天，成为杨成志的人类学研究生。[①]

1945年底，中山大学回到广州，历史系、社会学系以及研究院文科所，都继续在为培养人类学人才而努力，同时也广罗人类学研究与教学的人才，如1944年到华西大学博物馆民族学部工作的梁钊韬，1946年

① 张寿祺：《中国早期的人类学与中山大学对人类学的贡献》，《梁钊韬与人类学》，广州：中山大学出版社，1991年，第130～134页。

又回中山大学社会学系当讲师，此后就一直在中大工作。[①] 又如抗战期间辗转到西南联大南开经济所、国立艺专、大夏大学社会学系、贵州大学社会学系、国立社会教育学院任教的岑家梧，也于1946年春到中山大学社会学系任教。[②] 再如江应梁也于1947年2月回中山大学历史系工作。[③] 他们都在中山大学坚持从事人类学的研究，并为培养人类学人才而努力，从而，使中山大学的人类学研究气氛长盛不衰，人才济济。因此，到了1948年秋，中山大学在历史研究所人类学组主任杨成志教授等人的倡议下，建立了人类学系。当时，在该系任教的有杨成志、黄文山、卫惠林、罗香林、戴裔煊、梁钊韬等。1949年8月卫惠林、黄文山去台湾任职。广州解放后，由于种种误会与其他原因，人类学系遂于11月26日被取消。杨成志、罗香林、梁钊韬等转到历史系任教。

另外，1947年，中山大学的几名教授感到在公立大学教书待遇微薄，在通货膨胀的日子里，入不敷出，如岑家梧在中山大学社会学系教书，还得在法商学院及岭南大学兼课，并担任岭南大学社会经济研究所的《社会经济》编委会副主任等工作，才能勉强果腹。还有当时在公立学校中，政治上多受约束，所以他们几位倡议自办大学。1947年秋季，他们创办了珠海大学。岑家梧、历史系的商承祚、地理系主任吕逸卿为校董，岑家梧还兼法学院代院长。岑家梧聘请了中山大学一批人类学、社会学教授，如江应梁、王兴瑞、董家遵等在珠海大学办社会学系、文史系，由江应梁兼任文史系主任。他们创办了《珠海学报》，刊出一些人类学、民族学的文章，并打算出版《珠海丛书》。广州解放后，该校停办，不过，它也为培养人类学人才出了一些力。

（二）云南大学

云南大学开始有人类学课应该是按当时教育部的规定开设的公共课。抗战军兴，国民政府迁往西南，内地大学和研究机构也多迁往西南，作为当时抗日的大后方，边疆民族问题显得尤为突出和重要，所以

---

① 庄益群：《梁钊韬生平业绩》，《梁钊韬民族学、人类学研究文集》，北京：民族出版社，1994年，第382～394页。

② 冯来仪：《作者传略》，《岑家梧民族研究文集》，北京：民族出版社，1992年，第429～444页。

③ 江应梁：《江应梁自传及著作简述》，《中国当代社会科学家》第八辑，北京：书目文献出版社，1986年，第69～76页。

云南大学也加强了文化人类学和社会学的教育与科研，1937 年，云南大学成立了西南文化研究室。1938 年，吴文藻来到云南大学，担任中英庚子赔款设置的社会人类学讲座教授，云南大学的人类学教育开始较系统化。1939 年，吴文藻建立了社会学系，并担任系主任，云南大学的人类学教育主要由社会学系承担。吴文藻还受燕京大学委托，在昆明建立了燕京和云大合作的实地调查工作站，并兼站长。1939 年燕京大学社会学系毕业的瞿同祖辗转来云南大学社会学系任讲师，工作至 1945 年。费孝通也在 1939 年从国外回来，进云南大学社会学系当助理教授，并在工作站里当研究员。1940 年底，社会人类学讲座出现问题，无法维持下去。吴文藻的清华同学动员他去国防最高委员会参事室工作，那里的待遇可能要好些，所以，吴文藻就到重庆去了。[①]

吴文藻走后，云南大学社会学系的系主任由费孝通代理，并主持工作站工作。1941 年，费孝通升任教授和系主任，林耀华则从哈佛大学获得博士学位回来，进云南大学社会学系。1942 年，成都燕京大学分校建立，经吴文藻的推荐，林耀华转到燕京大学分校任社会学系教授和代系主任。1941 年，许烺光在英国伦敦大学获得博士学位后，转道印度回国，进云大社会学系，任助理教授、副教授、教授，开人类学和社会学课，并在工作站中从事一些实地调查。1943 年，许烺光受美国哥伦比亚大学人类学系主任林顿教授的邀请，到哥伦比亚大学人类学系担任讲师，并跟着林顿学习心理人类学，后就留在美国任教。另外，20 世纪 40 年代初，在云南大学社会学系任教过的还有陶云逵。

1945 年夏天，费孝通接到西南联大清华大学的聘书，一面在清华社会学系任教授，一面还主持云大社会学系的工作。1946 年，由于特务的迫害，费孝通离开昆明到南京，才完全不管云南大学社会学系的事。1947 年寒假，经孙本文推荐，云大校长熊庆来聘请杨堃为云大社会学系教授兼系主任。杨堃考虑到云南是个多民族的地方，在那里能有机会深入少数民族地区做调查研究工作，也想把云大社会学系办成民族学系，所以欣然接受聘请，于 1948 年春季，带着全家飞往昆明，在云大任教，开设原始社会史、民族学基础等文化人类学的课。1948 年秋季，他在昆明郊区的大麦雨村建立了工作站，由系里的助教刘尧汉住

---

① 吴文藻：《吴文藻自传》，《中国当代社会科学家》第八辑，北京：书目文献出版社，1986 年，第 77～94 页。

在彝族老乡家中，从事调查。杨堃和其他师生则每星期日去调查一次，但过了两个多月，由于地方治安不好，学校不让再去，这项调查工作也就夭折了。另外，1948年10月，江应梁也应聘来到云大社会学系当教授，教文化人类学课。因此，总的看来，整个20世纪40年代，云南大学社会学系的人类学教学力量很强，人类学研究的气氛也很浓郁，是当时人类学教学的一个重镇，培养了不少人类学研究与教学的骨干。

（三）西南联大与清华大学

清华内迁云南昆明后，同北京大学、南开大学联合组成西南联合大学。在西南联大中，人类学的教育主要由社会学系承担。西南联大社会学系的教授多为清华大学的人，除了陈序经（1903—1967）来自天津南开大学外，李景汉（1894—1986）、陈达（1892—1975）、潘光旦（1899—1967），都是原清华大学社会学与人类学系的人。联大社会学系的学生也多来自清华大学社会学与人类学系。在西南联大，虽然人类学的名称没有了，但人类学教育仍在继续。一方面是清华有人类学教学的传统，另一方面，当时教育部也要求大学文科学生要修一些人类学的课。所以，即便在战时，西南联大也能坚持从事人类学教学，和网罗教人类学的人。1942年春，吴泽霖应聘到西南联大社会学系执教。他一方面开一些人类学和社会学的课，同时也开始对云南的少数民族进行调查，并收集一些民族文物，而且他还鼓励和指导学生以少数民族调查研究为题撰写毕业论文。所有这些，既开拓了他的文化人类学研究的领域，也培养了一些研究文化人类学的教学与科研人才。如1942年社会学系毕业了十来人，其中袁方、胡庆均毕业后，就到费孝通主持的燕京—云大实地调查工作站工作，以社会人类学的方法从事汉人社会的社区研究。另外，陶云逵曾在20世纪40年代任过西南联大南开大学文科所边疆人文研究室主任，主编《边疆人文》杂志。岑家梧也在1940年中英庚子赔款调查结束后，到西南联大南开大学经济所，一段时间协助所长陈序经研究西南文化。

1945年，费孝通应聘到西南联大当教授。1946年清华复员，吴泽霖、陈达、潘光旦等回北京。费孝通则先赴英游学，至1947年才回到清华。吴泽霖等回北京后，为了培养从事人类学研究与教学的专门人才，于1947年，在文学院中复办人类学系，并附设文物陈列室，而社会学系则设在法学院下。[①] 当时，人类学系的教师有吴泽霖、胡庆均、李有义等，开设的课程有，一年级的必修课为：国文、英文壹、中国通史、逻辑、普通生物学、社会学概论、三民主义、体育；二年级的必修课为：普通人类学、普通地质学、英文贰、哲学概论、西洋通史、统计学、语言学、伦理学、体育；三年级的必修课为：体质人类学、普通心理学、文字学、语音学及实验、人类生物学、社会制度以及选修体育；四年级的必修课为：人种学、民俗学、专题研究、训诂学、中国边疆区域地理、中国边疆问题、毕业论文、选修体育。另外，三、四年级还有一些选修课，如史前人类、种族与文化、人类学史、考古学、甲骨文、金文、中国语法研究、现代方言、中国边疆语言、辞汇研究、声韵学、古生物学、地质构造、新生代地质、社会研究法、社会调查、人类种族地理、民族地理等。[②] 从开出的课程来看，清华大学人类学系的课程，基本上是按照美国模式设立的，即人类学包括了文化人类学、体质人类学、考古学和语言学四个分支。1949 年，由于报考人类学的学生太少，清华人类学系被取消，人员并入社会学系中。不过，它也为中国培养了几位人类学研究与教学的人才。

(四)燕京大学

由于燕京大学是美国教会办的大学，在日本人占领华北时，它没有马上内迁，还留在北京，但有的教师在战争爆发之初就走了。如吴文藻就是在 1938 年南下，而接替他当系主任的是赵承信。1937 年，当一些国立大学内迁时，经吴文藻介绍，杨堃进燕京社会学系工作，在吴文藻走后，接替吴文藻的课，教初民社区(原始社会)、家族社会学、当代社会学学说，并主持社区研究班事务。燕京大学仍在沦陷区坚持上课，1940 年，有 8 位毕业生，他们的学士论文多为文化人类学的，如陈对雄的《一个农村的死亡礼俗》、周恩慈的《北平婚姻礼俗》、王纯厚的《北平儿童生活礼俗》、孙咸方的《中国各地之闹新房礼俗》、权国英的《北平年节风俗》、刘曾壮的《北平梨园行之研究》、孙以芳的《中国社会学的发展》、李荣贞的《中国民俗学的发展》；1941 年毕业 5 人，他们的学士论文分别为：石育壬的《一个农村的性生活》、李慰祖的《四大门》、虞权的《平郊村住宅设备与家庭生活》、陈永龄的《平郊村的庙宇宗教》、郭兴业的《北平

---

① 赵培中主编：《吴泽霖纪念文集》，武汉：湖北科技出版社，1988 年，第 17 页。

② 参见《人类学学会通讯》第 115 期，第 7～9 页。

妇女生活及其迷忌(妈妈经)》,[1]这些也多是文化人类学的。1941 年 12 月太平洋战争爆发,燕京大学被迫关门,并在成都筹办分校。杨堃转到 1941 年成立的中法汉学研究所做民俗学专任研究员,后与总务长杜柏秋发生矛盾,又到伪北京大学经济系教社会学和一般经济史,并在历史系教人类学。[2] 日本人投降后,他去天津北洋大学理学院任教,1947 年才到云南大学社会学系,任教授和系主任。

1942 年,吴文藻在重庆的国防最高委员会参事室工作期间,受托同教育部联系筹设燕京大学成都分校,他推荐林耀华作为社会学系代主任,同年,林耀华接到聘书,从云大社会学系转到燕大成都分校,任教授和代系主任,后又任主任,负责该系的社会学与人类学教育工作,也培养了一些人类学教学与研究的专门人才。

(五)厦门大学

1938 年,林惠祥避难南洋。1936 年,郑德坤也到四川成都华西协和大学博物馆工作,所以抗战期间,厦门大学的人类学教育一度受挫。1947 年夏天,避难于南洋,并在南洋坚持从事文化人类学、考古学研究的林惠祥,接到厦门大学的聘书,马上携眷自新加坡回国,任历史系教授,开人类学通论、中国民族史、亚洲各国史、南洋史、考古学通论、民族志、社会发展史等课。同时,他还在历史研究室中举行"人类学标本展览会",为培养人类学的专门人才而努力奋斗。在他的努力下,厦大历史系形成一个考古、民族研究专门组,1947 年入学的陈国强,到高年级时,跟着林惠祥学习考古、民族专门组的课程,1951 年以《中国文化的起源》学士论文毕业,并留校工作。

(六)华西协和大学

华西协和大学的人类学研究中心是该校的社会学系、边疆研究所和华西大学博物馆,以及华西大学中国文化研究所等。1941 年,人类学家李安宅到华西协和大学社会学系任教授,并创办了华西边疆研究所,以及组织华西边疆研究会,从事西南少数民族的研究。在李安宅的努力下,华西大学的人类学研究与教学工作得到进一步展开。1943

---

① 杨堃:《我国民俗学运动史略》,《民族学研究集刊》第 6 期,第 99 页。

② 杨堃:《我的民族学研究五十年》,《中国当代社会科学家》第一辑,北京:书目文献出版社,1982 年,第 188～208 页。

年，四川大学历史系教授、曾于 1936 年获得美国宾夕法尼亚大学人类学博士学位的冯汉骥兼任华西大学社会学系代理主任，华西大学社会学系的人类学教学与科研力量就更强了。因此，在当时就培养了不少人类学专门人才，有的还赴国外继续深造，如秦学圣就是其中之一。

华西另一个主要的人类学研究中心是华西大学博物馆。1936 年郑德坤到华西任教，并开始整顿博物馆。1938 年，郑德坤到哈佛大学攻读考古学与博物馆管理博士学位。获得博士学位后，于 1941 年返回任馆长。1944 年，梁钊韬到该馆任助理研究员，后升为副研究员兼民族学部主任。梁钊韬在博物馆工作了两年，帮助建立了民族学研究室，并主编《西南民族志》，收集了大量文化人类学资料。他们也为人类学的教学尽了一份力。

（七）浙江大学

抗战期间，内迁至贵州遵义的浙江大学的人类学教育主要是靠公共课来完成的。1946 年秋，由于中央研究院体质人类学研究所筹备处被撤销，吴定良应浙江大学校长竺可桢的邀请，到浙江大学史地系任教。1947 年春，史地研究所增设人类学组，吴定良任组长；7 月，在竺可桢校长的支持下，浙江大学创建了人类学系，下有体质人类学和社会人类学两个专业，由吴定良担任系主任，教师有田汝康、张宗汉等。

由于吴定良是体质人类学家，所以浙江大学人类学系虽有社会人类学专业，但却比较注重体质人类学的研究和教学。吴定良把原中央研究院体质人类学研究所筹备处收集的标本转移到浙江大学，并积极购置仪器，添置有关图书，从事一些体质人类学研究，并且在 1949 年春建立浙江大学人类学研究所，试图大干一场，然而，当时国内的局势已不利于学术研究了。因此，在 20 世纪 40 年代的最后几年中，尽管浙江大学建立了人类学系、人类学研究所，但却因时局不稳而无法放手从事研究，只是培养了一些人类学的人才。如曾任浙江省人民代表大会副主任的毛昭晰就是浙江大学人类学系的毕业生。

（八）中央大学

中央大学培养人类学人才的基地主要是社会学系。20 世纪 40 年代，中央大学社会学系迁到重庆，系主任仍是孙本文（1892—1979）。孙本文早年在美国纽约大学社会学系获博士学位，曾是奥格本的学生，而奥格本又是人类学家博厄斯的学生，所以他师承的是美国历史学派的传统，因此，有人把他归在美国历史学派中。正因为此，孙本文跟人类学的关系密切，他不仅是中国民族学会的创始人之一，而且，他也注重文化在社会中的作用，注重用文化与态度这两个积极活动的要素以及它们的交互作用去剖析社会问题，因而被人称为社会学中的文化学派。因此，中央大学社会学系与人类学的关系密切，而且也有不少人类学家在该系工作。如黄文山这位提倡文化学的《民族学研究集刊》主编，20 世纪 40 年代曾在该系任教。因此，中央大学社会学系在 20 世纪 40 年代着实培养了一些人类学的人才，如刘孝瑜就是该系 1946 年的毕业生，后又考上中山大学研究院文科所人类学部的研究生，在杨成志的指导下从事人类学研究。

抗战期间，为了抗击日本侵略，就必须提高全民族的素质，尽快改变边疆民族地区经济落后、文化低下的状况，所以边疆问题的研究引起专业人士广泛的兴趣和注意，许多大学都加强了人类学或民族学的教学，中央大学迁至重庆后，也开始注意这方面的问题，它同西安的西北大学一样，设立了边政系，以人类学或民族学为主要必修课，着力培养能从事边政的人才，有些人类学家就在这样的背景下到中央大学来，如卫惠林在边政系成立后，也从复旦大学社会学系转过来，在边政系任教授。而凌纯声抗战时为国立边疆教育馆馆长，边政系成立后，他也应聘过来当教授，并兼系主任。在他们的努力下，边政系也对培养中国的人类学人才做出了一定的贡献。

总之，在抗战期间，由于边疆民族问题引人注目，所以迁到西南的大学，都增加了人类学教学的分量，有的还建立了边政系，以便培养人类学的人才。除了上述所说的一些大学外，复旦大学、四川大学、金陵大学、齐鲁大学、贵州大学、大夏大学等，也都加强了人类学的教学和研究。抗战以后，这种势头仍保持了下来，有的大学甚至还建立了人类学系，除上述清华大学、中山大学、浙江大学外，暨南大学也于 1947 年夏天在理学院中成立人类学系，由刘咸担任系主任兼理学院院长。1940 年辅仁大学在旧恭王府里设立了人类学博物馆（Museum of Oriental Ethnology），陈列中日两国的民间艺术品、儿童玩具、年画、纸马、婚丧仪仗等。馆长叶德礼（M. Eder）是施密特（Wilhelm Schmidt，1868—1954）的学生。1942 年，该馆出版了《民俗学志》（Folklore Studies）杂志，宣传施密特的传播论观点。[①] 20世纪40年代，辅仁大学还建立了人类学研究所。[②] 1948年到1949年下半年，又在此基础上建立了人类学系。它们都为培养中国人类学研究与教学的人才做出了应有的贡献。

二、继续引进国外人类学理论和求学海外

进入20世纪40年代，中国人类学界仍继续翻译与引进国外人类学的著作和理论，但古典进化理论已很少被引进了。同时，仍有人出国学习人类学，以及请人进来讲授人类学。

（一）国外人类学著作与理论的翻译与介绍

1. 功能理论的继续引进

1935年，吴文藻访问英国时，当马林诺斯基（Bronislaw Kaspar Malinowski，1884—1942）听说中国已开始用功能理论从事中国的社会调查研究时很高兴，把他为《国际社会科学百科全书》写的初稿《文化论》赠吴文藻，吴文藻把此稿交给当时在伦敦求学的费孝通，要他翻译出来。费孝通遵从师命翻译了该书，前十六章都寄了回来，发表在天津《益世报》的副刊《社会研究周刊》上。抗战爆发后，燕京大学准备将《社会学界》第十卷作为伦敦人类学学派纪念特刊，就要费孝通把剩下的寄回，由贾元荑续译后面的四章，由黄兆临校阅修正，刊在《社会学界》第十卷（1938年6月）上。由于该刊印成时，燕京已成孤岛，该刊发行不了，所以流行不广。待费孝通1938年底到云南大学社会学系工作时，吴文藻为了提倡社区研究，提议编辑出版社会学丛刊，使社区调查能得以集中发表。为了表示社区研究是根据功能理论进行的，所以，吴文藻把费孝通翻译的这本马林诺斯基的《文化论》编为甲集第一种，并附上他自己的《论文化表格》一文，费孝通重新校对了译文，1944年7月由重庆商务印书馆出版。另外，费孝通还翻译了他的老师雷蒙德·弗思（Raymond Firth，1901—2002）的一本概论性著作《人文类型》，编为社

---

① 杨堃：《我国民俗学运动史略》，《民族学研究集刊》第6期，第101页。注：当时中文名称为“人类学博物馆”，英文为“Museum of Oriental Ethnology”，杨堃认为应称“东方民族学博物馆”为合适。

② 见W.施密特著，萧师毅、陈祥春译：《原始宗教与神话》，上海：上海文艺出版社，1987年，第3页。

会学丛刊甲集第三种，也由重庆商务印书馆于1944年8月出版。可以说这两本书主要反映的是马林诺斯基这派的功能理论。

2. 历史学派理论的进一步引入

20世纪40年代也有人翻译介绍美国历史学派的著作与理论。如1943年岂素翻译了《哥登卫塞传略》和哥登卫塞的《文化发展中有限可能性原理》；罗致平翻译了华来斯的《人类学家哥登卫塞传略》一文。同年9月，戴裔煊在《民族学研究集刊》第三期上发表了《鲍亚士及其学说述略》，介绍了博厄斯(Franz Boas，1858—1942)的理论。1944年，重庆商务印书馆出版哥登卫塞（现译名，Alexander Alexandrovich Goldenweiser，1880—1940)的《文化人类学》。同年，符气雄翻译了博厄斯的《今日之种族问题》发表在《边政公论》第三卷第九期。1945年，重庆商务印书馆出版了杨成志翻译的博厄斯的《人类学与现代生活》。1946年，梁钊韬译出博厄斯的《神话学和民俗学》一文，在《文讯》一号上发表。古道济则翻译了罗维(Robert Heinich Lowie，1883—1957)的《文明与野蛮》，在《民族学研究集刊》第五期上登载。

3. 传播论派著作的翻译

在这一时期，传播学派的著作仍被翻译。1940年11月，胡贻谷把里弗斯(William Halse Rivers，1864—1922)的《社会组织》译了出来，由重庆商务印书馆出版。同一年，周骏章翻译了史密斯(G. Elliot Smith，1871—1937)等人著的《文化传播辩论集》，由国立编译馆出版，该书中既有英国极端传播学派史密斯的观点，也有批判他的观点。1948年，辅仁书局出版了施密特(Wilhelm Schmidt，1868—1954)的《原始宗教与神话》。1949年，周进楷翻译了史密斯的《文化的起源》，由上海商务印书馆出版。

4. 法国社会学年刊派理论的进一步介绍

法国社会学年刊派的理论多由杨堃著文介绍，他写了《葛兰言研究导论》(1943年)、《法国社会学家莫斯教授书目提要》(1944年)、《孔德社会学研究导论》(1944年)和《勒普来学派社会学研究导论》(1946年)等，介绍了法国社会学年刊派的理论及情况。徐益棠也在《民族学研究集刊》第五期上发表《法国的民族学及其研究机关》一文，介绍法国社会学年刊派的情况。

此外，还有人综述国外的理论，如1946年4月，戴裔煊曾写一篇《民族学理论与方法的递演》长文，不仅介绍了古典进化论、传播学派、历史学派、功能学派的理论，而且还介绍了形成不久的心理学派理论，并提出要综合各家之长,形成一种“综合的新进化论”。①

(二)海外求学与游学

20世纪40年代,仍有人出国学习人类学知识和游学。如宋蜀华1946年在燕京大学社会学系毕业后,就去澳大利亚悉尼大学研究院攻读人类学,1949年获得硕士学位后回国,任华西协和大学考古及民族学博物馆助理研究员。又如秦学圣在1943年从华西大学社会学系毕业后,于1946年去美国留学,在西北大学研究院攻读人类学。

费孝通曾于1943年6月至1944年7月,到美国访问。1942年,美国国务院文化关系司请求六所中国大学各派一名教授赴美,进行研究、交流和介绍中国,费用由美国国务院出。云南大学派费孝通去。1943年费孝通赴美,在美国各地旅行,访问了林顿(Ralph Linton, 1893—1953)、雷德菲尔德(Robert Redfield, 1897—1958)、奥格本(William Fielding Ogburn, 1886—1959)、塔尔科特·帕森斯(Talcott Parsons, 1902—1979)等,同他们进行了交流。但他大部分时间是把他和学生的著作译成英文,1943年7—10月,他大多数时间都在太平洋学会的办公室中,在林顿的学生库珀的帮助下,把《禄村农田》译成英文,编为《乡土中国》的第一篇。同年11月到次年1月,他在雷德菲尔德夫人的帮助下,翻译张之毅的《易村手工业》和《玉村农业和商业》。次年2—3月在哈佛大学商学院,在埃利奥特·梅奥的夫人多罗西娅·梅奥的帮助下,翻译了史国衡的《昆厂劳工》一书。1944年4—5月回到芝加哥后,修改他的《乡土中国》,并写了序言和结尾。他还竭力安排美国著名的社会科学家到中国进行为期一年的学术活动。在他做了工作后,雷德菲尔德同意赴中国考察。另外,费孝通还为他的学生和同事争取奖学金和出国深造四处奔走。在他的努力下,哈佛商学院同意接收史国衡,但须自费,费孝通只好再想办法,最后才得到哈佛—燕京学社的财政支持。1945年,史国衡到哈佛大学商学院进修一年。他也为张之毅联系好赴美深造的事宜,但后来张之毅并没有去。此外,费孝通领导下的工作站的同事与学生中,还有田汝康于战后到英国伦敦大学政治经济学院留学,并获得人类学博士学位。

---

① 戴裔煊:《民族学理论与方法的递演》,孙本文编《现代社会科学趋势》,上海:商务印书馆,1948年,第341页。

费孝通在美国的另一任务就是为他的工作站募捐,他请求太平洋学会资助一万美金,该会答应给一部分。哈佛—燕京学社也同意资助四千元。他还同在美国的云南实业家缪云台会晤了几次,结果从云南省经济委员会那里又得到一笔赠款。此外,他为他的工作站和中国其他研究所从芝加哥大学社会学系要来了一批书籍。除了这次赴美外,费孝通还于 1946 年 11 月到英国访问三个月。在英国,他与马林诺斯基的继任人雷蒙德·弗斯交流,为学生开设"现代中国的社会变迁"课,并参加一些学术讨论,1947 年 2 月 18 日离开英国,同年 3 月 3 日回到北京。

其二,吴文藻于 1943 年 6 月参加教育代表团访问印度,着重考察了印度的民族问题和宗教冲突问题,为国内研究民族和宗教问题提供了参考。1944 年底,吴文藻作为西南联大校长蒋梦麟率领的赴美代表团的成员之一,参加战时太平洋学会年会。闭会后,吴文藻访问了美国社会科学评议会、耶鲁大学国际问题研究所、哈佛大学社会关系学系及商学院工业社会学研究所、芝加哥大学社会学系和人类学系、普林斯顿大学人口问题研究中心、哥伦比亚大学人类学系等,了解它们战时和战后的研究计划和动态。

其三,杨成志也在 1944—1946 年间,由教育部派遣,赴美国考察各大学人类学教学、研究规程、理论,和博物馆结构情况,以及考察印第安人保留区等,了解了一些新动态,从而使国内的人类学教学与科研紧跟国际的步伐。

其四,20 世纪 40 年代,有些中国学者应邀到国外教学。如 1943 年,许烺光(Francis L. K. Hsu, 1909—1999)应哥伦比亚大学人类学系主任林顿的邀请,到哥伦比亚大学任讲师,并跟随林顿学习心理人类学,1945 年到纽约州康奈尔大学人类学系任代理助理教授,1947 年到伊利诺伊州埃文斯顿的西北大学人类学系任正式助理教授,1957 年升任教授,并任该校人类学系系主任至 1976 年,1977—1978 年当选为美国人类学协会第六十二届会长。1978 年从西北大学退休后任旧金山大学文化研究中心主任至 1982 年。还任过芝加哥大学、斯坦福大学、哈佛大学、俄亥俄州立大学、夏威夷大学,以及印度德里大学、加尔各答大学等的客座教授。瞿同祖也是如此,在费孝通的帮忙下,美国哥伦比亚大学中国历史研究室聘他为研究员,1945 年春天,他去美国纽约任职,同时,也在哥伦比亚大学进修人类学与社会学课程。他还把他的《中国法律与社会》翻译成英文,在国外出版,定名为《传统中国的法律与社会》。这本书在国外有一定的影响。还有，华西大学的李安宅也出国任教过，1947 年，他应邀去美国耶鲁大学人类学系任名誉讲师，讲授藏族文化课，1948 年，又到英国考察人类学的研究情况，1949 年才回华西大学。

(三)请国外有名的学者来华讲学与研究

20 世纪 40 年代，由于战乱，所以请国外学者来华讲学较少。1943 年，费孝通访问美国时，想搞一个中美合作研究的项目，以便在美国的财政支持下，两国交换学生和学者，他邀请芝加哥社会科学院院长、人类学家雷德菲尔德先期前往战时的中国，考察各种社会调查机构的情况，以便判断美国可以在什么样的情况和条件下提供援助。雷德菲尔德同意后，费孝通积极地为他奔跑，筹措经费。在费孝通的游说下，美国国务院愿意为雷德菲尔德提供战时的运输。费孝通还到纽约好几次，最后也说服了洛克菲勒基金会为雷德菲尔德的中国之行提供财政资助。可是中国这边却没有消息，原因是当时的中国政府拒不向雷德菲尔德发出邀请。通过费孝通的努力，直到 1944 年 6 月，此事才得以成功。1944 年秋，雷德菲尔德终于踏上了赴中国的海船，然而，船开后雷德菲尔德牙痛发作，不得不取消中国之行，在美国另一口岸登陆。直到 1948 年，雷德菲尔德偕夫人和幼子才来到中国。由于当时内战正酣，他无法到处考察，只好在清华任客座教授，给学生们讲些课，介绍美国人类学的情况与理论。雷德菲尔德的夫人玛格丽特·雷德菲尔德则听费孝通讲他这几年发表过的一些文章，把它们记录下来，回美国后编成《中国士绅》(*China's Gentry*)一书，在美国出版。

另外，20 世纪 40 年代，燕京大学复校后，聘请鸟居龙藏来任教，直到 1951 年。此外，1949—1950 年，康奈尔大学的施坚雅(G. W. Skinner)曾在四川盆地上做过田野调查，在此基础上，他建立了他蜚声学术界的市场体系理论。

三、社会文化人类学的调查研究

20 世纪 40 年代，中国的大多数人类学家都集中在西南。由于当时强调边疆、边政研究，所以，当时不论是自称为人类学家或民族学家的人，还是自称为社会学家的人几乎都对西南少数民族进行过研究，并建立了一些研究机构和学术组织，如燕京大学与云大合作建立了燕京—云大实地调查工作站，云大历史系设立了西南边疆文化研究室，南开建立了边疆人文研究室，华西协和大学建立了华西边疆研究所、中国文化研究所，华西协和大学博物馆也成立民族学研究室，金陵大学建立了边疆社会研究室、中国文化研究所等；民间也建立了不少组织，如云南人类学会、西南学会、贵州省边胞文化研究会等，并出版了许多杂志，除了《人类学集刊》、《史语所集刊》、《民俗》、《民族学研究集刊》等外，还增添了《人类学学刊》、《中国文化研究所集刊》、《中山文化季刊》、《民族文化》、《风物志》、《边疆人文》、《风土杂志》、《华西边疆研究学会杂志》、《语言人类学专刊》、《蒙藏月报》、《边疆文化》、《边疆人文》、《边铎月刊》、《边铎旬刊》等，发表了一大批民族研究的论文，只有费孝通领导的燕京—云大的实地调查工作站，坚持从事汉民族的实地研究。

（一）燕京—云大实地调查工作站的工作

燕京—云大实地调查工作站（以下简称工作站）设在昆明郊外。它成立于1939年，当时吴文藻到云南大学任中英庚款设置的社会人类学讲座教授，并和中英庚款委员会派来的研究人员如江应梁、密贤璋等一起工作，从事一些专题研究。1939年，吴文藻在云南大学建立了社会学系，并受燕京大学校务长司徒雷登的委托，在洛克菲勒基金会的资助下，建立了这个工作站，聘了一些燕京和清华的毕业生在此工作，从事实地调查。1938年底，费孝通从英国回来，1939年也在这里工作以及担任云南大学社会学系助理教授。

费孝通还未进云大社会学系和工作站时，就开始他的实地调查了。1938年11月费孝通抵达昆明两周后，就由他的姨母杨季威和同学王武科的介绍，到离昆明190多里的禄丰县一个村子（禄村）进行调查。1938年11月15日—12月23日，在燕京硕士李有义的帮助下，费孝通调查了一个多月。为什么这样迫不及待呢？费孝通说：当他写《江村经济》后，发现有许多问题不能解答，如在一个受现代工商业影响较浅的农村中，它的土地制度是什么样的呢？在大部分还是自给自足的农村中，它是否也会以土地权来吸收大量的市镇资金？农村土地权会不会集中到市镇而造成离地的大地主？这些问题困扰着他，所以当他一到云南，看到“在中国版图的西南角里一定很容易找到一个和现代工商业发达的都市较隔膜的农村，在这种农村中可以得到我搁置着的那一套问题的答案"时，他就迫不及待地行动了。[①] 因此，回国没几天他就投入了调查。1939 年，费孝通到云大任教，并实际主持工作站的工作。暑假又由中英庚款和中国农民银行资助再到禄村，在听他课的学生张之毅和张宗颖的帮助下，从同年 8 月 3 日到 10 月 15 日继续在那里调查。1940 年完成了《禄村农田》初稿，经修改后，1943 年 11 月，作为吴文藻主编的《社会学丛刊》乙集第一种出版，后又翻译成英文，收入费孝通编的《乡土中国》(英文版)中。1939 年 10 月他们找到一个有手工业的村子(易村)，11 月 17 日开始，张之毅自己一个人下去调查了 27 天，后来写了《易村手工业》一书，1943 年 12 月，作为《社会学丛刊》乙集第二种出版，后也译成英文，编入《乡土中国》(英文版)。

1940 年 10 月，昆明遭日本飞机大轰炸，工作站迁到离呈贡镇西二里之遥的古城村，设在有三层楼的魁星阁里，从此，工作站有了一个绰号叫"魁阁"。同年年底，吴文藻到重庆国防最高委员会参事室工作，费孝通就成了工作站的主任，并在云大社会学任代理系主任之职。该站的人员最多时有十来人，最早在站中工作的可能是李有义(1911—)，他在燕京大学社会学系硕士毕业后，就来此工作。其次是张之毅(1919—1987)，他是 1939 年清华大学社会学系的毕业生。1939 年上半年，在云南大学听费孝通的课，并自愿到工作站工作。在他牵头下，陆续有张宗颖、史国衡(1912—1995)、田汝康(1916—)、谷苞(1916—)、胡庆均(1918—)、袁方、王康等来此工作。1941 年，许烺光从英国回来，任教于云南大学，同时也进入工作站工作。

在这个工作站中，由于费孝通和许烺光都在伦敦大学政治经济学院受过人类学的训练，因此也形成一种类似伦敦大学政经学院的学风。他们采取理论与实践密切结合的原则，每个人都有自己的专题，各自到选定的社区用社会人类学的参与观察方法进行实地调查，他们循着预先准备的假设，在与被研究者共同生活的过程中，逐步获得答案。将资料汇集起来后，经过在"高级研讨班"里的集体讨论，再与不同地区类似的情况进行比较，以便对所研究的问题得出更加可靠和圆满的结论，并启发出新的假设，而后写出论文和著作来。既发挥了个人的创造性，也得到集体讨论的启发，因此，自由讨论的空气、尊重别人的意见、公开辩论和友爱精神成了"魁阁"特有的气氛。

---

① 费孝通:《禄村农田》,《云南三村》,天津:天津人民出版社,1990 年,第 10 页。

在这样的环境与气氛中，虽然战时生活困难，研究条件简陋，但他们仍坚持从事研究，燕京大学弄来的洛克菲勒基金很快就用完了，他们就从农民银行、教育部以及其他政府机构得些赠款来维持。1943年，通过费孝通在美国的努力，他们的大部分经费由云南实业家缪云台领导的云南省经济委员会提供。这以后，燕京大学就从工作站的名字中勾销了。所以他们没钱从事大规模的研究计划，没钱雇助理、秘书，甚至没钱买照相机和胶卷等起码的器材。出版物多由自己油印，连费孝通也花了很多时间从事刻蜡版和油印的工作。但是，大家都自得其乐，努力工作，发展出以直接观察为基础的"游击战术"，后又发展出有关人员合作的小规模研究，而且效果显著，写出了一批有分量的著作和论文。张之毅1940—1941年调查了玉村，写了《玉村农业和商业》。后又调查了一个村落，写了《洱村小农经济》。史国衡调查了昆明一家工厂的劳工问题，写了《昆厂劳工》一书，1946年作为《社会学丛刊》乙集第三种出版。费孝通也把该书译成英文出版，书名为《中国进入机器时代》。后来，史国衡还调查了云南锡矿的矿工生活，写了《个旧矿工》。李有义调查了一个云南混居的社区，写了有关这个混居社区中汉夷关系的论文。田汝康调查了昆明纱厂的女工，随后又调查了中缅边境的少数民族，写了《内地女工》和《芒市边民的摆》。谷苞调查研究了云南一个市镇的权力结构，写了《化城镇的基层行政》；胡庆均对呈贡基层权力结构进行了调查研究；袁方则调查了昆明的城市化问题。许烺光于1941—1942年、1942—1943年两次在滇西调查，后用英文写了《在祖先的荫蔽下》和《滇西的巫术与科学》。①

1943—1944年，费孝通游学美国，工作站站长由许烺光代理。费孝通回国后，许烺光又走了。1945年，费孝通应聘到清华任教授，仍兼管工作站的工作；1946年，费孝通完全与云南大学脱离关系后，工作站的工作也就结束了。

（二）西部的少数民族调查研究

20世纪40年代，西南的少数民族调查很是火热。陶云逵和凌纯声一起入云南，他们先后在丽江、维西及滇缅、滇越边境少数民族地区

---

① 阿古什著，董天民译：《费孝通传》，北京：时事出版社，1985年，第75～80页。费孝通、张之毅：《云南三村》，天津：天津人民出版社，1990年。

做文化人类学调查和体质调查，时间约两年，后到云南大学社会学系、西南联大工作，仍时常下去调查。1944 年，陶云逵在调查中，因染上回归热而殒命，为人类学事业献出了宝贵的生命。他的文章有：1942 年，《云南怒山的傈僳人》、《一个摆夷神话》；1943 年，《大寨黑夷之宗族与图腾制》、《西南部族之鸡卜》；1944 年，《十六世纪车里宣慰司与缅王室礼聘往来》；1945 年，《几个云南藏缅语系土族的创世故事》；1948 年，《云南碧罗雪山之黑傈僳族》。此外，还有《车里摆夷之生命环》、《俅江纪行》、《关于么些之名称、分布与迁移》、《碧罗雪山之傈僳族》等。

1940 年夏天，中山大学迁回广东北江乐昌坪石。隔年，中山大学杨成志带研究生梁钊韬等深入粤北瑶山对过山瑶进行调查研究。这次调查涉及面较广，既调查瑶族的历史、社会、经济、婚姻家庭、宗教信仰、民间传说、歌谣、房屋、工具、服饰，也包括瑶族的体质。事后杨成志在《民俗》第二卷第一、二合期（1943 年）上发表了《粤北乳源瑶人调查报告导言》、《粤北乳源瑶人的人口问题》；梁钊韬发表了《瑶民的宗教信仰》，王启澍发表了《乳源瑶人的经济生活》，顾铁符发表了《瑶民的刺绣图案》。杨成志还出版了《粤北乳源瑶人调查报告》（中大文科所发行）。梁钊韬 1943 年发表了《阳山县上峒瑶民社会》；1944 年发表了《粤北阳山县土峒瑶民社会》；1945 年，与郑德坤合作，发表了《中国西南民族导论》等。

雷泽光和雷金流，20 世纪 40 年代初经杨成志介绍，进广西省立特种师资训练所工作，在那里他们对广西瑶族进行了调查。1942 年，雷金流回中大研究院工作，也做了一些研究，在《民俗》第二卷第三、四合期上，发表《广西茶山瑶的石牌政制》，雷泽光则发表了《广西北部盘古瑶的还愿故事》。另外，徐益棠、唐兆民等也曾到广西瑶山进行过调查，后写了一些文章。如唐兆民在《文化杂志》第一卷第二期和第二卷第三期上发表了《大藤山瑶族名类之探讨》。徐益棠 1942 年发表了《广西象平间瑶民之占卜符咒与禁忌》、《初入瑶山记》等；1944 年发表了《广西象平间瑶民之村落》、《广西象平间之瑶民房屋》、《广西象平瑶民之婚姻》、《广西象平间瑶民之饮食》等。徐益棠也调查过凉山的彝族，1942 年，写《雷马行纪》；1943 年写了《小凉山罗民之类似政治的组织》；1944 年，他写了《雷波小凉山之罗民》一书。当中山大学在云南徵江时，他们也对附近的少数民族进行过调查，所以，雷金流在 1944 年写了《云南徵江罗罗的祖先崇拜》；王兴瑞发表了《海南岛苗人社会鸟瞰》、《黎人的文身婚丧》等，并在 1948 年出版《海南岛之苗人》。

中山大学迁回坪石时，江应梁留在云南，为边疆学校上三个月的课并调查彝族和傣族。1941 年春，江应梁从成都乘小木船沿岷江而下，经乐山，过大渡河，到马边，由一家大黑夷乌抛勾卜作保头，进入凉山地区，披毡衫，穿草鞋，吃苞谷饭，住木架屋，从事调查。后从川南的庆符、筠连等地入云南盐津县，经大关、昭通、威宁、曲靖，沿途考察古迹文物，7 月回到昆明，写成《凉山彝族的奴隶制度》，1948 年由广州珠海大学出版。回到昆明后，江应梁与中山大学失掉联系，为了生活，他接受了国立东方语文学校的聘请，在那里教授中国民族史。1943—1945 年，任省民政厅边疆行政设计委员会主委。他于 1945 年要求民政厅资助他去调查傣族。民政厅要他去当车里县长，说那里不征兵，不征粮，土司掌权，县长无事可做，每年由土司按户征收行政费七元“半开”交县长，可以用这一年的钱做调查。江应梁就于 1945 年 8 月到景洪，在橄榄坝、大勐笼、小勐养、南糯山、勐海、檬遮等地调查，后于 1948 年写成《摆夷的生活文化》。此外，他还在 20 世纪 40 年代发表一些民族研究的文章和著作，如《昆明境内的非汉语系住民》、《苗族来源及其迁徙区域》、《西南边疆民族论丛》等。

大夏大学迁贵阳后，设立了社会研究部，由吴泽霖主其事，从此，吴泽霖就开始调查少数民族了。他带领学生和同事深入黔东南的苗族、布依族、水族和侗族聚居区，调查民族分布、民族习俗和民族关系，并收集民族文物，写了许多文章，如 1940 年发表了《苗族中的祖先传说》、《水家的妇女生活》、《贵州苗夷婚姻的概述》、《贵州苗族的跳花场》、《贵州仲家生活的一角——食俗》等，还出版了《炉山黑苗的生活》专著。1941 年，还发表了《“安顺苗夷的生活”序及各族类名概述》。1942 年春，吴泽霖应聘到昆明西南联大社会学系任教，也对云南省的纳西族、白族、彝族的社会组织、婚姻、宗教等进行了调查，并指导学生以少数民族调查研究为题撰写毕业论文，既开拓了他的研究领域，也培养了文化人类学的教学和科研人才。他自己也硕果累累，1942 年，发表了《水家苗的妇女生活》、《贵州青苗中的求婚》等，还同陈国钧等出版了《贵州苗族社会研究》。他还于 1945 年写了《么些人之社会组织与宗教》；1947 年写了《人类学上所了解的环境势力》；1948 年发表了《么些人的婚丧习俗》等。

吴泽霖应聘到清华大学后，岑家梧来到大夏大学，主持社会研究部工作。他也多次深入黔南、黔东南荔波等地苗族、水族和布依族聚居区做社会调查，收集了大量民族文物，存放于大夏社会研究部陈列室，并用他实地调查的材料，写了《黔南仲家的祭礼》、《贵州部族研究述略》、

《贵州仲家作桥的道场与经典》、《水书与水家来源》、《水家、仲家风俗志》等文章。此外，20世纪40年代，岑家梧还写了许多民族研究文章，如1940年有《西南民族研究之回顾与前瞻》、《嵩明花苗调查》、《海南岛黎人来源考略》；1941年有《西南边疆民族艺术研究之意义》、《盘瓠传说与瑶畲的图腾崇拜》、《西南部族之体饰》；1943年有《论苗族的几何纹》、《西南部族之舞乐》；1944年有《西南部族及其文化》、《西南民俗与中国古代社会制度之互证》；1946年有《中国民族与中国民族学》；1947年有《中国边疆艺术之探究》；1949年则有《海南岛三亚回教考》、《瑶麓社会》等。

云南大学社会学系和实地工作站的人，除了调查汉族外，也调查少数民族，如田汝康调查了傣族，写了《摆夷的摆》(1942年油印，节登《边政公论》第一卷第七、八合期上，1947年正式出版，书名为《芒市边民的摆》)。1943年还写了《忆芒市——边地文化的素描》。李有义曾调查汉、夷关系，写过《云南汉夷杂居区经济》文章。1942年由吴文藻介绍与推荐，到西藏调查政教合一的制度问题。胡庆均后也到四川南部调查那里的苗族，1944年发表了《川南苗乡纪行》、《叙永苗族的生活程度》、《川南叙永苗民人口调查》等。张之毅也写了《新疆的沃洲社会》文章。1948年，江应梁到云南大学社会学系任教，课余也到滇南进行调查。另外，云大西南文化研究室的人也常去调查，如方国瑜就常在滇西进行调查，写了《滇西边区考察记》、《么些民族考》等文。史图博也在20世纪40年代调查过苗族，后著有《云南安宁苗村之研究》。

燕京大学成都分校社会学系建立后，也一改过去只研究汉族的做法，开始注重起少数民族的调查。1943年7月2日，在中国抗建垦殖社、罗氏基金委员会和哈佛—燕京学社的资助下，林耀华带学生胡良珍与校工老范出发，到雷波后聘了翻译王举嵩、胡占云，加上黑夷保头组成燕大边区考察团，到雷波、马边、屏山、峨边的大小凉山考察87天。他们从屏山入小凉山，到过秉彝场、夏溪、撕栗沱、西宁，然后返回秉彝场溯金沙江而上，经黄螂、海脑坝、牛吃水到雷波，在雷波的乌角村调查了语言、物质文化、社会组织、亲属关系、经济制度、宗教巫术等，还测量了50名彝族同胞的体质。8月14日，由乌角村黑夷头领里区氏的兄弟里区打吉护送和作保，进入大凉山，在里区打吉管的三河以达村和老穆管的巴铺村调查，9月中旬回到雷波，26日回到成都。1944年，林耀华写了《大小凉山考察记》、《大凉山罗罗的阶级制度》诸文。1946年在哈佛《亚洲研究杂志》第九卷第二期，发表《罗罗的亲属系统》一文。

1947年发表《凉山夷家》,此书编为吴文藻主编的《社会学丛刊》乙集第五种。

燕京大学成都分校还同华西协和大学合作对藏族进行了调查研究,后发表一些文章。如林耀华1945年写了《康北藏民的社会状况》,1947年写了《川康北界的嘉戎土司》,1948年写了《川康嘉戎的家族与婚姻》等。华西协和大学的李安宅1944年写了《藏民年节》,1945年写了《萨迦派喇嘛教》,1947年用英文写了《藏族宗教史之实地研究》。

此外,一些当时知名的人类学家也都从事过少数民族调查,并写了不少研究少数民族的文章。如刘咸1940年发表《海南黎族起源之初步研究》,1941年发表《亚洲狗祖传说考》。凌纯声1943年发表《苗族名称的递变》,1946年发表《苗族的地理分布》。芮逸夫著《苗族释视》,1945年则写了《西南边民与缅甸民族》。胡鉴民1944年著《羌民的经济活动型式》,1945年著《苗人的家族与婚姻习俗琐记》。胡耐安著有《谈八排瑶的"死"仪》。卫聚贤著有《红苗见闻录》。陈国钧著有《安顺苗夷的婚姻生活》。曾昭抡著了《峨边历险记》和《大凉山夷区考察记》(昆明北门出版社,1945年)。任映沧1947年著有《大小凉山罗族通考》(西南夷务社)。马学良1942年著有《西南寻甸黑夷作祭礼俗记》,1944年著有《茂运社区的男女夜会》和《黑夷风俗之——除祸祟》。马长寿1944年著了《嘉戎民族社会史》,1945年著有《凉山罗夷的族谱》,1946年则著有《康藏民族之分类体质种属及其社会组织》,等等。

(三)其他方面的文化人类学研究

除了上述西部地区的文化人类学调查研究外,20世纪40年代其他方面的文化人类学研究也获得了不少成果,如东南地区有凌纯声的《畲民图腾文化的研究》(1947年),傅衣凌的《福建畲姓考》,张为纲的《江西边民问题》和《江西的畲民》,还有罗香林的《疍民源流与文化》和郑伯彬的《台湾生番之经济社会》。华南地区则有凌纯声的《湘西苗族调查报告》(1947年),戴裔煊的《僚族研究》和《干栏——西南中国原始住宅的研究》等。

其次,关于汉族研究的有:徐松石的《粤江流域人民史》(上海中华)。芮逸夫的《伯叔姨舅姑考》、《释甥之称谓》和《中国亲属称谓制的演变及其与家庭组织的相关性》。董家遵的《中国古代收继婚的风俗》和《我国收继婚风俗调查表》。杨堃的《论中国的母系社会制度》和《灶神考》。郭豫才的《豫北带锥祈雨习俗》、《北碚转房俗的采访及初步分析》和《北碚的婚俗》。卫聚贤的《泰山石敢当》。胡体乾的《原始婚姻形态》和《嫂嫂小叔与大伯弟妇》。吴泽《家族与继承制研究》。杨汉先的《西南几种宗族的婚姻范围》。任锐麟的《三水疍民调查》。1946年,上海商务印书馆出版了陈序经的《疍民的研究》;1947年,则出版了瞿同祖的《中国法律和中国社会》。1948年,上海观察社出版了费孝通的《皇权与绅权》。

最后,在通论或理论范围,也有不少研究与论著。如吴文藻1940年在云南大学的《社会科学》创刊号上发表《论社会制度的性质与范围》。林耀华1943年发表了《现代的人类学》;1948年发表《现代人类学的趋势》,在该文中,林耀华认为,"人类学范围之内,可分为五门科学:体质人类学、考古学、民族学、语言学和文化人类学"。而"民族学是一门叙述的比较的科学,它的内容以英美两国所通行者为主"。"文化人类学,又称社会人类学,主要的题材即在于研究人类所造就的文化。人类体质和人类文化虽是划分二部,但彼此之间也有密切的关系。"[①]可见林耀华及燕京大学社会学系采取的人类学包括文化与体质两大分支的分类。但是,另一派仍坚持民族学相当于人类学,如古道济在编《战时我国民族学选目》时,仍然是把文化研究的文章和体质人类学的文章编在一起。此外,一些学者则认为民族学等于文化人类学。因此,在20世纪40年代,这些分歧仍继续存在着。另外,在通论方面还有一些其他文章与著作,如1942年北京大学法学院出版了余天林的《社会文化研究法》。1944年在《民族学研究集刊》第四期上刊有吴定良的《边区人类学调查方法》。杨成志在《中大文科所集刊》第一卷第一期上发表了《人类学史的发展》。中大文科所出版了《人类科学论文集》。陶云逵也写了《文化的属性》和《社会文化之性质及其研究方法》。张少微在《民族学研究集刊》第五期发表《民族学体系发凡》。黄文山在《社会学讯》创刊号上发表《文化科学上的因果功能方法》。陈序经1946年发表《我怎样研究文化学》,并在1947年出版他的《文化学概观》。1948年林惠祥在《江声报》星期专论上连续发表了《作为常识之一种的人类学》、《文化相关与文化失调》和《道德阶段论》,并在《福建生活》上发表了《福建民族的由来》等。

---

① 林耀华:《现代人类学的趋势》,孙本文编《现代社会科学趋势》,上海:商务印书馆,1948年,第213～215页。

总之，在20世纪40年代，文化人类学的研究还是非常繁忙的，而且，这个时期的特点是：调查研究主要集中在中国西部地区，少数民族的研究所占的比重较大，不仅如此，还出现了旨在解决一些少数民族问题的应用人类学研究。

四、应用人类学研究

虽然，早在20世纪30年代，就有许多人提倡应用人类学的研究，如1934年，吴泽霖在《东方杂志》第三十一卷第十八号上发表他的《民族复兴条件》就认为："如能对症下药，毅然决然地彻底进行改革，才是民族的出路"，提倡应用人类学。1936年拉德克利夫-布朗在燕京大学讲学时也说："许久以来，人类学即呼号应用此种科学于实际殖民地治理之需要。关于英国，人类学之实际应用已采用相当步骤，政府对各殖民地皆派有人类学专家佐理殖民地行政，并训练殖民地服务人员。""十年来，余曾实验一种课程，包括普通比较社会学之全部，继之以实地做文化之功能的研究，再辅之以殖民地行政政策及方法之比较研究。如斯实验未及一年已发现其充分适合学生之需要，即可给学生以统制、教育土著之科学的基础。吾大英帝国有菲、亚澳、美各洲殖民地土著，若欲执行吾人对彼等之责任，则有两种急切需要呈现：第一为对各土著之系统的研究，欲求殖民地行政之健全必须对土著文化有系统之认识。第二为应用人类学之知识于土著之治理及教育。"[①]也提倡应用人类学的研究。1936年，黄文山也说："民族学不只为一种文化理论的科学，而亦是一种应用的科学，其与实际政治与近代思潮之关系，最为深切"，"人类学于外交上、行政上，均有大用。近代民族学不只是一种文化理论之研究，而同时对于边疆之治理，民族文化水准之提高，具有莫大之功用"。[②] 但在20世纪30年代应用人类学的研究并没有很好地展开，而到了20世纪40年代，由于西南少数民族地区成了大后方，如何治理好少数民族地区，使这个地区成为真正的大后方，并使少数民族富强起来，可以多为抗战出力等问题就显得尤为突出，因此，应用人类学的研究也就随之繁盛起来。

---

① 拉德克利夫-布朗：《人类学研究之现状》，《社会学界》第九卷，第75～77页。

② 黄文山：《民族学与中国民族研究》，《民族学研究集刊》第一期，第9～10页。

首先，是兴起了“边政学”的研究。研究“有关民族政治思想事实、制度及行政”，除了探索有关人口移动、民族接触、文化交流与社会文化变迁法则外，还研究边疆建设、边疆社会问题、民族现状、民族政策、民族自治、民族教育等问题，力图使“边疆政策有所依据，边疆政治得以改进，而执行边政的人对于治理不同民族不同文化的边民，亦可有所借镜”，并希望在战后能建设一个“允许国内各民族地方自治”的民族国家。[①] 因此，战时边政研究成了当时时髦的课题之一，成立了中国边疆学会、西南边疆研究社、华西边疆研究会、边政学会等民间学术团体；出版了《边政公论》、《边疆》、《边疆通讯》、《边疆服务》、《边疆研究通讯》、《西南边疆》、《中国边疆》、《边疆双月刊》、《边疆研究论丛》等杂志，发表了一批边政研究的文章，试图对边政建设出些力。如吴文藻 1942 年发表了《边政学发凡》。吴泽霖 1943 年发表了《边疆的社会建设》，1946 年写了《从么些人的研究谈到推进边政的几条原则》，1947 年写了《边疆问题的一种看法》。凌纯声 1943 年写了《中国边政之盟旗制度》，1943—1944 年发表了《中国边政之土司制度》。李安宅 1943 年写了《论边疆社会工作所有之困难及吸力》、《论边疆服务》等，1944 年发表了《边疆社会建设》、《边疆工作所需的条件》、《论边疆服务的对象》、《边疆社会工作》(社会部社会行政丛书)等。陶云逵 1943 年发表了《论边地汉人及其与边疆建设之关系》。卫惠林 1943 年发表了《建设西北的基本问题》和《边疆文化建设区站制度拟议》，1944 年发表了《战后中国民族政策与边疆建设》(《民族学研究集刊》第四期)。徐益棠 1943 年发表了《西北建设纲领及其方案》，1944 年发表了《立信——云南边区建设之初步》。胡耐安 1944 年写了《广东省边政设施概况》、《边疆问题与边疆社会问题》。马学良 1945 年发表了《垦边人员应多识当地之民俗与神话》等。

在这些文章中，人类学家献计献策，试图为边政建设出一些力，如吴泽霖认为，“在原则上，各种事业的推行，应由边民自己来承担，自己知道了自己的毛病，改进的时候，情绪一定较殷切，方法亦可望较切实。若一切都靠外来的力量，外来的人物，那就变成一种被动的运动，非但不彻底，有时反会引起猜疑误会。但是在初期，边民当然不能担任全部这类工作，我们应当选派一些富有同情心富有牺牲精神，有服务经验的人士，前往主持一切，学习当地的方言，参加他们共同的生活。同时尽量提携

---

① 吴文藻：《边政学发凡》，《边政公论》第一卷第五、六合期(1942 年)。

当地有力有志的人们，给他们以技术上、方法上的训练。让他们先从助理次要工作做起，一直培植他们，使他们能够自发、自动地担任全部工作为最后目标。同时，也可派送少数合适的本族青年，外出深造，以回乡服务为条件。本地年长的有力分子，遇有机会，设法使其外出观摩，这对本族社区的改革，亦能得莫大的裨益"。[①] 由此可见，吴泽霖主张变迁的主动力量是变迁者本身，外力只在初期帮助一下，而不要全面介入。

其次，为边区与边政建设培养人才，从事边政人才和少数民族人才的培养。战时，有的大学如西北大学和中央大学成立了边政系，以人类学的课程为主，以便培养一些能从事边政工作的人才。许多人类学家到边政系工作，如凌纯声、卫惠林等都曾在边政系中工作过。官方也成立了国立边疆教育馆，以承担一些少数民族教育的工作。许多人类学家也去从事边疆民族的教育工作。如凌纯声就任边疆教育馆的馆长。1940 年底，吴文藻到国防最高委员会参事室工作，负责的就是对边疆的民族、宗教和教育问题进行研究和提出处理意见，同时，他还兼任蒙藏委员会顾问和边政学会的常务理事。有的人类学家则去民族学校或训练班任教。如江应梁曾在 1940 年夏到重庆教育部开办的边疆民族训练班和边疆学校教了三个月的中国民族史。这种边疆学校首先培养的是少数民族上层人士的子女，希望他们接受一些汉文教育，以便将来能够成为社会变迁的推动者，以及同汉人密切交往或汉化的人物。如林耀华在小凉山调查时，就遇见过一位。她叫杨黛娣，是彝族土司之女，1943 年时刚从重庆的边疆学校毕业不久，她"一身时髦服饰，且满口汉语，已不复有夷习"。[②] 1942 年，梁钊韬由中大校长介绍任广东省政府指导委员会研究员，并担任广东省地方行政干部训练团边政班的业务教官，给学员讲授民族学概论，及指导业务实习。1939—1941 年，雷金流在广西省立特种师资训练所任教。1944—1945 年中大毕业生梁瓯第、许绍桂在黔东南地区榕江县任贵州师范学校校长，积极培养苗族、侗族子弟。张寿祺 1944 年大学毕业后，到桂林的桂岭师范学校工作，并在当年组织"广西省立桂岭师范边疆歌舞团"，参加欧阳予倩、田

---

① 吴泽霖：《从么些人的研究谈到推进边政的几条原则》，《边政公论》第五卷第二期（1946 年）；《吴泽霖纪念文集》，武汉：湖北科学技术出版社，1988 年，第 195 页。

② 林耀华：《凉山彝家》，上海：商务印书馆，1947 年，第 121 页。

汉等主办的"第一届西南戏剧展览"，献演"苗、瑶、侗、罗、民谣舞蹈"，受到欢迎。雷泽光则在1941年太平洋战争爆发后，投笔从戎，在远征缅甸的新一军中，从事协调新一军与边民关系的工作，为新一军排除一些阻力、有效打击日本侵略者做出了贡献。[①]

另外，在当时的革命圣地延安，应用人类学也有很大的发展。1939年，为粉碎日本帝国主义进行民族分裂的阴谋，中共中央成立了西北工作委员会及下属的民族问题研究会，着手研究中国的少数民族问题。1939—1941年集中研究回族问题，对回族进行了调查，当时刘春负责调查研究回族与伊斯兰教的关系，牙含章调查研究回族的来源和历史，李维汉负责"解决回族的基本政策"的研究。通过调查研究后，他们在1941年写出了《回回民族问题》(延安解放社出版)，提出了解决回回民族的具体方针政策。该书说，"如何解决回回民族问题呢？也就是说，在中国目前的历史条件下，如何实现团结回族抗日图存，共求解放呢？各民族抗日民族统一战线政策如何求其实现呢？回回民族问题成为国内民族问题，其基本原因是中国还存在着民族压迫，主要是存在着大汉族主义的民族压迫。因此，要求回、汉各民族亲密团结抗日，首先就必须承认回回是一个民族，并实行民族平等来对待回族，而民族平等，正是抗日民族统一战线的基本内容之一。实行民族平等，就是现时解决回回民族问题的基本政策。"[②]这本书曾在解决西北民族问题，组织抗日民族统一战线中起到了指导与积极的作用。同时，边区还从事过藏族、蒙古族的调查，以及进行创办民族地方自治的实践，由此看来，在解放区，应用人类学的研究，已不再是纸上谈兵，而是直接影响到中共中央民族政策的制定和实施，并直接参与了边区藏、回、蒙地区少数民族自治的实际过程，使人类学的应用真正发挥了作用，这是国统区应用人类学研究所不及的。

五、体质人类学、考古人类学和语言人类学的研究

20世纪40年代，体质人类学、考古人类学和语言人类学的发展虽

---

① 张寿祺：《中国早期的人类学与中山大学对人类学的贡献》，《梁钊韬与人类学》，广州：中山大学出版社，1991年，第131～132页。

② 民族问题研究会编：《回回民族问题》，北京：民族出版社，1980年，第110页。

没有文化人类学那么火热,也是有所发展的。

(一)体质人类学的研究

进入 20 世纪 40 年代,虽然主要从事体质人类学研究的中央研究院历史语言研究所人类学组也迁往内地,流离颠沛使研究受到了一定的影响,但他们还是坚持了下来,而且主要转向了对少数民族体质的研究。从 1941 年 8 月开始,吴定良、吴汝康进行贵州少数民族的体质调查,到当年年底为止,他们跑了安顺、镇宁、普定、织金、平坝等县的 60 多个村寨,调查了青苗、坝苗、水苗、补陇苗、仲家、龙家、打牙、仡佬等,得到了体质测量材料 2000 余份、指纹与血型材料 1000 余份。随后,吴定良又带人到贵州大定、毕节、咸宁、纳雍等地,再次调查大小花苗及黑白夷。1943 年,林耀华在调查凉山彝族时,也对彝族的体质进行了一些测量。同时,同济大学医学院的方超也在那里从事彝族体质的调查。

除了调查外,体质人类学家在 20 世纪 40 年代初也发表了不少研究成果。如《人类学集刊》第二卷第一、二合期上刊有吴定良的《中国人额骨中缝及与颅骨测量之关系》、《殷代与近代颅骨容量之计算公式》、《根据外部测量计算中国人颅骨容量之公式》等;吴汝康的《中国人之寰椎与枢椎骨》、《发旋之研究》;蓝思克的《论中国人体质生长之程序》。《民族学研究集刊》第二期上刊有吴定良的《人类面骨扁平度之研究》,卫惠林的《世界现代人种分类的研究》,陶云逵的《华欧混合血种——一个人类遗传学的研究》,葛君曼的《我国痨病之控制》,欧阳翥的《我国婚姻与优生制度之商榷》等。吴定良在 1943 年 6 月 20 日的《中央日报》上发表了《国族融合性在人类学上之证明》。商务印书馆出版了张君俊的《民族素质之改造》一书等。

1944 年 4 月,在中国民族素质改造研究的推动下,中央研究院成立体质人类学研究所筹备处,吴定良担任筹备处主任,负责全面的工作,筹备处分人类测量、遗传优生、民族生理与病理、生物统计等组。除专任研究员吴定良外,还有助理研究员吴汝康、马秀权、陈启鋆、崔道枋、王志曾、史济招,助理员杨希枚、荣永鑫、仝子鱼、王应天、陈凤梧等,兼职研究人员有谷镜、谈家桢、欧阳翥等,出版有《人类学集刊》、《民族素质报告》、《中国人类学志》、《人类学年报》、《人类学集刊外编》等。在工作之余,吴定良也为该处的年轻人讲授人类学和统计学概要、测量技术,使新来的青年人能较快地熟悉业务。

该所筹备处主要研究体质人类学,但也涉及一些文化人类学及应用人类学的研究，筹备处成立后，该处计划研究：国族起源与演变问题、国族体型之现状与分布问题、边疆各宗教源流与支派问题、儿童体质发育与生长问题、移民与杂婚问题、人类遗传问题、人种改进问题、民族素质各问题的研究、颅骨与体骨各项研究、脑神经各项研究、软体部分各项研究、手足纹形各项研究、种族心理各项研究、种族生命统计各项研究等。

在1944—1946年，体质人类学研究所筹备处具体的研究有：吴定良主持的新兵入伍之智力、体力与健康状况研究，殷代颅骨之研究，安顺坝苗之体质研究，西黔小花苗、水西苗之体质研究，贵州仡佬、仲家之体质研究，贵州罗罗体质调查报告，川南成年人体质之研究，傈僳人体质研究，双生子研究，华族血型之分析，肺结核病死亡率的比较研究，血色素与职业之关系的研究等。吴汝康做国人白血球的组合研究；马秀权做川南人血型之分配研究；陈启鎏做湖北人血型之分配研究；崔道枋进行四川人眼部发育调查研究、中国人之视野及与眼部构造关系的研究；王志曾做运动员与非运动员的比较研究、人寿调查、川南正常妇女繁殖率研究；史济招做华族血型之遗传研究；杨希枚做国族颅骨偏大问题研究和川南青春期体质发育的研究；荣永鑫做川南儿童血压研究；王应天做儿童手部形态的发育研究；陈凤梧做华族头发之组织的研究、昆明人肩胛骨之研究。技士刘冠生也从事肺活量的生长程序研究和国人头指数的统计研究。兼职研究员谷镜则做低能儿内部组织特征的研究等。

由于在原中央研究院历史语言研究所的材料、标本等问题上发生意见，筹备处负责人吴定良受到指摘，再加上抗战胜利后，各机构忙于复员、搬迁，到1946年春天，体质人类学研究所筹备处得到通知停办，"致使前功尽弃，以往心血悉付东流"。体质人类学研究所筹备处的人员四散，史语所民族学组也没有恢复体质人类学的研究。所以，吴定良去浙江大学工作，并把原体质人类学研究所筹备处的标本转到浙大，1947年，在校长竺可桢的支持下，在浙江大学建立了人类学系，积极购置仪器设备、图书，准备在体质人类学方面干些事；1949年春，还建立了人类学研究所。不过，当时正是内战正酣之时，旧中国在风雨飘摇之中，新中国正在逐步建立，谁也无暇顾及学术，因此，在20世纪40年代的最后几年中，中国体质人类学的研究发展得并不很顺畅。[①]

(二)语言人类学的研究

20 世纪 40 年代，语言人类学的研究也偏重在西南地区。历史语言所的李方桂曾于 1940—1942 年和吴定良一起到贵州进行调查，吴定良主持体质人类学调查，而李方桂则从事苗族和侗族的语言调查。另外，如罗常培、江应梁、杨成志、芮逸夫、马学良（1913—　）、傅懋勣（1911—1988）、闻宥等也曾在西南调查少数民族语言，或从事语言人类学的研究，并出了一批成果。1941 年凌纯声带队考察川康地区，也有人从事语言人类学的调查，后编写了《么些象形文字字典》和《么些标音文字字典》；马长寿编的《凉山罗夷考察报告》中的第四编，全是关于罗夷语言文字的。1943 年，李方桂发表了《莫话纪略》（史语所单刊之二十）和《莫话之分布地点及与他种语之关系》；傅懋勣著《维西摩些语汇》；闻宥写了《汶川瓦寺组羌语音系》和《嘉戎语中动词之方向前置及其羌语中之类似》，并同傅懋勣合著了《汶川萝卜寨羌语音系》；杨成志写了《瑶语小记》；罗常培则发表《贡山怒语初探叙论》。1944 年，闻宥写了《论嘉戎语动词之人称尾词》；李元福著《罗罗的文字》。1945 年，高华年（1919—　）写了《论汉语借词与汉文化的传播——一个罗族实地调查的统计和研究》；闻宥发表了《理番后二枯羌语音系》。1946 年，马学良著《罗文作斋经译注》。1947 年，张琨（1917—　）著《苗瑶语声调问题》等。

(三)考古人类学研究

20 世纪 40 年代的考古，由于很多大学和研究机构内迁西南，除了撰写过去发掘的报告和从事一些室内研究外，田野工作主要在西南展开。1941 年中央博物院筹备处、历史语言研究所考古组、中国营造社联合在四川彭山考察与发掘汉代崖墓，编写了《彭山汉代崖墓的考古发掘报告》。1943 年，在四川南溪李庄和重庆举办的史前石器和周代铜器展览，以具体生动的实物材料，说明了祖国悠久的历史和丰富的文化遗产，在抗战的环境中激发了中国人热爱自己祖国的热忱。此外，就是

---

① 王建民：《二十世纪前半期中国体质人类学发展概述》，《中国人类学的发展》，上海：三联书店，1996 年，第 147～150 页。

对殷墟所出土的文物进行室内研究，如陶片比重研究、陶片缀合等。1945 年日本投降后，史语所考古组和中央博物院筹备处的人组成“战时文物损失清理委员会”和“战区文物保存委员会”等，调查战时被日本掠夺的文物。1946—1948 年还多次举办文物展览会。

在这个时期，由于室内整理工作做得较多，因此，也有不少文章发表。1940 年，安溪集美学校出版庄为玑、包树棠的《安溪唐坟发掘研究报告》；卫聚贤发表《中国东南沿海发现史前文化遗迹的探讨》；岑家梧出版了《史前史概论》（商务印书馆）。1941 年，吴金鼎等著《云南苍洱考古报告》（中央博物院专刊乙种之一）；夏鼐发表了《考古学方法论》；林惠祥在新加坡《星洲日报》上发表了《马来亚吉打州旧石器时代洞穴遗址》。1942 年，中央博物院筹备处出版吴金鼎等的《云南苍洱考古报告》；岑家梧发表《中国艺术考古学之回顾与前瞻》；陆懋德发表《汉中地区的史前文化》。1943 年，李济发表《远古石器浅说》；陶大镛发表《中国石器时代底生产技术》和《中国金石并用时代的生产技术》；杨钟键发表《五十万年以上历史的实证——记中央博物院专题展览的石器部分》。1944 年，林名均发表《四川威州彩陶发现记》；李济发表《小屯地面下的先殷文化层》。1945 年，石璋如发表《小屯后五次发掘的重要发现》和《小屯的文化层》；顾颉刚发表《黄河流域与中国古代文明》；董作宾出版《殷历谱》。1947 年商务印书馆出版李济主编的《田野考古报告（二）》；石璋如发表《河南安阳后冈的殷墓》；林惠祥写了《广东雷斧的获得及雷斧、雷楔、雷针略考》一文。1948 年，北平研究院出版苏秉琦的《斗鸡台沟东区墓葬》和黄文弼的《罗布卓尔考古记》；史语所出版《中国考古学报（三）》；岑家梧则发表了《四川蛮洞发掘记》，等等。

论民族作为历史性的表述单位

彭兆荣

摘　要：民族学、人类学经常将民族作为表述单位来使用。然而，人们在使用的时候却发现它充满了矛盾和悖论。造成这种状况的根本原因是民族拥有多种语义和多条表述单位的边界，主要有以下三种：(1)民族—国家“想象共同体”的政治性表述。(2)地缘性文化发生形貌和地方人群的历史性表述。(3)某一个具体民族的历史记忆与族群认同的策略性表述。三者的边界相互交错但不重叠，有时甚至发生冲突。在三者的互动过程中，“主控叙事”的权力化总是处于主导地位，致使民族的历史性表述产生明显的“制造”性质。历史叙事与历史本身存在巨大的差异。本文就三种基本的历史性表述进行辨析与讨论。

解读“民族”是一件费力的事情。原因很简单：它的围建边界纵横交错，构造因素多样复杂。虽然学术界对它的讨论不少，但主要集中在概念、语义的介绍、翻译、分析和辩论等方面。毫无疑问，这对建立“民族知识谱系”起到了重要的作用。然而，在相关问题的讨论中，鲜见将其作为历史性表述单位的研究；而如果缺失了这方面的研究，势必影响人们对“民族”认识的完整性。我们认为，在“民族”的诸多意义中，它首先体现为一个表述单位，其边界主要有三：国家的政治性和权力性表述，地缘历史和文化的原生性和传袭性表述，民族或族群的族源性记忆和情境中策略性认同表述。三者虽互有关联，但因各自所处的情境不同，决定了它们的追求目标和实践原则的差异。它们有时并置互补，资源共享；有时则自作主张，相互抵触。毫不讳言，迄今为止，不仅在我国的学术界，甚至在官方表述中也经常出现因未能将民族的多重边界厘清而互相混杂、概念游走、单位无定的现象。本文试图通过对民族的三条最为基本和基础的表述单位的划分和讨论，以期引起学界和政府的注意与重视。

一、民族—国家的想象共同体叙事

言及“民族”，人们首先遇到和面对的是带有身份性的政治表述。几乎每一个人的生活或多或少都与之有关。好比每一个中国人在出国之前，都少不了要在一个“国家的公民身份”(Citizenship Country)之下填入CHINA。在这种情况下，其政治身份的基本背景和依据是“国家”。而以国家政治为边界的单位表达，自然绕不过“民族—国家”的认识和讨论，因为它是现代国际政治舞台上通行的表述单位。

众所周知，在现代历史的发展进程中，“民族”、“国家”不期而遇，形成了国际公认的“民族—国家”(nation-state)的表述单位，并成为国际政治对话的基础。造成这种情状有着复杂的历史原因，总体上说，经由国家利益、权力和现代技术，特别是印刷、传媒等的合力作用，“民族”与“国家”被确定(假定)为重叠的边界，或历史性地发生“共谋”，致使其成为现代社会形态的“想象共同体”(imagined communities)。它是“民族”在现代社会中以国家为单位的政治诉求，具有领土范围的主权性质。同时，它也成了民族主义的渊薮。安德森在《想象的共同体：民族主义的起源与散布》一书中勾勒出一个具有逻辑性和假定性的认知链条：(1)假定前提：“民族属性(nation-ness)是我们这个时代的政治生活中最具有普遍合法性的价值。”[①](2)它有一个先决条件：在制造出这一历史价值的原初性行为中，文字起到了无法替代的作用。因为文字过程——隐喻、书写、叙事——成为影响文化现象“注删”的一种行为和权力方式。[②] 当文字与现代传媒技术相结合并使之广泛影响人类社会的时候，便参与了“想象共同体”的神话制造和传播。[③]

安德森为“想象共同体”归纳了以下几个基本特征：想象的、有限

---

① 班纳迪克·安德森著，吴睿人译：《想象的共同体：民族主义的起源与散布》，台北：时报文化出版企业股份有限公司，1999年，第8页。

② Clifford, J. and Marcus, G. (ed.) *Writing Culture: The Poetics and Politics of Ethnography*. Berkeley: University of California Press, 1986, pp. 4-5.

③ 班纳迪克·安德森著，吴睿人译：《想象的共同体：民族主义的起源与散布》，台北：时报文化出版企业股份有限公司，1999年，第50～51页。

的、主权的和共同体的。[①] 但由于它本身是一个历史的政治性产物——以主权国家的利益需求为核心并包含着大量假定、制造和选择成分。虽然"民族—国家"无论从品质上还是功能上都表现出"想象性"和"有限性",但是,由于国家与暴力是个自我定义的行动主体,在诉诸实践时却经常表现出"狂热性"和"无限性"。最典型的表象就是"民族主义"。尽管"想象共同体"的边界纯属假定,但是当它作为现代社会公认的政治表述单位参与世界舞台上的权力角力时,便自动建构为一个世界性的"公共场域","话语规则"也就随之产生。在这个过程中,欧洲中心和殖民主义对这个"话语规则"的制定和实施起到了重要的历史作用。欧洲中心成了建构这个"话语规则"的历史知识的主要提供者。"在第三世界所产生的历史知识里,欧洲的主控性质——作为所有历史的主语,无不在理论上产生深远的影响。"[②]这种结果必然导致一个有失公允的情势出现:每一个"民族—国家"以相同的单位形式参与对话,"话语权"却操控在少数几个欧美国家的手里。

于是,诘问便接踵而至:"在世界的其他地方,民族主义是否也必须选择一个欧美制造、对其自身有价值的'想象共同体'模式?除此之外,它们还剩下什么可以'想象'?"[③]遗憾的是,这些问题的答案通常令人沮丧。按照现代国家的叙事"规则",第三世界的历史学家在建构自己民族历史的时候都必须强调他们的知识与欧洲历史的关系,而欧洲的历史学家则不需要对他们作出回应。甚至欧洲历史的规律在这样的历史背景下经常"转化"成为主控叙事(master narrative)。历史是社会知识的一种资源,在欧洲历史面前,任何其他民族的历史都将屈从于它的主控叙事,并以民族为单位,在一个新的民族结构的基础之上进行重新定义。[④] 我们所面对的困难在于,由于不同国家的历史构造和演变并不一致,民族—国家的"通用性"在很大程度上只提供了一个相似的形式"外壳",对于像中国这样拥有悠久历史和灿烂文明的特例,我们怎

---

① 班纳迪克·安德森著,吴睿人译:《想象的共同体:民族主义的起源与散布》,台北:时报文化出版企业股份有限公司,1999年,第10～11页。

② Chakrabarty. D, *Provincializing Europe: Postcolonial Thought and Historical Difference*. Princeton:Princeton University Press,2000,pp. 28-29.

③ Chatterjee, P. *The Nation and Its Fragments*. New Dehi; New York: Oxford University Press,1999,p. 5.

④ Rappaport, J. *The Politics of Memory: Native historical in the Colombian Andes*. Cambridge:Cambridge University Press,1990,p. 1.

么在这一个国际公认的表述形式中填充特质性内涵，是体现“中国特色”的重要一范。毋庸讳言，我们在这一点上做得并不充分。具体说，在传统的历史知识体制与现代表述系统的“链接”或曰“转型”中需要进行更清晰的边界分辨，注入唯我独具的内容，使之成为“符合国情的国际性”表述范式。

英国历史学家汤因比曾经发现西方古代社会有一个历史演进的规律：统一的国家（罗马帝国）成形于古希腊末期的单一政治共同体，它是古希腊社会末期衰弱的必然替代过程。而罗马帝国经过自身演进也会同样步入盛衰的间歇性周期。在这个过程中出现了两个导致加速罗马帝国衰退的事件：基督教会的出现和民族大迁徙。他总结社会转型的三大因素为：前一个阶段的国家历史形态、新发展出来的教会和蛮族的迁徙与入侵。他认为在三个因素中最重要者为第二个，第三个作用最轻。[①] 如果说汤因比的成就在于发现了历史演变规律的话，那么，他的问题是在发现的“规律”中将“蛮族”力量置于末尾。笔者以为，导致汤氏做出有失充分的判断的重要原因在于对“蛮族”构造和认识上的偏差。“蛮族”事实上不仅是“民族”的现代语用和分类的基础，更是早先历史人群和实体的依据。在这方面，人类学的知识和研究可以提供帮助。

古代西方历史说明，“蛮族”首先构成了西方“民族”的基础要件。众所周知，作为西方渊薮的古希腊文明，其原生地爱琴海地处欧、亚、非交错地带，多民族、多族群，跨域、跨国性人群共同体并存构成了古希腊文明的人种和民族依据。希腊人对于那些不同肤色的种族，比如对于皮肤的深浅差异有不同的解释，代表性的解释有两种：环境的差异所致和人种的混杂而来。[②] 希罗多德曾就他们的体质特征发表过这样的观点，未知往昔，他们只是一些黑皮肤和带有卷曲头发的人群。体质人类学的研究表明，在古希腊时期，皮肤的黑和白不具备价值分类和意义，只有“自由人”和“奴隶”才有社会意义。所以，今天人们在区分“希腊人/野蛮人”的时候时常犯错误。虽然古希腊人也会因为自己是希腊人而感到骄傲，但与“野蛮人”的差别并不在于其他，而是看他会不会讲希

① 汤因比著，曹未风等译：《历史研究》，上海：上海人民出版社，1986年，第15～18页。

② Snowden, F. M. *Blacks in Antiquity: Ethiopians in Greco-Roman Experience*. Cambridge, Mass: Harvard University Press, 1970, pp. 1-14.

腊语。那里没有现代种族分类的意义。相反,"希腊事实上成了一个人类多民族汇集的中心(anthropolocentric Greek)"[①]。对于古希腊文化这一重要特性,人类学家克拉克洪认为,"它变化得越大,越是同一回事情"。[②] 从历史的角度看,种族中心主义、白人至上论等基本上是在罗马帝国以后以及十字军东侵这样一个历史时期渐渐滋长出来的。

在"罗马帝国"(欧洲中心)自我"英雄偶像"化的历时性叙事中,不管"蛮族入侵"之于罗马帝国衰微的作用有多大,"蛮族"的分类和语用其实已经遁入以自我为中心的"想象"窠臼。任何历史,除了在时间上作历时性的自我说明以外,同时在不断"制造"人群共同体的价值认同。历史地看,不仅欧洲中心是"制造"出来的,甚至连民族也是"发明"、"制造"出来的。"历史学家们担负起筛选往昔事实的责任,要找出足以造成社会发展路线的潜在逻辑。在这个过程中,他们发现新的政治实体——民族(nation)——能够体现新的目标。"这样,民族就成了历史和科学以外的"第三个现代力量"。[③] 欧洲历史明白地昭示着这样的道理。特别是 19 世纪的法国大革命以及所引进的代表新时代的精神和力量,使得欧洲君主王朝大都被推翻,"民族"遂成为新的历史发展阶段中的重要角色。以前以"王国"隶属下的领土、版图式的"国家"(country),即强调人与土地的"捆绑"(earthbound)关系以及生产方式,随着王朝的历史性更替,现代意义的"民族"——作为政治实体的现代概念应运而生。民族与国家因此找到了契合点,并成功地在现代历史的进程中合二为一。而传统的、更为原生性的乡土社会在这个"想象共同体"的作用下被置于次要,"民族—国家"上升为具有领土范围内的主权性质和权力符号。这也是吉登斯提出的从"传统国家"、"绝对国家"到"民族—国家"的替换模式。[④]

显而易见,"民族"作为国家政治的单位表述,似乎缺少有质感的物

---

① Kluckhohn, C. *Anthropology and the Classics*. Providence, Rhode Island: Brown University Press, 1961, p. 29.

② Kluckhohn, C. *Anthropology and the Classics*. Providence, Rhode Island: Brown University Press, 1961, p. 42.

③ 乔伊斯·阿普比尔等著,刘北成等译:《历史的真相》,北京:中央编译出版社,1999 年,第 77～78 页。

④ 安东尼·吉登斯著,胡宗泽等译:《民族—国家与暴力》,北京:三联书店,1998 年。

质构成而有“空悬”之虞。换言之，民族如果没有具体的附着因素，比如地缘、族群、生产方式等，那么，民族似有失充分，或充其量只是一个“政治联盟”。学者对此有话要说：“现在的问题已经变得不再是一个‘民族的’和‘区域的’历史，而‘部分’与‘全体’的关系将是一个公共的法则。如果在这些选择性历史中出现任何联合体的话，那不是民族的而是联盟的。”[①]根本原因在于，对于历史话语权的体现和掌控而言，“民族—国家”的单位表述远比其他人群共同体更容易进行“区分/排斥”。如果单从地理上划分，非洲与欧洲无法分辨优劣，但当与民族—种族联系在一起的时候，撒哈拉以南的非洲便被纳入殖民时代和现代国家“区分/排斥”的价值分类和权力规约当中，因而也就有了政治意义。就民族作为政治表达而言，欧洲的案例和范式本身无形之中便成为某种话语权力，人们颇感惊异的是，在世界史范围内，特别是经过传媒的作用，使人在记忆中得到了这样的印象：民族主义（nationalism）是欧洲赠送给世界其他社会的一个礼物，因为它完全属于欧洲政治历史的产物。[②] 其他社会无一例外地都成为这一“礼赠”的接受者，他们在编织自己的现代历史时都必须将它视作一个价值圭臬。比如，美洲的欧洲神话已经作为一个工具成了统治美洲本土的价值，使美洲本土的传统无法成为一种真正属于自己的历史，——在自己的知识体系中无法组织起从过去到现在的自我体系。[③]

我们认为，“民族—国家”所面临的一个最大的悖论性挑战在于：一方面，它是一种历史在现代社会的“主控叙事”；另一方面，作为政治“单一”的构造性单位表述丧失、背叛了建筑其上的“多元”历史的逻辑依据。也就是说，“民族—国家”现代范式的原生纽带（the primordial ties）直接将传统的多元历史结合在一起，而它的现代作为恰恰在最大限度上削弱、消弭了作为“母本”的意义。在权力话语的表述中，它甚至走到了多元历史、多元文化的对立面，成为一种“单一”的历史表述，一种“弑父”式的历史表述。这种结果必然会引出同一问题在现代性中的

---

① Chatterjee, P. *The Nation and Its Fragments*. New Dehi; New York: Oxford University Press, 1999, p. 115.

② Chatterjee, P. *The Nation and Its Fragments*. New Dehi; New York: Oxford University Press, 1999, p. 4.

③ Rappaport, J. *The Politics of Memory: Native historical in the Colombian Andes*. Cambridge: Cambridge University Press, 1990, p. 1.

两方面指喻：一是民族的历史(national history)与“民族—国家”这一“想象共同体”的历史并不是一回事。其中最值得进行现代反思的地方在于，“民族—国家”的一个假定性推论：民族与国家的边界完全重叠。这样，国家便可以合法地利用、借用和使用“民族”的外衣去做任何事情。二是当“民族—国家”拥有强大的政治性“主控叙事”并对与自己有着历史渊源的“母本”依据进行重新建构时，当传统的地方性、族群性历史资料和资源被引用、被选择、被解释时，不可避免被镀上了权力的“光环”，成为名副其实的“发明传统”和“制造历史”。

导致上述矛盾与悖论的原因是：当“民族—国家”作为一个“想象共同体”的单位叙事时，国家的政治利益永远摆在第一位。这样的作为使得“民族—国家”因其政治上的需要时常表现出缺乏历史感——缺乏共识和认同的知识谱系，淡薄了具有族群单位的边界关系，忽视了具体民族文化的发生样式，消弭了多元社会下的经验价值，从而成为一个真正意义上的“政治民族”。而就某一个民族历史和文化的发生而言，需要具备以下几个参考性要素：(1)每一个民族或族群都有自己的文化传统的渊薮和肇始，有着比“民族—国家”更具有单位实体的量化指标：比如共同语言、地缘关系、心理素质、宗教信仰等。(2)有一个从“宗族”或者“氏族”谱系上确认的祖先形象。前者从族(家)谱上可以得到上溯和确认。后者虽无法上推确认，却可在同一个氏族单位内(比如同姓)公认某个祖先形象为同族共同形象。(3)具有可以为某一确认的族群、人群共同分享的历史经验，同时还有共同的配置性资源。由于“民族”与“国家”并不存在历史和文化传统上的共同边界，因此，当它被现代国家政治权力操控的时候，必然会运用国家机器和传媒手段“想象”和“制造”出民族—国家认同所需要的东西，并尽可能使之看上去具有“历史感”——包括公认的“炎黄子孙”、“龙的传人”、“推行普通话”、“统一使用汉字”等，遇到无法共同分享的社会价值和社会经验时，便会采取暴力、法律、行政手段和宣传媒体等方式予以剔除、修改，以达到统一。

在中国，几千年的封建“帝国王朝”最具表现力的其实并非是“民族”，而是“王土”，——“普天之下莫非王土”。人群划分所遵循的原则为“一点四方”，亦即“五方”制度(以“中国”之“一点”与“蛮夷”之“四方”的所谓“华夷之辨”)。它构成了中国历史的和真实的“正统”。到了近代，当“国门”被西方列强强行打开后，人们有机会看到原先的那些“蛮夷”、“番鬼”(红毛番)在带来“船坚炮利”的同时，还带来了一个更为重要的东西——西方现代产物“民族—国家”。这使得近代的有识之士认识到中国的"强国之路"不仅需要强大的武装,更需要强大的现代"民族"。于是,我们在孙中山的治国方略里看到了清王朝被替换成了汉、满、蒙、回、藏的"五族共和"国家,这也是中国近代国家建构"多元一体"的基本形貌。徐新建教授认为:"对历史延续的中国而论,所谓'多元一体'的说法,用来指称'王朝'、'国家'或'帝国'要比指称'民族'更为确切。"[①]毕竟我们今天所语用的"民族"(此指民族—国家背景下的可操控性工具概念)等语汇都是晚清以后由西方所"转借"的,[②]是外力作为的产物,具有历史的被动性和仓促感。因此,它怎么与具有中国传统农业伦理的"地方族群"相结合,怎么处理主体民族与少数民族的关系仍属中国"现代性"认识和研究需要补修的重要一课。也为中国的历史人类学辟出了一隅"中国特色"的研究畛域。

二、地方性人群共同体的原生形貌

既然"民族—国家"之政治表述的单位性语用系由西方传入,一俟它与华夏传统的"一点四方"的地缘群相面对时,必定存在着一个历史转变和政治磨合的过程。毕竟"历史和理由在有些方面属于完全不同的分类。然而,有些时候就像黑格尔所说的,它们又是无法截然分开的整体。或许作为一种分类的历史与其他现代性分类之间的差异存在着明显不同的关联,但是,它与民族—国家之间却存在千丝万缕的瓜葛。历史在民族—国家的现代性生产以及建筑在现代性之上的不同构制方面已经充当着一个关键性角色。与此同时,民族在确定历史的现代概念时也起到了决定性的作用"[③]。如果说,在中国,以民族—国家为单位的政治性实践已经是一种结果的话,那么,它必定有着具有中国特色的历史原因,而地缘文化的原生形貌以及由此构造的"地方性知识体系"(local knowledge system)不啻为一个极重要的表述依据,笔者甚至认为,其为华夏文明(经过充分发育的农业文明)最具表现力的一种

① 徐新建:《从边疆到腹地:中国多元民族的不同类型》,《广西民族学院学报》2001年第6期,第7页。

② 沈松侨:《"我以我血荐轩辕":黄帝神话与晚清的国族建构》,《台湾社会研究季刊》1997年第12期。

③ Dirks, Nicholas B. *History as a Sign of the Modern*. *Public Culture* 2(2), 1990, p. 25.

表述范式。地缘文化的"单位表述"既与国家的政治形态不同,亦与某一个民族的族性表达与族群认同(ethnic identity)不同。

众所周知,作为"民族"的历史从来都不是单一的,也不可能只是一个声音。然而,民族—国家因其政治性话语的强势,它的声音每每覆盖了不同地缘、不同民族文化的原生形态,事实上变成了"多元文化"的"一种声音"。从文化发生学的角度看,民族的表述既可以是"国家的"、"地方的",也可以是"族群的",它们都拥有各自的历史。可是,"历史表达与政治表达从一开始就相互独立"。在许多情况下,国家的政治专断迫使"多元文化"处于一种不平等的情境中,比如低层阶级、弱势族群、边缘地方、妇女以及其他被压抑的声音都成为"历史巨大的屈尊"(the enormous condescension of history)。[①] 而殖民主义的世界性扩张更加剧了这种不平等关系。一方面,一些领域被民族主义现代性的"霸权规划"(hegemonic project)所确定;另一方面,许多局部性经验仍坚持着固有的"正常程式"(normalizing project)。[②] 印度多元民族的历史为此提供了一个展示性的案例。首先,印度的历史毫无疑问具有自己的独特性;同时,它也对阶级的起源提供了一个变动的、多元性的回答。这样的历史与分层不只对单一的君主国家具有意义,它对联邦性的政治认定更具有价值。[③] 换言之,对相对单一的民族—国家的"想象共同体"而言,历史可以为之提供一种声音的选择,然而,它往往是以消灭或弱化"多种声音"为代价的。同样不争的事实是,多声部的声音贯彻在整个历史过程之中,只不过它们或许并不通过民族—国家的管道发出,而是通过诸如"地缘性单位"等表达出来。从这个意义上说,民族—国家所发出的,带有话语权力性质的"单声部"不仅显得单调,也是对历史叙事的策略性选择。这意味着民族—国家只是有意识地对历史多声部的存在进行"单声部"的筛选。

逻辑性地,当人们在面对民族—国家的主控叙事时,很自然地会将它与更具有实体感的"地方",如村落、社区、人群共同体作比照,并通过

---

① Dirks, Nicholas B. *History as a Sign of the Modern*. *Public Culture* 2 (2), 1990, p. 26.

② Chatterjee, P. *The Nation and Its Fragments*. New Dehi; New York: Oxford University Press, 1999, p. 13.

③ Chatterjee, P. *The Nation and Its Fragments*. New Dehi; New York: Oxford University Press, 1999, p. 113.

地方性原生形貌和具有实体边界的“自在单位”与“民族—国家”进行对话。它为后殖民主义时代的“本土化”提供了一个具体的表述空间，也为“全球化”的政治经济话语找到了一个“地方性”的对话和实践对象。现在的问题是，两个单位表述的目标不尽相同，决定了它们在对待历史时所采取的策略有所差异，这也直接导致了对同一个历史事件所做的历史记录不尽不同。我们看到，由于民族—国家“话语规则”的作用，当人们在某一个地方性现场“做历史”（doing history）的时候，从某种意义上说，那也是在“制造历史”（making history）。[①] 尽管两种情形可能有着完全不同的文化和政治上的目标，其意义也截然不同，但就方法论而言，二者是一样的。差异或许还是只有一个：举着“本土化”的标签在做同样的工作。这在我们今天重新审视历史时尤其值得警示。

从这个意义上说，历史人类学可以成为对单一性历史声音进行反思的一种学理依据和学科实践。道理很简单，历史人类学的研究有助于对“多元声音的还原”起到方法论上的作用。作为常识，人类学的民族志（ethnography）包含着对“异文化”（other culture）知识的了解和描述。“异文化”对于主流历史的话语而言，主要是指那些原始的、无文字的、小规模的、陌生的、封闭的、边远的、地方的、“落后的”甚至“野蛮的”存在，即类似于我国古代所指称的“夷方”：既指那些“被压抑了声音”的民族和族群，也指那些被埋没的、无法登上大雅之堂的“地方知识”与“民间智慧”（folk wisdom）。因此，尊重这些民族与地方的历史，无异于重构历史。而历史学与人类学的整合，使人类学更具有民族志的历史观，历史也更具有“人类学”特性的研究成为现代学术的重要成果。[②] 人类学的历史志有助于建立起在主流叙事之外地其他声音的“还原”、传播和传达的管道。萨林斯认为：“历史是文化秩序，按照具有意义的事物形貌来看，不同的社会历史是不相同的。”[③]所以，展示不同民族的

---

① Silverman, M. & Gulliver, P. H. *Historical Anthropology and Ethnographic Tradition: A Personal, Historical and Intellectual Account*. In *Approaching the Past: Historical Anthropology through Irish Case Studies*. New York: Columbia University Press, 1992, p. 11.

② Comaroff, John. & Jean Comaroff. (eds.) *Ethnography and Historical Imagination* Boulder: Westview Press, 1992, p. 13.

③ Sahlins, M. *Islands of History*. Chicago: The University of Chicago Press, 1985, p. 7.

社会历史这一过程本身就是对民族话语权力的批判。笔者认为，对于像中国这样的历史国度和华夏文明而言，历史性维度不独是人类学"本土化"的一种必要的知识贮备和研究视野，也是检阅我国人类学者对国际学术界所期待的一种学理回应。

如上所述，民族的"多层次表述"包括另外一个重要的因素，即地方或者区域声音。特别是在我国，人群与地缘的结合既反映出"一点四方"的方位律制，也成为区分"我群/他群"的一道历史边界。它不仅可以被视为一个"单位"的表述，而且为"民族"提供了一个更有实感的依据。学界称为"乡土社会"（费孝通先生）[①]，有的学者称为"乡民社会"（peasant society）、"草根社会"（grass-roots society）。按照一般性的解释，其主要特征是农业的生产方式，强调自给自足，"生活在自己的世界里"。[②] 那么，乡土社会的根本属性是什么？是土地。它是人民的"命根"，"是最近于人性的神"。[③] 依笔者管见，要理解中国乡土社会的本质特点，"社"与"祖"是两个关键词。前者表示人与土地"捆绑关系"的发生形貌和"人/神"关系，它历史地延伸出了社稷、社会、社群、社火等。后者则表明土地人群在生殖、生产、传承观念上的期盼和行为上的照相，它延伸出祖国、祖宗、祖庙、祖产等土地伦理的意群构造。如果背离这样一个历史结构，也就背离了传统的规约与历史的归属。事实上，在经济"全球化"强势的今天，考察政治经济运行是否处于"健康状态"的一项重要指标，正来自于所谓的"地方性力量"（regional force）。它是检验像我们这样具有传统的农业文明和复杂的土地伦理的国家能否持续发展的关键因素。

并非巧合的是，"地方研究"已经被公认为当代人类学研究的一个新范式。"在当代人类学的分析中，地缘性（locality）无疑成为一个关键性视角。"[④]早些时候的人类学研究主要以"某种文化"或"某个社会"

---

① 费孝通:《乡土中国·生育制度》，北京：北京大学出版社，1998 年。

② 基辛著，张恭启等译:《人类学与当代世界》，台北：巨流图书公司，1991 年，第 65～66 页。

③ 费孝通:《乡土中国·生育制度》，北京：北京大学出版社，1998 年，第 7 页。

④ Silverman, M. & Gulliver, P. H. *Historical Anthropology and Ethnographic Tradition: A Personal, Historical and Intellectual Account*. In *Approaching the Past: Historical Anthropology through Irish Case Studies*. New York: Columbia University Press, 1992, p. 21.

为单位。传统的人类学研究,比如“进化论者”,首先在“西方/非西方”这样一个带有进化意味的分类价值中确立研究对象。这样的研究本身就带有浓郁的殖民主义色彩。当代大多数的人类学家都把视野集中于“一个地方”,这种转变与 20 世纪 50—60 年代的“农民研究”有关。逻辑性地,人类学视野中与“大传统”(great tradition)相对的“小传统”(little tradition)的属性依据——“小地方”(little locality)备受重视。① 与其说这种转变是一种视野转换,还不如说是一种“分析单位”的改变。虽然,这样的范式转变引来不少批评家的批评,但并未影响它成为当代人类学研究的主要概念。它的价值主要体现在以下几个方面:首先,把目光集中在一个小规模的地方,有助于通过一个具有明确目标的研究,在参与观察的基础上达到对对象的深度理解。其次,人类学家确立一个具体的地方,并以此为基点向更加广泛的领域延伸,通过它的延伸过程建立起关系网络或以一个特定的地方与外界形成密切关联。再次,人类学家对小地方的研究更便于对现象做出诠释。② 总而言之,人类学对地方样板的研究和拓展具有革命性意义。“麻雀虽小,五脏俱全”,是谓之。

当然,“地方研究”要在“小地方”与“大历史”之间建立起逻辑性的纽带关联,否则就有理论上的“自给自足”之感,毕竟“区域存在着深刻的差别,这是因为每一个区域都有它自身的情感价值。在各种不同情感的影响下,每一个区域都与一种特定的宗教本原联系起来,因而也就赋有了区别于其他区域的独具一格的品性。正是这种观念的情感价值,发挥着至关重要的作用,决定了观念联系或分离的方式。它是分类中的支配角色”③。所以,揭示“小地方中的大历史”的历史目标在当今历史民族志中被当作首要任务。它不但将“地方中的全球”(global in the local)和“全球中的地方”(local in the global)同置一畴,而且成为

① Redfield, R. *Peasant Society and Culture*. Chicago: University of Chicago Press, 1989[1956].

② Silverman, M. & Gulliver, P. H. *Historical Anthropology and Ethnographic Tradition: A Personal, Historical and Intellectual Account*. In *Approaching the Past: Historical Anthropology through Irish Case Studies*. New York: Columbia University Press, 1992, pp. 23-24.

③ 爱弥尔·涂尔干、马塞尔·莫斯著,汲喆译:《原始分类》,上海:上海人民出版社,2000 年,第 93 页。

实现小型人群与民族志学者互动关系的重要部分。[①] 现在的问题症结在于:总体的历史(total history)和地方的历史(local history)在现实层面上并非简单地构成一般意义上"一般/具体"的关系。在政治经济和世界体系的主流表述中,传统人类学的"文化分析",即地方性单位(local unit)经常成为事实上自治的、自我组织的实体,从而成为从属性的关系。[②] 这是在研究中必须着力避免的。

那么,"地方性单位"怎么才能为历史人类学提供一个有效的分析样本呢?或者说,历史民族志要如何通过某一个具体的"小地方"研究来反映"全球性",同时又不至于使那一个案陷入"自给自足"的文化分析之中呢?"地方经验"或许是对"两难"的一种选择。我们知道,任何文化的传承都可以视为在同一个地缘性人群共同体内的经验积累和经验分享过程。在汤普森看来,文化生成和变迁的关键表现在"经验"(experience)之中。[③] 经验可以分为两类:生活的经验和理解的经验。在一个知识体制范畴内,二者与"社会存在"和"社会意识"相融通。前者包括诸如战争、死亡、抵御、战斗、经济危机等,它促使人们在新的情况下重新思考、寻找新的生存方式,比如权力的平衡、法律、经济甚至亲属制度。后者指因不同的生活环境和生活条件的变化导致人们重新思考以改变"经验"——不同的生活和新的理解。[④] 毋庸置疑,不同的历史能够累积不同的经验(第一种经验),也可以提升为共同的经验(第二种经验)。就地方性知识体制而言,经验具有明显的"特色",因而不见得适用于其他民族和族群。另一方面,尽管"地方经验"是具体的、特殊的,但是,它并非处于真空状态,它与外部因素紧密相联,同时包含人类面对变化所做出的带有共性的选择以及知识和智慧。从某种意义上说,这也是一种"发明与发现",它对任何社会都具有借鉴价值。

仿佛发明的结果各不相同,内在的逻辑却相同那样,历史的发生形

---

① Stocking, G. *Delimiting Anthropology: Historical Reflection on the Boundaries of a Boundless Discipline*. Social Research 62(4), 1995, p. 961.

② Biersack, A. *Introduction: History and Theory in Anthropology*. In *Clio in Oceania*. Biersack, A. (eds) Washington and London: Smithsonian Institute Press, 1991, p. 11.

③ Thompson, E. P. *The Poverty of Theory*. London: Merlin Press, 1978.

④ Collard, A. *Investigating "Social Memory in Greek Context*. See *History and Ethnicity*. Ed. By Tonkin, E., McDonald, M. & Chapman, M. London and New York: Routledge, 1989, p. 91.

态也包含着某种“发明”成分。在当代的历史人类学研究中,“传统的发明”(the invention of tradition)无疑是一个时髦的话题。“传统”既指原始性古老的遗存,同时它又成为后来人们选择和利用它的一种创新与创造,是一种“过去的现在时”。“传统的发明”并非一定要在时间上回溯或复古,而是根据需要建立与“过去”相联的历史符码,并从中发掘或者制造出新的东西。当然,具体的“发明传统”缺少不了一个社会化技术的支持,它需要一个形式化和仪式化的过程——通过不断地重复和强调某一个过去,以重复和强调“过去”的个性化。① 相关的形态有三种,它们相互交错:(1)建立符号化的社会联系和社会团体,不管这种他们是真正的还是“人造的”(artificial);(2)使建立起来的合法机构具有关系中的权威性质和地位;(3)这些工作的主要目的是使之社会化,包括信仰、价值体系以及行为模式。这一切看上去使得“共同体”具备了认同机制和基础,其表达和象征形同一个“民族”。②

历史的传统宛若一个“集装箱”(container),人们在什么时候,以何种方式,出于什么目的,在这个“集装箱”里取什么东西,有什么用途等都会使历史面目一新。这也为历史一个如何比如人类学研究提出了一个新的课题。比如,近来北美的历史在新的背景之下被重新加以讨论,引起了人类学家的关注:“人类学家研究一个历史方式应该从社会生活的具体化转移到它的组织和建构上来……历史人类学新的开端能够把我们带回到诸如文化建构之类的问题上来。”一个具体的做法是:“将‘热的’历史事件吸引到‘冷的’神话结构中。”③众所周知,神话从来就是人类学建立知识谱系和历史档案不可或缺的部分,它是人们通过历时关系理解人类社会“历史真实”的起始,具有“结构”的意义。④ 作为历史记录,北美神话相当清楚地展现出其不仅只是被动地表明分类上

---

① Hobsrawm, E. & Ranger, T. Eds. *The Invention of Tradition*. Cambridge:Cambridge University Press,1983,pp. 1-4.

② Hobsrawm, E. & Ranger, T. Eds. *The Invention of Tradition*. Cambridge:Cambridge University Press,1983,p. 9.

③ Turner, T. *Ethno-Ethnohistory: Myth and History in Native South American Representations of Contact with Western Society*. In *Rethinking History and Myth: Indigenous South American Perspectives on the Past*. Jonathan D. Hill,(eds). Urbana:University of Illinois Press,1988,p. 235.

④ 彭兆荣:《神话叙事中的“历史真实”》,《民族研究》2003 年第 5 期。

的一系列历史事件，同时它也是一个引导社会、政治、仪式和其他历史行为的过程。因为“历史不只记录了一个具体的事件，而且它也和神话一样是社会意识的一种形式”，所以，这不只是“从历史到神话”，同时也是“从神话到历史”。另外一个重要意义在于：“神话—历史”的关系模式在处理具体社会历史事件的分类时，建造出一种特殊的逻辑关系和历史结构。美国著名人类学家萨林斯在《历史的隐喻与神话的现实》一书中，以夏威夷土著的神话传说与英国库克船长的历史事件的关系结构为例，打破了诸如“想象/历史”、“神话/现实”、“原住/外来”、“土著人/西方人”之间的界限，在复杂的关系结构中“再生产”（reproduction）出超越简单历史事实的追求，从而找到另外一种历史真实——“诗性逻辑”（poetic logic）。[①] 西方与北美土著就在这样的历史接触中建立起了把神话作为一种集体意识和文化结构的关系纽带。[②] 在一个具有时空关系的“地方性”历史事件中，“此处”有了“他处”的意义。而北美的土著在特定的集体意识和文化结构中扮演什么样的角色，他们为什么会被选择扮演这样的角色，都值得深入检讨。至少，二者构成了一种历史的“对话”关系，缺少任何一方，对话都无法实现。而“地方性场域”为历史提供了一个展演的“现场舞台”。

三、族群边界中的族性认同与记忆

古希腊神话中有一个记忆女神名叫谟涅摩绪涅（Mnemosyne），她是提坦女神之一，乌刺诺斯和该亚的女儿。宙斯与她在皮耶里亚（Pieria）连续做爱九个晚上，后来她生下了九个聪慧而擅长文艺的缪斯女神。[③] 德里达曾经以“记忆女神”为中心提出了一系列问题：

---

① Sahlins，M. *Historical Metaphors and Mythical Realities*. Ann Arbor：The University of Michigan Press，1981，pp. 10-11.

② Turner，T. *Ethno-Ethnohistory*：*Myth and History in Native South American Representations of Contact with Western Society*. In *Rethinking History and Myth*：*Indigenous South American Perspectives on the Past*. Jonathan D. Hill，(eds). Urbana：University of Illinois Press，1988，p. 236.

③ Grimal，P. *The Penguin Dictionary of Classical Mythology*. London：Penguin Books，1986，p. 277.

> 我从来不会讲故事。
>
> 然而由于我偏爱记忆，偏爱记忆女神谟涅摩绪涅，我总觉得自己的这种无能就像是一种可悲的残疾。为什么我会缺乏叙事的本领？为什么我没有收到谟涅摩绪涅的馈赠？谟涅摩绪涅，如苏格拉底在《泰阿泰德篇》中所言，是九缪斯之母。苏格拉底强调说，谟涅摩绪涅的馈赠犹如一块蜂蜡，凡是我们想记住的一切都印刻其上，留下戒指或印章的印记。只要印记留着，我们就能保存对事物的记忆和知识，就能正确无误地谈论它们。
>
> 但是记忆女神的恋人并没有获得叙事的天赋，这究竟是为什么？当他不善于讲述故事时，当他恰恰因为保存记忆而不会叙事时，究竟出了什么事？[①]

要解释清楚叙事与记忆的关系是费劲的，不过，德里达提出的问题却很明白：叙事与记忆既关联又分离，仿佛记忆女神谟涅摩绪涅只给人们一种能力却拒绝馈赠另一个。同样，就像缪斯的数目、名称、能力、知识范畴没有一个确定的指称一样，[②]人类的表述方式多种多样，却可能或可以都在讲同一件事情。只要你获得了记忆"能力"，只要你愿意，你所要记忆的东西就会被"镌刻"下来。它与历史（过去的故事）形成了连带关系："如果记忆之外不存在意义，那就至少存在某种悖论，即探究'mémoires'一词的意义单位，例如将记忆与故事或'histoire'（story，history，Historie，Geschichte，等等）一词和全部用法联系起来的东西。"[③]显然，这是一个严肃、悖论却又具有关联性的问题。从知识考古学的角度看，记忆与想象关系密切。维柯甚至说："记忆和想象是一回事，所以想象在拉丁文里就叫作 memoria（记忆）。例如在特林斯的喜剧《安竺罗斯夫人》里我们看到'可记忆的'[memorabile]是作为'可想象的'意思来用的；我们还常常可见到 comminisci 这个词用作'虚构'的意思，所以一个虚构的故事就叫作 commentum。想象也有'机伶'或'发明创造'的意思……由于这些原因，神学诗人们把掌握记忆的女神

---

① 雅克·德里达著，蒋梓骅译：《多义的记忆》，北京：中央编译出版社，1999年，第17页。

② Grimal，P. *The Penguin Dictionary of Classical Mythology*. London：Penguin Books，1986，pp. 281-282.

③ 雅克·德里达著，蒋梓骅译：《多义的记忆》，北京：中央编译出版社，1999年，第23页。

称为各种女诗神(缪斯)的母亲。"[①]在这里,"历史—记忆—想象—虚构—创造"被串在了一起,"历史的事实"与"历史的记忆"变得不一样了,"历史的叙事"与"叙事的历史"完全成了两码事。

如果说民族—国家的"想象共同体"的政治表述和地缘性文化表述构成了两种历史表述单位的话,那么,某一个具体的民族或者族群的边界确认和认同无疑是另一个重要的表述单位。它不仅通过诸多可量化的指标,如共同的语言、共同的地域、共同的经济方式和共同的心理素质等因素"客观"地划分边界,而且,它更需要由具体的族群在所建立起的边界互动关系中,"自主"选择和记忆那些在特定语境(context)中最符合族群利益的策略。作为常识,任何历史的发生和表述都脱离不了基本的族群背景和社区单位——具体的认同单位。我们相信,每一个民族或族群对"我们的历史"都有一个相对一致的认定,以便区别于"他者的历史"。民族成为"确认历史"具体单位的另一条边界,即"我族历史"必须借助于"他族历史"的边界关系(boundaries)进行确认。巴斯认为:"民族认同的最重要价值与族群内部相关的一些活动联系在一起,而建立在其上的社会组织同样受到来自族群内部活动的限制。另一方面,复合的多族群系统,其价值也是建立在多种族群的不同社会活动之上的"[②]。也就是说,任何一个民族认同和社会价值必定是在特定的时空性、知识性和策略性之上建立民族与民族间的互动关系。这其中存在着两层相互关联的意思:"我族的边界"需要借助于其他的边界关系来完成"修建"工作;同时,任何"他族的边界"都不能凌驾在"我族的边界"之上。

笔者认为,划分民族的边界单位其实并非最为困难的,因为任何一个具体的主体民族都会自觉地将它作为族群认同的依据,以区分"我群"与"他群"。另一方面,在民族—国家的背景底下,现代国家和政府会把民族事务责无旁贷地承担起来,主动且主导性地参与各个民族的边界修筑工作。我国在20世纪50—60年代所进行的"民族识别"即是政府出面进行的民族识别和确认。56个民族正是二者结合(政府根据民众的意愿进行识别和认定)的结果。现在的问题是,由于"民族—国家"这一政治共同体(中华民族)因其"单一"的表述需要,在参与具体民

① 维柯著,朱光潜译:《新科学》,北京:人民文学出版社,1986年,第428页。

② Barth, F. *Ethnic Groups and Boundaries: the Social Organization of Culture Difference*. Boston: Little, Brown and Company, 1969, p. 19.

族的识别时,“想象共同体”的特权大量介入其中;又由于在对外关系和交流中“权力话语”的作用,致使两条边界发生经常性的关系错位,政治性、权力化的单位表述或强加,或替代原生性、自主性、族群性的文化表述。在此我们不妨以民族音乐学研究的案例来做说明。当我们习惯性地将以古代“礼乐”为基础的官方音乐、宫廷音乐、汉族音乐理解为“民族音乐”,或将二胡、笛子、古筝、琵琶等集中在一起并称为“民族乐器”(实乃中华民族之政治性边界)的时候,便可能与某一个少数民族的“民族音乐”(具体民族或者族群的文化发生性边界)发生混淆。人们有理由做这样的诘问:“中华民族”怎么能把来自不同民族传统、不同地缘文化、不同历史时段、不同生态背景的不同音乐或者乐器集中到一起,然后打上“民族”就了事了呢?

20 世纪 80 年代,一位名叫路易·当德莱尔的法国民族音乐学家有机会成为改革开放以后较早进入到中国少数民族地区的西方学者,他来到了侗族“嘎老”(通称“侗族大歌”)的主要原生地贵州三县(黎平、榕江和从江)做田野调查。在调查中他被“嘎老”所感动,遂邀请当地侗族歌队到巴黎国际艺术节演出,结果取得巨大的成功。面对这样的情形,法国的民族音乐家们显然没能找到合适的称谓对侗族特殊的音乐样式进行界定。当德莱尔先生在法国的《解放报》作如是说,侗人音乐——这是对一个长期没有使用文字的族群在发展自己的文化时所作的补偿。艺术节执行主席马格尔维特则这样评价:“在亚洲一个仅有百余万人口的民族,能够创造和保存这样古老而纯正、如此闪光的民间合唱艺术,在世界上实在罕见。”无论侗族被视为“没有文字的族群”抑或“亚洲的一个民族”都说明西方对我国民族关系的无知;另一方面也是由于我们在“民族单位”上的误解、误用和误导所造成的。另外还有一个原由是:“在中国传统民族音乐中是否存在多声部形式的问题,长期以来,国内外均持否定态度。”[①]而侗族的“嘎老”正是无伴奏、多声部的和声音乐样式。在这里,“侗族”与“中华民族”发生了错位,或为之所替代。造成这种窘境的根本原因正是“中华民族”政治共同体的表述单位与具体民族的文化发生和展演单位之间发生了混淆。“中华民族”之“一体”强调的是民族—国家的政治表述,而“五十六个民族”之“多元”强调的则是各民族的历史文化。现实是:前者经常“越俎代庖”。

---

① 彭兆荣:《族性的认同与音乐的发生》,《中国音乐学》1999 年第 3 期。

显而易见,虽然“我者历史”的确立需要借助于“他者历史”的参照、比对、互动方能实现,但这并不意味着“我者历史”不具备个性特征和自我负责的能力。恰恰相反,越是在与不同族群边界的关系修建中越需要强化某一个族群的认同。道理很简单,一个民族的历史和文化终究需由一个确定的人群根据自己的族源和背景来确认。[①] 换言之,民族的构造羼入了某一民族或族群的意识,是一种族性认同的叙事策略。因此,在族性(ethnicity)研究中,历史记忆、社会记忆等常被认为是凝聚族群认同这一根本情感的纽带。“透过‘历史’对人类社会认同的讨论,‘历史’被理解为一种被选择、想象或甚至虚构的社会记忆。”[②]其中也就有了一种历史记忆与族群认同之间相互负责的关联性,他们要对自己的行动负责。[③] 个中关系大致如是:“我者历史”必须通过与“他者历史”的边界修筑和划分来帮助完成,也正是由于这种相互并置的关系存在,使得“我者历史”的特征与个性被格外地加以强调,以凸显其“自我认同”的专属性。这也正是为什么中华民族的政治叙事不能替代任何具体民族和族群的专属性认同的原因;而任何民族的文化都可以视为特定民族无可取代的个性展示与展演,是一种族性认同的结果。

不言而喻,具有明确单位性的“历史叙事”与“族群记忆”必然凭附着现代国家和社会语境下的政治特征。也因为相同的理由,某一个集体单位的历史表述都会表现出相应的策略性:族群的“集体性记忆”与“结构性失忆”或“谱系性失忆”(genealogical amnesia)都可以理解为“强化某一族群的凝聚力”。[④] 所以,族群认同下的“历史记忆”其实同时意味着同等意义上的“历史失忆”。换一种表示,对“历史的记忆”与对“历史的遗忘”是同时进行、同步展开的。这不仅使得历史的记录成为历史构成的一个部分,也使这些被记录的部分成为无数历史发生过的“遗留物”(survivals)中的“幸运者”,属于人类主观因素和文化漂移

---

① Barth, F. *Ethnic Groups and Boundaries: the Social Organization of Culture Difference*. Boston: Little, Brown and Company, 1969, p. 3.

② 王明珂:《要基历史:羌族的弟兄故事》,黄应贵主编《时间、历史与记忆》,台北:“中央研究院”民族研究所,1999 年,第 285 页。

③ Sahlins, M. *Islands of History*. Chicago: The University of Chicago Press, 1985, p. 152.

④ 王明珂:《华夏边缘:历史记忆与族群认同》,台北:允晨文化实业股份有限公司,1997 年,第 45~46 页。

视角的选择对象。[1] 这样,历史记忆与族群认同便逻辑性地同构出了一个相关的、外延性重叠的部分——被记忆的便是被选择和被认同的部分。它们都展示于一个具体的边界范围之内。

如果仔细分析,我们就会发现,“社会记忆”包含着确定的时空观念,即所谓的“双位二分制”(a double dichotomy)——时空二分制度。在一个具体的单位范围内,“历史记忆”实践着特殊的时间制度,使之通过一个事件的表述将过去和现在连接起来。人们通过历史事件,重新确认“过去”与“现在”的关系和意义,这便是“时间二分制”。在“时间二分制”里,“过去”是一个相对的静态,可是当它在事件中被选择与“现在”建立关系时,“静态”随之快速发生变化。[2] 一种更形象的说法是:“把现在抛锚于过去之中”(it anchors the present in the past)。[3] 另一方面,“历史记忆”承载着一个特定空间范围内的价值认同。既然“历史记忆”必须通过一个具体民族的行为主体在历史的过程中诉诸实践,那么,像民族—国家这样的“想象共同体”就无法参加到这样的“记忆实践”中来。此外,民族和族群必须与一个具体的生存环境联系在一起,比如一个村落系由具体人群与特定地方结合在一起(氏姓村落),这构成汉族最具代表性的地缘历史:氏族(姓氏人群)—村落(空间居落),即地方人群通过利益抉择和资源共享等来划分边界,以区分“他们”和“我们”的空间关系。我们将它视为“空间二分制”。当人们认同某一个具有时空意义的单位表述时,其本身就在进行“圈地式”的说明和解释。这种说明和解释不是“说教”,而是选择一个故事或者事件,即使是同一个故事,不同单位的人群对它的记忆和解释也可能完全不同,甚至格格不入。

尤其值得我们警示的是,当那些主体民族、强势族群在建构他们的“边界范围”,进行他们的“历史记忆”时,会有意识地、经常性地发生贬抑、诋毁甚至污辱少数民族、弱势群体——“他者历史”的现象,并由此形成历史文本中的叙事习惯。在此我们举“高辛犬(汉族)/盘瓠神犬

---

① Ohnuki-Tierney, E. (ed.) *Culture Through Time: Anthropological Approaches*. Stanford: Stanford University Press, 1990, p. 4.

② Collard, A. *Investigating "Social Memory in Greek Context*. See *History and Ethnicity*. Ed. By Tonkin, E., McDonald, M. & Chapman, M. London and New York: Routledge, 1989, pp. 99-100.

③ Cohen, Percy S. *Theories of Myth*. See *Man*, New Series, Volume4. Issue3. ,1969, p. 349.

（瑶族）”的神话故事为例予以说明，汉族和瑶族对同一个“神犬”的故事都有丰富而翔实的记录，但二者在以“民族”为单位的历史讲述和记忆上却迥然不同：

汉族文本叙事		瑶族文本叙事
(A)“高辛犬”的“蛮夷化” （汉文本叙事中都将高辛犬号为“蛮夷”）	——	“盘瓠—盘王”的“神圣化” （瑶文本叙事中的“蛮夷”改成了“盘瓠（护）—盘王”）
(B)“高辛犬”的“他者化” （汉文本叙事中的神犬属于“非我族类”）	——	盘瓠—盘王“他者”的“我者化” （瑶文本叙事中的盘瓠属于“评王—汉王—吾王”体系）
(C)汉王敕封的“传说化” （汉文本叙事中汉王敕封停留于同一个传说层面）	——	“盘瓠”受赏的“敕令券牒化” （文书《评王券牒》）等封赏律令被瑶族用作配置资源）

从该简约的排列中我们可以清楚地看到社会记忆中具体民族的计量单位和策略性质。面对不同的“单位表述”，人们会按照自己的族属关系，或根据与自己族属关系的距离加以判断、认同与选择。如果你是汉人，你必然选择前者；如果你是瑶人，则必定选择后者。对具体的民族和族群而言，有些东西需要“记忆”，有些东西需要“遗忘”；有些东西需要“强化”，有些东西需要“弱化”；有些东西需要“增添”，有些东西需要“删减”。而什么需要记忆或遗忘，需要强化或弱化，需要增添或删减，无不经过精心选择。记忆与忘却、记忆与失忆同步展开。民族的历史就这样在一个个特定的“单位”中延伸、展演。我们认为：历史之于不同的民族单位充其量只构成“部分元素”，不能看作是民族历史“本身”。

由此我们可以看出，民族认同与历史记忆巧妙地结合在了一起：一方面，它既是对本民族文化“原生纽带”的忠诚和继承；另一方面，又是在特定的历史情境（context）中做出对自己最有利的选择。这样，“记忆”就在原有的功能之上被赋予了特殊的价值。研究结果表明，人们的记忆可以分为两个“系统”：一是“符号记忆系统”（semantic memory system），一是“情节记忆系统”（episodic memory system），两种系统属于不同意识的记录形式。前者记录“认知的意识”（knowing consciousness），后者记录“自我认识的意识”（self-knowing consciousness）。符号记忆统治着人们的个人经验和独立事件性知识，而情节记忆则确认我们的主观认同感，它们又被称为“理性组织记忆/非理性组织记忆”。如果这样的分类可以成立，二者的差别如下：理性组织记忆——像概念网络组织那样的记忆；非理性组织——记忆个人的经验、结果等，亦即理论上所说的“情节”。① 同时，“我们的记忆传达了一个连接的链条，从我们的思想到我们的身体，从我们的身体再延续到围绕着我们周围的社会和自然世界。然而，这一连续体同时也构成了我们通常忘却的来源”②。“记忆/忘却”类似于结构的认知机制。列维-斯特劳斯曾经以写作为例把这种认识结构的特征精巧地表现出来：“每当我写完之后，我马上就忘了我所写的东西。我的这种健忘可能招致某种麻烦，但不管怎么说，我认为中间也蕴藏着某种重要的意义：正因为这种健忘，让我觉得不是我自己主动写了我的书，而是书驱使我将它写出来……‘神话指使人在不知不觉中将它们想出来’。”③仿佛历史记忆中的民族认同，“主动写的”与“被动写的”整合并形成了“作品”的生产与再生产。

记忆的形态多种多样，其中“强制记忆/自愿记忆”构成一组互为二元关系。个人如此，民族亦然。对于一个具体的民族而言，现代国家制度、科学技术和传播手段——印刷术、传媒、伦理价值、教育制度等必将对其施以几乎是不可抗拒的强制记忆。表现在民族关系上，主体民族、强势族群会有效地利用其所掌控的国家制度性资源和价值对少数民族、弱势族群实行强制记忆。这一过程也直接导致后者的应对方式。自愿记忆便成为那些少数民族、弱势群体相应的策略性选择，而且多以集体性行为方式，比如仪式活动——一种比强制记忆更为有效的行为方式获得知识。这些集体性的自愿记忆行为和形式，客观上既可以起到保存、保持和保护本民族文化的一种手段，同时，在一定程度上也是对强制记忆的变相抵触。实验表明，在许多类型的记忆方式中，行为记忆表现得最为抢眼；而在行为记忆里面，一种被称为“主题展演目标”，

---

① Fenress, James & Chris Wickham. *Remembering*. In *Social Memory*. Oxford: Blackwell, 1992, pp. 20-21.

② Fenress, James & Chris Wickham. *Remembering*. In *Social Memory*. Oxford: Blackwell, 1992, p. 39.

③ 列维-斯特劳斯著，杨德睿译：《神话与意义》，台北：麦田出版社，2001 年，第 16 页。

简称为 SPT(subject-performed task)的方式与其他方式相比显得更为有效。[①] 对于那些弱势族群，特别是无文字族群，仪式性记忆具备了 SPT 的特质与征象，它不但为具体民族认同价值的传承纽带，也是对强制记忆的一种反应。比如"盘王(神犬)祭仪"即是瑶族等少数民族记忆和传承的一种手段。

现在到了为本文做小结的时候：民族—国家作为现代国家形态下的通用性政治表述，与地方文化的原生形态以及其所构造的"地方性知识体系"，即地缘群文化表述之间存着巨大的差异；而某一个具体的民族则会根据族源文化的原生性纽带和在特定情境中的利益选择这两项基本指标，通过记忆与认同性表述方式使其获得合法性。这些不同边界的"单位性表述"既"你中有我"，又"互为你我"，但"你不是我"。今天，当经济的"全球化"与文化的"多元性"历史地成为"现代性"的主要内容时，任何民族、国家、政党、政府、组织乃至个人，都直接抑或间接地与我们所讨论的问题存在关联。因此，对相关问题的研究不仅具有政治上的警示意义，而且具有学术上的反思价值。

---

① Zimmer, H. D. *Memory for Action.: A Distinct Form of Episodic Memory?* Oxford, New York: Oxford University Press, 2001, pp. 9-10.

古代传说中显示的兰屿及其周边族群互动①

余光弘

摘　要：本文的主要内容是检查雅美族对台湾兰屿岛周边地区诸民族的口传资料，以及兰屿周边地区诸民族有关兰屿或雅美族的传说故事，从这些资料中我们可以看出不同族群的不同故事反复在述说某些相同的主题，例如：天灾迫使祖先从南方岛屿往外迁移、移居岛屿与原乡岛屿曾经存在的各种桥梁连系。虽然口传资料的文化人类学研究仅能导出假设性的结果，期望本文在为此地区的移民及文化传播史的研究指出新的方向之后，能够达到抛砖引玉的效果，引起语言学、考古学、海洋科学等学科的学者对文中假设的进一步研究，对文中假设无论是证明还是推翻，都能对兰屿及其周边民族文化的来源产生新的了解。

一、导　言

兰屿岛位于台湾和菲律宾吕宋岛北边的巴丹群岛（the Batanes

① 本文原是发表于日本关西大学主办的[Encounters between Asia and the World: the Age of Exploration]研讨会中的论文[Views of the Outside World: the Pre-Twentieth Century Botel Tobago Yami and Their Neighbours]，由于用英文写作很难畅所欲言，乃在会后补充资料并以中文改写。在此须感谢关西大学桥本征治教授，若非他的督促，本文无由产生。同时要感谢助理林青妹小姐，为我翻译及整理大量的日文资料；也要感谢牟钟香小姐用计算机绘制的地图。

Archipelago)[1]之间，雅美族有许多传说、故事、歌谣传诵着他们和巴丹群岛的往来关系，这对于雅美族及雅美文化的来源提供了一定的线索；也有一些语言学(例如：Asai 1936；李壬癸 1999)及考古学(例如：陈仲玉等 1989；Stamps 1980)的证据显示两地之间的关联，因此学界似乎颇能接受雅美人及雅美文化来自巴丹群岛的说法；我在开始研究雅美社会文化时也持相同的看法(Yu 1991)。但是再对雅美族口碑更广泛的研究后，得到的资料显示现在的雅美人和雅美文化并非仅有单一来源。从传说故事中可以约略看出，雅美人的祖先从兰屿岛上几个不同的族群采借了许多文化元素(例如：种小米、造船等等)，传说中的异族群都是怪人甚至可说是怪物，例如：巨人、地底人、鬼等等(参考余光弘、董森永 1998)。因此我们可以推想古早的巴丹岛人在兰屿登陆时，岛上已有其他居民，现在的雅美人和雅美文化并非纯粹源自巴丹，而是早期巴丹与兰屿二岛文化元素的混合。

本研究将视角扩大，不仅检查雅美族对兰屿岛周边地区的口碑资料，也更进一步搜集兰屿岛周边地区(台湾东南部的卑南、排湾、阿美及菲律宾北部的巴丹岛)的民族有关兰屿或雅美族的口碑，从这些资料中我们可以看出不同族群的不同故事反复在述说某些相同的主题，例如：天灾(洪水、地震、海啸)迫使祖先从南方岛屿往外迁移、移居岛屿与原乡岛屿曾经存在的各种桥梁(马鞍藤、榕树根、排石等)连系。虽然口传资料的文化人类学研究仅能导出假设性的结果，但期望本文在为此地区的移民及文化传播史的研究指出新方向之后，能够达到抛砖引玉的效果，引起语言学、考古学、海洋科学等学科的学者对文中假设的进一步研究，不论对文中的假设是证明还是推翻都能对兰屿及其周边民族文化的来源产生新的了解。

二、雅美族有关巴丹岛的传说故事

在雅美人的传说中，菲律宾的巴丹群岛是兰屿岛的范围之外，昔时雅美人经常、持续接触的唯一地区。有关早期雅美人与巴丹人交往的故事、歌谣数量极多。近年来雅美人组织的团体已经多次访问巴丹群岛，当他们亲历 Batan 岛和 Itbayat 岛(雅美人称之为 Ikbalak)后，对于

---

① 本文所称的巴丹群岛、巴丹岛或巴丹是指全区的所有岛屿，为避免与称为巴丹岛(Batan Island，又称 Basay 或 Vasay)的主岛相混淆，提及后者时将以英文标示；巴丹群岛的居民合称巴丹人，仅指 Batan 的居民则称巴丹岛人或巴丹岛民。

祖先在传说及歌谣中对巴丹群岛鲜明而生动的描述赞叹不已。篇幅所限,本文仅能概略引述其中的两个故事。[①]

第一个故事是有关野银村(Ivalino)的创建者。昔时在朗岛村(Iraraley)有个很美丽的女子嫁到红头村(Imorod),生育二子后其夫却不幸过世,因为她的美丽而引来很多的追求者,不过一直都无法获得她的青睐。这个消息传到巴丹岛,有个鳏居的男子名为 Simina-Voang,闻讯后决定启程前往兰屿向美丽的寡妇求婚。当 Simina-Voang 驾船抵达兰屿并表达来意之后,寡妇将其前夫的衣饰交给他试穿,穿戴之后那些衣饰合身得宛如 Simina-Voang 自己的一样,寡妇因此同意他的求婚,决定留下二子在兰屿,与 Simina-Voang 前往巴丹岛;他们婚后也育有二子。

被妈妈遗留在兰屿的两个孩子长大后,建好新屋并邀请远在巴丹岛的母亲来参加落成礼。在雅美习俗中,举行落成礼的儿子应该赠送半只猪给自己的母亲,而致赠姨母的礼肉则是一头猪的四分之一;但是从巴丹赶来参加盛典的母亲却只收到四分之一的猪,她的姐妹反而收到半猪。当她为儿子的"欠缺礼数"而哭泣时,二子坦白告诉她当年他们曾经力阻她远嫁巴丹岛未果,若非姨母的照顾抚育,他们不可能长大成人。

数年后巴丹岛发生饥荒,Simina-Voang 之妻说服他举家迁返资源丰饶的兰屿。在他们启程前,Simina-Voang 做一木箱,将其与前妻所生的女儿置于其内,并要求木箱将其女漂送至兰屿。Simina-Voang 一家驾船往兰屿的途中经过很多岛屿,他们曾登陆其中的数个岛;有些岛屿的名字以及他们在某些岛屿上的见闻,很值得我们随后特加讨论。

因为船上粮食将尽,他们一行乃登上正好路过的天神所住的岛屿。Simina-Voang 的儿子无意间听到天神指示其仆,若在地上发现小米粒就将大张筵席,Simina-Voang 要他儿子在地板上撒一些小米粒;天神果然下令准备大量食物,预备设筵。Simina-Voang 的儿子又听到天神指示其仆,要将所有的鸡都关好,有鸡飞过的食物他都将丢弃不吃;两个孩子又在父亲的怂恿下将鸡赶得飞过天神预备开筵的食物。因此他们得以取得天神不要的大量食物,继续他们前往兰屿的旅程。

---

① 这两个故事较详细的内容请参考余光弘、董森永 1998;de Beauclair 1959 及 Benedek 1991。

抵达兰屿后他们先到朗岛，Simina-Voang 夫妇先派遣两个儿子去见他们的外祖父；两个孩子在海边钓鱼以充见到外祖父的见面礼，老人却拒绝女儿女婿一家与他同住，因为他从两个孩子所钓获的鱼预见未来他女儿的后裔将比他儿子的后裔要来得繁荣昌盛，所以他不愿女儿一家与其子比邻而居。Simina-Voang 一家沿着兰屿岛的北岸往东寻觅可居之地，最后到达野银村现址，Simina-Voang 就是该村的开基祖。

野银被称为 Ivalino 是因当时海滨有很茂盛的马鞍藤 *ivalino*（*Ipomoea pes-caprae*（L.）Sweet subsp. *brasiliensis*（L.）Ooststr.）其中有一棵蜿蜒伸展直达巴丹岛，他们可以经由这座马鞍藤的桥往来兰屿与巴丹之间。后来他们决定将该巨大的马鞍藤砍断，这个工作耗费数日才完成。

如果我们将故事中与现实有违的部分去除，这个故事似乎显示在早期的一段时间中，兰屿和巴丹岛有频繁的舟船往来，所以 Simina-Voang 可以获得有关美丽的寡妇待嫁之讯息；婚后其妻也才能得到邀请赶回兰屿参加其子的新屋落成礼。当然还有很多述及两岛间密切往来的故事，不过两地的联系却因一次血腥的冲突而告终，这就是另一个兰屿家喻户晓的故事——Siapen-Mitozid 致命的 Batan 岛之旅。

在雅美传说中，Siapen-Mitozid 是一个孔武有力的壮汉，他有一个 Batan 岛的朋友 Si-Vakag，他们经常往来互相拜访。不过每次 Siapen-Mitozid 去 Batan 岛时，他和他的雅美同伴总要表现出他们远比巴丹岛民强壮有力，例如：有一次他单枪匹马抓住并捆缚一头五个巴丹岛人无法制服的牛；他也抓到一条巴丹岛人千方百计无法捕获的鲨鱼。雅美人的勇武及男子气概很吸引 Batan 岛的妇女，引起 Batan 岛人的妒恨和敌意；最后他们决定停止双方的来往关系。

不久之后 Siapen-Mitozid 与邻居发生纠纷，演变成两个家族间一场剑拔弩张的械斗。在双方准备争斗时 Siapen-Mitozid 发现他最小的孩子需要一副盔甲；他打算到 Batan 岛为其子取一件牛皮甲。他组织一个八十人的队伍航向 Batan；当他们的船经过 Itbayat 岛时，该岛岛民警告 Siapen-Mitozid 一行勿再前行，因为 Batan 岛人可能会对他们不利，Siapen-Mitozid 并未接受他们的劝阻，还是强行前往预定的目的地。Batan 岛人与雅美人经过几次互动后，彼此的猜忌益形升高，终于暴发了一场血腥的争斗，虽然他们杀死或杀伤了许多人，Siapen-Mitozid 和他的同伴最后都难逃一死，仅有一或两位（数字因故事的版本不同而异）雅美人能够逃离巴丹岛，将这个事件的经过带回兰屿。从

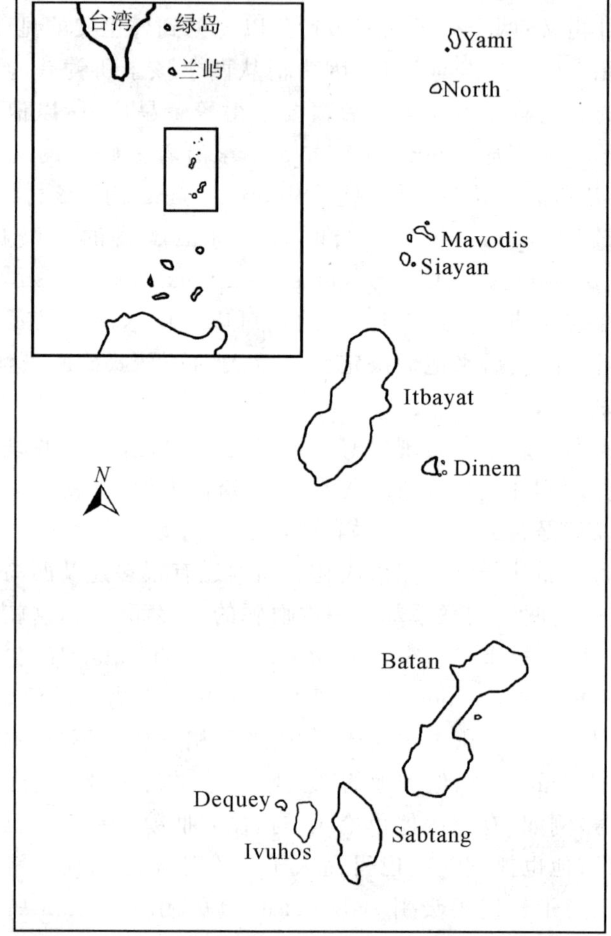

地图1　巴丹群岛图

此之后，除非有些巴丹船只遭风漂到兰屿，两地之间终止一切的来往，一直到最近一二十年双方交流才逐渐恢复。

以上的故事不仅显示昔时兰屿雅美人和巴丹人的频繁来往，也可显示雅美人的传说口碑不只是"讲古"而已，也保存若了干历史与地理的事实。在第一个故事中，Simina-Voang 和家人抵达兰屿之前，他们沿途经过好几个岛屿，以前故事中对那些岛屿的描写都被认为是雅美祖先想象力的产物，可是在我陪同雅美人访问巴丹群岛时却发现故事所述竟然颇有写实的成分。

1950 年代 de Beauclair (1959:134)到巴丹岛调查时，获知 Simina-

Voang 经过一个称为 Ivuvus 的岛，与巴丹群岛十个岛屿之中的 Ivuhos 相近；另一个岛屿被称为 magatau，而非雅美人常用的另一个词—*pongso*，事实上 Magatao 是 Batan 岛上一个乡的名字。Simina-Voang 一行也曾经过一个"山羊岛"(island of goats)，Benedek 指出(1991：171)该岛可能是 Mavodis 或 Siayan，这两岛虽然都无人居住，一向却都用来放牧羊或牛。

De Beauclair 对于 Simina-Vaong 的故事曾经提供过四个版本，其中之一述及他们曾登上一个岛，"岛上的山羊又大又壮，人可骑乘，从田间返家时可将篮子挂在羊角上"(1959：128-129)。所谓的又大又壮的羊非常可能是巴丹群岛数量很多的牛，虽然 William Dampier 在他的航海日志(1687)上并未记载群岛上有牛，但他却有提及以下即将讨论的牛皮甲(buffalo-hide armor)。有人可能会质疑，Simina-Voang 及其妻对牛应该颇为熟悉，因此没有理由将牛与羊混为一谈。其实在 1960 年代之前，牛并未出现在兰屿岛上，流传这个故事的雅美人并不认识牛这种动物，所以称牛为另一种山羊并不足为奇。1989 年我的一位报导人与其妻曾到台北停留约一周，有一日我带他们参观台北市立动物园，虽然他们对牛已有认识，也知道汉语的"牛"这一名词，但当他们见到兽栏内的野牛、水牛等各种牛科动物对，他们都称之为山羊 *kaklin*；实际上他们对所有长角的四蹄哺乳类动物，诸如各种羚羊，也一律都以山羊称之。在参观的途中我一直可以听到他们互相谈论说："好大的羊啊！""看那只奇怪的羊！"或是问我："那只大羊能不能吃？"

不仅是巴丹群岛的地名在雅美的传说故事中出现，雅美口碑中也有对该群岛地景的翔实描写。1998 年春我与一群雅美人同访巴丹群岛，在停留的一周间我们走访了群岛中三个有人居住的岛屿。访问团中有一位成员是当时五十余岁的小学教师，只要我们经过任何雅美故事或歌谣中传诵过的地点，他就会以赞叹的口吻告诉我雅美口碑对巴丹地区的写实描述。例如：当我们所搭的船靠近 Itbayat 岛，并见到该岛沿岸四周陡峭平滑的崖岸时，他提到 Siapen-Mitozid 故事中的一个情节，在 Siapen-Mitozid 一行经过 Itbayat 时，岛民警告他 Batan 岛民心怀不轨，并提议 Siapen-Mitozid 不要再前行，就在 Itbayat 和他们交易；Siapen-Mitozid 以歌来表达他对 Itbayat 人好意的感激，但是他不能和他们交易，因为沿岸都是断崖峭壁，他与同伴无法靠近登岛；他身历其境时可确认歌词中对 Itbayat 岛地形、地貌的传神描绘。在游遍巴丹群岛后，他认为他的祖先们真是了不起，以前他认为是虚构的传说或歌谣,经过亲眼验证后发现是实景的叙述。

Siapen-Mitozid故事中的牛皮甲也是巴丹岛的特产。Dampier曾亲见此物,并做了如下的记录(1687:105):

> 他们的盔甲是形状象我们马车夫罩衫的一片水牛皮,无袖,将两边缝合,保留空洞以让头与双手可以穿出;这种皮甲长可及膝,肩部较窄,但下襬有三呎宽,其厚如木板。

我们很幸运地在台湾博物馆的典藏品中找到巴丹牛皮甲的标本(照片1)[①],根据该馆的记录,该标本是1924年8月采自Siapen-Mitozid的家乡渔人村(Iratay)。

检视雅美人自制的甲胄(照片2)后,我们自然就能理解Siapen-Mitozid为何不惮其烦地要远赴Batan岛去为其末子取一牛皮甲,而不愿迁就容易到手的雅美藤甲。雅美甲胄是藤编的背心状护身具,有时其上会添加鱼皮,但是其长度仅足以遮蔽上半身的胸腹。发生战斗时雅美人通常会以石块从远处掷击敌人,短兵相接时再以木棍互相攻击;穿着雅美式的藤盔、藤甲,最多仅能保护头、胸,但是有一领巴丹牛皮甲再加上藤盔,则身体的大部分都有防护,只有手脚四肢的末端暴露在外。

上述的资料显示,在这些口碑中保存着许多历史及地理的事实。不过反观巴丹群岛,虽然他们知道兰屿及雅美族的存在,却从未在其口碑中提及;检查我手边有关巴丹群岛口述传统的资料,对于兰屿并未保有任何蛛丝马迹;例如Hornedo (1979)在*Laji:An Ivatan Folk Lyric Tradition*一书发表了百余首*laji*(巴丹岛的一种民歌)以及几个故事,其中并无任一歌谣或故事涉及兰屿或其居民。

然而在1958年de Beauclair访问Batan岛Mahatao天主教道明会的教堂时,神父出示了一封写于1802年5月的信,这是巴丹岛的传道士写给他在马尼拉上级的信,其中有一段涉及巴丹人与雅美人间的来往,该神父好心地将该信的部分译成英文,其内容如下:

> Itbayat的东北边有一个被称为Diami的岛屿,天气非常晴朗时可从Itbayat望见该岛,岛上的居民有和巴丹人一样的风俗和语

---

① 感谢徐瀛洲先生告知此一讯息。本文所用的照片系由台湾博物馆典藏组主任李子宁先生所提供,谨致谢忱。

照片 1. 巴丹牛皮甲
（台湾博物馆提供）

照片 2. 雅美藤甲
（“中央研究院”民族学研究所博物馆提供）

言。很久以前 Diami 人和巴丹人有来往，这种关系后来停止了，因为有一艘船从 Diami 来，船上所有人被 Vasay 来的巴丹人杀死，只有一个人驾船逃到 Itbayat 并从该岛回到 Diami。此事件发生后，所有来往都停止；尽管这已是陈年旧事，Diami 人却并未忘却，大约不到十年前，有几个巴丹人曾到达 Diami，他们的财物都被 Diami 人抢走，还有一个人被杀死。听说该岛有很多居民（de Beauclair 1959：123-124）。

虽然我们没有其他证据可以确认西班牙神父报告的血腥事件就是 Siapen-Mitozid 的故事，但从其惊人的相似性来看，我们可推测二者涉及的极可能是同一事件。不论这两个故事是否叙述同一事件，雅美人与巴丹人都同样报导，两地的停止交往是因巴丹人将一整船到访的雅美人几乎全部屠杀，为免成为仇杀的牺牲者，巴丹人与雅美人因此停止互访。

三、雅美人与汉人

虽然雅美人有许多歌谣、故事述及昔时与巴丹群岛的交往，却很少听闻雅美口碑中有对于较近的台湾岛的描述；在过去的一千多年中，雅美人似乎对台湾及其居民视若无睹，他们和台湾本岛的汉人的持续接触应该不会早于日据时代。尽管要到清朝末叶大规模的汉人移民才进入东台湾，但至少自康熙年间(1662—1722)开始，中国的历史文献中对于兰屿就有了断断续续的记载。

但是清代早期涉及兰屿的文献纪录往往只有寥寥一、两行，内容也常不实在或自相矛盾，例如黄叔璥的《台海使槎录》先说"沙马矶头之南，行四更至红头屿，皆生蕃聚处，不入版图；地产铜，所用什物俱铜器"(1736[1957]:9)；其后又称："红头屿……产金，番无铁，以金为镖镞、枪舌"(上引书:160)。实际上兰屿既不产金，也不产铜。然而兰屿产金的谣言却不胫而走，不断吸引汉人前往"淘金"，有些人或与雅美人交易、或以暴力手段杀人行抢也确实取得一些金子。在十八世纪初期甚至有汉人伙同屏东的排湾人(琅峤番)到兰屿抢夺金子，他们的计划以悲剧收场，"红头屿番尽杀之"，这一故事似乎有一定的吓阻作用，以后屏东地区的汉人和排湾人都不敢再去兰屿(上引书)。

同治、光绪年间清廷开始注意对东台湾的开发，不仅在今日的台东、花莲布署大批的汉人移民及兵勇，也在光绪三年(1877)派遣恒春知县周有基率领一个由廿四人组成的队伍勘查兰屿，其后清廷才将兰屿收入版图。周有基与其随从在兰屿岛上停留七天(1877/3/18－3/24[①])，他携带衣服、布疋、剃刀、剪刀、针线、珠子、盐、糖、铁锅等等诸物赠送雅美人，回程时雅美人回赠"羊十二只，椰子数十枚，椰种四株"(林熊祥 1958[1984])。

周有基勘查兰屿两年之后，台湾道夏献纶在编辑《台湾舆图》时应该参考了周有基的报告，在其中对兰屿有简短却生动的描述：

> 红头屿，在恒春县东八十里。孤悬荒岛，番族穴居；不谙耕稼，以薪杂粮、捕鱼、牧养为生。树多椰实；有鸡、羊、豕，无他畜。形状无异台番，性最驯良。牧羊于山，翦耳为志，无争夺诈虞之习。民人贸易至其地者携火枪，知其能伤人也，辄望望然去之。语音有与大西洋相似者，实莫测其所由。地势周围六十余里，山有高至五、六十丈者。社居凡七，散列四隅；男女大小不及千丁。光绪三年，前恒春县周有基、船政艺生游学诗、汪乔年偕履其地，归述其所见如此(夏献纶 1879[1959]:51-52)。

十余年后，《恒春县志》对兰屿有二三百字的记述，可异的是该志中并未引用夏献纶的资料，而是转录道听途说的无根之谈，并无复述的价

① 所记日期为阴历。

值，不过在该段记录的末尾却还是有值得注意之处："昔谓其地多金、银，实则无之。恒春未设县以前，有十余番遭风至恒；适龟仔角滋事之秋，为乱兵所杀。逃者一任车城某家操作；居数月，夜窃竹筏浮海而去"（屠继善 1894[1960]：9-10）。

日本人在占领台湾的两、三年前完成的《台东州采访册》也同样未征引夏氏的著作，对兰屿只有聊备一格、不足两行的叙述："红头屿，在巴塱卫之东海中。望之，其屿较大于火烧屿。其人从不至埤南；无船往来，不能知其详"（胡传 1894[1960]：11）。

不论昔时南台湾的汉人到访兰屿多少次，他们的事迹并未曾在雅美人的口碑中留下一鳞半爪。实际上在雅美人的口述传说中很少有涉及台湾的，在个人记忆所及的资料中仅有两个传说故事与台湾及其居民有关。第一个传说的主角是渔人村一个拥有超凡能力的人（或是半人半神?），他被称为造陆者或造物者 *mangamaog*，兰屿岛上的山丘、溪流、海岸、沙滩、礁岩、巨石、海沟、水源以及青青草原等都是他造出来的；他也能治疗各种疑难杂症，并能使死人复活。他甚至计划将兰屿往外延伸到小兰屿，使小兰屿和兰屿连接成一大片土地。不久台湾人听到这个消息，他们派人到兰屿邀请造陆者到台湾治疗他们重病的亲人，渔人村人拗不过台湾人的要求，并在治疗完毕即送回的保证下让造陆者被台湾人带走，从此他未曾再回到兰屿（余光弘、董森永 1998：62-63）。

红头村流传的造物者传说有几个不同的版本；其中之一述及的 *mangamaog* 是羊头人身，在他计划联结兰屿和小兰屿时被红头村人发现，红头人硬拉他去与他们同住，故事就此戛然而止，也未曾说明为何他停止造陆连岛的工作（刘斌雄、董玛女 1996：37-42）。红头村造物者传说的另一个版本（上引文：10-14）并未交待其外观长相，却提及他曾去巴丹岛救活一个死去五天的孩童；他回到兰屿几年后，Ikbalak（雅美人语的 Itbayat）岛民到兰屿向造物者求助，希望他能将他们岛屿周围的礁石群变得光滑，以免外人侵入岛上；似乎 *mangamaog* 已经圆满达成他受邀的任务，但是雅美人从此未再见到他。我个人推测红头村的两个版本可能较接近原始的版本，渔人村的则是近数十年来大量接触台湾人后经过修饰的版本，经常受到台湾人欺骗之后，雅美人将原来骗走 *mangamaog* 的 Itbayat 人换成台湾人。

另外一个故事传述的非常可能是雅美人和清朝军队的小规模战争，也非常可能是一个真实的故事。大约百余年前，某一日有一艘船漂来搁浅在渔人村的岸边，船上约有十余人，这些被雅美人称为 *Ipali* 的人都配带枪枝、戴帽、脑后拖着辫子，他们登陆后就霸占海边的船屋居住。所有的 *Ipali* 都很凶暴，因此雅美人都不敢接近他们，他们随意的攫取雅美人的猪、羊、鸡，雅美人敢怒而不敢言。有一天 *Ipali* 在炊煮时不慎引起火灾，大火从船屋延烧到村中的民房，两天之内烧毁渔人村的所有房屋，村人仅能抢救少数的细软四散逃命，不过还是没有人挺身而出，带头反抗 *Ipali*。

消息传到椰油村后，椰油人为他们的渔人亲戚感到很不平，决定要帮他们讨回公道。椰油人召集了百余勇士，在暗夜的掩护下悄悄潜入渔人村，他们鼓动渔人村民一起动手，先包围睡梦中的 *Ipali*，在领头者一声令下大家一起发动攻击，猝不及防的 *Ipali* 大多数被杀，只有几个幸运的跑到海边驾船逃生。在其后的一两年间 *Ipali* 曾经两度企图再登陆兰屿，但是都被严加戒备的椰油勇士击退。

这个 *Ipali* 的故事述说的可能是官方档案遗漏的一个事件。在前述恒春知县访查兰屿的报告中，周有基曾建议清廷在兰屿岛上驻兵；雅美人口碑中的 *Ipali* 极可能就是清政府派出的小部队，他们遭逢重大伤亡后可能数度冀图卷土重来，但是在 19 世纪最后的一二十年里，内外交困的难局有太多清廷及当时的台湾政府须应对的当急之务，而且 1895 年台湾即割让予日本，这可能就是 *Ipali* 没有继续前往兰屿寻衅的原因。

四、雅美人和绿岛人

虽然雅美族的口碑中甚少保有台湾本岛汉人的资料，但对于在绿岛的汉人却有较多的来往，也保有不少与绿岛有关的传说。雅美语称绿岛为 Jitanasay，对绿岛人则称 Itanasay，这似乎也隐涵着雅美人将绿岛人与台湾汉人视为不同的族群。朗岛人传述以前绿岛人常在夏天兰屿蕃龙眼及大叶山榄盛产时前来交易，以鱼钩、钓线、铁器等与雅美人交易；雅美人现在采用的飞鱼追逐网渔法也是向绿岛人学来的。

马渊东一(1956)所记的较早红头村有关绿岛的传说中，绿岛人可是会吃人肉、喝人血的怪物，他们身体是铜的，只有刺眼才能杀死他们[①]；红头人也转述曾有一群朗岛人在绿岛海滩度过一夜，他们要在遮蔽处才敢生火，以免引起当时居于内陆山丘堡垒(the fastnesses of the island's inner hills)的食人族的注意。但是他又记录一段朗岛人的传说，叙述他们的祖先到绿岛捕鱼，甚至还种植竹子、香蕉，也筑水田、种水芋；只是不知朗岛人是否曾在岛上建屋居住。

绿岛人有关与雅美人关系的报导则较为血腥，几乎都是杀戮征战的故事。[②] 绿岛人传说他们的祖先迁居绿岛时，岛上有少许的雅美族人，在火攻、放符咒或武力驱赶下，雅美人或被杀、或逃回兰屿；其中有部分雅美妇女与汉人发生婚配，据传中寮村某姓家族即有雅美族血统。伊能嘉矩(1928[1991]:187)采集的绿岛传说有雅美人乘舟来袭绿岛被击退，以及绿岛人大举舣舟往攻兰屿，掠得家畜、作物、器具等情节。

对马渊东一提供的资料比较合理的解读是最早迁居绿岛的汉人住在山上的石造建物，但是此种建物可能并非汉人所建。巴丹群岛各个有人居住岛屿的山丘上都有称被为 *ijang* 的石造屋舍，是昔时岛民营建以防敌人攻击的堡垒及庇护所(Dampier 1687；Dizon & Santiago 1994；Hornedo 1996)，兰屿的东清村山上据说也有相同的建物，雅美人称之为 *jipijyaeng*，传说是大洪水时的居住地，离东清部落约两个山头远。[③] 推测早先登陆绿岛的汉人可能暂居于他们山丘上发现的石造建物内。“铜身”汉人可能是穿着盔甲，以早期仅拥有有限铁制武器的雅美人来论，很难对其做穿透盔甲的致命攻击，刺眼就成为唯一能够造成重伤害的选择。至于食人饮血之说应是讹传或对异族的异类化，否则朗岛人以后断不敢再重返绿岛，并在其上渔樵耕垦。

五、雅美人和台湾本岛的原住民族群

从绝对的距离来看，台湾南部的原住民族群是雅美人的近邻，可是

---

① 原文是“there once lived a strange people who were canninbals and vampires who could be slain only with great difficulty by piercing the eyes, because their bodies were made of brass”(Mabuchi 1956:8).

② 以下叙述主要参考李玉芬 2001:35。

③ 感谢在东清做田野研究的高信杰先生提供有关 *jipijyaeng* 的信息。去除雅美语的地名词头后，*ijyaeng* 和巴丹语的 *ijang* 的相似是无庸置疑的。

昔时的雅美人对他们却几乎一无所知;在我个人所知的雅美人口碑中,并无片言涉及南台湾的原住民族群。尽管受到雅美人的忽视,某些南台湾的原住民族群(例如:卑南族、阿美族及排湾族)的部落,却在其远古的传说故事中经常提及兰屿及其居民。兰屿和火烧岛(绿岛)在这些族群的口述传统中,前者被称为 Votol、Vutul、Butul 等,而后者则被称为 Sanasan、Sunasai、Sunasayan 等。

检查《台湾高砂族系統所属の研究》的资料,可以找到至少四个排湾族部落将兰屿视为祖先所来自的故乡,只是无法确定这些来自兰屿的人是否即雅美人。Takeʁivan 是 Pulci 部落的贵族家族,其创立者是女性,名为 Coko,她从兰屿(Cuʁikuʁikul-iviʁi)漂流到 Pulci;其夫 Galavigav 也是兰屿人,他搭船 *tamina* 到台湾来,原本在大鸟万溪口 Coabange 附近活动,后来被 Coko 招赘,其家屋被命名为 Takeʁivan,是以 Galavigav 从兰屿带来的梁木所建,此一家族被选为头目是因为他们是该地区最早的居民。Pulci 邻近的两社 Katsurin(カツリン)、Kanapi(カナピ),相传其祖先是从东方、海的对岸,恐怕是从红头屿乘着海龟而来的,据说(两社的祖先)使用这只海龟运来的梁木建造 Takeʁivan 家(移川子之藏等 1935:321-322)。

在靠近今屏东枋山的一个排湾部落 Vuriʔilj 社(雾里乙)从前是由内狮头社分出的人所建的,其所在的土地属于内文社的大头目 Ruvaniau 家,但 Patungatung 家世世代代为其代管。另有一说相传 Patungatung 家的祖先原本是来红头屿;从该岛漂流至阿塱卫(今达仁),遭受到阿塱卫社民之攻击,同伴大多死亡。Patungatung 家的祖先与其他幸存者逃往内文社[①],受到该社大头目 Ruvaniau 的庇护;Patungatung 的才华受到大头目赏识,而分住在 Vuriʔilj 社建立一部落(小岛由道 1919[2003]:89)。

传说中 Patungatung 的祖先从兰屿抵达现今的台东至其受庇护并建社之地,其直线距离超过 15 公里,而且中央山脉纵贯于两地之间,虽然中央山脉的南段已无二三千公尺的高山,但 Patungatung 的祖先要从东海岸逃抵内文社附近,仍须翻越数百至千余公尺高的山丘。我们很难想象这一段传说若完全出于杜撰,Patungatung 家族如何为其祖

① 本节涉及的三社关系是内文社人分出建立内狮头社,内狮头社人再分出部分建立 Vuriʔilj 社。

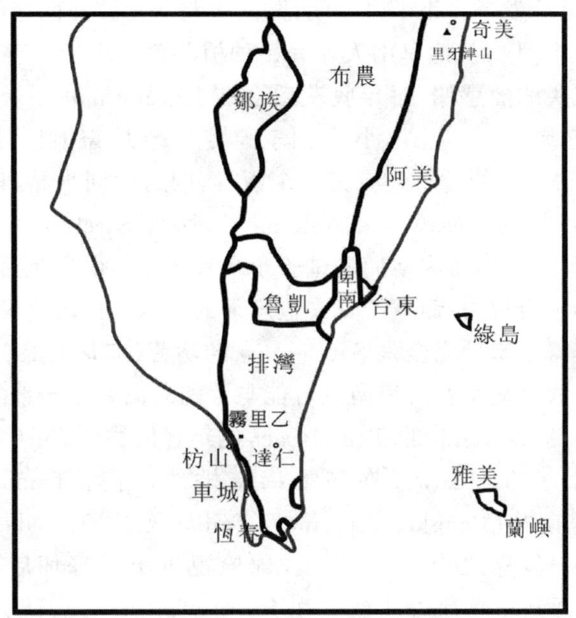

地图 2　南台湾原住民族群分布图

先想象出如此艰苦的行程。

在卑南族的传说中有一个名为 Votol 的家族其祖先也来自红头屿。Votol 家的祖先 Taivan(女)、Marudawan(男)来到台东街南方的 Tokos(トコス),他们乘着大竹筏 *tanima*① 从红头屿(Votol)来到该地,据说刚开始他们是有尾巴的,坐在普通的凳子上会不舒服,因此都坐在壶上。这个家族从 Tokos 迁到 Maedatar 后,其家族之长老 Dumalasao 因尾巴不雅观而将之切除,从此 Votol 族人不再拖着尾巴(移川子之藏等 1935:359)。在排湾族的传说中,亦有兰屿岛上的居民有尾巴的说法(上引书:322)。

另一个卑南传说的主题是小米栽培的由来。很久以前有一对夫妇 Adurusao 与 Adurumao,他们是 Sapayan 家的祖先。当时红头屿上有很多小米,但卑南人并不栽培小米,夫妇二人渡到红头屿,将小米藏在腋下偷偷带出来,却被红头屿人发现;他们又将小米藏在口中也被红头

① 值得注意的是排湾人与卑南人用相近的词指称从兰屿载人抵达台湾本岛的船只,排湾传说的 *tamina* 是"船",卑南传说的 *tanima* 则是"竹筏";雅美语指称小船的词是 *tatara*。

屿人识破;最后妻子将小米藏于阴部、丈夫将小米藏在阴茎的包皮内才成功将小米带回[①],从此卑南人才开始种植及食用小米。Sapayan家为了表示对红头屿的感谢,每年收获后会在Katunuman海岸(现今台东市南方的海岸边),以酒、小米、槟榔朝兰屿献祭(上引书:361)。Sapayan取得小米的故事还有另一个版本,两者大同小异,只是夫妇二人的名字不同(Satelesaw与Satelemaw),而且Satelesaw(女)并未成功挟带小米"闯关",因为他们先试验小米种藏于其阴部是否牢靠,却发现排尿时小米会流失;而藏于其夫包皮下的小米排尿时仍安然留存,所以卑南人获得小米种完全是Satelemaw的功劳(宋龙生1998:97)。

另一个故事显示昔时卑南人可能与兰屿岛民有较频繁的接触。故事的主角是Arasis家族的Temalasao,他年轻时去Butul(兰屿),爱上了岛上的女子Taiban,并在岛上缔结婚约,婚后Temalasao想偕Taiban回卑南社(Panglan Puyuma),Taiban要求Temalasao先回卑南社,带回一包称之为tere'的土,她检视过土质好坏后再定行止。Temalasao回到卑南社后又携土往Butul,Taiban看后认为是可以耕种栽植的好土壤,于是Taiban就同意与Temalasao西行。Taiban之兄弟姊妹来为他们送行,Taiban之兄Arunawan不放心妹妹的远离,一直伴送Taiban来到卑南,并停留数月才返回Butul故里。Arunawan临行前叮嘱其妹每年小米收获以后,要命会所里的青年送小米糕*apai*到海边行遥寄米糕*rariaban*的仪式,即将*apai*置于海滩,任由海水浪潮卷入海中,如此即表示Butul的祖先已取走米糕。Taiban遵其兄之嘱行之,此即后来海祭*murariaban*之起源,以示不忘Butul故地的祖先。这也是为何Arasis家族与上述的Sapayan一样,要朝兰屿的方向献祭的原因(上引书:107-8)。

Temalasao故事似乎显示出至少在某段期间中,卑南与兰屿的居民有较多的互动,兰屿与卑南诸社的距离较近于兰屿往菲律宾巴丹群岛的距离,两地之间会有往来并不足为奇,但是我们并不知是在何时、基于何种原因,卑南人才停止与兰屿及其居民的交往的。

阿美族有更多的部落和兰屿有关系,不过我们也同样不能确定与阿美族有关的兰屿居民是否为雅美族。有关阿美族祖先的来源传说中

---

① 同一资料来源也述及另一个取得小米的方法:这对夫妇依赖连结兰屿与卑南住地的榕树根将小米传入。

经常提及两个岛屿，即被称为 Sanasai 的绿岛(旧名火烧岛)和被称为 Votol 的兰屿，但是故事中大都只提及祖先从(或经由)此二岛或其中之一迁居台湾。有一个故事述说从前有 Tomai-Masura(男)、Nakau-Havok(女)、Amatsan(女)、Kavel(男)、Akah(女)等五人从天上下凡至红头屿(Votol)，他们兄弟姐妹的排行是依此为顺序的。Tomai-Masura 与 Nakau-Havok 两兄妹结婚，生下子女，子女又相婚配，生下 Vuleh-Havok 及 Sura 兄妹；后来红头屿连续发生大地震并引发大洪水，这对兄妹乘着木臼 *lolang* 漂流到 Tsirangasan 后结婚，其子孙繁衍散布各地，据说后来形成了 pangutsaha(パングツァハ)[①]诸社。在红头屿时代，Tomai-Masura 的弟或妹之子女 Arakan 及 Arakao(男)迁移到火烧岛，接着从加走湾(今长滨)登陆，渐渐南移成为 Piuma(卑南社)的祖先。Tomai-Masura 的弟、妹 Kavel 和 Akah 死于红头屿，据说 Amatsan 从红头屿往西迁移到某个岛屿，再向北行，此后即音讯全无(移川子之藏等 1935:510)。

祖先因大洪水而迁移，以及祖先与其他台湾原住民族群的祖先一起从兰屿来台湾的传说母题，出现在很多阿美族部落的口碑中。另一个故事述及一对夫妇从天上下降到兰屿，再迁往火烧岛，在岛上生下很多子女，他们就是阿美族、卑南族及噶玛兰族的祖先(上引书:512)。有几个社的传说将此远祖所出的子女所繁衍的族群扩展到了汉人、西洋人及日本人(上引书:425-428)。虽然卑南族并没有其祖先与其他族群的祖先一起从兰屿或绿岛迁来的传说，但至少有一个卑南部落的传说认为卑南族与阿美族是同源的(上引书:367)。

在阿美族各地的传说中，Rarangus 氏族常被认为是从兰屿、绿岛等海外之地迁到台湾的；Kiwit 氏族则常被认为是从绿岛迁居台湾的，当然还有许多不同的氏族也常被认为来自海外，在此不再赘述。兰屿、绿岛及台湾间的交通除船只、木臼外，桥梁在阿美传说中也很常见，阿美族连结岛屿的桥梁有与卑南族传说相同的榕树根，也有石桥或进一步说明是排石做桥，更有说是黄金桥(可能是金色的桥)等多种版本(以上各说散见于上引书:423-562)。

① pangutsaha(パングツァハ)应该是 *pangtsa*，即阿美族人的自称。

六、神话传说中透露的讯息

我们将上述的所有故事并置，并参考考古学（Bellwood et al. 2005；Hung 2005；臧振华 2005）和语言学（Ross 2005）的研究成果，对于台湾东南地区的族群与文化的传播散布就会得到一个较清楚的图像。我个人对于台湾东南隅的研究仅限于兰屿的雅美族，因此对于其他族群不敢妄加议论，本节只能集中讨论兰屿及雅美族的部分，在末尾再将雅美模式假设性地套用到其他族群，以解释台湾东南各原住民族群某些文化史方面的问题。

考古学者与语言学者对南岛民族的起源及在环太平洋区的播迁做过许多值得关注的研究，这些议题并非本文的讨论所能涵盖，也非本人的研究专长，在此仅从此两学科最近的研究中提出与本文讨论有关的两个重点：第一，台湾非常可能是南岛民族四散传播的起点；第二，没有任何考古证据可以显示巴丹群岛在 4500 年前有人居住。

从以上两点及上述的传说综合来看，我们可以推测出古时兰屿岛上发生的人群移动。当南岛民族在四千余年前开始从台湾往外迁徙时，兰屿是他们的中途站，这些早期移民在往巴丹群岛及其他更远的岛屿前进时，有部分人可能选择留在兰屿定居，其所携带的社会文化元素也在岛上逐渐演变发展。虽然兰屿、巴丹群岛及更远的诸岛之居民原先拥有相同的文化传统，但经过几个世代或几个世纪的隔绝之后，各地都逐渐演化出其各具特色的语言文化，当然这些语言文化也不再与他们的原乡——台湾的东南部——相似。在南岛民族的早期移民逐渐分居各岛时，较有机会联系沟通的两个或数个岛屿之移民，其语言文化发生歧异的速度会较缓；当反向的迁移发生时，地主岛的岛民对看来及听来与其较相近的移民会有较高的容忍度，而对看来及听来都很怪异的移民则会兵戎相见；这就是为何巴丹岛人北迁兰屿时未受排斥，而 Patungatung 的祖先一行在台湾登陆时，其同行者大部分被排湾人屠杀的可能原因。

反向的迁移可能是有意的也可能是无意的，有意的迁移可能发生的机率较低，而且通常和天然灾害有关，例如 Simina-Voang 与家人就是因为巴丹岛上的饥荒而迁居兰屿的；巴丹岛的 Iraya 火山至少在两千余年前及一千余年前有过三次爆发（Richard et al. 1986），这一定逼使许多岛民外移。有意的迁移应该会是较大股的队伍，因此较有自我防卫的能力，也较可能得到登陆地地主的容忍、接纳，他们携带的文化元素也会留存在地主的社会文化体系中；带着屋梁木的 Takeʁivan 家族可能就是此种移民。

无意的迁徙是偶然的发生，强盛的黑潮（北赤道洋流）可能将兰屿、巴丹岛（或更远的其他岛屿）的船只及船员往北推移。雅美人昔时曾建造可搭数十人的大船，现在仍在使用的雅美渔船有六种不同的规格，成员是一至十人不等；巴丹人的船只有可容四、五十人从事远程贸易的大船，也有更小的船只（Dampier 1687：102；Llorente 1983：50-51）。倘若是一只仅有一两个人或三五个人的小船，被风潮牵引漂流至异地，船上成员的命运可想而知，他们可能被杀，最好的状况是被吸纳入地主的社会，时过境迁后他们的加入就被遗忘了。如果搭载超过十个乘员的较大船只漂流至异地，他们可能会有较高的存活机会，他们的事迹及所携带的文化元素也可能存留在地主的社会中。当然漂流群体与地主群体相对的人数会是一个关键，如果一个不足百人的社群（其青壮可能仅有一二十人）面对十数名漂流船只的船员时，和平相处似乎是较佳的选择，而不是要冒着重大伤亡的危险，企图将对方消灭。地主群体如果有数百人口，以强硬的手段对付登陆的十余名异族的可能性相对地就会提高很多。

我们可以将现在的雅美文化视为南岛民族在岛上来来去去所造成的结果。距今 1500 至 4000 年前的早期南岛语族移民可能在兰屿岛上留下了一个或数个聚落，这些留居兰屿的南岛民族继续发展其文化，逐渐与南迁的族人在文化形貌上渐行渐远；其后数世纪发生反向迁徙的移民可能会携入不同的社会文化元素，与在兰屿独立发展的文化产生涵化；反向移民则可能发生人数多寡不等的数次，对兰屿岛上的在地文化造成大小不一的影响。

从事雅美研究的学者迟早都会发现，雅美族不仅各村之间的社会文化元素存在着若干歧异，此种文化的歧异也发生在同一村中的各个家族之间；从我个人在朗岛村的观察，发现在四月的小船招鱼祭时，村人置于船中的仪式物（鸡毛、竹枝、竹节、卵石等等）的数量与位置有很多组合变化，除亲兄弟或堂兄弟外彼此常有不同（余光弘 2004：119）。在上述口传故事资料中，来自巴丹岛的 Simina-Voang 家族建立了野银村，该社因为保有较多的巴丹元素，其社会文化一定与其他诸村有较大的不同。我们无法确定类似的事情发生过多少次，除了野银之外，兰屿岛上还有一个小部落 Iwatas，七十年前该社因遭山崩土石流掩埋而废弃，社人分别搬迁并入椰油及朗岛二村，该社被称为，Iwatas 就是因为该社祖先来自巴丹岛(Ivatan；移川子之藏等 1935：556)。Benedek 更指出 Iwatas 的祖先是乘坐一个木箱漂流到兰屿的；而且渔人及椰油二村也有类似的传说，述及岛民从外地搭乘一个或数个木箱漂流到兰屿(Benedek 1991：151-153)；似乎渔人及椰油二村也有部分村民的祖先也与巴丹群岛有关。椰油有个家族相传其祖妣来自巴丹岛，因为巴丹岛发生饥荒，一少女被父亲置于一木箱中漂到兰屿，被该家族的祖先发现后收留，其后并与之结婚生下很多子女(余光弘、董森永 1998：38-39)。

在机械动力船只传入巴丹群岛之前，以帆桨为动力的船筏并非可靠的载具，在强盛的黑潮势力影响下，常有可能被风潮所制，小群体的巴丹群岛住民可能经常被漂流到兰屿，手摇桨的雅美船只当然也可能被风潮带到台湾或更远的地方。上文曾述及的《恒春县志》记录了清末兰屿船只漂流到恒春的事件。1988 年我的朗岛报导人曾告以其祖父在日治时代接待一船巴丹人的事迹，约十余名巴丹人因天候不佳，其船只漂流到朗岛，虽然受到雅美人的接待庇护，日警闻讯后还是将他们带走，以后即不知所终。Benedek(1991：177-182)在巴丹群岛做研究时，其报导人曾告诉他发生在一百多年前的三个类似案例。

兰屿岛上的各个雅美部落在日治时代之前，一直间歇性地接收来自巴丹的文化元素，不同的部落或同一部落中不同的家族与巴丹元素的接触机会各有不同，我个人认为这是雅美部落间及同一部落的不同家族间，呈现文化歧异的原因之一。上述发生在兰屿与巴丹群岛间的情节，即有可能也会发生在兰屿与台湾东南部的各原住民族群间，甚至是巴丹群岛与台湾东南族群间也可能同样发生。兰屿不仅接受来自巴丹的移民及文化元素，兰屿居民及其文化也可能因相同情况传播进入南台湾。

卑南族与兰屿的交流看来和巴丹与兰屿的案例极为相似，亦即昔时的互相往来现在仅有一边仍保有若干记忆；这是否可以提示以前卑南地域曾是兰屿岛民移居的移住地？实际上除了卑南人种植小米可能是习自兰屿之外，还有许多文化元素也可能借自雅美人。陈文德(2001：15-16)指出，虽然并非完全相同，卑南族是雅美族之外另一个采用亲从子名制(teknonymy)的台湾原住民族群。

我们可以再加上几项雅美与卑南的相似社会文化元素。在雅美族的起源神话中，祖先是分别从石头及竹子里蹦出来的男孩，长大后膝盖肿胀生出子女，最初是兄妹相婚无法得到健全的子嗣，石人与竹人之子女交换婚配才有健康的子女并繁衍出雅美族人。其他原住民族群也有祖先石生的传说，但是只有卑南族兼具石生与竹生的传说，其中知本社是石生系统，卑南社则是竹生系统（移川子之藏等 1935:367）。卑南社昔时又有二部组织（dual organization），部落分成南北两部，各有其领导家系、少年会所及祭屋（陈文德 2001:201-202）。在 1897 年第一个人类学者鸟居龙藏登陆兰屿时，岛上有两两相邻的四组八个部落（鸟居龙藏 1996:251,260）：红头/渔人、野银/东清、朗岛/Imawawo 以及椰油/Iwatas，每一组的两个村落之间步行距离都在三十分钟之内；此种两两相邻的部落组可能是二部组织的遗存。[①] 此外卑南族也有植物桥与兰屿相连的传说，但是相连两地的是大榕树根（移川子之藏等 1935:362），而非连结兰屿与巴丹岛的马鞍藤。

关于阿美族的部分我们必须注意的是造成其祖先迁徙的原因：地震与大洪水。雅美族的传说述及他们的石人与竹人祖先出现之前，有一个大洪水几乎摧毁整个岛屿，在洪水侵袭之前海水曾从岸边往后退却。从近几年发生的南亚海啸上我们才意识到雅美族的传说是很写实的，在海啸之前海水会有离岸倒流的现象。综观这些族群的传说我们必须要考虑是否在一、两千年（或更早）之前有海啸迫使南岛民族的祖先四散迁居？一、两千年前巴丹岛的 Iraya 火山爆发是否与此有关？如果真有海啸造成移民，这样的海啸发生过一次？两次？或更多次？现居台湾东南部的某部分阿美族祖先是否真的源于兰屿或绿岛？还是此二岛屿仅是他们到台湾的踏脚石，他们的故乡还在更远的南方（例如巴丹群岛）？

人类学者一般将阿美族分成南、北两群，虽然南部阿美与北部阿美在语言上可互通，但他们彼此之间却呈现出许多明显易见的文化歧异，我们可以从住屋建筑样式、继嗣群体结构、年龄阶级组织等等来区辨南、北阿美，此外北部阿美自称为 *pangtsax*，而南部阿美则自称为 *amis*，而且南群也较北群有更多的与南方岛屿相关联的传说。我们可以合理地推测南、北阿美的文化歧异的肇因在于南群有较多的机会接纳南方岛屿的移民及文化元素。

前面所述排湾族的传说故事显示的是有意的和无意的移民。

① 20 世纪初期朗岛东边的 Imawawo 并入朗岛，Iwatas 被土石流所毁，才形成目前六个部落，而椰油与朗岛没有相邻部落单独存在的状态。

Takeʁivan 与其他家族的传说中提及的家屋梁木是个关键，为何他们要在船上载着屋梁？屋梁是否故居遭受天灾（诸如海啸、地震、洪水）后所能抢救出来的少数家当？在进一步讨论 Patungatung 家族的故事之前，必须特别指出一点，排湾社会是 Service（1962）所谓的酋长制（chiefdom）社会，其部落会有较高的人口密度；因此从外地靠泊排湾族居住地附近海岸的船只，常会面对人多势众的地主，被杀的可能性相对提高，虽然我们仅举出一个类似的案例，但是实际上发生的次数应该要多很多。

如果我们检视巴士海峡周边的社会，就会发现从北到南共有六个相邻的族群：台湾南部的鲁凯、排湾、阿美、卑南，以及兰屿的雅美族和巴丹群岛的岛民；除了雅美族之外，其他五个都是与排湾族一样的阶级社会[①]（黄应贵 1986：4）。我们可以对此相似点视而不见，并忽略他们昔时的关联吗？虽然目前没有资料可以佐证阶层化的社会是由南台湾传往巴丹群岛，或是反其道而行由巴丹群岛北传至台湾的，一个朗岛的传说故事却似乎可以说明此一制度的联系为何在兰屿断裂，亦即雅美人位居阶级社会的数个族群中却不见有社会阶级。

故事的重点约略如下：有一少女因为违犯禁忌被其父驱逐离开家乡，父亲命仆人驾船将女儿载往远方岛屿，他们的船只经过几个岛屿后，最终选择兰屿做为定居之地，由于没有适合的对象，二人相婚并且传下子嗣（余光弘、董森永 1998：19-20）。所谓仆人这一角色也在其他的雅美传说故事中出现过，可能显示的意义是至少有一部分迁居兰屿的雅美移民是来自阶层化的社会，而且阶层化的痕迹也曾一度存留在岛上；故事中的少女似乎是出生于贵族家庭，仆人则属于较低的阶层，到达新居地后要维持阶级内婚配以及阶级制度当然不再可能，少女下嫁仆人象征着社会阶级的铲除。当然巴丹岛民的阶级社会在西班牙人统治之下已经消失一两个世纪了（参阅余光弘 2001）。

最后要特别强调的是在前述故事中，所有宣称与兰屿有关的卑南或排湾家族都是属于贵族家系，唯一的例外是 Patungatung，然而此家族也服务于一个大贵族之家。

---

① 昔时巴丹群岛一个地区地位最高的贵族称为 *mampus*，他的领域区分成数个村落 *barangay*，每个村落的头人是一个次级贵族 *mapolon*；*mapolon* 之下的平民称为 *cailianes*。有关巴丹岛 17 世纪之前的社会阶级请参阅余光弘 2001。

总之，从东南台湾原住民的古老口碑来看，雅美、卑南、排湾、阿美等四个族群似乎曾经持续地接纳来自南方岛屿的移民及文化元素，雅美族不同部落及同部落不同家族间的歧异，很可能是因为海外影响的频率与强度之不同所致；我们也可假设性地推论南部阿美与北部阿美的文化歧异、卑南族知本群与卑南群的歧异、以及东排湾与西部排湾的歧异都可如是观之。

七、结　语

利用口述的传说故事重建一个地区的移民或文化接触史并非易事，因为这些口碑的组成元素常将真实的历史事件与想象的情节相混；这些元素的出现也无明白确定的轨迹可循，有些是独立发展的，有些是从别的群体传入或借用的，而且当文化元素被采借时，经常会经过修改及重组。因此企图从传说故事中理出一些头绪时，常会被批评是先射箭后画靶，仅找出符合需要的情节，其他难以解释的部分却置之不理。

但是将兰屿及其周边各族群的传说故事并列检查后，却有一些强烈的讯息透露出来；台湾东南部族群都有的洪水传说，极可能是巴士海峡附近或更南方的岛屿，在数千年前发生的灾难，而非传述万余年前最后一次冰河期结束全球普遍发生的水患；巴丹岛上 Iraya 火山的三次爆发，很可能就是灾难故事背后的部分原因。因灾难造成的移民，再加上舟船受风潮牵引造成的移民，应该在过去的数千年间对巴士海峡附近的民族与文化的扩散传播产生持续的影响，注意到此可能性后，我们对台湾南部原住民族群的文化史研究中的很多问题应该重新进行审思。

除了可以进行民族学讨论的前述议题，诸如巴丹岛并非雅美文化唯一的来源，以及排湾、鲁凯、卑南、雅美和巴丹社会原有的阶层制可能是同源的以外；还有牵涉考古学的议题也值得讨论，亦即排湾族的贵族系统是由西往东或由东往西迁移的，本文的资料似乎较能支持由东往西的可能。最新的考古发掘研究发现，台东旧香兰遗址出现的琉璃珠、青铜刀铸模、百步蛇纹样的装饰等等（李坤修 2006）[①]，显示出此遗址与排湾族文化的关系，这也几可认定是排湾文化由东而西传播的证据。

更“天马行空”的看法是有关岛屿之间曾有各种桥梁连结的各族共

---

① 感谢考古学家臧振华教授提醒本人注意此一考古发掘报告。

同传说。本文撰写期间我有机会参观了福建东山博物馆，该馆的陈列品之一是福建及台湾沿岸的立体地形模型，从该模型可以看出兰屿、绿岛、巴丹岛等岛屿像是立于水中的细长土石柱；再检视台湾东部海域及巴士海峡的海水深度，可以发现水深都是以千米为单位计算的，不若台湾西部的海峡只有一二百米深。当时即让我产生“岛柱”在天灾时是否容易断裂的念头。我的奇想是既然台湾原住民有那么多的海外移入传说，移入地可能不只巴丹群岛，再加上稍远的巴布烟群岛；在台湾与吕宋岛之间昔时是否可能有更多的岛屿？这些岛屿在海底火山爆发、海啸、地震等灾难中，“岛柱”倾折陆沉，但其孑遗却能逃抵台湾，或经兰屿、绿岛辗转迁居台湾，因此保留下众说纷纭的海外移入传说。如果两三千年前台湾与吕宋岛间有较现在密集的岛屿群，则某些岛屿间的密切来往关系，转化成马鞍藤、榕树根或石桥连结两岛的传说就较易被理解了。

当然本文所提出的这些看法都属于大胆的假设，仍待更多包括人类学及其他跨学科的研究来做小心的求证，不论上述的假设是否可以成立，如果本文能刺激大家对这些议题做更多的研究验证，这个求证的过程即能对南岛民族文化史以及其他相关学科（例如：考古学、海洋科学等）的探讨产生促进作用。

参考文献

小岛由道（中央研究院民族学研究所编译）

1919〔2003〕《番族惯习调查报告书第五卷·排湾族第一册》。台北：“中央研究院”民族学研究所。

鸟居龙藏（杨南郡译注）

1996 《探险台湾：鸟居龙藏的台湾人类学之旅》。台北：远流出版公司。

伊能嘉矩（江庆林等译）

1928[1991]《台湾文化志（下）》。南投：台湾省文献委员会。

刘斌雄主持、董玛女

1996 雅美族口传文学资料文件翻译（二）。《台湾原住民史料汇编》2：1-96。

李壬癸

1999 《台湾原住民史：语言篇》。南投：台湾省文献委员会。

李玉芬

2001 《绿岛的区位与人文生态的变迁》。台湾师范大学地理学系博士论文。

李坤修

2006 台东县旧香兰遗址的抢救发掘及其重要的发现。《台东文献(复刊)》12:17-47。

余光弘

2001 巴丹文化与雅美文化。《东台湾研究》6:15-45。

2004 《雅美族》。台北:三民书局。

余光弘、董森永

1998 《台湾原住民史:雅美族史篇》。南投:台湾省文献委员会。

陈文德

2001 《台东县史:卑南族篇》。台东:台东县政府。

陈仲玉、杨淑玲、高韵华

1989 《兰屿考古学初步调查》。内政部营建署委托自然生态保育协会调查报告书。

宋龙生

1998 《台湾原住民史:卑南族史篇》。南投:台湾省文献委员会。

林熊祥编著

1958〔1984〕《兰屿入我版图之沿革:附绿岛(火烧岛)》。台中:台湾省文献委员会。

胡传

1894[1960] 《台东州采访册》。台北:台湾银行经济研究室。

夏献纶

1879[1959] 《台湾舆图》。台北:台湾银行经济研究室。

黄应贵

1986 台湾土著族的两种社会类型及其意义。黄应贵(编),《台湾土著社会文化研究论文集》,页3~43。台北:联经出版公司。

黄叔璥

1736[1957] 《台海使槎录》。台北:台湾银行经济研究室。

屠继善

1894[1960] 《恒春县志》。台北:台湾银行经济研究室。

移川子之藏、宫本延人、马渊东一等

1935 《台湾高砂族系統所属の研究》。台北帝国大学土俗人类学研究室调查。

臧振华

2005 从考古资料看兰屿雅美人的祖源问题。《南岛研究学报》1(1):131-151。

Asai,Erin

1936 *A Study of the Yami Language:An Indonesain Language Spoken on Botel Tobago Ialand*. Leiden: Universiteitsboekhandel en Antiquariaat J. Ginsberg.

Bellwood,Peter and Eusebio Dizon

2005 The Batanes Archaeological Project and the"Out of Taiwan" Hypothesis for Austronesian Dispersal. *Journal of Austronesian Studies* 1(1):pp. 1-33.

Benedek,Dezsö

1991 *The Songs of the Ancestors: A Comparative Study of Bashiic Folklore*. Taipei: SMC Publishing Inc.

Dampier,William

1687 On Batanes. In Emma Blair & J. Robertson (eds.),*The Philippine Islands*,1493—1898.

de Beauclair,Inez

1959 Three Genealogical Stories From Botel Tobago. *Bulletin of the Institute of Ethnology*,*Academia Sinica* 7:105-140.

Dizon,Eusebio Z. and Rey A. Santiago

1994 Preliminary Report on the Archeological Exploration in Batan, Sabtang and Ivuhos Islands, Batanes Province, Northern Philippines. *Ivatan Studies Journal* 1:7-28.

Hornedo,Florentino H.

1979 Laji:An Ivatan Folk Lyric Tradition. *Unitas* 52(2 &3):pp. 189-511.

1996 Brief Ethnographic History of the Ivatan of Batanes Province, in Northern Philippines. In Florentino H. Hornedo (ed.), *Readings for the Batanes Seminar-Workshop on"Education and National Development:the Local Roots of Philippine Societal and Cultural Progress"*,pp. 1-16. Basco,Batanes.

Hung,Hsiao-chun

2005 Neolithic Interaction between Taiwan and Northern Luzon: the Pottery and Jade Evidences from the Cagayan Valley. *Journal of Austronesian Studies* 1(1):pp. 109-133.

Llorente, Ana Maria Madrigal

1983 *A Blending of Cultures: the Batanes*, 1686—1898. Quezon City: R. P. Garcia Publishing Co., Inc.

Mabuchi, Tôichi

1956 On the Yami People. In T. Kanc & K. Segawa, An Illustrated Ethnography of Formosan Aborigines, Vol. 1, the Yami, pp. 1-8. Tokyo: Morazen Company, Ltd.

Richard, Maryannick, R. Maury, H. Bellon, Jean F. Stephan, J. Boirat and A. Calderon

1986 Geology of Mt. Iraya Volcano and Batan Island, Northern Philippines. *Philippine Journal of Vocanology* 3(1):pp. 1-27.

Ross, Malcolm

2005 The Batanic Languages in Relation to the early history of the Malayo-Polynesian Subgroup of Austronesian. *Journal of Austronesian Studies* 1(2):pp. 1-24.

Service, R. Elman

1962 *Primitive Social Organization: An Evolutionary Perspective*. New York: Random House. (4th printing, 1965)

Stamps, Richard B.

1980 Jar Burials from the Lobusbussan Site, Orchid (Botel Tobago) Island. *Asian Perspectives* XXIII(2):181-192.

Yu, Guang-hong

1991 *Ritual, Society, and Culture among the Yami*. Ph. D. Dissertation, Department of Anthropology, University of Michigan.

畲族凤凰意蕴的妇女发式和服饰之缘起

郭志超

摘　要：畲族凤凰意蕴的妇女发式和服饰并非自古就有，其发祥地在闽东罗源、连江，晚清开始萌生，基本完善于 20 世纪 50 年代，继续变化于 20 世纪 60、70 年代，直至 20 世纪 80 年代才出现"凤凰装"之名。"凤鸟髻"、"凤凰装"名称与内涵的产生与发展，是在传统文化中孕育的，也受到汉文化因素的诱发，体现了文化的秉持与发展。

畲族凤凰意蕴在妇女发式、服饰上的外化形态，萌生于晚清，最早见载是民国时闽东罗源、连江的"凤鸟髻"。由发式而服饰的"凤凰装"基本完善于 20 世纪 50 年代，20 世纪 60、70 年代继续变化，但"凤凰装"之名的出现是在 1980 年代。尽管 1980 年代畲族服饰已经开始衰微，但本民族的文化反思以及学者对畲族文化的主位研究，使畲族服饰的凤凰意蕴得以充分显露，而文化展示场合的"凤凰装"更是尽善尽美。循着知识考古的思路，畲族妇女发式、服饰的凤凰象征，根植于盘瓠传说中三公主的故事，根植于祖地凤凰山的追远，也受到汉文化的激发。罗源、连江妇女服饰的凤凰意蕴扩及闽东其他地区，并在 20 世纪末期影响浙南。罗源、连江既然是畲族妇女凤凰意蕴的发式、服饰的发祥地，闽东畲族妇女的发式、服饰自然是本文主要的文化背景。为了溯源和参照，也兼及其他畲族地区，并且由于发式、服饰及其变化细微，引证材料比较琐细。

一、清代畲族妇女发式和服饰概观

晚清之前，闽东等地畲族的妇女发式和服饰未出现明显变化。

(一)清代畲族妇女发式发饰

《后汉书·南蛮传》在介绍五溪蛮的特点时提到“好五色衣服”,“五色”和“斑斓”皆多色之意。“椎髻跣足,短衣斑斓”这一服饰特点,早在畲、瑶尚未分流时的先民集团就有了,分流以后,畲、瑶在秉承传统的基础上各自衍生出一系列变化。

椎髻垂缨是古代畲族妇女发饰的基本特点。清初闽西畲族,“女子结草珠,若璎珞蒙髻上”,[①]乾隆《汀州府志》引“旧志”说:“女不笄饰,裹髻以布”。[②] 清人巫宜耀作《三瑶曲》云:“家家新样草珠轻,璎珞妆来别样情”。[③] 汇总起来看,清初,闽西畲族妇女的发式和发饰是:椎髻,裹髻以布,用草珠串起来搭在裹髻的布上。从迁往赣东北、闽北以及闽东、浙南的畲族的妇女头饰,多有裹着布的竹块来看,闽西畲妇“裹髻以布”应也有裹布的竹块,这一竹块是用来固定“缨络”的。

在闽东,清乾隆《古田县志》载:“(畲民)女子跣足,围裤头,戴冠子……又以巾覆之,或白石,或蓝石,串络绕缚冠上,或夹垂两鬓”。[④] 光绪《福安县志》载:“扆深山中,有异种曰畲民。……福郡古田、连江、罗源、福宁、宁德、福安,多有是种,不知始自何时,布散山泽间,亦受民田以耕。谓平民曰百姓。男女杂作,以远近为伍。性多淳朴,短衫跣足。妇女高髻蒙布加饰,如璎珞状”。[⑤] 上述引自旧志,实际上,根据民国资料而上溯推断,晚清闽东诸县畲族的发式和发饰已经发生了变化。

在浙南,晚清时畲族妇女与闽东畲族妇女发式一样仍然保持原本的特征。同治《景宁县志》“畲民……厥妇女跣足椎结,断竹为冠,裹以布,布斑斑,饰以珠,珠累累(原注:皆五色椒珠)。”[⑥]同治《云和县志》

---

① (清)范绍质:《猺民纪略》,见乾隆《汀州府志》卷四一,《艺文三》,北京:方志出版社,2004 年,第 876 页。

② 乾隆《汀州府志》卷四五,《杂记·丛谈附》,北京:方志出版社,2004 年,第 1040 页。

③ (清)杨澜:《临汀汇考》卷三,《风俗考·畲民附》,光绪四年刊本。

④ 乾隆《古田县志》卷二,《风俗》,古田县方志委整理编印,1987 年,第 92 页。

⑤ 光绪《福安县志》卷三八,《杂记》。

⑥ 同治《景宁县志》卷一二,《风土·附畲民》。

"畲民戴布冠,缀石珠"。[①] 从晚清或此前浙南的其他方志资料来看,浙南各地畲妇发饰相当一致。光绪《处州府志》转引屠本仁《畲客三十韵》云:"[illegible]筒绿拥髻,布幅青搭额"。[②] 又转引徐望璋《畲妇》云,"复髻[illegible]筒缀石珠"。[③] 这种头饰也称作"高妆"。[④]

据上述,晚清以前,闽东与浙南畲族妇女的发式、发饰没有明显差别,民国时期的资料,尤其是 1950 年代以后的调查显示,闽东、浙南两地畲族妇女的发式和发饰差别甚大,就是同在闽东,罗源、福安、霞浦等地,畲族妇女的发式、发饰差别也很明显,这个变化当发生于晚清。

(二)清代畲族妇女服饰

乾隆、嘉庆之际,李调元的笔记道:"男女椎髻,跣足,衣尚青、蓝色。"。[⑤] 康熙《武平县志》引时人描写象洞的诗,其中关于畲女的描写有:"彩布缠腰僰女奇"。[⑥]

在闽东,关于古田畲妇服饰,乾隆十七年(1752)傅恒的《皇清职贡图》题记:"(古田畲民男女)竹笠草履……短衣布带,裙不蔽膝。常荷锄跣足而行,以助力作。"[⑦]乾隆《古田县志》载:"(畲民)女子跣足,围裤头"。[⑧] 所谓"围裤头"即指缠腰带。在民国时期的闽东,畲女早已不穿裙而改穿裤。连江"(畲族)女子上衣不用纽扣,而束之以带,状如袈裟,裤短小,下足绑以腿布。"宁德"(畲族)腰束蓝带,全数跣足"。闽侯"(畲族)衣用花栏杆边。"罗源"(畲族)妇女着大领衣"。[⑨]

在闽北南平,1929 年德国学者史图博及其助手李化民考察了该地

① 同治《云和县志》卷五,《风俗门·畲民》。

② (清)屠本仁:《畲客三十韵》,光绪《处州府志》卷三十,《艺文志下·诗篇》。

③ (清)徐望璋:《畲妇》,光绪《处州府志》卷三十,《艺文志下·诗篇》。

④ (清)周应枚:《畲民诗》,光绪《遂昌县志》卷一一,《风俗·畲民附》。

⑤ (清)李调元:《卍斋琐录》卷三,转引自《施联朱民族研究文集》,北京:民族出版社,2003 年,第 321 页。

⑥ 康熙《武平县志》卷一九,《艺文志》,武平县方志委整理出版,1986 年,第 279 页。

⑦ (清)傅恒:《皇清职贡图》卷三,转引自《施联朱民族研究文集》,北京:民族出版社,2003 年,第 321 页。

⑧ 乾隆《古田县志》卷二,《风俗》,古田县方志委整理编印,第 92 页。

⑨ 《各县区苗夷民族概况》(1937 年),见《福建畲族档案资料选编》,福州:海峡文艺出版社,2003 年,第 7～10 页。

的畲族,其中提到:畲族妇女衣服的领圈和袖口的滚边"非常绚丽多彩"。[①]

在浙南,晚清时除了景宁县,畲"凤凰装"女改穿裙为穿裤,衣青色,不用纽扣而系以布条,缚蓝色绑腿。同治《景宁县志》"畲民……女短裙蔽膝,勿裤勿袜。"[②]

二、民国以后闽东罗源、连江等地畲族妇女发式、服饰

"凤鸟髻"的发式名称出现在民国二十五年(1934 年)的政府调查报告。这一新发式及其名称,应产生于晚清。罗源式"凤鸟髻"是民国时罗源、连江畲民对当地新发型的俗称。在名称上,"凤鸟髻"催生了"凤凰冠"和"凤凰装"。包括发式和服饰的完整的"凤凰装"形态出现于 20 世纪 70 年代,"凤凰装"一名迟至 20 世纪 80 年代才出现。

(一)民国以后闽东罗源、连江畲族妇女发式

在《各县区苗夷民族概况》(1937 年)这篇概要式的报告中,连江"(畲民妇女)发梳凤髻,覆于额部"。罗源"(畲民妇女)梳凤鸟髻"。附此说明的是,与罗源东北部接壤的宁德县东南隅的飞鸾,是罗源畲族的流布区,属于罗源、连江类型。与连江、罗源发式、发饰不同的有:宁德"(第一二区畲民)妇女发髻束以红巾",闽侯[③]"(畲民)女人则头戴竹管,长约九寸,缠以红布"。"(三都半山村、港口等处畲民)妇女发间特以三簪,用红布围箍"。三都半山村、港口在宁德北部,宁德中部、北部地区的服饰与福安服饰同,因此"发髻束以红巾"也是福安妇女的发饰。引述罗源、连江以外的其他县区的情况,意在说明,出现在民国报告中的畲族妇女发式的变化,在当时的闽东是普遍现象,而且出现了地方类型。罗源县"(畲民妇女)梳凤鸟髻"与连江"(畲民妇女)发梳凤髻,覆于额部"是一样的。"凤鸟髻"或"凤髻"的发式名称出现在民国二十五年(1934 年)的政府调查报告里。一种新发式成为普遍现象,非短期可

---

① 《浙江景宁敕木山畲民调查记》附录二《关于福建延平府周围土人的笔记》,中南民族学院民族研究所 1984 年编印。

② 同治《景宁县志》卷一二,《风土·附畲民》。

③ 1913 年,侯官县和闽县合并为闽侯县,1942 年析县治部分设福州市,1949 年福州市的区划显著扩大,闽侯县所辖变小。

就，因此我们有理由推断，“凤鸟髻”或“凤髻”的发式及其名称，应出现于在晚清。

将头发分成头顶和头后两部分，后部的头发用红色绒线扎称棒状（内套若干段小竹节），然后将这可弯曲的的棒状折向头顶，与所留的头发合并，在前额顶上盘旋成螺旋状，再辅扎红绒线加固，这就是“凤鸟髻”，状如凤凰的头颈。这就是20世纪50年代的调查所描述的发形、发饰。大约在20世纪60—70年代以后，从脑勺后折向头顶以及在在前额顶上盘旋成螺旋状的这部分发束，改为缠绕着满是红绒线的竹管，前额顶上螺旋状的发尾，改为红绒线，红绒线的螺旋状“圆盘”的直径加长，厚度很夸张地隆起。这部分已不再是由发束梳成，而是由竹管和绒线组成的头冠。这样，梳发而戴冠，变得很快捷。

以上皆为已婚妇女的发式。少女的头发则是用红色绒线掺在一起编成一条辫子，缠盘在头上，成圆形状，前留若干刘海。

附此说明：至迟从民国以后，畲族男女服装皆请专业裁缝制作，早期裁缝皆为汉族，后来畲族裁缝所占的比例逐增。即使是汉族裁缝，其制作也完全迎合畲族妇女的服饰传统和审美要求。畲族妇女既从事农作又要纺线织（苎）布，耕织兼操，已乏精力像汉族妇女那样谙于剪裁、刺绣。不过，畲族妇女仍然在织花带上表现出她们的心灵手巧。《福建福鼎畲族情况调查》（1958年）说：“畲族妇女的服饰相当讲究，由专门衣匠缝制”，①说的虽是当时事，却也反映了民国时期闽东、浙南的普遍状况。

（二）民国以后闽东罗源、连江等地畲族妇女服饰

清代，畲族男女衣裤尚青、蓝色。到了民国，浙南仍保持这一传统，而闽东妇女衣裤部分仍为青、蓝色，一般转为黑色。清代中期，闽东古田有畲妇“裙不蔽膝”的记载，晚清未见畲妇穿裙的记载，民国则已绝迹。

在闽东，连江“（畲族）女子上衣不用纽扣，而束之以带，状如袈裟，裤短小，下足绑以腿布”。宁德“（畲族）腰束蓝带，全数跣足”。闽侯“（畲族）衣用花栏杆边”。罗源“（畲族）妇女着大领衣”。② 晚清畲妇仍

---

① 《畲族社会历史调查》，福州：福建人民出版社，1986年，第173页。

② 《各县区苗夷民族概况》（1937年），《福建畲族档案资料选编》，福州：海峡文艺出版社，2003年，第7～10页。

着裙，但这一习惯在民国文献未见。清代，畲族男女皆衣尚青、蓝色。到了民国，闽东妇女腰带为蓝，衣有花边，服色转而尚黑。

民国时，闽东宁德“(畲妇)腰束蓝带”①与浙南丽水“(畲妇)腰围蓝布带”一致，这说明“蓝布带”是腰带中相当定型的一般样式，有文饰的编织花带则用于盛装。民国时的闽东和浙南，待嫁少女本人编织的花带是婚姻缔结的信物，俗称“定亲带”。罗源、连江的花带红黑相间，很有特色。至今节庆时妇女仍在使用花带，“凤凰带”这一花带的新名，最早出现在1980年代的罗源、连江。

根据1958年的调查，罗源、连江和宁德南部畲族妇女的服装，一般都穿黑色短裤、打绑腿、领长6寸、宽1.5寸，领上花色由红、黄、绿、红、蓝、红、黑、红、水绿的顺序排列成柳条纹图案。上领的黑底上绣有一条水红、黄色相间的粗线条的自然花纹。围身裙的图案花纹以大朵的云头纹为其特征，裙边配上柳条纹原色图案花纹；非常醒目。②

(三)“凤鸟髻”与凤冠的关联

在闽东罗源、连江等地，“凤冠”与“凤鸟髻”是不同的，“凤冠”是婚礼中新娘的冠饰。冠身为一竹筒，长近20厘米，下端一弧形缺口，上裹红布，外镶银片。银片上铸有各种花纹和神像，正面为变形龙头纹。冠身覆着一红色苎布罩饰，尾部伸出，两旁各饰有两条蓝色琉璃珠串和玻璃珠串并与尾部连接。尾部竹片制四齿花髻，外蒙红绸或细苎布，还附上各种银链、银簪及牛骨簪等饰物。冠身戴在发髻顶部，尾部插在发髻后柄上，琉璃珠饰分垂于两肩。后来，作为文化展示，原本用于婚礼的“凤冠”也用于节日的盛装。

福安和宁德的“凤冠”，顶边还饰有八组神像，且有遮面银帘。冠正中上还有一精致的银框玻璃镜，内有弯形剪刀、尺子、书和镜子。

霞浦的“凤冠”很特别，外形呈金字塔形的高帽状，用竹笋壳缝制，外蒙黑布；冠顶用竹篾编织，外蒙红布，前方两侧及冠顶后侧各挂一蝶形银饰，并各缀挂五串各式小银片，两端饰琉璃珠串，冠顶有两片牡丹

① 《各县区苗夷民族概况》(1937年)，《福建畲族档案资料选编》，福州：海峡文艺出版社，2003年，第7～10页。

② 《畲族文艺调查》(1958年)，《畲族社会历史调查》，福州：福建人民出版社，1986年，第222～223页，并参见《施联朱民族研究文集》，北京：民族出版社，2003年，第321～322页。

纹三角形银片，并饰红缨络。冠顶三角形银片的三边缝上红布，每边缀上三块方形银片，正面还有大小不一的银片，银片上有花卉纹，遮面银饰与福安同。

福鼎的“凤冠”，形状似截顶牛角，冠身用笋壳编成，外蒙黑布，正面镶两块长方形银片，上有乳钉纹及各种花卉文饰。冠身上罩一小块红布和滚着褐、白、红相间的方格纹粗布，两侧做成立耳状，后部成一脊，尾垂二条细飘带。尾部还吊着一块约 10 厘米长的木簪，上面挂满各色料珠及三角银片。[①]

婚礼时新娘所戴头冠的“凤凰冠”之名最早见于 1950 年代有关宁德“南山片”的调查文字中。所谓“南山片”主要指飞鸾乡，这一带是罗源、连江畲族地方文化类型在宁德境内的延伸。“凤凰冠”是“凤鸟髻”一名催生的。“凤冠”不等于“凤凰冠”，“凤冠”之名采自汉族，时间约在晚清。惟有出现“凤凰冠”之名，才标示着采借于汉族婚礼“凤冠”之名的意蕴在畲族文化中实现了优美的蜕变。20 世纪上半期，罗源、连江以北个别县份的畲区也出现“凤凰冠”新名。20 世纪下半期，宁德地区各县陆续称新娘头冠为“凤凰冠”，这应是罗源、连江妇女头饰的凤凰象征意识向北传播的结果。

罗源式“凤鸟髻”（或“凤髻”）是民国时罗源、连江畲民对当地新发型的俗称。“凤鸟髻”一名的出现，成为后来“凤凰冠”名称得以衍生的基础。也就是说，在一系列美妙的凤凰象征服饰名词里，是先有“凤鸟髻”后有“凤凰冠”，再有“凤凰装”的。

三、畲族“凤凰装”意蕴考释

现代畲族妇女服饰演进过程中的一个重要现象是出现了“凤凰装”的喻名，这是现代畲族文化变迁中一种值得注意的文化建构现象。如果想当然地以为“凤凰装”之名古已有之，那么就会失却发现这一文化建构机制的机缘。“凤凰装”也不是一时就完整出现的，而是先萌生于发式，这一现象记录于民国，但应在晚清时已经开始出现。由发式而服饰的“凤凰装”基本完善于 20 世纪 50 年代，但这一名称的出现是在

① 宁德、福安、霞浦、福鼎的“凤冠”描述，见雷弯山：《畲族风情》，福州：福建人民出版社，2002 年，第 75 页。

1980年代。尽管1980年代畲族服饰已经开始衰微，但本民族的文化反思以及学者对文化的主位研究，使畲族服饰的凤凰意蕴得以充分揭示，而文化展示场合的"凤凰装"更是尽善尽美。

类似"凤鸟髻"而"凤凰冠"、"凤凰装"的衍生过程或其片段，也可能在罗源、连江以外的其他闽东畲区发生过，但最早发生于罗源、连江和宁德飞鸾这一地区，显露最清晰的也是这一地区。罗源、连江和宁德飞鸾畲族妇女的传统服饰是"凤凰装"的典型代表。

畲族妇女的服饰别具风格，其中以"凤凰装"最具特色。"凤凰装"名称是在"凤鸟髻"之名出现后的水到渠成。罗源式"凤鸟髻"（或"凤髻"）是民国时罗源、连江畲民对当地新发型的俗称。既然是俗称，它反映的就是这一地域畲民群体的文化意识。这种文化意识看似起于地方发饰的凤头形象，其实是脱颖于悠久的民族传统意识。相传畲家始祖盘瓠王因平番有功，高辛帝招他为驸马，与三公主成亲。在中国古代社会，公主可以使用凤凰这一徽记，因而凤凰就成为畲族"祖婆"三公主的象征。

民国时，敕木山畲村蓝氏祠堂里的始祖神牌上刻着："龙凤高辛祖敕赐驸马护骑国盘瓠妣肖氏蓝光辉妣夏氏之位"。龙、凤分别是盘瓠与三公主（萧氏）的喻称。畲族婚礼拜祖时，惟有新郎跪拜，新娘只是行纳万福之揖礼，这正是历史传说中三公主身份在新娘身上的文化投影，因而婚礼的冠戴又称"公主顶"。

畲族婚礼新娘戴"凤冠"始于何时呢？据《霞浦畲族志》（1993年）记载，"凤冠"只在婚礼上戴和入殓时用，用于入殓时叫"死人扮礼身"。由于凤冠银饰多，造价贵，一般人在结婚时或借或租，而入殓则改用简单的只作为象征性的凤冠，用竹篾做内层，外蒙黑布，其上只缀若干廉价的金属片。"据崇儒等处畲族老人说，先前新媳妇参加劳动仍然戴凤冠，改戴尖顶花斗笠，只是近百年的事。"据此，婚礼"凤冠"至少已有百年历史，也就是说，至晚在晚清就有"凤冠"了。婚礼戴"凤冠"多见于闽东。"凤冠"之名采自汉俗。汉俗婚礼新娘盛饰所用的彩冠称"凤冠"，此俗相沿至清末。畲族在汉风影响下采借了婚礼新娘冠饰之名"凤冠"。而这一借名激发了畲族传统文化中有关三公主身份的崇凤意识。婚礼盛饰的"凤冠"即投射于节庆、做客时妆饰的发式，这可能是"凤鸟髻"之名生成的一个诱因。早期婚礼的"凤冠"还只是初步采借汉俗后的移植性文化，惟有出现"公主顶"这一名称后，这一移植性文化才可确证为真正扎根于畲族文化。此外，惟有在"凤鸟髻"之名出现后，标志着头饰的凤凰意识才开始生成于畲族文化，并带动了妇女整体服饰的凤凰意识的显现。“凤凰冠”、“凤凰装”都是“凤凰髻”的衍生。历史上罗源、连江畲族婚礼的新娘冠饰也有地方类型的“凤冠”，但缺乏时间说明，而霞浦畲族“凤冠”有大致的时间交代，因此上述借用霞浦有关“凤冠”的民族志资料。

畲族对于“凤凰”一词耳熟能详。畲族祖地就是凤凰山。潮州的凤凰山最早见载于唐代李吉甫的《元和郡县图志》。畲族族谱里多有畲族总祠（“盘瓠祠”）在凤凰山的记载。《高皇歌》里就有“盘瓠王”开基凤凰山的唱词：“文武朝官都来送，送落凤凰大山中”。闽东霞浦县半月里畲村保存有清代一块刻有“凤山衍庆”的匾额，是该村族人、秀才雷世儒所书，与匾上横批相配的楹联镌刻着：“徭咏不忘高帝力，鹏程欲溯凤山踪。”“凤山衍庆”指的是：畲民宗族发衍自凤凰山，他们庆贺这一繁衍的壮大。“鹏程欲溯凤山踪”说的是：即使远走高飞，事业有成，总是回眸从祖地出发的踪迹。凤凰山不仅是祖地崇拜，而且是审美对象，主峰之巅犹如凤冠的传说，使凤凰山更加宛如翩翩欲飞的凤凰。这种文化审美终究会与服饰审美遇合。这是“凤鸟髻”之名产生的又一原因。

可见，“凤凰髻”、“凤凰装”不只是一个新词的崭现，它脱颖于畲族丰厚的文化底蕴。“凤凰髻”、“凤凰装”，最早生成于罗源、连江，当第一朵花蕾绽放后，同一棵花树也枝枝盛开。这就是闽东各地畲族同称“凤凰装”的原因。

“凤凰装”之名产生于闽东，并影响了浙南。在1991年出版的《景宁畲族自治县畲族志》里，将本地畲族妇女“断竹为冠，裹以布”、“饰以珠”的发饰称为“凤冠”。稍后，在浙南，连同花边衫、花带扎“拦腰”、脚穿花鞋的盛装一起，称为“凤凰装”。[①] 这是由畲族学者借鉴闽东“凤凰装”之说进而推广的，这与“凤凰装”衍生于“凤鸟髻”之名这种原生于民间的传播方式是不同的。

“凤鸟髻”、“凤凰装”名称与内涵的产生与发展，是从传统文化中孕育的，也受到汉文化因素的诱发。这一现象是文化的秉持与发展兼具的范例。

---

① 雷先根：《杜鹃声：雷先根研究畲族论文集》，2002年，第47页。

贵州畲族的社会文化

董建辉 赵华甫

摘 要:贵州畲族具有和东南沿海畲族迥然不同的社会文化特点,他们的民族身份是1996年6月才确定的。在此之前,他们被称为"东家人",史籍则称其为"东苗"或"鸭崽(子)苗"。迄今为止,学界对贵州畲族的研究尚属空白。本文从族源族称、社会生活、婚姻丧葬、节日集会、宗教信仰等五个方面简要介绍了贵州畲族的社会文化,以期引起同仁对这一特殊群体的关注。

贵州畲族是我国畲族大家庭中的新成员,他们的民族身份是1996年6月才确定的。据2000年全国第五次人口普查统计,我国有畲族人口709592人,其中贵州畲族人口为44926人,占全国畲族人口的6.33%,位居全国第四。[①] 贵州畲族主要分布在黔东南苗族侗族自治州的凯里市、麻江县和黔南布依族苗族自治州的都匀市、福泉市,与汉族、苗族、布依族、仫佬族、瑶族等民族杂居在一起。1996年确定民族身份时,都匀市畲族有2979人,福泉县[②] 4583人,凯里市1596人,麻江县32366人,共计41524人。其中,麻江县畲族不仅人口最多,占贵州畲族总人口的78.1%,而且其传统文化也保留得最完整。鉴于国内学

① 其他省份的畲族人口分别为:福建375193人,浙江170993人,江西77650人,广东28053人,湖南2891人,湖北2523人,安徽1563人。

② 福泉县于1997年撤县建市。

界对贵州畲族了解不多,相关研究成果尚付阙如[①],笔者不揣谫陋,将他们的社会文化情况加以概述,公之于众,以求教于诸位感兴趣的同仁。

一、族源族称

贵州畲族在确定民族身份之前,被当地汉族称为"东家人"。东家人自称"嘎孟",苗族则称他们为"嘎斗"。"嘎"是表示语气的词冠,没有实际意义,"孟"和"斗"的意思则不明。[②] 在当地,"嘎斗"也被苗族用于对"僅家"(待识别民族)、"仫佬"的称呼,差别只在于,称"僅家人"为"嘎斗咻",意为"红嘎斗",称仫佬族和东家人为"嘎斗"或"嘎斗嗖",意为"白嘎斗"。布依族称东家人为"迥哈",意为远方来的客人。仫佬族称东家人为"喏哈",因仫佬语已消失,"喏哈"已不知何意。[③] 东家人与黄平、凯里等地的僅家人语言基本相通,双方在一起时互称对方为自家人。东家人称僅家人为"嘎孟多",意指住在下方的东家人,而僅家人则称东家人为"嘎孟下",意指住在上方的僅家人。

东家人史称"东苗"或"冬苗"、"佟(狫)苗",又因其擅长养鸭而被人称为"鸭崽苗"或"鸭子苗"。据学者考证,"东苗"一词最早于明洪武十三年(1380)以"东苗乱"而见诸史册。[④] 之后,明天顺二年(1458),麻

---

① 笔者所能找到的相关研究成果仅有:杨鹍国、胡晓东:《麻江隆昌东家风俗介绍》,载黔东南苗族侗族自治州文学艺术研究室编印:《民俗》第 2 集《侗族及其他民族部分》,1990 年;杨昌文辑:《贵州的畲族》,http://www.shezu.net/666/dispbbs.asp?boardid=20&id=307;徐飞、陈乐基:《贵州畲族文化综述——兼谈保护畲族传统文化初步设想》,2007 年,广东潮州畲族文化研讨会论文。又 1997 年前后,福建师范大学蓝雪霏教授曾到六堡村采风,将所采集的一首当地民歌《放牛歌》收入其著作《畲族音乐文化》,福州:福建人民出版社,2002 年。

② 赵华甫认为,"孟"(或"梦")在东家人的语言里是指用来包粽子的小竹叶,俗称"粽粑叶","嘎梦"(或"阿孟")意为住在粽粑叶林子里的人或山里人。贵州民族研究所的杨昌文先生则认为,"孟"是人的意思。曾祥慧认为,"斗"直译有"驮着"的意思。

③ 曾祥慧:《贵州畲族迁徙史》,未刊稿。

④ 杨昌文:《贵州的畲族》,未刊稿。笔者迄今未找到"东苗乱"的原始出处。

城人李添保“以逋贼逃入苗中,自诡为唐后”[①],与“东苗干把猪[②]等僭伪号,攻都匀诸卫”[③],远近震动。镇守湖广、贵州的太监阮让等奏报:“东苗为贵州诸种蛮夷之首,负固据险,僭号称王,其他种类多被逼胁,东苗平则诸蛮夷莫不服从矣。”[④]英宗遂“命(方)瑛与巡抚白圭合川、湖、云、贵军讨之,克六百余寨”[⑤],生擒干把猪。未久,李添保也被俘获。

从阮让等奏报给英宗的内容来看,既然东苗“为诸种蛮夷之首”,且“其他种类多被逼胁,东苗平则诸蛮夷莫不服从”,那么在明代之前,东苗就应该已在贵州生活了相当长时间,且人数甚众,否则他们不可能拥有那么强大的势力。曾经在贵州担任布政使的罗绕典(1793—1854)也认为,东苗来源于唐代的“东谢”。他说:“东晋时,命谢氏世为牂牁太守。及侯景乱梁,牂牁与中国不通,而谢氏保境如故。至唐时,牂牁又分裂,于是有东、西谢之称。其后遂以名其部族,曰‘东苗’、‘西苗’。”[⑥]因为东苗与西苗同源于东晋谢氏,所以史籍在介绍贵州“苗蛮”时总是将二者并列描述。更有学者据此认为,东苗、西苗“实为汉人的后裔,其族属应该为汉族”。[⑦]

有关东家人来源的信息也隐含于他们口述相传的《开路经》中。《开路经》是东家人举行丧葬仪式时所唱念的经文,其目的是为死者“引路”。经文由鬼师用东家语唱念,它叙述了东家人祖先的起源和迁徙之路,其大意是:

洪水淹没天下,仅剩下兄妹俩。兄妹俩成亲,造出了人烟,住在太阳升起的地方。造出的人烟中,有一对便是“嘎孟”的祖公和祖奶。他们带领子孙们去找适宜居住的地方,先下“龙潭”,来到“岩门洞”,点齐人马,杀牛建房,用马驮草木盖屋,准备在此长期居住。但是此后,新生

---

① 乾隆《贵州通志》卷二三,《师旅考》,台北:华文书局,1968年,第463页。

② 乾隆《贵州通志》作“千把猪”。

③ 张廷玉等:《明史》卷一六六,《方瑛传》,北京:中华书局,1974年,第4488页。

④ 《明英宗实录》卷二九三,上海:上海古籍书店,1983年,第6254～6255页。

⑤ 张廷玉等:《明史》卷一六六,《方瑛传》,第4488页。

⑥ 罗绕典:《黔南职方纪略》卷九,《苗蛮》,台北:文海出版社,1970年,第336页。

⑦ 李德龙:《黔南苗蛮图说研究》,北京:中央民族大学出版社,2008年,第74页。

代的年轻人不懂礼貌，他们“身贴身，腿缠腿”，发生了乱伦。老人们看不下去，找来竹子请木佬男人帮编鱼篓，请木佬女人帮织套子。编好的鱼篓到河里捞鱼，捞到的鱼初看是相同的，但细看鱼鳞各各不同。织好的套子到山上捕鸟，捕来的鸟初看是一样的，但细看鸟的羽毛都不一样。东家人不解其意，便去问汉人，汉人说这叫“百家姓”，东家人应该分姓氏，从此同姓不能“开亲”。因为这里发生了乱伦，不能居住，所以他们只好搬走。一路上，经过了“水五条、湖五个”，经过“山高水急”之处，他们觉得无法居住，又来到“水清是山泉、水浑可灌田”的地方，终于居住下来。后来由于人口多，他们又分支系，到“阿育阿者”、“嘎应阿登”、“夹昂夹都”、“夹昂夹韮”等地居住。

与东家人在丧葬仪式中为客死他乡的人引路的《嘎须词》相较，《开路经》对其祖先早期迁徙路线的描述是含混的。《嘎须词》描述的是东家人在贵州境内的迁徙路线，所涉及的时间当更晚。在《嘎须词》中，从贵定县的平伐到昌明，再到麻江县内的许多地方，这些地名均能与现今的地名吻合。而在《开路经》中，“龙潭”、“岩门洞”、“阿育阿者”、“嘎应阿登”、“夹昂夹都”、“夹昂夹韮”等的具体位置，现在已没人能知道。其中的“水五条、湖五个”，“山高水急”，“水清是山泉、水浑可灌田”等意指何处，也无法作出具体的考证。有研究者提出，“水五条、湖五个”指的可能是长江中下游地区，“山高水急”的地方很可能是湖广与贵州交界的高山峡谷地带，而“水清是山泉、水浑可灌田”所指的应该就是贵州，所以说东家人是从东方迁徙来的。[①] 无论这种推断是否正确，但有一点是可以肯定的，即东家人的先祖是在久远的过去，从其他地方跋山涉水来到贵州的。换言之，早在明代之前很久，他们就已经在贵州生活了相当长时间。

但是，东家人现今的族谱、碑文却又多记载，他们的祖先是在“调北征南”或“调北填南”的历史背景下，于明洪武年间，从江西某地猪市巷（或珠市巷、珠子巷等）迁居而来的。《凯里文史资料》在介绍东家人时也说：“东家在民国以前，迁徙亦甚频繁，据传祖籍源自江西省，经过长途跋涉，从江西经湖南，最后入境贵州。进入贵州后，散居在福泉、麻

---

① 曾祥慧：《贵州畲族迁徙史》，未刊稿。

江、贵定、龙里等地。"[1]这一说法与东家人在明代以前就已久居贵州的说法明显矛盾。我们认为,这些明代以后进入贵州的江西人,因为逐渐融入了土著的东苗中,而成为东家人的又一重要来源。而现在的东家人之所以都声称他们是从江西迁来的,并不是因为历史上的东苗已经消失,而可能是因为他们原来实行子父联名制,没有像汉族那样固定的姓氏[2],更没有文献记录的族谱,采汉姓之后,便直接抄录同姓汉人的族谱,于是便有了祖籍地在江西之说。另一个可能的原因是,明清政府为了巩固其封建统治,曾多次对起义的贵州土著民族进行大规模的血腥镇压,幸存者为了生存,被迫隐姓埋名,易地居住,并告诫其子孙,以后若遇官军盘问,就说自己是江西猪市巷迁来的,如此便可以避免官军的杀戮。

概言之,民族身份被确定为畲族的东家人是历史上的东苗与明代以后从江西迁入的汉人相互融合的产物。东苗与西苗均源于东晋的谢氏,早在明代之前很久,就已经在贵州生活了相当长时间,且人数甚众。明代,在"调北征南"和"调北填南"的历史背景下,大批江西人进入贵州。他们在被当地土著民族同化的同时,又因为其中某个群体好养鸭和善养鸭,而被人称为"鸭崽(子)苗"。随着时间的推移,这个群体与东苗渐趋融合,以致又被人误称为"冬苗",而写作"[illegible](佟)苗"。到民国后期,两个群体终于合而为一,成为人们所熟知的"东家人"。[3]

二、社会生活

东家人有潘、赵、王、金、蓝、雷、吴、罗、杨、陶、宋、田、李、陈、陆、文、黄、江、葛等姓氏,他们多结寨而居,一姓一寨或数寨,间或数姓一寨,主要分布在麻江、凯里、都匀、福泉这三市一县。其中,麻江县的杏山、碧波、下司、贤昌、谷峒、龙山、景阳、坝芒、宣威等9个乡镇都有分布,聚居在隆昌、六堡、营山、中山、仙鹅(养鹅)、坝寨、长冲、茅坪、仰鼓、陕班、高枧、长江、岩莺、黄莺等村寨,散居在杏山、滥坝、岩下、杀猫等村寨。在

① 李东相:《凯里市民族概况・东家》,《凯里文史资料》(少数民族专辑)第5辑,1992年,第16～17页。

② 史料仅记载西苗有谢、马、何、罗、卢、雷等姓,而东苗则云其"有族无姓"。

③ 详参董建辉:《贵州畲族来源的历史人类学探析》宁德全国畲族文化研讨会提交论文,2009年。

凯里市，东家人主要分布在炉山镇的六个鸡、木佬寨、角冲三个自然寨，散居在小龙洞、甘坝、枫香坪、木油坪等自然寨。在都匀市，主要分布在杨柳街镇谷江片区、沙包堡镇摆楠片区及洛邦镇的义红等地。在福泉市，则主要分布在马场坪、凤山(鸡场)、兴隆、黎山 4 个乡镇。①

东家人的村寨多建于台地、山湾、溪边或河岸，大寨近百户，小寨十来户，一般四五十户。寨子周边多古枫树，门前喜栽翠竹。其房屋多为木结构的三开间平房或楼房，正房的一侧再搭建矮间做灶房、厩舍，厩舍的上面是专供未婚女子与意中人私会的"厢房"。因山区竹木资源丰富且便宜，所以他们多选用材质较好的木材做建筑材料。建房时，先用木材搭好房屋整体框架，上面用瓦片(旧时穷人家也用茅草)覆盖，然后砌外墙、内墙。过去，内外墙均采用木板，现在很多村民都使用砖石，其成本比用木板要高一些。建房过程中要举行多种仪式，主要有选址、上马、立柱、送大梁、包梁心、呼梁、送瓦、开财门等。新房建成后，要举行落成典礼，宴请亲朋好友，俗称做"吃立房子酒"，客人则送礼祝贺。

东家人分布的区域多高山峡谷，日照少，阴雨多，年均气温仅 15 摄氏度左右，年均降雨量约 1400 毫米。受气候和环境的影响，当地仅能种植单季稻。稻谷收割后，村民多在闲置的田地里种植油菜、小麦或放水养鱼。稻谷是当地主要的粮食作物，东家人很早就掌握了先进的水稻栽培技术。除稻谷外，他们还在旱地上种植苞谷、小麦、山芋(番薯)、荞麦等。近年来，烟叶种植成为当地村民的主要副业。因为很多村民外出务工，导致部分土地闲置，于是一些村民将别人闲置的地承包下来，主要种植烟叶，年均每亩可收入千元左右。东家人主食大米，辅以玉米、豆类。平时喜食酸、辣，三餐都制备有酸辣汤。成年男子多数有饮酒的习惯，酒多为自家酿制的苞谷酒，亲朋好友到家都用酒招待。

东家人的社会结构是以父系血缘为纽带结为血缘宗族，每个宗族又分为若干个房族。房族内不设族长，族内大事或纠纷由辈份高、有威信、办事公道的"寨老"主持，没有普遍通行的族规宗约。他们实行一夫一妻制，一般三代同堂，以男性长辈为家长。儿子平均拥有财产继承权，分家时财产均分，但必须给健在的父母留一份"养老田"。兄弟分家由"寨老"而不是母舅主持，长子住新屋，幼子住祖遗老屋，并代管父母的"养老田"。将来父母去世，"养老田"再拿来均分。女儿无房屋、田

① 阿土:《畲族的分布》,《贵州民族研究》2005 年第 3 期。

土、山林等财产继承权，但有家中传承的银饰的继承权。无子嗣的人家可抱养或招婿。鳏寡者死后，财产由亲房接管。

东家人没有文字，但有自己的语言。在东家人聚居的乡镇，男女老幼都说东家话，散居的东家人在社交活动中基本上用汉语。东家话与贵州中部和西部苗语关系较近，属汉藏语系苗瑶语族苗语支。[①] 有人认为，东家话属于苗语川滇黔方言中的惠水次方言，原因是它和龙里、贵定、惠水等地的苗语基本可以通话。[②] 也有人认为，东家话属于苗语川滇黔方言中的重安江次方言，原因是它与重安江地域僅家人的语言极其相近。[③] 东家话与汉语比较，音节分类、性质分类、结构分类等基本相同，但语法、语音和语义有很大差别。[④] 例如，东家话习惯使用倒装法，特别是其中的称呼语。"二叔"，东家话先说"叔"，再说"二"，变成"叔二"，而表示动作的词比如"拉牛"则不用倒装。

过去，东家人是没有姓氏的，他们像许多苗族同胞一样，使用子(女)父连名制。例如某人叫"乔屯"，这意味着，"乔"才是这个人的名字，而"屯"则是其父名。从该名字上看，人们便知道"乔"是"屯"的儿子或女儿。如果是女儿，出嫁后则要联上其丈夫的名。例如，"乔"嫁给了"云"，她的名字就要由"乔屯"改为"乔云"，这样人家一听她的名字，就知道她是"云"的妻子。例如，六堡村赵姓东家人其中一支 14 代的子父连名是：进善、苏进、央苏、屯央、广屯、银广、富银、贵富、林贵、保林、金保、二金、涛二。据了解，很多东家人的姓氏都是清雍正年间大规模的"改土归流"实施之后，受汉文化的影响才有的，其中有的是官府所赐，有的是傍大户姓，有的则是自己取的，个中原因十分复杂。现在，修家谱、排字辈之风渐兴，子父连名的习俗仅在家庭内部使用，不作为谱系依据，一些地方甚至已完全消失。

东家妇女善织染，男女服饰均用自纺、自织、自染的青蓝土布缝制。明清时期，男子"着短衣，色尚浅蓝，首以织花布条束发。妇着花裳，无袖，惟遮覆前后而已。裙亦浅蓝色，细摺，仅蔽其膝"，[⑤]或"男子科头赤

---

① 阿土：《畲族的语言》，《贵州民族研究》2005 年第 3 期。

② 杨昌文：《贵州的畲族》，未刊稿。

③ 曾祥慧：《贵州畲族迁徙史》，未刊稿。

④ 阿土：《畲族的语言》，《贵州民族研究》2005 年第 3 期。

⑤ 弘治《贵州图经新志》卷一，《贵州宣慰司上》，济南：齐鲁书社，1996 年，第 9 页。又参见乾隆《贵州通志》卷七，《苗蛮》，第 126 页。

脚，衣用青白花布，领缘以土锦。妇人盘髻，贯以长簪，衣用土锦，无襟。当幅中作孔，以首纳而服之。别作两袖，作事则去之。杂缀海肥、铜铃、青白绿珠为饰”。[①] 民国年间，东家人的服饰已演变为盛装和便装两种，男装简朴，女装精致。男装有长短之分，着长衫束腰带，缠大围巾或戴帽，穿长裤和鞋袜的称盛装，多在节庆时穿着。对襟短衫称便装，裤则与盛装同。女装之盛装为无领藏青色上衣，三四件或六件为一套，内长外短，花边层层露出；配丝织靛蓝色腰带，彩色花边大裆裤，白蜡花裹脚，船状翘鼻古式绣花鞋。便装则为左往右覆、长过臀部的大襟衣，大襟及袖口缀花边，胸前拴绣有图案的围腰，搭配裤脚缀有红、绿、白三色花边的大脚裤。[②] 如今，东家人日常的服饰已与汉族无异，只是在节庆或盛典时，他们才穿着传统的民族服装。

三、婚姻丧葬

（一）婚姻

历史上，为保持本族、本宗支的纯正，东家人严禁同宗婚配，也尽量避免与外族联姻。其婚姻主要有媒婚和偷婚两种形式。媒婚又叫“正婚”，是由媒人从中牵桥搭线而促成的婚姻，而偷婚则是男女双方经自由恋爱后偷偷结合的婚姻。媒婚的仪式比较隆重，要经过吃开口饭、吃小酒、讨八字和迎亲等程序。

“吃开口饭”即说媒。虽然在此之前，男女双方的父母可能就有结亲之意，但仍需找媒人从中说合，一是显得更加正式，二是避免双方面对面商讨聘礼时的尴尬。媒人通常是村寨中能说会道、交往较广、有福气的人[③]，他们不收钱，也没有丰厚的回报，因此颇受人尊敬。如果女家收下媒人带去的男方家礼物，就表示同意这门婚事。

“吃小酒”相当于订婚。男家择一吉日，请家族中一人，陪同媒人，携带一只公鸡、猪肉、糯米、酒等礼品，到女家祭拜其祖先，表示婚事已

---

① 弘治《贵州图经新志》卷十一，《龙里卫》，第 118 页。又参见万历《贵州通志》卷十二，《龙里卫》，北京：书目文献出版社，1991 年，第 241 页。

② 麻江县志编纂委员会：《麻江县志》，贵阳：贵州人民出版社，1992 年，第 174～175 页。

③ 东家人把儿女双全、夫妻和睦、家境殷实者视作有福气之人。

确定。女家亦请房族本家来陪客共吃喜酒，并回赠男家鞋子、鞋垫、衣服、布、茶缸、牙刷、牙膏等日用品，作为给未来女婿的礼物。从此，双方家有红白喜事或困难，都要相互帮助。

"讨八字"就是讨要女方的生辰八字。婚前一年的秋冬季节，男家择一吉日，请来叔伯及村寨有威望、能说会唱的人，备上彩礼、银饰、两只公鸡、毛香、酒、猪肉、糖、点心等，到女家讨要女方的生辰八字，并同女方父母协商结婚的具体事宜。此后，女方至少要花上半年以上时间纺纱、织布、绣花做嫁衣，制新郎一家亲人的布鞋，女方父兄则到山上砍杉树，锯板晾干，请木工师傅来制衣柜、方桌等嫁妆。男方家则养猪、酿酒、砍柴，筹办喜事。

"迎亲"是整个程序的高潮。婚前一日，男家把需要帮忙的人都请来杀猪、吃酒，并给他们分派任务。其中要请两对有福气的夫妇，当地称"拉丫公"、"拉丫婆"，及若干挑彩礼和嫁妆的人。新娘的女伴聚在女家，陪新娘一起吃用糯米、绿豆等煮成的彩色糯米饭，俗称"吃姨妈饭"，并帮新娘赶制到新郎家时打发客人用的小布荷包。结婚当天，男家一行人挑着财礼，浩浩荡荡到女家迎娶新娘。到女家后，迎亲的队伍被拦在大门外，女家唱"拦门歌"，男家则唱"接亲歌"。唱毕，方请到堂屋就座。深夜，女家盛宴招待迎亲的队伍。

天蒙蒙亮，便开始"发亲"。新娘由其兄弟背着，跨出大门。出门时，新娘要唱"哭嫁歌"，否则会被人认为不孝。新娘一路步行，不坐轿。到男家后，新娘由男家请的两个"有福气"的中年妇女铺床并迎入洞房，不拜堂。晚上，青年男女到洞房唱"荷包歌"，新娘则以荷包相赠。过去，新婚之夜新郎新娘不能同房，新娘由小姑等陪宿。

婚后数天，一般三五天，或七天、九天、十三天，新娘须由其兄弟接回娘家，俗称"回门"。从此，新娘便长住娘家，只有逢年过节、农忙或男家办红白喜事时，新娘才由新郎接回来帮忙。住一两天，等男家事情办完后，又回娘家居住，在夫家仅留少许衣物。一直要等到新娘怀孕后，方可正式在丈夫家长住。这种风俗俗称"坐家"或"住两头"。现在，特别是在与其他民族杂居的村寨，这种"不落夫家"的习俗已基本改变。

偷婚通常发生在男女相爱而女方父母又不同意的情况下。偷婚之前，女子先偷偷把衣服及随身用品慢慢转移至男家。偷婚之日，女子待父母熟睡后，悄悄从堂屋正门离家，与等候在村口的男友及其同伴会合，然后一起到男家。男家举行完仪式后，新郎新娘共入洞房，但当晚不可同房。第三天，男家请两位能说会道的男子，带上猪肉、酒、糖及糯米饭一类的礼物,到女家去通报并致歉。如果女家不接受,过几日还得再去,直到取得女家的谅解。之后,双方再走媒婚的程序,惟"吃开口饭"可省,其他仪式也比较简单。如果结婚时女方已生育,可将婚事和孩子满月一块办,当地人戏称为"两棒并作一棒办"。

婚后,如果丈夫去世,女子可以再嫁,娘家人不管,亡夫家也不得干涉。出嫁时,于黑夜从亡夫家后门或侧门出,不得走正门。如果小叔子尚未成家,也可以给小叔子"填房"。只要女方同意,父母甚至可以强迫小叔与其结婚。

(二)丧葬

东家人对丧葬极为重视,过去还要杀牛祭祀。明嘉靖《贵州通志》载,东苗"死丧杀牛祭鬼,击鼓作乐"。[①] 正常亡故者的丧葬一般包括"陪饭"、"送猪"、"喊饭"、"祭奠"、"开路"、"发丧"、"安葬"等几个程序。

"陪饭",即在老人寿终后,给死者换上寿衣,扶坐在椅子上,择吉时,由族内12人陪同吃诀别饭(亡男男陪,亡女女陪),并请道师念"陪饭词"。陪饭者呼喊死者的名字,频频向其敬酒敬饭,以示诀别。

"送猪",即用一根反手搓的草绳,一端系三穗稻谷,挽在死者手上(男左女右),另一端系着一头小猪。鬼师念"送猪词"后,杀小猪祭死者。

"喊饭",即在停丧期内,每餐饭前,都由鬼师喊死者吃饭,表示生者对死者的孝敬。

"祭奠",即向死者献祭。前来吊唁者按与死者关系的亲疏程度,先后拿一碗上面盖一片肉或一张蛋皮的糯米饭作为祭品,祭拜死者。民国以后,受汉文化影响,逐渐形成了女婿以猪、羊献祭的习俗。祭毕,举行"冲粑槽"仪式:一人击鼓,三人持冲杵,在鼓声、丧词和号子的配合下,有节奏地用杵冲击反扑过来的粑槽,其他人则围着鼓点起舞,讲有损别人的押韵的粗话,称"打呀呀"或"搭十三"。大家哄笑,说亡人"得去了",被损的人也不生气。据传,冲粑槽可以为死者驱除阴间的鬼怪邪气和老鹰、野兽,让开路的公鸡带亡人的灵魂到达天堂。

"开路"亦称"开东家路",是整个丧葬活动中最重要的仪式,关系到

---

① 参见民国《贵州通志·土司土民志》,贵阳:贵州人民出版社,2008年,第155页。

死者离开人世后是否能与祖先团聚的问题。鬼师先杀一只鸡“引路”，大叫三声死者的名字，接着用悲壮的声调大声唱念《开路经》。《开路经》包括“盘古开天地”、“兄妹制人烟”、“民族大迁徙”等传说，以及死者父母结合、十月怀胎、生养抚育、长大成人、最后寻根归宗等内容。开路师由七人组成：主师手持一把开路用的大马刀；副师手拿一根用七尺长的竹竿制成的亡人杖，传说是给亡人拄的金银拐杖；第三人背一套盒，内装饭盒和一件衣服，手持一把桐油纸伞；第四人肩扛一支猎枪，腰系一把柴刀；第五六七人随行，或背柴刀，或空手。这些人如此装扮的目的，是为了护送死者顺利到达祖宗的栖息地。[①]“开路”一般要花费十多个小时，从头天傍晚一直持续到次日天明。

天明后“发丧”，主师给亡人分魂。东家人认为亡人有三魂，一魂由主师开路升天，转世投胎成人，一魂上山守坟，一魂回归香火，与祖宗团聚。“发丧”后，众人扶棺出门，孝子披麻戴孝、手持哭丧棒在前，男女老少相送至村口，停棺在一平地处。孝子跪朝灵柩，等主师“给水”送亡人。“给水”由亡人最小的女儿（没有女儿的由侄女代替）手执一瓦罐，到井边舀一罐井水来，主师念“给水词”。念毕，主师把瓦罐连水砸碎在灵柩上。之后“吃姑妈酒”，由亡人出嫁的女儿女婿、侄女儿女婿备糖、果、酒等礼品祭奠亡人，犒劳众亲友。吃酒毕，老幼和女性返回，男性亲友送亡人上山安葬。

“安葬”，即由鬼师执火把和三根芭茅草走前，众亲友扶棺送死者上山“落土”。之后，儿孙要为死者供灵 49 天。

如果是年轻夭折、自杀、生病或天灾人祸等导致的非正常死亡，其丧事要比正常死亡者花费的时间更长，程序更复杂。例如，鬼师将尸体入殓后，还要在土地庙前为死者“赎头打替”，即扎一茅草人作为死者的替身。据传，举行过“打替身”仪式后，死者的灵魂才能超脱，重新获得投胎转世的机会。

四、节日集会

东家人的节日集会有春节、元宵节、二月二、清明节、四月八、端午节、吃新节、七月半、八月十五、“跳月”、“坐花园”等，大大小小计 20 多

---

① 杨鹍国、胡晓东：《麻江隆昌东家风俗介绍》，第 190 页。

个，其中最具特色的主要有四月八、吃新节、八月十五、“跳月”、“坐花园”等。

农历四月八日是畲族传统的岁首，也是“牛王”和“米王”的生日，和一年春耕的开始。这一天人们要给牛喂上等饲料，让牛在家休息，不让它干活。家家户户都要染七色花米饭敬牛王，并举行斗牛、赛马和男女青年对唱山歌集会。解放后，“四月八”成了东家人的民族盛会。每年会期，男女老少都穿上民族盛装，从四面八方聚集到一起，载歌载舞，开展各种文艺活动。男女青年则对山歌，说情话，结成美好姻缘。这天也吸引了周边其他各族同胞参加，成为民族团结的盛会。

吃新节介于农历七月和八月之间（七月的一个辰日或八月的一个巳日），依稻谷成熟情况而定。节前，人们到田里收割一些成熟的稻谷，先放到神龛上祭祖，再碾出新米，做成米饭。田里养有鲤鱼的人家可以去捉几条回来，请亲朋好友一起来吃，共享丰收的喜悦。

八月十五是东家人的祭祖节，东家话称“哈逊”。清代及民国时期，东家人“以中秋祭先祖及亲族远近之亡故者。择牡牛以毛旋、头角正者为佳，时其水草以饲，至禾熟牛肥，酿酒砍牛，召集亲属剧饮歌唱。延鬼师于头人之家，以木板置酒馔，循序而呼鬼之名，竟昼夜乃已”[①]。解放后，祭祖习俗消失，人们只把这天当中秋节过。在过去，这一天还有“送瓜崽”的习俗。谁家结婚多年不生小孩或未生男孩，就在这天晚上，由已婚生子的男人到地头去摘一个长南瓜，用小被包成婴儿状，再由一德高望重者抱着，结队来到未生育者家，敲门喊：“开门，开门，我们给你家送崽来了！”夫妻闻声迅即开门迎接，把南瓜抱到床上去睡，然后煮肉倒酒，招待大伙。据说这招还挺灵的，第二年保准能生一个胖小子。清人李宗昉的《黔记》载：“黔中妇女，作背兜，负儿于背。每岁中秋夜，以少年装束如女子，背瓜鼓吹，送至亲友床上祝生子，名曰‘送瓜’。”[②]

“跳月”是东家青年男女的传统集会。万历《贵州通志》载，东苗“春月以木为神，召集男女祭，用牛酒，曰‘木马鬼’。老坐饮马傍，未婚男女俱盛饰衣服，吹笙唱歌，旋马跳舞，谓之‘跳月’。”[③]每年正月初四至元宵期间，东家人举办“跳月”集会。各地跳月堂上，数以千计的东家男女

---

① 乾隆《贵州通志》卷七，《苗蛮》，第126页。

② 李宗昉：《黔记》卷一，北京：中华书局，1985年，第4～5页。

③ 万历《贵州通志》卷十二，《龙里卫》，第241页。

青年，身着盛装，欢聚一堂。男子吹芦笙，女子携帕随笙韵踩步，男女步调合拍，彩服招展，婆娑起舞。男女青年借此良机广交朋友，喜结良缘。

“坐花园”也叫“等郎会”，是东家青年男女集会的又一种形式。每年农历正二月间，各寨姑娘相邀到村寨一个显眼的山坡上，捡柴、烧火、烤糍粑、互教情歌，等待意中人的到来。小伙子三两个一组，穿行于各个“花园”，遇上中意的姑娘就唱“联妹歌”。如果姑娘也有意，就以“迎郎歌”对答。双方若是情投意合，便会单独谈心，并互赠信物。对于“坐花园”，父亲和兄弟会自觉避开，母亲和嫂子则给予帮助。

五、宗教信仰

（一）自然崇拜

东家人基本没有人格化的神明信仰，而只有人类学中所说的“泛灵信仰”，即相信宇宙间的万事万物如天地、山川、河流、森林甚至巨石、大树等都有灵魂，都会对人的生产、生活产生善或恶的影响。这些精灵的地位是平等的，只在其管辖的范围内有效。在东家人的村寨中，除了寨子的进出口有极简陋的土地庙外，一般没有其他宗教性建筑。东家人的泛灵信仰体现在他们生活中的各个层面。例如东家人认为，石头、树木等都有灵性，可以保佑小孩身体安康，所以在小孩满月时，父母认石头、树木等为孩子的“保爹”、“保妈”，并将小孩命名为“石保”、“树保”等，希翼通过这种方式使小孩获得神灵的庇护。

又如在迎亲过程中，新娘在入新郎家门前，须先由道师或鬼师给新娘“退喜神”。道师摆一方形桌于门口，上面放一碗酒、一碗水、一升米、一面镜子、一只活鸡，以及毛香、纸钱等物，口念“退喜神”咒语，杀鸡敬“喜神”，并将鸡扔过新娘的头顶。之后，将水倒在地上，点燃纸钱。新娘须从水和火上跨过，方可驱散途中带来的鬼怪神灵。该仪式的起因据说是，东家人认为，在迎亲途中，山野中的各种鬼神（统称“喜神”）会赶来凑热闹，随迎亲队伍进入男家，所以必须请道师或鬼师来设坛做法，将它们拒之门外。

与此相似的是“打替身”仪式。如果成人久病不愈，东家人便认为是神灵在作怪，于是请道师来“打替身”，予以驱除。其做法是：道师用毛草扎一草人，将草人放在病人家门口的地上，祭品放置在旁边。祭品包括一碗米、公鸡、鸭子、酒、纸、香等。道师念咒语：“尽心一念通三界，炉焚香烟遍十方,愿凭感格圣贤心,宝罔光中齐出现……"念毕,杀鸡鸭,并手持鸡鸭绕草人转三圈,然后将草人扔到地上,用刀斩。斩后用"亮杆"(向日葵杆)点火焚烧,病人跨过火进门,道师将草人送到三岔路口的小河边烧掉。东家人相信,病人被"打替身(草人)"之后,致病的各种神灵就被驱除了,病人不久便可恢复健康。每年农历的三月三日、六月六日或是秋收后,东家村寨都要举行集体的"打保寨替",用猪、羊等家畜驱鬼出寨,让所用的猪、羊代替村寨去承受那些鬼怪的折磨。

在东家社会,能够超度亡魂、驱鬼招魂、祈福禳灾的有三种人:道师、鬼师和巫师,东家语分别称为"xiangdan"、"xiangmeng"和"xiangming"。东家人认为,他们都是具有超自然神秘力量,或者是有能力与超自然领域沟通的人。在这三种人中,道师的地位最高,只有有德行者才能成为道师。道师在村寨很受尊敬,凡有重大仪式都邀请其参加或主持。他们一般都写得一手好字,做法事时,照着科仪本用汉语念咒语。鬼师的地位略低,他们用本民族的语言即东家话主持仪式。与道师相比较,他们学师时没有专门的科仪本,只靠师傅口耳相传。除了参与或主持仪式,他们还做驱鬼、占卜、改神①等法事。巫师一般是女性,故又称巫婆,她们的地位较低,被人看不起。据说这种人的灵魂"不硬朗",容易被鬼纠缠,如果不做巫师就会死去。巫师无师自通,自动入神,且只有入神后才可做法事。

道师、鬼师和巫师在村寨中扮演着重要的角色,他们既参与婚丧嫁娶等重大仪式,也为村民驱煞治病,甚至还帮助解决村民之间的矛盾。如果村民发生纠纷,争执不下,一般请有威望的"寨老"来主持公道。如果连"寨老"也无法判断曲直,就请道师来,用"鸡卦"的方式决断。双方当事人共同出钱买一只鸡,来到土地庙前,在道师的主持下,先焚香化纸,各发毒誓:"如果自己言行不一就如同此鸡的下场,不得好死"。然后,两人各执一鸡翅和鸡腿,向相反的方向用力,直到将这只鸡撕成两半。道师根据该鸡碎裂的纹路、形状,来判断双方的是非,作出决断。这种方式至今仍经常使用。

有的鬼师、巫师还用"米卦"的方式来判断是非曲直:道师或鬼师盛一碗米,用一块布将碗包住,将碗倒置,口念咒语,然后将碗翻过来,把

① 所谓"改神",就是有人触犯了神灵,通过做法事来安慰神灵,以使神灵不再来纠缠。

布揭开,根据米的卦象来判断是非。因东家人惯用卜卦,故史料记载其“动作必卜或折茅,或熟鸡验其胫骨与脑”[①]。

（二）祖先崇拜

东家人对自己的祖先非常崇敬,他们认为,后代子孙的一切都是靠祖先的荫庇才得来的。过去,东家人不仅在八月十五日专门举办“祭祖节”,而且每当秋收后的十月或冬月的十二日到十五日共 4 天,都要按照 13 年一大祭,3 年左右一中祭,1 年一小祭的规制,举行规模不等的祭祖活动。甚至在狩猎活动中,猎得猎物后,也要先祭拜祖先。乾隆《贵州通志》记曰:“(东苗)春猎于山,获禽,亦必以祭[②]。即使是现在,凡遇婚丧嫁娶或节庆仪礼,东家人也都要祭拜自己的祖先。所不同的是,过去的祭祖多为家族集体活动,而现在的祭祖多在各家单独进行。

在东家人的观念中,祖先没有具体的形象,祖先的灵魂憩息在牛皮鼓内,“祖鼓便是祖先的象征”[③],故祭祖仪式往往表现为祭鼓仪式。一般每个家族或房族都有一面祖鼓,鼓用樟木凿空,两端鞔以黄牛皮,加钉制成,鼓内安放祖先的灵位。祖鼓存放于专门的藏鼓房,或置于堂屋神龛左上方的鼓洞内,或悬挂于中梁,两侧以芦笙、牛角和牛头骨等为伴。因祖鼓需要供奉和祭祀,故凡有祖鼓的家族或房族,都要专门置二至三亩祭祖田,由族人代耕,收入归祭祖使用。祖鼓一般传给幺房,个别家族也可以在大祭时,用占卜的方式确定祖鼓归谁保存。获得祖鼓保存权的房族,须负责下一届的祭祖活动。

祭祖的祭品因规模不同而有所差异。1 年一次的小祭称为“平祭”,祭品只需猪头一个、鸡一只。道师吹芦笙、念祭词,摆一桌饭菜在地上,七人围坐,道师再吹芦笙、念祭词、卜卦,请祖先领受,众人相陪。其间全用东家话,禁用汉话。3 年左右一次的中祭,形式上与小祭相同,但祭品必须是一头大肥猪。13 年一次的大祭,祭品为水牯牛、黄牯牛各一头,猪两头。因开支浩大,祭祖田收入不足的部分,便由本族支内各家捐集。整个祭祀活动由总师傅、送祖人、芦笙师、击鼓人等负责,

---

① 民国《贵州通志·土司土民志》,第 149 页。

② 乾隆《贵州通志》卷七,《苗蛮》,第 126 页。

③ 杨鹍国、胡晓东:《麻江隆昌东家风俗介绍》,第 195 页。

家族男女老少都参与，前后持续三四天。[①] 祭祖的同时，也举行“跳月”活动。

总之，贵州畲族的社会文化呈现出与其他地方畲族迥然不同的特点，值得人类学、民族学者做更深入的调查研究。

① 有关祭祖的详细情况，请参见杨鹍国、胡晓东：《麻江隆昌东家风俗介绍》，第194～197页。

“鞑靼”话语:17 世纪欧洲传教士关于满族的民族志观察

张先清

摘　要:17 世纪在华传教士撰写、出版了一系列有关满族的崛起与发展的著述,这些传教士的早期民族志观察,是欧洲认识满族这个发祥于中国东北地区的新兴民族共同体的最早知识来源。在传教士笔下,满族这个一度还属于“没有历史”的“蛮族”却迅速在 17 世纪中叶征服中国,成为帝国的新主人,由此激起欧洲社会的较广泛关注,并形成一种特殊的“鞑靼”话语。尽管上述传教士在早期民族志描写中包含着不少虚幻失实的成分,但其意义显然已不能完全用是否真实来衡量。正是这些 17 世纪传教士的民族志观察开启了欧洲了解中国多样性民族文化的先河,同时也为今人提供了一个考察大航海时代欧洲对于欧洲之外人民态度转变的“他者”视角。

17 世纪满族在东北地区的兴起及清王朝统治的最终确立,引起了欧洲社会对于这支发祥于我国东北地区的少数民族的关注。此时期,一部分在华传教的欧洲天主教传教士根据自己的所见所闻,撰写、出版了不少关于满族的崛起与发展的著述,从而在 17 世纪欧洲社会形成了一种特殊的“鞑靼”话语。传教士的这些早期民族志(Proto-ethnography)观察,是当时欧洲人了解满族的第一手资料,在塑造欧洲人心目中的满族形象方面扮演了重要的角色。它直观地展现了一个原先几乎不为人知的东方族群的形象是如何通过传教士这个文化中介在一段时间内被传递到欧洲,并发生变化的。因此,考察这些传教士主导下的“鞑靼”话语,不仅可以了解前现代欧洲人对于满族的认识及态度转变,而且也有助于今人理解 17 世纪传教士民族志文本在研究民族文化相遇过程中的独特意义。

一

满族的起源是中国民族史研究中的一个重要问题，历来受到中外学术界的重视[①]，而这也是17世纪传教士颇为关注的一个焦点。鞑靼在中国古代典籍中的记载最初见于唐代[②]，历史上亚洲北方的民族一度被西方人统称为鞑靼人（Tartar），例如，在著名的十三世纪马可·波罗游记中就称呼蒙古族人为鞑靼人。[③] 这个名称一直被西方沿用到大航海时代。16世纪以降，随着西方向外殖民扩张活动的加剧，与亚洲的接触也日渐频繁，越来越多的东方民族知识得以被传递回欧洲。以中国为例，此时期欧洲天主教传教士开始较大规模地进入中国，在城乡之间传教，由于居华日久，这些欧洲传教士们对中国的民族历史有了更多的了解。然而，应当指出的是，在17世纪以前，欧洲人对满族并没有什么认识。例如，在同时代一些最为著名的描述中国的传教士书籍中，"鞑靼人"主要指的还是被明朝驱赶出中原的蒙古族人。门多萨（Juan González de Mendoza）在《中华大帝国史》中提到的鞑靼人，就是指蒙古部族。他们盘踞在北方草原，与明朝频发冲突。[④] 耶稣会士利玛窦（Matteo Ricci）在其所著的书中提到的鞑靼人，指的也是长城外的蒙古族人。他在书中并没有只言片语提到中国东北的满族。[⑤] 究其原因，可能是由于此时期以葡萄牙、西班牙为主的西方人主要在南中国活动，缺少与东北民族接触的机会。即使像利玛窦等一些传教士得以进入北京传教，但由于当时的满族只是东北地方许多部族中的一支，尚未对明廷发动直接的进攻。此时频繁骚扰明廷北方边界的是蒙古族势力，因

---

① 关于满族起源的研究，见孙文良：《满族崛起与明清兴亡》，沈阳：辽宁大学出版社，1992年，第1～16页。王锺翰：《清史满族史讲义稿》，厦门：鹭江出版社，2006年，第84～105页。刘小萌：《满族从部落到国家的发展》，北京：中国社会科学出版社，2007年，第1～61页。

② 王国维：《鞑靼考》，《清华学报》第3卷第1期，1926年，第651页。

③ ［意］马可波罗著，冯承钧译：《马可波罗行纪》，上海：上海书店出版社，2001年，第137～177页。

④ ［西］门多萨撰，何高济译：《中华大帝国史》，北京：中华书局，1998年，第1部，第2～3，36页。

⑤ ［意］利玛窦、［比］金尼阁著，何高济等译：《利玛窦中国札记》，桂林：广西师范大学出版社，2001年，第32～33页。

此引起他们广泛注意的鞑靼人还是这些曾经横扫欧亚大陆的蒙古族人。这也可以解释为什么像门多萨甚至利玛窦在中国北方民族史上的知识与数世纪前的马可·波罗时代相差不多,前述门多萨对鞑靼人的描述,基本上就是来自马可·波罗的资料。

进入 17 世纪后,随着传教士深入中国传教,对中国的了解也日渐增多,而且更重要的是此时期东北地区的满族开始强大,兵锋直指明朝,并在 1619 年萨尔浒之役大败明军,直接威胁到明朝的统治。在此背景下,传教士们对鞑靼人的认识也开始深入,此时期他们已意识到鞑靼人的不同族群区分,由此也表明他们对满族有了一定的认识,典型的例子是耶稣会士曾德昭(Alvaro Semedo)的《大中国志》。在该书中,曾德昭已经提到鞑靼有东、西、北三部分之分,而且他还记载了"东鞑靼人"即满族人发动的一系列对明廷的袭击事件。[①] 不过,曾德昭显然对满族的起源并不了解,他只提到他们是明朝建立者"洪武"征服"那些北面离他最近的国土"的众多部族中的一个,逐渐强大后形成政权。[②] 曾德昭在 1636 年被派回欧洲,直到 1645 年才重返中国。而他的《大中国志》1642 年已在欧洲出版。[③] 因此,尽管 1650 年曾德昭在广州城为清军攻破时被俘,从而第一次与满族人有了直接的接触,但他在《大中国志》一书中关于满族的描述却显然不是亲历,而主要是他在华传教期间的耳闻。17 世纪入华传教士中较早谈到满族起源的著作是耶稣会士卫匡国(Martino Martini)的《鞑靼战纪》。在该书中,卫匡国指出居住在北部长城外的"鞑靼族"是许多民族的祖先,这个民族"不仅包括西部鞑靼,也包括我们欧洲人至今不知的东部鞑靼人。"[④]在卫匡国看来,满族人的先世就是居住于东北"女真地区"的"东鞑靼人":

> 后来,那里的鞑靼人,或作为臣属,或作为友人,年年都经辽东省进入中国,跟当地居民进行交易;因为鞑靼人已经贫困,不愿再跟中国打仗。他们携带各种货物,如中国人很珍视的叫做人参的

---

① [葡]曾德昭著,何高济译:《大中国志》,上海:上海古籍出版社,1998 年,第 121~127 页。

② [葡]曾德昭著,何高济译:《大中国志》,第 121 页。

③ 计翔翔:《17 世纪中期汉学著作研究——以曾德昭〈大中国志〉和安文思〈中国新志〉为中心》,上海:上海古籍出版社,2002 年,第 79 页。

④ 卫匡国著,何高济译:《鞑靼战纪》,载[葡]安文思著,何高济译:《中国新史》,郑州:大象出版社,2004 年,第 193 页。

根;海狸皮、貂皮、黑貂皮等贵重皮货;以及中国人用来织网的马鬃,男人用作束发,表现为最美的打扮。但鞑靼人口迅速增长,他们很快形成自称为盟的七个部,相互攻战,最后大约在1550年合并为一国,称为女真国。[①]

从上引文可见,与曾德昭相比,卫匡国对于满族的了解较多。例如,尽管他所说的1550年女真国的建立是错误的,但显然他已经注意到满族是来源于东北地区女真诸部间的联合。卫匡国书中尤其对满族的社会风俗及其崛起并取得统治记载得比较详细,这一点我们会在后文述及。这可能与他到过北方,并接触到满族人有关。卫匡国是明末在华游历较广的一位传教士,他曾"北至京师,抵于长城",为其著名的《中国新地图志》一书的撰写进行实地测量绘制工作。在这部著名的著作中,他已经列入了当时满族势力所及的"辽东(Leao Tung)"地区[②],由此不难推断,他在游历北方的过程中,必定会注意从当地人那里获取不少关于满族人的信息。1646年他在浙江温州传教,清军破城时,他凭借着个人的机智得以幸免于难。[③] 此后,卫匡国因为与满族人往来而获得更多的观察满族社会生活的机会。但是,在他的书中并没有提到具体的满族的族源问题。这可能与卫匡国在顺治年间主要在南方居住传教有关。[④] 稍后的耶稣会士安文思(Gabriel de Magalhães)于1648年被肃亲王豪格由四川带到北京,此后一直住在那里长达二十九年之久。他受到顺治帝及其他满族权贵的优遇,因此得以近距离地观察到满族人的生活。安文思撰写了《中国新史》一书,记录了不少清初满族政权的状况。他曾经计划研究"东鞑靼人的起源"。[⑤] 这可能是传教士准备系统研究满族起源问题的最早计划,但可惜的是,安文思还没有能够完成这项计划就于1677年辞世。在安文思之后,德籍耶稣会士汤若望(Johann Adam Schall von Bell)是较早比较详细地描述满族起

---

① 卫匡国著,何高济译:《鞑靼战纪》,第195页。

② Roman Malek and Arnold Zingerle, eds., *Martino Martini S. J.* (1614—1661), *und die Chinamission im 17. Jahrhundert*, Nettetal: Steyler Verl., Institute Monumenta serica, 2000, pp. 245-248.

③ 卫匡国著,何高济译:《鞑靼战纪》,第223页。

④ 卫匡国尽管在1649—1650年间到过北京,但没有久住。见许明龙:《卫匡国在华行迹再探》,《世界宗教研究》1995年第1期,第50页。

⑤ [葡]安文思著,何高济译:《中国新史》,第12页。

源的传教士,他在 1665 年的信件中曾记载了关于满族起源的"朱果发祥"神话。1688 年安文思《中国新史》法文版的编译及整理者克洛德·伯努(Abbé Claude Bernou)在注释中转述了汤若望所记载的这个传说:

> 汤若望神父报道说,当今皇上之父顺治帝的大伯曾经几次告诉他说,自从恩库伦、正库伦和佛库伦这三位女神自天而降,在鞑靼的一条河里沐浴以来,共有大约十代。佛库伦在她留在岸边的衣裳底下发现一种叫做阿尔卡肯吉德龙葵即一种草本植物结的红果,佛库伦把它吞食后怀了孕。她的两个同伴返回天上,她则留在地上直到生下一个男孩。她哺育孩子,后来把孩子留在一个岛上,告诉他说她将回到天上,但有一个渔夫会来教养他,这确实发生了。后来这个孩子成为一名勇士,他的儿孙统治着当地。不过在第五代上百姓反叛了这个家族,该家族被打败并几乎被杀光,只有一个王子得以逃脱。这位王子遭到严酷的追捕,正当筋疲力尽、濒临崩溃之时,一只喜鹊飞来栖止在他的头上,蒙蔽了他的敌人,他们以为那是一根树桩而不是一个人。①

汤若望在明清鼎革之际留在北京守护教堂,并得以逃过了兵燹之灾。清军进入北京后,他因为具有授时定历的技能而得到清统治者的宠信,被授予钦天监正,并得以与满族权贵来往。上引文中提到的顺治帝的大伯,即是与汤过从甚密的礼亲王代善,他是努尔哈赤的次子。代善曾多次拜访汤若望,"向汤若望述说他的民族以往时代的传说与历史。"②汤若望上述信件中记录的无疑是满族起源史上的一个重要传说,即三仙女沐浴长白山天池及仙女所诞满族始祖布库里雍顺为三姓人举为"国主"的故事。该传说在考察满族先世与东北族群关系方面扮演了重要角色,是满族人追溯祖先来源时屡屡强调的一个集体记忆。③

---

① [葡]安文思著,何高济译:《中国新史》,第 12～13 页。

② [德]魏特著,杨丙辰译:《汤若望传》,上海:商务印书馆,1949 年,第 1 册,第 244 页。

③ 关于三仙女传说与满族起源关系的考察,见李治亭:《关于三仙女传说的历史考察》,《吉林大学学报(社会科学版)》1985 年第 2 期,第 73～77 页。孙文良:《满族崛起与明清兴亡》,第 1～3 页。刘小萌:《满族从部落到国家的发展》,第 2～4 页。姚大力、孙静:《'满洲'如何演变为民族——论清中叶前'满洲'认同的历史变迁》,《社会科学》2006 年第 7 期,第 14～18 页。

早在修于1636年的《清太祖武皇帝实录》中就已经记载了这个传说。此后,《满洲实录》、《满洲源流考》等清代官书中也多有记载。尽管上引文所记与故事原文在个别地方略有出入,但故事内容大体相同。甚至在满族中广泛流传的"神鹊救祖"情节也被记录在内,[①]由此可见,汤若望是相当精确地记载了这个传说。这可能是迄今为止所知的向欧洲人介绍这个关键传说的最早一份文献。通过汤若望的记述可知,原先可能只是流传于东北女真部族间的上述祖先故事,到顺治时期已经被满族上层塑造为追溯本族起源的一个共同历史记忆,即使在面对一位西方传教士时,满族权贵代善也已经用这个传说来讲述本族的缘起。

与汤若望同时,还有一些传教士关注满族的起源问题。多明我会传教士闵明我(Domingo Fernández de Navarrete)在1664年曾经因为历狱案被羁留北京长达三个月之久,利用这一时机,他记录了他所了解的满族起源历史。在其后出版的著名的《中华帝国的历史、政治、伦理及宗教论集》一书中,他就提到了他所了解的满族族源知识:

> 传教士们对于"鞑靼"的名称意见不一,我应该在关于争论的部分讨论这一点,但不妨顺便在此提提这些鞑靼人究竟是一群什么样的人。我发现许多人推测他们与那些和伯力人(Poles)、莫斯科人(Muscovites)及那个地域其他部族的交战者同类,这是一个严重的错误。中国人称呼他们鞑子(TaZu),并且将他们分为东(鞑靼)、西(鞑靼)两部分,也就是用东(Tung)、西(Si)两个字来区分他们。东鞑靼位于中国的东北部,东北这个方位对我们来说有些不得要领,尤其当它是指东部方位的时候。中国人老是将所有鞑靼人视为粗鲁无礼的蛮族,因此,当他们形容一个人是野蛮人时,就叫他鞑子。……(中国的鞑靼人)居住在靠近长城边的地方,一个为众人认可的事实是,他们的王国很小,山林茂密,但野兽成群。它被中国人称为宁古塔(Ning Kue Ta)。这是一个多山的王国,居民粗野:他们没有房屋或较大建筑,人们居于洞穴与简陋的小屋,后者是他们依照汉人的方式搭建的。他们习惯作抢劫者,不断

---

① 关于满族"神鹊救祖"故事,见张杰、张丹卉著:《清代东北边疆的满族》,沈阳:辽宁民族出版社,2005年,第450~451页。

地侵扰中国,劫掠城镇与乡村。他们豢养成群的马匹,擅长骑射。[①]

从上引文可见,闵明我也已经注意将满族人从长期被欧洲人混淆的北方其他族群中区别开来,尤其是他正确地提到满族在东北的一个重要中心地宁古塔。它是努尔哈赤建州卫时期建立的一个重要城堡。[②] 这表明传教士对满族的来源有了进一步的认识。1635 年皇太极发布谕旨,正式定满洲为满族族名:"我国之名原有满洲、哈达、乌拉、叶赫、辉发等。每有无知之人称之为诸申。诸申之谓者,乃席北超墨尔根族人也,与我何干涉?嗣后凡人皆须称我国原满洲之名,倘仍有以诸申为称者必罪之。"[③]这是满族族名演变中的一个大事。满洲这一族称也逐渐为传教士所知,在 17 世纪后期的一些传教士书籍中,也开始用满洲来直接称呼满族。如耶稣会士白晋(Joachim Bouvet)在其 1697 年出版的《康熙皇帝》一书中谈到:"满洲发祥于鞑靼东部,最初于中国东北的辽东地区建国,并于本世纪中叶,征服了现在统治着的广大疆域。"[④]耶稣会士李明(Louis-Daniel Le Comte)在呈递给法国国务大臣的一份信件中也已提到满族的这一族称:"东鞑靼的众亲王之一(这里有许多这样的王爷),他的臣民称为满洲人(Mouantcheou),经常在长城附近与汉人进行交易。"[⑤]

应当指出的是,清初传教士们关于满族族源的描述大多是由入关的满族人转述而来。在相当长一段时期内,还没有传教士能够深入满

---

① Domingo Fernandez de Navarrete, *Tratados historicos, politicos, ethicos, y religiosos de la monarchia de China*, Madrid, 1667. 本处引用为该书英译版 *An Account of the Empire of China, historical, political, moral and religious*, in A. Churchill and J. ed., *A Collection of Voyages and Travels: Some now first printed from original manuscripts, with a general preface*, Vol. 1, London, 1704, book 1, chapter 5, p. 8.

② [美]魏斐德著,陈苏镇等译:《洪业——清朝开国史》,南京:江苏人民出版社,1995 年,第 41 页。孙文良:《满族崛起与明清兴亡》,第 13 页。

③ 关嘉禄、佟永功译:《天聪九年档》,天聪九年(1635 年)十月庚寅,天津:天津人民出版社,1987 年,第 129 页。

④ 白晋著,赵晨译:《康熙皇帝》,哈尔滨:黑龙江人民出版社,1981 年,第 3 页。译者此处将满洲译为满族。"满洲"译法可参见 G. G. 莱布尼兹著,梅谦立译:《中国近事——为了照亮我们这个时代》,郑州:大象出版社,2005 年,第 53 页。

⑤ [法]李明著,郭强等译:《中国近事报道(1687—1692)》,郑州:大象出版社,2004 年,第 33 页。

族发祥地关外白山黑水地区进行实地考察，因此在认识上无疑带有片面性。然而，到了17世纪后期，已经有一些传教士能够进入东北地区旅行，由此也对满族起源地有了更多的直观认识。典型的例子是比利时耶稣会士南怀仁(Ferdinand Verbiest)，1682年3月，他跟随康熙帝到其"父祖的诞生地、故土之乡的辽东地方"旅行。据南怀仁记载，康熙此次巡视的目的是"巡访祖宗陵寝，依照惯例行参谒之礼，同时也是为了亲自巡视统治下的东部鞑靼，即女真方面的边疆地区。"[①]巡视队伍从北京出发，穿越辽东，直抵终点吉林乌喇城[②]，耗时数月，行程千余里。利用这一时机，南怀仁记述了沿途所见所闻，在他的笔下，不时可见有关神秘的满族故土景观的描绘。[③] 值得注意的是，他以实地考察的经历证实了满族的发源地在长白山一带："(长白山)山麓或其支脉，是东鞑靼祖先的诞生地。因此，皇帝一到江畔，立刻下马，面南向山，为祭山和祭祖而三叩首。"[④]法国耶稣会士张诚(Jean-Francçis Gerbillon)从1689年起也曾多次伴随康熙帝或满族大臣前往满蒙各地，他在旅行过程中将所经过地区的山川地势及居住在当地的满、蒙、回等各民族的历史、生产生活习俗及宗教信仰等记录下来，其中关于满族部分较为详细。他指出满族来自于"辽东之北，是中国最东部的省份；从南到北即由北纬四十一度到五十三度；从西到东大约从东经一〇四度到东洋；北以大江为界，俄罗斯人称这条江为阿穆尔或者'爱'，而中国人称为黑龙江，满洲语叫做萨哈连乌拉；南以辽东省和高丽为界；东临大洋；西以蒙古为界。"[⑤]在张诚的笔下，满族人是一个精于渔猎的民族。例如，他描述一部分沿松花江住居的满族人："冬天，他们去黑龙江两岸大森林里猎取黑貂，夏天回到他们自己的聚居地度夏，主要聚居地是宁古塔附近"。[⑥] 尤其值得重视的是，从张诚的考察可见，他已经注意到了东北地区构成满族这一民族共同体的其他所谓"新满洲"族群，如达呼尔、赫

---

① [比]南怀仁:《鞑靼旅行记》，载杜文凯编《清代西人见闻录》，北京：中国人民大学出版社，1985年，第70页。

② 今吉林永吉乌拉街。

③ [比]南怀仁:《鞑靼旅行记》，第71～83页。

④ [比]南怀仁:《鞑靼旅行记》，第76页。

⑤ [法]张诚:《对大鞑靼的历史考察概述》，杜文凯编《清代西人见闻录》，第89页。

⑥ [法]张诚:《对大鞑靼的历史考察概述》，第90页

哲、鄂伦春等。[①] 例如,他在描述赫哲人时指出该族"用狗拉车,正如我们用牛马拉车一样",其语言"同满洲语也不相似。他们能捕获大量的鱼,全部食物是鱼,也穿鱼皮做的衣服,所以以鱼皮鞑子见称。"张诚也注意到处于氏族部落时代的赫哲人的社会形态特点:"他们不知农业为何物,也没有君王,每个部落推选自己的首领,类似加拿大的野蛮人顺从他们的首领一样。他们也有用树皮做的或树干挖空的小船。"[②]张诚这里提到的居住在松花江流域一带的赫哲人是清初最先编入八旗的新满洲,[③]这些新满洲族群,在此之前几乎不为欧洲人所知。[④] 由此可见,正是张诚等传教士深入东北地区的实地考察活动,在更新欧洲人的满族知识谱系方面起到了重要的作用,从而使得欧洲人对满族的起源有了更为明晰的认识。

二

有意思的是,尽管清初满族人已大批迁入关内生活,但在17世纪民族志文本中,传教士关于这些已经不再陌生的满族人的人种特征的描述并不多见。在同时代的传教士著述中,似乎只有卫匡国、帕拉福克斯(Juan de Palafoxy Mendoza)等少数人提供了一些片断。例如,卫匡国这样描述他所见到的满族人种特征:"他们面容清秀,像中国人的脸那样阔,皮肤白色,鼻子却不像中国人那样扁平,眼睛也不那么小。他们很少说话,沉默地骑马。他们的其他习惯和我们欧洲鞑靼人相似,但并不粗野。他们喜欢看见生人,不像中国人那样严肃的冷酷生硬,因此在初见时他们显得更有人情味。"[⑤]此外,帕拉福克斯也在其所著的书中谈到了满族人的一些体质特征:

> 征服中国的鞑靼人一如寻常的人,体型好,仅双肩宽,但其余四肢匀称。不过他们强悍健壮,这使他们看上去粗鲁,未开化,没有娇柔气。他们也不爱穿整洁漂亮的衣服,从他们结实的手可看

---

① [法]张诚:《对大鞑靼的历史考察概述》,第90~92页。

② [法]张诚:《对大鞑靼的历史考察概述》,第91页。

③ 张杰、张丹卉著:《清代东北边疆的满族》,第63~65页。

④ 卫匡国在书中最早提到了"鱼皮国",见卫匡国著,何高济译:《鞑靼战纪》,第216页。

⑤ 卫匡国著,何高济译:《鞑靼战纪》,第201页。

> 出，他们完全不用戴手套。他们的豪爽都表现在行动上，而且动作迅速，他们天生爱劳动，可以和古代罗马士兵相比。……
>
> 鞑靼人一般面色不及中国人好看；面孔差不多，但有的更黑，黄褐色，他们有浓密的胡子，大多系黑色或红色，但他们剃胡子，只在下巴中间留一撮。他们没有唇上的须，虽则如此，他们仍是很豪勇的人。[①]

卫匡国的记述主要来自他个人的观察。相反，帕拉福克斯则从未到过中国，他关于中国的资料主要来源于菲律宾马尼拉定期送达的报告。[②] 而马尼拉关于中国的消息则可能主要是由那些在华南传教的多明我会与方济各会传教士传递回去的。二者相比，帕拉福克斯的描述中想象的成分显然要多些。然而，即使是这样简单并带有想象成分的关于满族人的体质描述在当时的传教士民族志中也很稀有。

传教士在所著的民族志中忽略满族的人种特征描述，其原因是多方面的。首先，在18世纪欧洲人类学关于种族的分类取得一定实质性的突破以前，这些传教士观察者还无法拥有区分满族人与其他民族在体质特征上所必需的人种分类知识。16、17世纪的欧洲人主要用三种肤色来区分亚洲人种：黑色、浅褐色、白色。象汉人一般被归于白色人种，同时也意味着其属于文明民族。即使到了1684年，法国医生贝尼尔（François Bernier）已试图从人种上初步将人类分为欧罗巴人、非洲人、拉普人（Lapp）和亚洲人，这种四分法对同时代的欧洲人类学在种族观念上产生的影响仍然有限。只是到了18世纪下半叶，继瑞典博物学家林奈（Carl von Linneaus），德国博物学家、人类学家约翰·布鲁门巴赫（Johanne Friedrich Blumenbach），英国医生奥立佛·戈德斯密斯（Oliver Goldsmith）等人提出其著名的人种分类理论后，才标志着欧洲

---

① Don Juan de Palafoxy Mendoza, *Historia de la Conquista de la China por el Tartaro*, Paris, 1670. 1671年该书英译稿在伦敦出版，标题为 *The History of the Conquest of China by the Tartars, together with an account of several remarkable things, concerning the religion, manners, and customes of both nations, but especially of the latter*. 本书此处参引为该英文本中译稿帕莱福著，何高济、吴翊楣译：《鞑靼征服中国史》，北京：中华书局，2008年，第169页。

② Chen Min-sun（陈明生），"Philippine Sources of Palafox y Mendoza's History of the Conquest of China by Tartars", in *Annals of the Philippine Chinese Historical Association*, Vol. 5, 1975, p. 52。

人类学在对人种的划分有了飞跃的进步。[①]

在这样的背景下,也就不难理解为何这些17世纪的欧洲传教士不可能对他们所见到的满族人的体质特征进行更多的描绘,反而是满族人大异于汉族的穿着服饰及长于渔猎的社会习俗引起他们的广泛注意。在当时的传教士民族志中,有关满人着装打扮的描绘随处可见。例如,卫匡国就比较细致地描述了满族人的服饰:

> 鞑靼人剃光头发和胡子,仅留下髭,让它长长的,并在脑后勺扎根辫子,精细编织,自然垂在肩下;它们戴一顶圆而浅的帽子,用三指宽、珍贵狸皮或黑貂皮饰边,保护鬓角、耳朵及前额以抵抗严寒及风暴。在皮上包着贵重的红绸,或黑色、紫色马鬃,其色彩和样式都很奇特;因饰物配合得当,帽子显得既宽大又漂亮。他们穿的衣服是拖到脚上的长袍,袖子不如中国人的宽大,好像波兰和匈牙利的服装,惟一不同之处是:他们的袖口做得像马蹄。在他们的腰带两边悬挂手帕,用来擦手和脸;此外,挂一把刀以备不时之需,另有两个口袋,盛烟草或其他用品。左侧佩戴腰刀,刀尖向前,刀柄在后,因此他们打仗时用右手从背后把刀拔出,不必用另一只手握住刀鞘。他们很少穿鞋,靴上无马刺。靴是用剪裁匀整的丝绸或马皮精制的;但他们往往穿漂亮的木套鞋,有三指高。他们骑马时使用马镫,马具比我们的低,但较宽。[②]

同样,李明也记录了清初流行的满人发型帽饰:"他们把整个脑袋剃个精光,仅在后脑勺正中央处留下足够编扎一条长辫子的头发。他们并不像我们那样使用帽子,但是他们总是戴着一顶便帽。……根据一年四季的变化,这顶便帽有所不同:夏季使用的便帽是圆锥状,即是下面宽大但上面短而窄小的圆形,到顶上成了真正的一个尖。帽子有美丽的缎子衬里,外面则覆盖一层国内很贵重的非常细密的席状编织物。除此之外,帽顶上还加上一大团红丝穗子由帽顶向四周散下直至帽檐;人一走动,红丝穗子就从四周不规则地摆动,而头部的不停运动使这一团红穗子产生一种独特的可爱之处。……冬天,人们戴长毛绒

① Nancy D. Fortney, "The Anthropological Concept of Race", *Journal of Black Studies*, Vol. 8, No. 1(1977), pp. 35-40.

② 卫匡国著,何高济译:《鞑靼战纪》,第201页。帕拉福克斯也花费了大量笔墨来描述满族人的服饰,不过显然内中有不少讹误,见[西]帕莱福著,何高济、吴翊楣译:《鞑靼征服中国史》,第205~210页。

的帽子，四周是貂皮或狐皮，其余部分是用漂亮的黑色或紫色的缎子做成，顶上和夏天帽子一样也有一大团红丝穗子。”接下来李明还较为详细地描述了满式衣物装饰。[①]

此外，传教士们也注意到满族人善于骑射及在举止、饮食上与汉人不同的一些习俗。例如，卫匡国就描述了满族的采猎生活方式：“鞑靼人行动之迅速不足为奇的，他们从来不随身携带辎重，更没有什么粮草，他们就找到是什么吃什么，但他们常吃哪怕半烧半煮的肉食。如果他们没有吃的，他们吃他们的马匹或骆驼。他们有空闲就去捕猎野兽，携带打猎用的良犬和鹰，包围一个山头或一片平地。他们把马衣铺在地上当床用，因为他们不要求房屋及住所；但当他们不得不住在屋里时，他们的马必须跟他们一起，而且一定要在墙上打许多洞。他们的帐篷很漂亮，搭设和搬运帐篷都熟练灵巧，从不耽误快速行军。鞑靼人就这样训练士兵，让他们习惯于军旅的艰苦。”[②]同样，张诚也观察了清初仍然居住于东北爱珲和宁古塔一带满族人的生活习俗：“这些鞑靼人大半居住在河边，他们筑茅屋而居，过着渔猎的生活，因为该地富有鱼虾和禽兽，不必寻求其他维持生活的东西，特别是东半部的居民更是如此。这里居民的举止极其粗暴野蛮。”[③]很显然，满族这些与传教士之前所熟悉的汉族不同的外在风俗引起了他们较广泛的关注。

其次，受其本身宗教背景的影响，在与欧洲之外的民族相遇的过程中，此时期的传教士普遍会将在他们看来对于皈依天主教有着直接影响的当地人的宗教状况放在考察的首要位置。因此，相对于体质外表而言，他们对于满族人的原有宗教信仰更感兴趣，由此花费了不少笔墨加以描述。例如，张诚就专门提到了满族的宗教信仰情况：“满洲人可以被当作异教徒，虽然他们没有庙宇、偶像，也不真正地崇拜任何东西，而只拜他们称的天帝，向天帝供祭品；但他们崇拜祖先，夹杂着迷信色彩。因为他们在中国，有些人也崇拜佛和帝国中的其他偶像。但总的说来，他们更多地崇奉自己的旧宗教，他们认为旧宗教是他们的帝国的基础，是他们一切昌盛之本。”[④]在帕拉福克斯的书中，他也专门用了一个章节的篇幅来谈论满族的宗教信仰。他认为“征服中国的鞑靼人既

---

① [法]李明著，郭强等译：《中国近事报道(1687—1692)》，第 133～135 页。

② 卫匡国著，何高济译：《鞑靼战纪》，第 233 页。

③ [法]张诚：《对大鞑靼的历史考察概述》，第 90 页。

④ [法]张诚：《对大鞑靼的历史考察概述》，第 89 页。

不知上帝也不信宗教。因为看来他们并不去认识任何神灵,或者想知道任何特殊的教派。但他们不加区别地接受他们接触到的一切宗教,不排斥任何一种,而是奉行所有的宗教。"在帕拉福克斯看来,满族人并"不认识古代崇拜的偶像和神灵。他们只礼拜,或不如说赞美看得见的天,并不去思考他们看到的明亮和宏大,以及天产生的奇迹。"[①]从这些记载可以看出,传教士对于满族的原始萨满宗教已有所认识。在 17 世纪的欧洲传教士眼中,落后民族往往要比文明程度高的民族更容易接受天主教信仰。例如,在华南传教多年的多明我会士闵明我就认为东南亚的土著民族要比汉人更容易皈依天主教。因为在他看来,土著民族的原始宗教中所具有的灵魂不朽的观念要强于汉人。[②] 此外,由于没有汉人根深蒂固的文化优越性,他们也更容易接纳外来的宗教信仰。在传教士眼中,满族人在宗教信仰上显然要比汉人更具有包容性[③],这也使得传教士对于皈依这个刚刚成为中国统治者的民族满怀期望。此后,汤若望、南怀仁、白晋、张诚等清初在华活动的耶稣会士都曾经在皈依满族权贵上下了许多功夫。

三

明亡清兴是影响东亚格局的大事,同时也对欧洲社会产生很大的触动。一个原来几乎不为人所知的"蛮族",为何能在短时期内迅速征服一个庞大的文明的中华帝国?满族人又是如何统治中国的?这些都是当时欧洲人极感兴趣的内容,同时也是 17 世纪的传教士有关满族的民族志叙事文化的一个主体。

如前所述,曾德昭应当是 17 世纪最早向欧洲介绍满族直接与明朝对抗的一位传教士,他在《大中国志》一书中记录了从 1618 年至 1622 年间努尔哈赤吞并辽东的一系列军事行动,例如,他写到,1618 年以后:"鞑靼人继续每年夏季大举入侵(因为冬季严寒,不能干什么事),总的说来他们是胜利者,中国人则损失惨重。因此在 1622 年,该省的主

① [西]帕莱福著,何高济、吴翊楣译:《鞑靼征服中国史》,第 166 页。

② J. S. Cummins, ed., *The Travels and Controversies of Friar Domingo Navarrete*, 1616—1686, Cambridge: Cambridge University Prsss, 1962, Introduction, p. 36.

③ [西]帕莱福著,何高济、吴翊楣译:《鞑靼征服中国史》,第 167 页。

要堡垒，总督的驻驿地广宁堡的两名大员（或许出自不满，或许出自改善他们地位的愿望）和鞑靼人达成秘密协议，把该堡交给他们；他们的确这样做了，因为当鞑靼人进袭他们防守的一侧时，由于出卖很轻易地就攻占了它，迫使那些尚不知道逆谋的人逃走，其中就有总督。”[①]很显然，曾德昭上文中提到的就是1622年的广宁之溃。投降的两名明将是孙得功和鲍承先，而逃跑的总督指的是王化贞。[②] 可惜的是，曾德昭关于满族军事行动的叙述到此就结束了。但在曾德昭之后，卜弥格（Michael Boym）、卫匡国、帕拉福克斯、汤若望、鲁日满（Francis de Rougemont）、闵明我、安文思、李明等17世纪传教士撰写的一系列书籍中，都或详或略地记载了满族攻明、进而夺取中华帝国统治地位的历史。[③] 由于内中不少部分属于传教士在华的亲历所见，因此生动可信。例如，卫匡国记述了1644年当崇祯之死、“鞑靼王”在北京“入据帝位，自称为皇帝”这一系列消息传到南京城时，他亲眼目睹的城中一片混乱和惊惶。满清军队利用汉人的这种恐慌和内讧，迅速进击江南，很快攻下了包括南京在内的江南大片地区。他特别提到扬州城因为激烈抵抗清军而遭到后者的疯狂报复，最后“全城被洗劫，百姓和士兵悉遭屠杀。鞑靼人为了不使尸体污染空气，发生瘟疫，把尸体置于屋顶，放火焚城及四郊，一切都化作灰烬，成为一片废墟。”[④]这可以与中文史料中关于扬州屠城的记录相印证。卫匡国也记载了1646年清军攻破温州地区一座城池时，正在城中的他是如何应对这场兵燹之灾的：“我知道鞑靼人到来，马上在屋正门贴上一张长宽的红纸，上面写道‘此屋系欧罗巴人居住，他是传教的教士’。我曾留意，中国官员巡游时往往在居住的宅门口张贴这类告示，让大家知道屋内有大人物居住。在大厅入口，我摆出我最大和装订最精美的书，以及数学仪器、望远镜和其他光学镜

---

① ［葡］曾德昭著，何高济译：《大中国志》，第123～124页。Edwin J. Van Kley显然忽略了曾德昭关于此时期满族攻明的记载，见Edwin J . Van Kley, “News from China; Seventeenth-Century European Notices of the Manchu Conquest”, *The Journal of Modern History*, Vol. 45, No. 4(Dec. ,1973), p. 562.

② ［美］魏斐德著，陈苏镇等译：《洪业——清朝开国史》，第59页。

③ 关于这部分内容的先行研究，可以参见Edwin J . Van Kley, “News from China; Seventeenth-Century European Notices of the Manchu Conquest”, *The Journal of Modern History*, Vol. 45, No. 4(Dec. ,1973), pp. 561-582.

④ 卫匡国著，何高济译：《鞑靼战纪》，第219页。

子,诸如此类我认为最显眼的种种物品;最后把救世主像放在陈设它的祭坛上。用这个有效的办法,我不仅未受到一般士兵之害和抢劫,而且还得到鞑靼统将的好意邀请和款待。他问我愿不愿意改换我的中国服装,剃掉我的头发。我欣然同意,于是他让我当场剃光头。我对他说,光头不宜着中国装,他脱下自己的靴子,让我穿上,把他的鞑靼帽子戴在我头上,并设宴招待我,发给我通行证,许我返回我在杭州大城的旧居。"①他还记述了1649年摄政王多尔衮率军扑灭山西大同、蒲州一带姜瓖复明义军的行动,并目睹了"鞑靼人"是如何满载财物及其他战利品返回北京的。② 实际上,即使象帕拉福克斯所写的这类以第二手资料写成的书籍,内中也包含着许多有关满族在易代战争中真实状况的写照。例如,该书在描述1647年清军攻战广州城情况时,就比较真实地记述了"鞑靼人"是如何以少数骑兵就轻而易举地夺取诸大城池并进而洗劫该城的过程。③

值得一提的是,对于满族能够在这场改朝换代的战争中获胜,传教士除了指出明朝腐败、武备不修、内乱及将士大批投降等原因之外,还特别注意到满族的军事制度在其中也发挥了重要的作用。不少传教士都对满族的八旗制度印象深刻,例如,卫匡国就专门提到这一点:"第一是白旗,叫御旗,第二是红旗,第三是蓝旗,第四是黄旗,后面三旗由皇叔指挥,第一的白旗直接听皇帝的命令。这四色旗的混合,再组成另四旗,士兵都知道自己属于哪色旗,及城内集合地点,在那里备有兵士的武器、马匹,以待征战,半个时辰内就一切准备妥当。他们使用号角,其形状有如我们常用的法螺,号角一响,他们马上知道是哪支队伍和哪员将官将出征,顷刻间集合在他们的旗帜下,有一名骑士身后带着旗帜,一般说,只有将官和旗手才知道要去何处。这一高度军事机密,常常让中国人吃惊,因为好几次中国人准备在某地抗拒他们,突然听说他们又在另一地出现。"④在多明我会士利胜(Victorio Riccio)的书稿中也谈

① 卫匡国著,何高济译:《鞑靼战纪》,第223页。

② 卫匡国著,何高济译:《鞑靼战纪》,第234页。

③ [西]帕莱福著,何高济、吴翊楣译:《鞑靼征服中国史》,第78页。

④ 卫匡国著,何高济译:《鞑靼战纪》,第223页。

到了满族是如何依靠驻防各地、骁勇善战的八旗军来巩固其统治地位的。[①]

传教士也观察到满洲军队在战争中残忍的一面，例如，除了前面提到的扬州屠城外，卫匡国在书中还记述了"鞑靼人"在长江以南其他地区进行的大规模屠戮行为。清军在金华遭到激烈抵抗，伤亡惨重。他们从杭州运来大炮轰开城墙，涌入城内，"满怀仇恨烧杀掳掠。"[②]广东南雄也因为拼命抵抗而被屠戮殆尽。[③] 清军攻破福建建宁城后，进行了屠城，"死者计有三万人。鞑靼人对此仍不满足，再纵火焚烧，把全城化作灰烬。"[④]帕拉福克斯在书籍中也突出地记载了这一点，他在描述满族人的品性时提到"鞑靼人最大的恶行是他们战场上的残忍，那简直是非常血腥的。据报导，他们甚至达到吃敌人肉的极端，这是极其野蛮，不人道的"，但是帕拉福克斯也特别强调所谓吃人肉的说法并没有实质性的证据，他认为即使有这回事，"也不是整个民族都犯下这种罪行；或许这仅是那个民族中最野蛮的几个人和渣滓的暴行。"[⑤]

传教士还特别描述了满人在征服过程中要求被征服者剃发改装以表归顺的民族同化政策。在入关之初，满人只要求投降将士剃发，此即所谓"剃武不剃文，剃兵不剃民"。[⑥] 然而，到了 1645 年 7 月以后，多尔衮下令无论兵民人等，一律必须剃发，否则处以重罪。满人的剃发令遭到汉族民众的强烈反对，并成为引发 17 世纪满汉之间激烈族群冲突的原因之一。在传教士关于明清易代历史的书籍中，几乎都提到了这一剃发政策及其所遭到的反抗。如卫匡国指出"鞑靼人允许一切人，包括俘虏参加他们的军队，但条件是要剃发，穿上鞑靼服装。他们对服装和头发要求严格遵循他们的形式，宣称凡拒绝改装的人都犯有叛国重罪。这条规定确曾多次给他们带来危险，扰乱他们国家大业。因为中国人

---

① Victorio Riccio, *Hechos de la Orden de Predicadores en el Imperio de China*, Manila,1667,第 2 册,第 2 章,第 12 段。关于利胜及其书稿,可参张先清:《17 世纪欧洲天主教文献中的郑成功家族故事》,《学术月刊》,2008 年第 3 期,第 131～132 页。

② 卫匡国著,何高济译:《鞑靼战纪》,第 223 页。

③ 卫匡国著,何高济译:《鞑靼战纪》,第 224 页。

④ 卫匡国著,何高济译:《鞑靼战纪》,第 227 页。

⑤ [西]帕莱福著,何高济、吴翊楣译:《鞑靼征服中国史》,第 169 页。

⑥ 计六奇:《明季南略》,台湾文献丛刊第 148 种,台北:台湾银行经济研究室,1967 年,第 237 页。

爱护自己的头发和服饰,尤胜于爱戴他们的国家及皇帝,为此而英勇斗争。所以他们宁死,丢掉脑袋,也不愿遵行鞑靼风俗。"①他提到浙江绍兴城就是因为"鞑靼人公告百姓剃发时",遭到汉人的反抗,"士兵和市民都拿起武器,为保护头发拼死战斗,胜过保卫皇帝和国土,不仅把鞑靼人赶出城,还把他们赶到钱塘江边,甚至赶过江,杀死很多人。"②帕拉福克斯也提到顺治帝在即位后不久就"下诏叫中国人剃发,像鞑靼人一样把头剃光,仅在头顶留一大簇以视区别于土生的鞑靼人。这道诏令对那些宁愿丢命保发的人十分严酷。"③在帕拉福克斯看来,"鞑靼人"要求汉人剃发,显然是一种巩固政权的策略:"穿同样的服饰必然更会产生情感的认同,使异族的统治不致惹人讨厌,或者显得稀奇古怪。"④

相当多的传教士在提到满族征服中华帝国事件时,其初期基调大抵都认为这场战争代表着来自边远的落后蛮族对文明民族的武力侵略。16 世纪末 17 世纪初在华活动的利玛窦等传教士已把以儒家文化立国的明朝视为高度文明的国家,对其极尽赞美。受这种观念的影响,一些传教士最初是抱着同情明廷的心态来看待这场易代战争的⑤,他们忧虑心目中的理想国度在鼎革之际遭受战火蹂躏的命运,对于满洲军队在战争中的破坏行为也给与了一定的谴责。但有意思的是,我们发现一些传教士很快就对满族这个中华帝国的新统治者持肯定的态度。他们并没有把明朝的覆灭等同于文明的衰落或是野蛮人的胜利。相反,在他们看来,满族在征服中华帝国后,已经不再是原来的蛮族了。他们观察到满族在征服过程中为了适应统治地位表现出的一系列汉化情况。例如卫匡国就敏锐地指出满族进入北京后:"没有改变原有的政治体制,他们甚至允许施行中国圣人通常管理城、省的风俗。他们还保留考核生员的科举制,用这个高明方法达到这样的效果:他们发现,把

---

① 卫匡国著,何高济译:《鞑靼战纪》,第 217 页。

② 卫匡国著,何高济译:《鞑靼战纪》,第 221 页。

③ [西]帕莱福著,何高济、吴翊楣译:《鞑靼征服中国史》,第 171 页。

④ [西]帕莱福著,何高济、吴翊楣译:《鞑靼征服中国史》,第 46 页。

⑤ 典型的例子是波兰传教士卜弥格,他在描述明清易代战争时,显然是抱有一种忠明情怀的。关于卜弥格有关中国的著述,见 Boleslaw Szczesniak," The Writings of Michael Boym",*Monumenta Serica*, Vol. XIV(1949—1955), pp. 481-538.

要职授予中国人，这些人的忠贞超过鞑靼人。但他们把兵权掌握在手里，决不让忠于他们的朝臣握有重兵。这样，和前朝一样，官吏保留原来的品级，设立六部，但现在其中任职的，既有中国人，也有鞑靼人。"[①]甚至满族原有一些落后的殉葬等习俗也随之改变："鞑靼人的风俗是，当任何一个有身份的人去世时，要把许多准备在阴间侍候他的奴婢、女人、马匹，连同弓矢，都投入殉葬的火里。但在他们征服中国后，他们已抛弃这种野蛮风俗，因为受到中国人的谴责和改正。"[②]实际上，传教士已经越来越认识到这个新国家仍然是一个传统的中国王朝，只是换了新主人而已。满族入关后在政治、文化及社会习俗上都深受汉文化的影响，这个"儒化"的过程实际也象征着清朝从最初的少数民族政权已发展成为一个以满、汉为主体的统一的多民族国家。[③] 传教士显然看到了这一点。顺治、康熙这两位满族统治者很快就被视为中华帝国的皇帝而受到传教士的赞美[④]，同时，在17世纪后期的传教士书籍中，他们所描绘的中华帝国也已是一个和前明没有什么本质区别、具有发达儒家文明的国家。此时期的传教士也不再象早先的曾德昭、卫匡国等人一样，在所著书籍中明显地将"中国人"和"鞑靼人"对立起来。事实上，在安文思的《中国新史》、李明的《中国近事报道(1687—1692)》等书籍中向西方社会所展现的"中国人"的礼节、典礼、节日及服饰，显然指的是已经包括了满、汉族在内的整个清人的社会面貌了。[⑤]

四

16世纪以后，随着欧洲海外扩张的加剧，欧洲与欧洲之外世界的

---

① 卫匡国著，何高济译：《鞑靼战纪》，第218页。

② 卫匡国著，何高济译：《鞑靼战纪》，第197页。

③ 关于清朝统治者是否"汉化"的讨论，罗友枝(Evelyn S. Rawski)和何炳棣之间曾经展开一场争论，何氏的观点显然是更为贴近历史事实的。见Ho, Ping-ti, "In Defense of Sinicization: A Rebuttal of Evelyn Rawski's 'Reenvisioning the Qing'", *Journal of Asian Studies*, Vol. 57, No. 1(Feb. 1998), pp. 123-155.

④ 见[德]魏特著，杨丙辰译：《汤若望传》第2册，第259～328页。白晋著，赵晨译：《康熙皇帝》，第1～65页。

⑤ 见[葡]安文思著，何高济译：《中国新史》，第64～70页。[法]李明著，郭强等译：《中国近事报道(1687—1692)》，第118～163页。

联系越来越密切。一个相互关联的前现代全球体系已经逐渐形成。在这种背景之下,欧洲对于欧洲之外人民的认识达到前所未有的水平。许许多多此前被欧洲人视为"没有历史的人民"的历史也通过殖民接触与文化交往的方式陆续呈现在欧洲人面前。[①] 欧洲通过游记、传奇录、图画以及民族志观察等文化生产的各种方式创制着形形色色关于"他者"的话语。作为同时代最为深入接触非西方人及所谓"原始人"的天主教传教士,无疑是其中极为活跃的角色,由传教士们所撰写的有关其所传教地区人民的各种早期民族志文本,在形塑上述"他者"话语中无疑发挥了重要的作用。[②]

正是通过传教士的民族志观察,17 世纪的欧洲开始接触到有关满族这个崛起于中国东北地区的新兴民族共同体的知识。在传教士的笔下,满族这个一度还是属于"没有历史"的"蛮族"却迅速在 17 世纪中叶征服了此前欧洲人所认识的文明发达的"大明",一跃而为中华帝国的新主人,这不能不使欧洲社会感到震惊,同时也激起了进一步了解满族的兴趣。此后数十年间,随着大量有关报道中国近事的消息传入,欧洲关于满族的话语也越来越丰富。尽管传教士传递回去的上述消息中包含着不少虚幻失实的成分,欧洲只是在进入 18 世纪后,随着雷孝思(Jean-Baptiste Régis)、杜德美(Pierre Jartoux)、费隐(Xavier-Ehrenbert Fridelli)等传教士得以深入东北进行的考察以及巴多明(Dominique Parrenin)、钱德明(Jean-Joseph-Marie Amiot)等一批熟谙满语及满族文化的满学家的出现,其关于满族的知识才真正进入到一个新的水平,但这毕竟是传教士发回欧洲的第一批资料,其意义显然已不能完全用是否真实来衡量。从某种程度上说,这些 17 世纪传教士的民族志观察开启了欧洲了解中国多样性民族文化的先河,同时也为今人提供了一个考察大航海时代欧洲对于欧洲之外人民态度转变的绝佳视角。

---

① [美]埃里克·沃尔夫著,赵丙祥等译:《欧洲与没有历史的人民》,上海:世纪出版集团上海人民出版社,2006 年。

② J. A. Gagliano, C. E. Ronan, eds., *Jesuit encounters in the New World: Jesuit chroniclers, geographers, educators and missionaries in the Americas*, 1549—1767, Rome, 1997.

宗教实践与"异族"想象

——"山都木客"的历史隐喻

黄向春

摘　要:"山都木客"是文献所载汉晋至唐宋时期分布于南方各地的某类神秘群体,学界一般认为其所指为某南方一土著民族。对相关文献的再解读表明,"山都木客"的意义并不在于它是否特指某一土著民族,而在于它是唐宋时期南方汉文化认同兴起之际,原有的"山鬼"崇拜在释、道、巫等宗教实践下被重新置于文化分类的产物,是地方社会变迁中多元宗教消长互渗与社会整合尚未定型下的一种"异族"想象,因此从根本上说它是释、道、巫等宗教活动在地方社会变迁中所扮演的文化角色及其复杂互动关系一种历史隐喻。

"山都木客"在历代文献中指的是汉晋至唐宋时期出没在中国南方各地的一个颇为特殊的群体。在南方民族史的研究中,人们往往把他们跟南方各土著民族的来源和构成联系在一起。据文献记载,"山都"、"木客"或"山都木客"、"山魈"的踪迹出现在包括闽、浙、赣、粤、湘、桂等在内的南方各地,其中又以闽、粤、赣交界地区最为集中,文字记录也相对较详。虽然这些文字对他们的描述大多带有神秘和诡异的色彩,因而在类别上他们也多不被归为"人类",而是以"魈"、"鬼"、"獏"之名目归入"神鬼"、"鳞介"之属,但据今人的研究,他们并非"鬼魅",而是属于我国古代的南方某土著民族。至于他们究竟属于何族或何族之源之裔,陈国强、蒋炳钊两位先生的研究代表了两种不同的看法:前者认为"山都木客"既不同于越或山越,亦与畲族有别,而属于古老的南方"尼格利陀"即"小黑人"之种;[①]后者则认为"小黑人"之说不足为据,而是

① 陈国强:《福建的古民族——"木客"试探》,《厦门大学学报》1963 年第 2 期。

属于古代越族的后裔。[①] 对于为何会产生对“山都木客”种种“异化”的描述以及将其归于“神鬼”、“鳞介”的分类，除了大都以“汉人对少数民族的歧视”作一般性陈述之外，现有的研究均论及未深。通过对几则材料的再解读，笔者认为，“山都木客”的意义并不在于它是否特指某一少数民族或其先民，而在于它所反映的是宗教实践与社会变迁的关系：它是唐宋时期南方地区汉文化认同兴起之际，原有的“山鬼”崇拜在释、道、巫等宗教实践下被重新置于文化分类的产物，是地方社会变迁中多元宗教消长互渗与社会整合尚未定型下的一种“异族”想象，因此从根本上说，它是释、道、巫等宗教活动在地方社会变迁中所扮演的文化角色及其复杂互动关系的一种历史隐喻。

以福建为例，“山魈”之类可谓遍布各地，而以汀、漳等地为多。他们隐现无常，变幻莫测，有化作妇人、与人为妻而害其命者[②]，有现为青面人形、为人奉水执巾而友善者[③]，有夜入民宅、摄人魂魄者[④]，既现形于村野，亦出没于郡城，[⑤]成为影响到人们日常生活的一种难以控制的神异力量，是构成“鬼神”世界的一部分。大体而言，在时人们的口传笔录之中，此类“山魈”大多是祸害人间的，他们与正常的社会生活维持着一种长期的紧张关系，并给人们带来许多难以言状的危险性。而为了免受其侵害，或尽量使之纳入可控范围而与人和睦相处，掌握法力和通神驭鬼技术的僧侣、道士、巫觋就成为不可或缺的职业需求——他们既是人们治病安身、避邪驱魔所必需，同时也是心理慰藉的来源和安全感之所寄。然而，在唐宋之际的南方，尽管释、道、巫正在发生着密切的接

① 蒋炳钊：《古民族“山都木客”历史初探》，《厦门大学学报》1983年第3期。

② 洪迈：《夷坚甲志》卷第十四，《漳民娶山鬼》：“建州人范周翰为漳州司理参军，郡近村民有以负薪为业而无妻者。久之得一妇人，遂与归，以二笼自随，其家皆喜，唯民妹独见妇一足，不敢言。至夜同寝，日高不启门，父母坏壁以入，但白骨在床，发其箧，皆瓦石及纸钱耳，盖山魈类也。”从其形为“一足”判断，此“山魈”或即为同书中所谓的“独脚五通”。（见《夷坚丁志》卷第十九，《江南木客》）

③ 洪迈：《夷坚甲志》卷第十八，《李舒长仆》：“福州宁德人李舒长……尝游县之支提山，谒天冠千佛，行深山中奏溷，无水盥手，方折草挼莎，一人在傍持铜槃盛水以奉之，又执布巾以进。见其手青色，面亦然，不觉顾之笑，青面者亦笑，已而隐不见，盖山灵所为也。”

④ 洪迈：《夷坚乙志》卷第七，《汀州山魈》。

⑤ 洪迈：《夷坚乙志》卷第七，《汀州山魈》：“汀州多山魈，其居郡治者为‘七姑子’。”

触，或因相互采借、吸收产生某些“趋同”的倾向，甚至由此而催生出新的“教派”，但他们分别与人（社会）、神、鬼的关系以及解释这些关系的理念和处理这些关系的方式、手段，却始终存在着结构性的差别，这种差别一方面源于不同的宗教及其仪式传统本身，另一方面也跟宗教势力与地方社会中不同社会势力的结合有关。此般多元且复杂的关系，不仅影响到现实的社会生活，而且多元相交所形成的边界模糊地带，也影响到人们对“人/神/鬼”分类体系的重构，并由此而投射于文化与人群分类体系的“异族”想象之中。

几乎所有的有关“山都”、“木客”的记述，都把作为“人”的特征与作为“鬼（神）”的特征联系在一起，而且往往明确指称“山都”即“木客”、“山魈”之属。[①] 尽管他们“形如人”甚至“不异于人”，但在文字记录中都无一例外地被归于“鬼”类。这种“人”与“鬼”之间的联系是如何建立起来的？是否如今人所论仅仅是“汉人”对某一非汉“少数民族”的诬称？[②] 如果这的确涉及当时地方社会的民族或族群分类问题，那么这种分类又如何会体现在“人”与“鬼”的关系上？在其分类逻辑的背后又隐含着怎样的社会机制？洪迈的《夷坚志》为解答这些问题提供了一些线索，如《江南木客》条云：

> 大江以南地多山，而俗禨鬼，其神怪甚佹异，多依岩石树木为丛祠，村村有之。二浙、江东曰“五通”，江西、闽中曰“木下三郎”，又曰“木客”，一足者曰“独脚五通”。名虽不同，其实则一。考之传记，所谓林石之怪夔罔两及山獲是也。李善注《东京赋》云：野仲

① 最为有名也最常被引用的记载如李昉：《太平广记》卷第三百二十四，《鬼九》：“山都，形为昆仑人，通身生毛，见人辄闭眼张口如笑。好居深树中，翻石觅蟹啗之。《述异记》曰，南康有神，名曰山都，形如人，长二尺余，黑色赤目，发黄披身。于深山树中作窠，窠形为卵而坚，长三尺许，内甚泽，五色鲜明。二枚沓之，中央相连。土人云，上者雄舍，下者雌室。旁悉开口如规，体质虚轻，颇似木筒，中央以鸟毛为褥。此神能变化隐形，猝睹其状，盖木客山魈之类也。”又如《太平御览》卷四十八，《地部十三》，《上洛山》引《舆地志》：“虔州上洛山，多木客，乃鬼类也。形似人，语亦如人，遥见分明，近则藏隐，能斫杉枋，聚于高峻之上，与人交市，以木易人刀斧。交关者前置物枋下，却走避之，木客寻来取物，下枋与人，随物多少，甚信直而不欺。有死者亦哭泣殡葬，尝有山行人遇其葬，日出酒食以设人。山中有石墨可书。”

② 蒋炳钊：《古民族“山都木客”历史初探》，《厦门大学学报》1983 年第 3 期。

游光，兄弟八人，常在人间作怪害，皆是物云，变幻妖惑，大抵与北方狐魅相似。或能使人乍富，故小人好之，致奉事以祈无妄之福，若微忤其意，则又移夺而之他。遇盛夏，多贩易材木于江湖间，隐见不常，人绝畏惧，至不敢斥言，祀赛惟谨。尤喜淫，或为士大夫美男子，或随人心所喜慕而化形，或止见本形，至者如猴猱、如龙、如虾蟆，体相不一，皆趫捷劲健，冷若冰铁，阳道壮伟，妇女遭之者，率厌苦不堪，羸悴无色，精神奄然。有转而为巫者，人指以为仙，谓逢忤而病者为仙病，又有三五日至旬月，僵卧不起，如死而复苏者；自言身在华屋洞户，与贵人欢狎，亦有摄藏挟去，累日方出者；亦有相遇，即发狂易性理，乖乱不可疗者。所淫据者，非皆好女子，神言："宿契当尔，不然，不得近也。"交际讫事，遗精如墨水，多感孕成胎，怪媚百端。[①]

这段文字中有以下值得注意的几点：一，江南俗鬼，遍立"丛祠"谨祀"神怪"；二，在这些"神怪"之中，所谓"五通"、"木客"、"山獏"并无区别；三，他们在人形与幻相间变化无常，即"人"与"鬼"之间亦无明确界线；四，他们对人的祸害除了"变幻妖惑"，使"人绝畏惧"之外，最甚者为淫据女子，使之"感孕成胎"。更为重要的一点是，"五通"、"木客"等"有转而为巫者，人指以为仙"，一语道破了这些"神怪"与"巫"之间的微妙关系。显然，所谓"山魈"、"木客"之类，实际上是唐宋时期广泛流行于江南各地民间的"山鬼"信仰，并有大量的庙宇和相关仪式，而在这些"神怪"的乖张和变化莫测的背后，都隐藏着作为"人"的真正主角——巫，巫以其控制、驾驭、驱使或扮演"神怪"的法力，在或正或邪之间对人们的日常生活施加种种或善或恶的影响，同时，他们在自己的"地盘"上谋生，甚或借此淫乐、敛财。[②] 相对于这一时期士大夫文化在南方的传播以及以"汉人"认同为主导的地方社会的建立，巫及其鬼神系统作为南方"底层"的地域文化传统而被视为"非我族类"的标签是很自然的事，这一点或许正是"神怪"之物能与"异类"之人相联系的文化与社会基础。如果从这个角度看，我们就不难理解所谓"转而为巫者"背后的意义了——那些"神怪"及其种种本身可能都是巫师所施巫法（magic）

---

① 洪迈：《夷坚丁志》卷第十九，《江南木客》。

② 相关论述可参阅 Richard von Glahn, *The Sinister Way: The Divine and the Demonic in Chinese Religious Culture*, University of California Press, 2004.

或妖术(witchcraft)的内容、形式、对象或产物。①

然而,巫法及"异类"之所以会被"异化",实际上正是因为有包括释、道等在内的新的信仰与仪式系统渗入并在各地争夺信众和地盘,竞相建立起自己的"正统性"使然。这一过程一般有两个层面的具体表现:一是释、道以其与官方意识形态的关联并借助其力量打压直至替代巫的传统;二是作为外来者的释、道在难以"取而代之"的境况下通过吸纳巫法或其神谱为我所用(或者释、道、巫之间相互采借②)而取得立足之地,从而使释、道、巫形成互有调适、长期并存、同时也持续竞争的局面。由于释、道的传播往往需借助于原有的地域社会文化体系所提供的可能性,因而表现为释、道"地方化"的第二种情况通常在历史上较为常见。以道为例③,唐宋之际正是道教在南方各地广泛传播并逐渐形成不同教派的重要时期,道教作为新生的传统在与作为"文化底层"的巫发生接触的过程中,跟不同的群体、阶层和势力的连接,使地方社会的结构变得日趋复杂,而这种复杂性又总是会成为某种仪式和象征层面上的表征(representation)。为了进一步说明这一时期南方"巫"与"鬼"、"巫"与"道"之间的复杂关系,以及文字表述所反映的人们对此的

① 有关巫师及其巫法的亦正亦邪,我们可以在洪迈《夷坚志》中找到相应的例子。有关巫的一般情况,可参阅宋兆麟:《巫与民间信仰》,北京:中华书局,1990年;另见 de Groot, J. J. M. *The Religious System of China* Vol. VI (E, J, Brill, Leiden, 1910), pp. 1187-1242 的相关论述。

② 道教在福建等地的传播与"闾山派"("闾山教")的形成,即此类情况的典型例子。"闾山派"与"茅山派"、"梅山派"等通过其神谱被纳入某一道教科仪而成为道教的某一地方性"派别",同时,这些"派别"实际上是以其"巫法"为内核不断与正统道教融合的产物,并以此保持其自身的体系而成为"闾山教"、"茅山教"、"梅山教"。有关"闾山教"的讨论可参阅叶明生:《道教闾山派与闽越神仙信仰考》,《世界宗教研究》2004 年第 3 期;《共生文化圈之巫道文化形态探讨——福建闾山教与湖南梅山教之比较》,《宗教学研究》2005 年第 4 期。有关"梅山教"的讨论可参阅 Michel Strickmann, "The Tao Amongst the Yao: Taoism and the Sinification of South China", 见《历史における民众と文化:酒井忠夫先生古稀祝贺纪念论集》,东京国书刊行会,1982 年,第 22～30 页;张泽洪:《中国南方少数民族与道教关系初探》,《民族研究》1997 年第 6 期;《道教传入瑶族地区的时代新考》,《思想战线》2002 年第 4 期。

③ 有关佛教与巫的关系,可参阅太史文(Stephen F. Teiser)著,侯旭东译:《幽灵的节日——中国中世纪的信仰与生活》,杭州:浙江人民出版社,1999 年,第 123～148 页。

认识或解释，我们还可以从《夷坚志》中找到其他一些如“九圣奇鬼”的故事来作为例子。“九圣奇鬼”一文较长，但考虑到它所反映的“鬼”、“巫”与“道”之间的关系多体现于故事的细节之中，因此不厌其冗，全文引述如下：

永嘉薛季宣，字士隆，左司郎中徽言之子也。隆兴二年秋，比邻沈氏母病，宣遣子沄与何氏二甥问之。其家方命巫沈安之治鬼，沄与二甥皆见神将著戎服，长数寸，见于茶托上，饮食言语，与人不殊，得沈氏亡妾，挟与偕去，追沈母之魂，顷刻而至，形如生，身化为流光，入母顶，疾为稍间。沄归，夸语薛族，神其事。时从女之夫家，苦魑怪，女积抱心恙，邀安之视之，执二魈焉，状类猴而手足不具，神将曰：“其三远遁，请得追迹。”俄甲士数百，建旗来前，旗章画三辰八卦，舒光烨然，器械悉具，弩梁施八龙首，机藏柄中，触一机则八龙张吻受箭，激而发之，跃如也，无何缚三魈至，又执二人，一青巾，一髽髻，皆木叶被体，命置狱考竟，地狱百毒，汤镬剉碓，随索随见，鬼形糜碎，死而复苏屡矣。讫不承，安之呼别将蓝面跨马者讯治，叱左右考鞫，亲折鬼四支，投于空而承以槊，大抵不能过前酷，而鬼屈服受辞，具言乃宅旁树，刳其腹得一卷书，曰：“此女魂也，投之于口，亦入其顶中，是夕小愈。”明日，神将言魈党三辈，挟大力，不肯就逮，方以兵见拒，请击之。遽发卒数万，且召会城隍五岳兵，侦候络绎，既而告败，或有为所劓刖，窜而归者，曰：“通郡郭为战场，我军巷斗，皆不利。”又遣铁帻将率十倍之众以往，亦败。安之色不怡，烧符追玉笥三雷院兵为援，会日暮不决。后二日，始有执旗来献捷者，如世间捷旗，而后加“谨报”二字，得一酋，冕服而朱缨械之，大青鬼称为雷部，凭空立，云气复冒其体，鼓于云间，霆声再震，金蛇长数丈，乘电光入幽圄中。沄及何甥谓与常雷电亡异，而余人不觉。其夜神将曰：“闻远方神物为诸鬼地，且将劫吾狱。”命槛车锢囚于内，罗甲卒卫守，安之焚楮镪数万以犒士。既焚，则已班给，人才得七钱。数日，女疾如故，安之复领神将来曰：“女魂又为鬼所夺矣。”于是解发禹步，仗剑呵祝，每俘获必囚之。何甥自是无所睹，沄见神将形渐长大如人，揖季宣就席，与论鬼神之事，曰：“非是真有，原皆起于人心，人心存而有之，无无有有，盖无所致诘。”又语沄问学，曰：“当读睿智、显谟两先生文集。”告以世无此书，曰：“书已为秦政焚灭矣。”承烈先生者，显谟先生子也，其意盖指帝尧及文王武王。又曰：“人无信不立，果知自信，则先王之道，可由学而致。”宣外甥久病疟，女兄睹此事敬异之，神即傍顾曰：“闻亲戚间有鬼疟，可并案也。”安之不许。明日，女兄来假室治甥病，神降者三人，其一类左司公（宣之父），呼宣小字曰：“虎儿，吾汝父也，今为天上明威王，位在岳飞右，吾兄吏部嘉言待制弼姻家孙秘丞端朝分将五雷兵，亦为三明，当与孙公过汝，宜治具以待。”凡捕得七鬼，悉系狱。迨夜下漏，呼囚大略如人世。明日，神将来甚众，自此不复离堂户，或称南北斗真武岳帝、灌口神君、成汤、高宗、伊尹、周公、陈抟、司马温公者，又言尧舜在天为左右相，文王典枢密，孔子居翰苑，其语多野鄙可笑。阎罗王续至，望神将再拜谒，饬阴吏索薛氏先亡者，得男女十有六人，宣父母及外舅孙公咸在，皆公服帔裳，一家婢仆悉见，席罢，曰：“狱事未竟，明当再来，今日馔具殊薄恶，后必加丰，令足以成礼。”遂去，独留两偏将徼巡。沄出，见吏士塞途，所经祠庙，主者迎谒，一走卒还白曰：“上天以下元考功，吾王转飞天大神，王以元帅董督五院矣。”五院者，安之所行法也，宣兄宁仲窃怪之，诵言曰：“此奇鬼附托，不足复祀。”宣曰：“鬼神固难知，既称吾先人，安得不祭？”神将稍不怿，为奏诬宁仲等不孝，请于帝减其算，旋得诏报可，意欲以惧宣。明夜十六人复集，自设供张，变堂奥为广庭，幄帝皆锦绣，器用皆金玉，男子貂蝉冕服，妇人袆衣，侍女珠翠，金石备乐，如埙篪柷敔之属，沄所未尝见。酒既酣，奏妓为泼寒胡曼延龙爵之戏，千诡万态，听其音调，若因风自远而至，伶官致语，多谶未来事，或诮不已，信者皆粗俗，持两端，自相缪戾，颇觉人议已，左司者哭而言曰：“汝谓死而无知可乎，殆有相荧惑者，非汝之过，可绘我与孙公像，并所事神将祠于室。”宣曰：“大人死为天神，甚善，子孙当蒙福，不宜见怪，以邀非正之享，今其绝影响，勿复来。”应曰：“诺。”诘旦，久未起，妻淑者，秘丞女也，亦疑以为不可复祀，宣未对，所谓左司秘丞者，已泣于床隅，曰：“真绝我乎？”淑曰：“阿舅阿父幸见临，何为造儿女子床下？”皆大惭，曰：“汝言是也，吾即去。”遂跨虎以出。淑谓长姒“吾翁吾父皆正人，必不为此，殆是假其名而窃食者。”语竟，即有驱先二人来，曰：“此等皆妄也，真飞天王使我捕之。”宣叱曰：“汝辈魑魅亡状，又欲以真飞天诳我。”拔剑击之，则复其本质，少焉，尽室皆魈，移时乃没。明日，沄诵书堂上，又有启户者曰：“二魈已伏诛，吾来报子。”宣以剑拂其处，血光赫然，它奇形异状者踵至，皆计穷舍去，其一檠辟于廷，曰：“昼日吾无可柰何，夜能苦子耳。”及夜径来逼沄，宣抱之于怀，魈将以物置沄口，宣掩之，沄于手中得药，投诸地，有声堕宣指间，疮即隐起，已又投食器中，淑取食之，无伤也。夜半不去，沄困急，闷闷不自持，默诵周易乾卦，似小定，既而复然。淑取真武象挂于傍，沄觉如人噀水入身中，冷若冰雪，魈化为光气，穿牖而灭，精神始宁。薛氏议呼道士行正法，魈历指其短，惟不及张，彦华偶随请而至，魈诈称旧仆陈德华，叱令吐实，曰：“我西庙五通九圣也，沈安之所事，皆吾魈属，此郡人事我谨，唯薛氏不然，故因沈巫以绐之，欲害其子，今手足俱露，请从此别。”华去之明日，妖复作，攻沄益甚。华始命考召，沄见神人散发飞空，乘铁火轮，魅以药瓢迎拒之，人轮皆丧。九圣者，自称神将，著纱帽赭服，与道士并，步罡噀水，略无忌惮。华归焚章上奏，扫室为狱，置灰焉。明旦阅灰迹，一鬼一妇人就系，狱吏朱衣在傍立，空中鬼反呼正神为贼将，言曰：“勿得以戈捶我，我为王邦佐，铁心石肠人也，汝何能为，趣修我庙乃已。”宣不复问，领仆毁其庙，悉断土偶首。初，沄梦为群猴舁入穴，青色鬼牵虎龂龂然，于是□其像。庙既坏，邦佐方引咎，请于沄。宣还家，续□七人至，其一自名萧邦贡，沄呼曰：“神将胡不擒此？”即有大星出中庭，云烝其下，三魈扶摇而上，旋致于灰室，其四脱走，火轮石斧，交涌云际，凡俘鬼二十一，皆斩首，其十五尸，印火文于背，曰：“山魈不道，天命诛之。”其六尸印文，称古埋伏尸不著坟墓，害及于人者，竿枭其首以徇。是夕启狱，灰迹纵横凌乱，而縶者才五辈。将上送北酆，金甲神持黄纸符饬示沄，上为列星九，中画黑杀符，下云大小鬼神邪道者并诛之。沄录示华，华喜曰：“上帝有命矣。”质明诣狱问吏，吏白制饬已定，行刑可也。首恶非王邦佐，实萧文佐、萧忠彦、李不逮，余不可胜计，姓名不足问也。甲卒以木驴石砭火印木丸之属，列廷下，吏具成案律书盈几，呼军正案法，一吏捧策书至，曰：“已有特旨，无庸以律令从事。”先列罪于漆板，易以朱榜，金填之，立大旗，书太清天枢院，下揭牌曰：“奉饬某神。”将行刑，吏以引示沄曰：“有饬诸魈并其所偶，一切案诛之。”五雷判官者进，曰：“元恶毙以阴雷，皆三生三死，次十五人支解，余阴雷击之。”引三魈震于前，酌水灌顶，旋复活，如是三击乃死。以篮盛尸去，三朱榜标其后，曰“九圣”、曰“山魈”、曰“五通”，罪皆有状，使徇于庙。相次以驴床钉二男四女及六魈，刽者朱帕首，虎文衣，亦各书其罪，一人乃旧婢华奴，以震死而为厉者；一人非命而为木魅者，男强死而行疫者，魈正神而邪行者，诈称九圣者，窃正神之庙食者，生不守正，死为邪鬼，杀人误国，无所不至，而踪迹诡秘如某人者，皆先啖以食，吞以木丸而后窗之。其毙于雷火者，又二十二人，竟刑皆失所在。武吏持天枢院牒致宣曰："山魈之戮，非本院敢违天律，为据臣僚奏请，专饬施行，牒请照会。"初，郡人事九圣淫祠，久为民患，及是光响讫熄。自沈巫治从女病，以十月七日，迨二十八日乃毕事，首尾逾再旬。彦华所降天人，与沈巫之怪，无以异，弟语音如钟磬金玉，细若婴儿，而怪声则重浊类人云。宣恨其始以轻信召祸，自为文曰："志过。"纪本末尤详，予采取其大概，著诸此，法时方十四五岁。[①]

这一"治鬼"的故事，生动详细地描述了由延巫治病而展开的长达二十余天的巫、道与"山魈"、"五通"等神怪斗法的过程。在这一过程中，"山魈"等神怪的各种化形、法术、害人的"理由"、窃得庙食的种种伎俩、各种不同的来历，都有一一呈现；"巫"与"道"虽相继登场，但两者相比，前者被描述成法力逊于后者，在巫治鬼无法最终取胜时，请道士行"正法"仍是必要的。虽然在叙述者的眼中，巫师沈安之与道士彦华的"职业"身份有很清楚的区分，但从两者所施展的法术看，实际上有很多雷同之处，巫所施诸如"召会城隍五岳兵"，"烧符追玉笥五雷院兵为援"，"解发禹步，仗剑呵祝"等等，均可在形成并盛行于浙、闽、赣地区的道教闾山派之法术中窥其端倪；而所谓"彦华所降天人，与沈巫之怪无以异"(只是两者的"语音"稍有不同而已)，又说明道士之道法中可能也吸纳了某些巫法的成分。[②]

尽管巫已习染道法，"(邪神)窃正神之庙食"之说也可能影射了巫意图向道靠拢，或者有巫之鬼神"混迹"于道之"正神"之列而同祀于一庙，但是，巫师的身份仍然被认为具有某种特殊性——他既可以道法招天兵神将捉鬼诛妖，同时又以巫之祠庙祀鬼事妖，即所谓"沈安之所事，皆吾魈属"，这类祠庙后来成了"巫鬼淫祠"的根源，也成了一切以"正统"自居者所异化、排斥和打击的对象。体现在巫师身上的这种双重性格，正是唐宋时期巫与道长期互动与势力争夺的结果，也是区别于"正

---

① 洪迈:《夷坚丙志》卷第一,《九圣奇鬼》。

② Peter Nickerson 曾对早期道教仪式中包含大量巫术有过论述，见："Shamans, Demons, Diviners, and Taoists: Conflict and Assimilation in Medieval Chinese Ritual Practice", *Taoist resources* 5:1 (1994), pp. 41-66.

统”道士的主要特征之一;同时,正因为存在着这种身份边界模糊的不确定性,从而给地方社会造成了种种潜在的危险性。[①] 我们可以从《夷坚志》、《太平广记》等宋代文献中大量类似的记载上真切感受到这种普遍存在的、给日常生活带来深刻影响的危险性以及人们(主要是仕宦文人)对之的意识和态度。不出所料,这一“治鬼”的故事,最终是以毁其庙、断偶首,并由道法诛妖除怪、平息祸端为结局。作为受害者的主人公亦“恨其始以轻信召祸”,并警言自省,誓绝于“九圣淫祠”。

“山魈”及“山都木客”等“神怪”想象之所以在唐宋之际成为南方士人津津乐道的故事,与人们对日常生活中常见的道与巫“斗法”(包括两者直接的法术对抗和分别在“驱鬼除妖”中的较量)的“观感”以及对两者与鬼怪的不同关系的体认直接相关。同时,巫作为固有的传统渗透于社会生活的各个角落,使得“汉人”们在潜意识中总是倾向于把两者之间在竞争之外存在的交叉模糊地带及其所带来的不确定性归结为道所不及的“魑魅魍魉”世界。同样的道理,汉晋以后佛教在南方各地的传播,其实也经历了与道教一样的历史境遇——与巫(道)的长期争夺,而在这种争夺中,释者或汉人也通过“斗法”的故事,以“山鬼”之名来指称通行巫法的“异类”,于是,“斗法”也就变成了“教化”的开始。广济大师(义中禅师,俗称三平祖师)降服“山鬼”、创建漳州平和三平寺的故事即为一例,该故事见于明碑《漳州三平广济大师行录》:

> (唐)会昌五年(845年)乙丑之岁,预知武宗皇帝沙汰冠带僧尼,(广济)大师飞锡入三平山中。先止于九层岩山鬼穴前,卓锡而住,化为樟木,号“锡杖树”。次夜,众祟舁师抛向前面深潭,方乃还来,见师宴坐俨然无损。一夕寝次,复被众祟舁向龙瑞百丈潭中,以笼聚石沉之。其水极峻,观者目眩。及乎回,见大师如故。于是遽相惊讶,仰师之道,钦服前言,乞为造院,愿师慈悲,闭目七日,庵院必成。师乃许之。未逾五日,时闻众祟凿石牵枋,劳苦声甚,师不忍闻,开眼观之,院宇渐成,惟三门未就。怪徒奔走,其不健者化

---

① 有关唐宋之前的道教与巫的关系,可参阅:Rolf A. Stein,“Religious Taoism and Popular Religion from the Second to the Seventh Centuries”, in: Holmes Welch and Anna Seidel eds.,*Facets of Taoism:Essays in Chinese Religion* (Yale UP,New Haven,1979)pp. 53-81. 该文强调了早期道教在传播和发展过程中对巫(“民间信仰”)的排斥。

为蛇虺。有大魅身毛楂楂，化而未及，师戏擒住，随侍指使，曰："毛侍者"。然后，垦创田地，渐引禅流，南北奔驰，不惮□险。至大中三年(849 年)，宣宗皇帝重兴佛法，本州刺史郑公，久钦师德，特迎出山，请入开元，为国开堂。奏赐广济禅师。大中十年(856 年)，建观音殿。咸通元年(860 年)，架祖师院。至咸通七年(866 年)，春秋渐迈，于寺西山下建草堂，时复宴息。咸通十三年(872 年)十一月初六日，集门人曰："吾生若泡，泡还如水。三十二相皆为假伪。汝等有不假伪底法身，量等太虚，无生、灭、去、来之相。未曾示汝，临行未免老婆。"闭目长嘘而化，寿九十二，僧腊六十五。门人移真身于草堂，建于石塔，置田安众，号"三平塔"，今三平山院者。……[①]

此碑经多次重刻，第一次重刻是在北宋大观四年(1110 年)[②]，由此可推知故事大略产生于"山鬼"之说盛行的宋代。对于碑文中所谓的"山鬼"、"众祟"、"怪徒"、"蛇虺"、"大魅"、"毛侍者"，今人多指其为当地土著民族(古越人后裔"蛮僚"或更具体指畲族)了，[③]之所以称之为"山鬼"之类，乃源于汉人对土著异族的歧视和极尽贬损，因此三平祖师成神的传说所表达的象征意义，是中原汉族移民战胜移居地的土著居民，并把他们转化成为自己的附属，亦即汉族移民从客人转化为主人并成为本地人的过程。[④] 此类说法大体不谬，但却忽略了唐宋时期佛教、道教在南方与巫的时空遭遇对"鬼魅"及"收妖斩鬼"故事得以流行的根本影响。实际上，仅就明显为后人在"毛侍者"之外所添加的"蛇侍者"而言，所谓"蛇侍者"应源于当地的崇蛇习俗，这与畲族可能并无直接的关系；广受奉祀的蛇神"侍者公"本身属于巫的传统，而这一传统在道教传入之后被吸纳成为"闾山派"的重要仪法内容。[⑤]

---

① 明弘治十五年(1502)《漳州三平广济大师行录》，此碑现存于漳州平和三平寺内。流传于民间的三平祖师与"山鬼""斗法"的传说，基本上源于此碑的记载，见王雄铮编：《漳州掌故大观》，漳州市图书馆，2001 年，第 101～115 页。

② 颜亚玉：《〈漳州三平广济大师行录〉碑考》，《厦门大学学报》1990 年第 4 期。

③ 颜亚玉：《三平史考》，厦门：厦门大学出版社，1993 年，第 79 页。

④ 石奕龙：《三平祖师降"众祟"的传说及其象征意义》，"中国・平和三平祖师文化学术研讨会"论文，2004 年 9 月。

⑤ 叶明生：《道教闾山派与闽越神仙信仰考》，《世界宗教研究》2004 年第 3 期。

实际上，属于“山鬼”之类的“五通”，正是佛教在南方与巫法和鬼神崇拜互动下的产物。“五通”崇拜自唐宋至明清盛行于南方各地，因其在不同时期有“正”、“邪”之变而历经官方的褒封和禁毁。据考证，唐宋时期民间崇祀的“五通神”实源于佛教的“五通”①，南北朝时期即已建有专祀“五通”的寺庙，而在民间的流行则始于唐而盛于宋。由佛法的五种神通转化为具像的、并带有淫邪之气的“五通神”，一方面跟佛经中关于前身具有五通的“一角仙人”因淫女扇陀的诱惑而失去神通的“本生因缘”解说有关，另一方面也跟佛教在传播过程中的“民间化”有关。② 此外，作为佛教“民间化”的途径、方式和表现，来自于佛教的神仙概念与民间的鬼神系统相糅合，既使佛教得以成功“嵌入”地方社会，又使地域传统在被改造的同时得以延续。例如，刊行于明代、流传于闽浙等地的通俗小说《南游记》，其故事的主角华光大帝，即和唐宋佛教与“山魈”崇拜的遭遇有密切关系。华光的“原型”来自于“山魈”，佛教从十世纪开始试图收编“山魈”崇拜，其策略之一就是以佛教的“五通”取代“山魈”之名，随后即出现大批供奉“五通”的佛寺；几乎与此同时，道教也积极扶持“五通”信仰，以图扩大发展空间，而其成果之一，就是“马元帅”作为道教俗神的诞生。可见，明代以后的华光神实际上是一个多元文化的复合体，其中所隐含的是“山魈”——“华光”（佛）、“马元帅”（道）——“五通”的内在逻辑和演变脉络③。从更宏观的社会转型角度来看，从原本作为“山鬼”的“山魈”到象征淫邪和敛财的“五通”的过渡及其意义转换，反映的是唐宋以来伴随着社会经济的发展而展开的世俗生活和宗教文化的变迁。④

不可否认的是，巫与南方土著民族有着十分密切的联系，因而以巫

---

① 即所谓“神境智通”、“天眼智通”、“天耳智通”、“他心智通”和“宿住随念智证通”，详细考述请参阅钮卫星：《“五通仙人”考》，《上海交通大学学报（哲社版）》2007 年第 5 期。

② 贾二强：《佛教与民间五通神信仰》，《佛学研究》，2003 年。

③ Ursula Angelika Cedzich, “The Religious Roots of the Journey to the South”. in David Johnson eds., *Ritual and Scripture in Chinese Popular Religion: Five Studies*, The Cult of the Wu-t' ung/Wu-hsien in History and Fiction, University of California press, 1995, pp. 137-218.

④ Richard von Glahn, *The Sinister Way: The Divine and the Demonic in Chinese Religious Culture*, University of California Press, 2004, pp. 78-256.

的表现来指代或暗示土著“异族”，也是自然的事，特别是在唐宋这一“汉人”社会在南方各地形成和确立的时期，当人们以在竞争中取得主导或正统地位的文化（或儒或释或道）为认同时，作为被战胜者的巫总是被想象成“汉人”及“汉文化”的对立面——“蛮獠”及“蛮俗”。因此，从这个意义上说，唐宋时期南方汉人意识中的族群意识深受儒、道、释、巫及其相互关系的影响，“我族/异族”的分类在很大程度上借由“人/神/鬼”的分类以及对待和处理三者间关系的文化分类来表达，这就是这种影响的主要表现，因而从根本上说这种分类所使用的其实是一种宗教、信仰与仪式传统的语言，或者说“汉人”认同的边界是借由被“异化”的巫来建立和维系的。不过，众所周知，巫之类“怪力乱神”是曾经盛行于中国各地区、各民族的普遍现象，就华南地区而言，把巫与“蛮夷”之族的关系看作是一种必然的、一一对应的关系，从根本上说只是以士大夫文化和汉人认同为主体的地方社会普遍兴起后的一种话语表达，在现实中，渗透于南方汉人民俗生活各方面的巫法传统本身并不具有族群分类的意义。

由此观之，“山都木客”作为一种被定义为介于人鬼之间的、难以掌控的神秘力量，或者被指称为出没于社会生活边缘、隐现无常的“异类”，实际上是在唐宋时期南方地区以“山鬼”崇拜为代表的巫法传统与不断渗透并深刻民间化的儒、释、道发生密切互动与势力争夺的产物。而这一过程发生的大背景，一方面是这一时期移民的拓殖与商品经济的发展所带来的南方山区的开发以及商贸活动的兴盛；另一方面则是“汉文化”认同在该地区的普遍建构及“汉人”社会逐渐形成。“山都木客”大都被赋予了“与人交易”与“害人性命”的双重性格，或许就是这一时代背景下的社会风气以及社会流动所带来的张力和不确定性的某种反映①。尽管巫总是成为被打压、被排斥、被边缘化的对象，但释、道、巫之间长时期的并存和相互吸纳、采借和为己所用，也是不争的事实。这一点正是释、道等“大传统”能够成功渗入民间并形成某种区域传统的根本原因，也是包含巫法在内的地方文化得以延续和转型的内在机制。其主要表现之一，既来自于不同宗教体系的神灵长期共存于一个

① 有挂宋代神灵的象征意义与社会生活变迁之间的关系的讨论，可参见韩森（Valerie Hansen）著，包伟民译：《变迁之神：南宋时期的民间信仰》，杭州：浙江人民出版社，1999 年。

地方的信仰和仪式世界之中。例如,流行于闽北地区的“通天大圣”(猴精)可能即源于“山魈”崇拜[①],而福州地区则有宋代的“猴王神”[②]以及明清以后的“丹霞大圣”[③]和“五帝”[④],仅从其“猴精”或“水猴”、“水蛙”的原型以及“淫人妻女”等“恶行”上推断,它们应该与“山魈”之属有一脉相承的联系。尽管这类“猴精”在《西游记》的故事流行之后改头换而成了“齐天大圣”,“五帝”也被地方文人做了各种意在掩盖其“淫邪之气”的诠释,但它们并未因此而彻底改变其仪式传统在民间的象征意义[⑤]。而它们在各类传说故事中与闾山教陈靖姑斗法并最终被收服的宿命,同时在现实中又被视为“淫祀”而屡遭禁毁的遭遇,只不过是一幕幕历史的重演罢了。

---

① 萧仕平:《从神猴到齐天大圣——由地理文化视角看闽北顺昌猴精崇拜对象的变迁》,《中共福建省委党校学报》2010 年第 6 期。

② 洪迈:《夷坚甲志》卷第六,《宗演去猴妖》。

③ 里人何求:《闽都别记》第二四～二五回,福州:福建人民出版社,1983 年,第 143～152 页。

④ 里人何求:《闽都别记》第二五〇～二五七回,福州:福建人民出版社,1983 年,第 637～674 页。

⑤ Michael Szonyi,“The illusion of standardizing the gods: the cult of the Five Emperors in late imperial China.”*Journal of Asian Studies*, Vol. 56, No. 1 (Feb.), 1997, pp. 113-135.

畲族历史的制作

蓝达居

畲族是我国东南地区主要的少数民族之一，聚居在福建、浙江、江西、广东和安徽等省区。近年来，湖南和贵州两省也有部分人群被识别归类为畲族。这是一个大分散小聚居的民族，其聚居或散居的村落一般比较小，大多在几十户乃至几户。一般而言，其周围是汉族村落，或畲汉两族杂居[①]。畲族居住地区一般为山区和半山区的丘陵地带。由于长期的畲汉交错杂居，两族形成密不可分的关系。通过族际交往联系，彼此的相互认识逐渐加深。在族群分类上，畲族的族称是中华人民共和国成立后，根据民族识别的结果而确定的。为了贯彻落实民族平等团结政策，尊重少数民族的政治权利，1953 年国家民委派出一个调查组到福建、浙江等一些畲族区进行民族识别，这是全国民族识别工作派出的第一个调查组。1955 年国家民委又派出一个调查组到广东畲区进行民族识别调查。根据这两次的调查研究，确认畲族是一个具有自己特点的单一的少数民族，并征得广大民众的意愿，报请国家民委于 1956 年由国务院公布正式确认畲族为我国单一的少数民族之一。[②]

就目前的发现来说，畲族有自己的语言，但是没有自己的民族文字，是一个通用汉文、使用汉语、汉文作为本民族语言文字的族群。这在很大程度上制约其书写历史记忆的特点。在传统上，其历史记忆，无论是自己的制作，还是他者的书写，要么以口述的歌谣传说故事作为载体，要么以汉字符号进行书写和制作。

---

① 也有畲族与其他少数民族杂居的情况。

② 蒋炳钊:《畲族史稿》，厦门:厦门大学出版社，1988 年，第 8 页。

一、古籍中的“畲族”历史

中国是一个书写文化发达的国家。不过，在古代中国官方的历史文献中，并没有专门的关于畲族历史的撰述。这除了正统史学观念的原因之外，还因为历史上并没有“畲族”一说。[①] 在我们今天看来与畲族有关的记载，是在当时的人们笔下作为“野史”来记载的。

“畲民”作为一个民族共同体的名称虽然出现较晚，可是在史书记载上又明确指出这个民族“其来久矣”，有着悠久的历史。在畲族名称出现以前，活跃在闽粤赣三省交界地区的畲族先民曾被称为“蛮僚”或“峒蛮”等等。据光绪《福建通志》卷八五《关隘》记载：六朝以来，九龙江两岸“尽属蛮僚”。《资治通鉴》卷二五九《唐纪》又云：“黄连峒蛮二万围汀州”。薛凝度《云霄厅志》卷十一《唐宦绩・陈元光》也记：“总章二年，蛮僚啸乱”。

被认为与畲族历史有关的文字，见之于范晔所撰的《后汉书・南蛮传》载：

> 昔高辛氏有犬戎之寇，帝患其侵暴，而征伐不克，乃访慕天下，有能得犬戎之将吴将军头者，赐黄金千镒，邑万家，又妻以少女。时帝有畜犬，其毛五彩，名曰盘瓠。下令之后，盘瓠遂衔人头造阙下，群臣怪而诊之，乃吴将军首也。帝大喜，而计盘瓠不可妻之以女，又无封爵之道，议欲有报而未知所宜。女闻之，以为皇帝下令，不可违信，因请行，帝不得已，乃以女配盘瓠。盘瓠得女，负而走入南山，止石室中。所处险绝，人迹不至。于是女解去衣裳，为仆鉴之结，著独力之衣。帝悲思之，遣使寻求，辄遇风雨震晦，使者不得进。经三年，生子一十二人，六男六女。盘瓠死后，因自相夫妻。织绩木皮，染以草实，好五色衣裳，制裁皆有尾形。……衣裳斑斓，

---

① 在古代，除中原华夏族外，凡称我国少数民族均以地域上泛称，东曰夷，西曰戎，南曰蛮，北曰狄。南蛮即是南方古代民族的泛称，不是某个民族的专称。《隋书・南蛮传》曰：“南蛮杂类，与华人错居曰蜒、曰獽、曰俚、曰僚……俱无君长，随山洞而居，古先所谓百越是也。”南蛮杂类，说明在被称为南蛮中，还包括许多少数民族。畲族先民被称为蛮僚，也被列入南方民族的范围。而畲族历史资料大多出自汉族官方的记载，受大汉族主义思想意识的影响，这些记载免不了对畲族历史与文化的误解和曲解。

语言侏离，好入山壑，不乐平旷。帝顺其意，赐以名山广泽。其后滋蔓，号曰蛮夷。外痴内黠，安土重旧。以先父有功，母帝之女，田作贾贩，无关梁符传，租税之赋。有邑君长，皆赐印绶，冠用獭皮。名渠帅曰精夫，相呼为姎徒。今长沙武陵蛮是也。

对于这样的记载，今人多认为只是一种荒诞不经的"神话传说"，并非信史。然而，奇怪的是，畲族保存的族谱、祖图、盘瓠王歌（高皇歌）等等，也大都反映了这个传说的内容。

历史上，畲族并没有被作为一支独立的族群来看待的，也没有一个明确的族称。"畲族"在历史上被称为"畲民"，最早见于公元13世纪中期，南宋末年刘克庄的《后村先生全集·漳州谕畲》。刘克庄称当时居住在漳州一带的非汉族群为"畲民"，其文曰：

凡溪洞种类不一，曰蛮、曰瑶、曰黎、曰蛋，在漳曰畲。西畲隶龙溪，就是龙溪人也。南畲隶漳浦，其地西通潮、梅，北通汀、赣。……畲民不悦（役），畲民不税，其来久矣。[①]

南宋时期出现的畲民，其分布范围除福建漳州、汀州地区外，还包括了与福建接壤的广东潮州、梅州和江西南部的赣州地区。

对于广东和江西的畲民，史书记载还曾用"輋民"一词。文天祥在《知潮州寺丞东岩先生洪公行状》记载："潮与漳、汀接壤，盐寇、輋民群聚……"顾炎武《天下郡国利病书·广东》云："粤人以山林中结竹木障覆居息为輋故称。瑶，所止曰輋。"《广东通志》云："畲与輋同，或作畬"。屈大均的《广东新语》卷七《人语》云："澄海山中有輋户。……其人耕无犁锄，率以刀治土，种五谷，曰刀耕；燔林木，使灰入土，土暖而蛇虫死，曰火耨。是为畲蛮之类。"

在史书上，畲族除了被称为"畲民"、"畲客"、"輋民"、"輋客"外，还曾被其他一些名称来指代。如明代俞大猷的《正气堂集》卷十三《论早安抚使贼不出》称闽西的少数民族为"黎畲"。顾炎武的《天下郡国利病书》第16册《防闽山寇议》也说："瑶人楚粤为盛，而闽中山中溪高之处间有之。漳瑶人与虔、汀、潮、循，接壤错处，亦以盘、蓝、雷为姓。"

可以说，自南宋出现"畲民"记载以来，这个名称逐渐为以后的史家所普遍采用。此一族称的出现，距今已有七百多年的历史。在某种意

---

① 刘克庄：《后村先生大全集·漳州谕畲》。

义上，我们或可言说在古典史家笔下的文字里，存在着一种关乎“畲族”的历史。不过，仔细考究，我们发现，这种记述的文字，并非系统、连贯的历史。在传统天下观和华夷之辨的古典意识形态下，有关的文字只是奇闻轶事的描写，是正统历史之外的补充，是远离帝王将相中心的边缘历史。因此，我们在阅读的时候，发现这些记载是零碎的、片面的、猎奇式的。

二、畲族制作自己的历史

畲族有着自己的历史，有着自己历史的书写与表达方式。畲族保留着自己祖先历史的记忆。这种记忆体现在有关的传说之中，这种传说和记忆又被书写在族谱里、描绘在族图上、吟诵在歌谣史诗中，并且表现在日常生活中。

畲族历史记忆的核心之一是“盘瓠传说”。现在所见的各地畲族修撰于明清时期的族谱记载中，有关“盘瓠传说”一般是这样的：

> 在上古时，高辛皇后耳痛三年，后太医从她的耳中挑出一条形似蚕的小虫，育于盘中，忽而变成龙犬，豪光显现，遍体锦绣。当时，高辛皇帝受番王欺侮，曾下诏求贤，榜示有能平番者，愿将第三公主嫁他为妻。龙犬得知，即揭榜直奔敌国，服侍番王三年。一日，它乘番王酒醉，咬下其头，渡海衔归，献给高辛帝。帝大喜，但不愿将公主下嫁给盘瓠。正在为难时，龙犬忽作人语曰：“将我放在金钟内，七天七夜便可以成人。”入种六天，公主忧其饿死，打开金钟，果见已成人形，惟头未变。盘瓠与公主结婚后，入居深山，开山种田为生。生下三男一女，帝赐姓，长子姓盘名自能；次子姓蓝名光辉；三子姓雷名巨佑；女称淑女，配给钟智琛。[①]

畲族不仅通过口头传诵，而且通过诸种书面形式来保存这一传说。他们把盘瓠传说写入族谱，又编成《高皇歌》（或名《盘瓠王歌》）传唱，同时还按照传说的内容绘成连环画式的彩色画卷“祖图”，畲族称之为“长联”。

---

① 引自蒋炳钊：《畲族史稿》，厦门：厦门大学出版社，1988年。

(一)族谱

笔者在闽北调查时发现,建阳《潭西雷氏族谱》(初修于光绪丙戌十二年即 1886 年,1986 年重修)载记《潭西雷氏初修族谱序》:

潭西九峰雷氏久为闽中望族,代有闻人。溯其渊源发迹于高辛帝后肇生始祖讳盘瓠公,盘蓝雷钟四族共祖之。世居会稽山七贤洞。雷氏分支祖讳巨祐,则盘公第三子也。锡族姓雷自巨祐公以下,世系支流,年湮代远,殊多失考。迨明祖法星公兄弟四人由广东入闽,世居漳州龙岩,第五世法多公之胞兄念项三十三郎由漳州迁建阳嘉禾里,台石十郎亦由漳州迁建阳嘉禾里,又云禾平里上坪村。其子新惠公再迁铁山,则铁山之始迁祖也。今岁二公子孙慨然有志纂修其于前代源流以断自可知者为第一世祖,则自法星公始确然无疑矣。但阅其抄传旧修实录,遵依祖规,共叙昭穆世代,则以大小千万念五字序之,周而复始,其叙昆仲甲乙则以一二三四五郎名之。及十百皆然,且其书法专详里居姓氏,于生卒葬及男配女适等项俱付阙如。于则其谱法多未当矣。友人雷德祥兄嘱序。余竝示欲改遵欧苏二公修法,余欣然答曰是也。因取其近代有可考者悉厘正之,远代难以稽者仍旧录之,以付诸梓而纲目灿然矣。则世系绵涣散收亲疏定昭穆,序是书之成殆可为后裔去守矣。谨序。

大清光绪丙戌十二年(即 1886 年)暑月下汗穀旦

邵武府邵武县五十一都运际村廪保生员出身岁贡生

通家眷弟黄永元顿首拜撰

法星公十三世嗣孙雷维恭曾受业于门三年

该谱牒邬鸿年撰写之《雷氏新修宗谱序》云:

雷氏溯厥始祖之源天星下降出于高辛帝后刘氏,赐名盘瓠,生不犹人,独聚精灵之气。后际燕王作乱,潜至番邦,灭燕有功,龙颜大悦。于是即以宫女配婚,遂生三男一女。而我祖行三赐名巨祐赐姓为雷,御封武骑侯也。

该谱雷德祥撰之《潭西雷氏新修族谱序》云:

我祖之源原天星下降于高辛帝后刘氏正宫患耳,自患耳中而诞。初生异蚕,继化龙犬,再继化为人身,三化身躯,可谓生异群黎，体形拔俗，后及燕王作乱，日侵疆土。旨敕有收伏者即以宫女配婚。群臣莫敢奉命。而我祖潜奔番地削除燕王，民安国泰，功盖百僚。龙颜大悦，即将第三宫女配之，招为驸马。赐姓盘瓠，遂生三男一女，而御封武骑侯也。复敕送入广东潮州府凤凰山七贤洞创立都殿，共同助王治国安民。

建阳老鸦巢《冯翊堂祖宗簿生庚》记《祖宗祠》云：

盖吾祖世广东潮州府凤凰山七贤洞迁于汀州府连成县。系大明自崇祯皇帝庚辰十三年迁于福宁府福安县大山下。自清康熙皇丙戌二年第一代雷章胜公，第二代雷万二郎公，第三代雷茂成公，第四代雷玄聪、雷玄明、雷玄福三兄弟，雷玄聪在大前山，雷玄福小前居，住雷玄明迁于杭头北坪。乾隆皇帝乙巳年五十年雷华寿公，第五代乾隆丙戌六年迁于老鸦巢。靠天庇佑，前人荫骘，自嘉庆道光二君以来，第六代雷观清公于嘉庆辛酉六年……

其实，现在所见的传统的畲族族谱，大多为盘瓠传说这一基本的记忆形式，这是畲族传统族谱的共相。这种共同的历史记忆是其族群认同的基础。另一方面，畲族族谱的记载，随着时代的发展，也有了较大的变化。主要是随着与汉族的互动，关于祖先盘瓠的描述就发生了调整。在汉文化里，人们存在着对“狗”的鄙视观念，这种观念极大影响了畲族的盘瓠信仰，给畲族社会心理带来了影响。畲族自觉或不自觉地修改了盘瓠传说中的犬图腾内容，图腾崇拜观念因此而缓慢地发生了转变。这一转变主要表现在对“狗”、“犬”的避讳上。近现代的一些畲族族谱都抹去了有关犬的记述。潘宏立1980年代中期在畲村调查时发现修于1918年的畲族《雷氏族谱》，其中关于盘瓠的记述就不见“犬”的痕迹：

广东盘瓠氏铭志：帝喾高辛皇帝刘皇后夜在凤阁饮宴，移席望月对饮，忽觉瑶光贯亢，其宿即光芒灿身，耳感疾痛，宣医挑取，物大如蚕，以盘瓠盛之，以盘覆之，须臾像如龙身长一丈二尺，一百二十四点花系，牙似剑龙鳞火珠，因盘覆送，名曰盘瓠……收留宫中抚养越七日化一男子，容貌俊伟，声音响亮。未几，戎狄燕寇作乱……盘瓠自告奋勇，揭榜征番抵达燕王殿前，燕王一见此人面貌非常，动问：“汝何国奸细盗敢前(来)?”喝令推斩。盘瓠容色不变，对曰：“非也，吾乃瑶山真人也，奉师父严命，知吾主有霸国强兵之福，特来相助一臂之力。”燕王闻说大悦，收留安所，会传群臣设宴庆贺，喜曰："孤得此异人，殆天赐寡人，中国定归吾邦。"盘瓠随驾三载，恩宠无比，日与盘瓠饮酒作乐，燕王大醉，被盘瓠拔剑弑毙并斩吴将军首级，飞奔出城，渡江过海……回到高辛朝里。

从上可见，尽管盘瓠从耳中出生时仍隐约地带着兽类味道，但这却不是一般的犬类，而是汉文化最崇尚的巨大而神奇的"龙"。而且不几天，盘瓠就已变身。变身后的盘瓠已不是昔日传说中的狗头人身那样半身半兽的模样，而一来就是个英俊的美男子。盘瓠诞生的整个过程，都罩上了神奇的灵光，仿佛令人觉得他更像汉文化中常见的"神人"。故事的基本结构内容没变，但抹去了畲族传统文化中的犬图腾，代之以龙，神人等。这是受到汉文化的影响，导致畲族自身历史书写的调整。①

（二）歌谣

《高皇歌》是畲族最主要的历史叙事诗。在诗中，畲族称其祖先为"龙期（麒）"。各地抄本详略不一，内容基本相同。其内容一般包括回忆、出征、成亲、隐居、打猎殉身、迁居、搬福建、搬住浙江和尾声等历史的记忆。记述盘瓠王不平凡的经历，以极大的民族自豪感赞颂祖先龙期，帮助高辛皇帝抵抗番国入侵的英勇斗争历史，并称他不慕功名利禄毅然离开帝都驸马的生活，带领子孙到偏僻的凤凰山区垦荒耕种，后来因打猎不幸坠落山崖，赞颂他在征服自然的斗争中以身殉族。也叙述了畲族祖先由广东潮州向福建的兴化、古田、连江和罗源迁徙，再由闽东向浙江的景宁、云和、泰顺、平和、丽水等县迁徙的过程。描写畲族祖先离乡背井到处迁徙逃难的艰辛情景。《高皇歌》是畲族一篇重要的历史文献，它不仅是一篇口头文学，也是一本教科书。"歌是畲民传家宝，万古流传子孙唱"。各地畲族都把这首诗歌作为传家宝，代代传唱。因为这首民族史诗歌颂民族祖先的业绩，也是民族历史教科书，所以它在祭祀祖先时的严肃气氛中由有名望的歌手歌唱。在传统时代，祭祖时族长首先就必须讲这个故事以作为祭祀的首要内容。

1947年《国立中央研究院历史语言研究所集刊》第16本发表了中国著名民族学家凌纯声的《畲民图腾文化的研究》，该文记录了畲族的传统歌谣《高皇歌》：

盘古置立到如今，一重山背一重人，

---

① 潘宏立：《福建畲族服饰研究》，厦门大学硕士研究生毕业论文，1985年。

一朝江水一朝鱼，一朝天子一朝臣。
说山便说山乾坤，说水便说水根源，
说人便说世人事，三皇五帝振乾坤。
盘古置立三皇帝，造天造地造人世，
造出黄河九曲水，造出日月转东西。
造出田地分人耕，造出大路给人行，
造出王帝管天下，置立人名几样姓。
皇帝名字是高辛，出来游行作百姓，
出门游行天下路，转来京都作朝神。
当初出朝高辛皇，出来游戏看田场，
皇后耳痛三年在，挖出金虫三寸长。
挖出金虫三寸长，便置金盘拿来养，
一日三时望长大，变作龙期丈二长。
变作龙期丈二长，五色花斑尽成行，
五色花斑生得好，龙眼变作荔枝样。
变作龙期丈二长，又会跑来又会行，
皇帝看见心欢喜，身长尾短好个相。
番边大乱出番王，高辛皇帝好惊慌，
便差京城众兵起，众兵差起保城墙。
番边番王好来争，众兵用心把得紧，
京中众兵无千万，大家去保九重城。
当初皇帝开言时，京东门下挂榜去，
谁人收服番王到，第三宫女给为妻。
龙期听见便进前，撕下文榜在路边，
文榜拿来口里衔，文武朝官带去见。
文武朝官带去见，龙期自愿过番边，
去到番边番王殿，服侍番王二三年。
服侍番王二三年，番王饮酒醉迷迷，
龙期看见心欢喜，凶心为祸你不知。
番王酒醉笑嗳嗳，唐朝人龙走过来，
唐朝人龙走过来，天地翻转是由我。
番王饮酒在高楼，身盖金被银枕头，
文武朝官不随后，龙期咬断番王头。
衔了王头过海河，番边贼子赶来掳，

刀枪好似竹林笋，不得过来奈我何。
咬断王头过海洋，云雾迷来渺渺茫，
一时似箭浮过海，众官取头金盘装。
众官取头金盘装，奉上殿里去见皇，
皇帝看见心欢喜，自愿龙期作婿郎。
文武上奏皇帝知，皇帝殿里发言时，
三个宫女由你拣，随便那个中尔意。
收服番王是呆人，爱讨皇帝女结亲，
第三宫女心不愿，金钟内里去变身。
金钟内里去变身，断定七日变成人，
皇后六日开来看，只是头上未变成。
头是龙来身是人，要你皇帝女结亲，
皇帝圣旨话难改，开基蓝雷人子孙。
亲生三子相端正，皇帝殿里去讨姓，
长子盘装姓盘字，二子篮装便姓蓝。
第三小子正一岁，皇帝殿里讨名来，
雷公云头响得好，笔头落纸便姓雷。
当初出朝在广东，亲生三子女一宫，
招得军丁为夫妇，女婿名字身姓钟。
……
三想蓝雷三姓人，都是南京一路人。①
……

（三）祖图

他们还按照传说的内容，绘出连环画式的彩色画卷“祖图”，畲族称为“长联”。祖图的形式很多，内容有繁有简，都是描绘盘瓠杀敌的故事，只是盘瓠所灭者的对象略有不同，有的说是番王，有的说是犬戎，有的说是吴将军。1958 年厦门大学人类博物馆在福建宁德县漈头畲村搜集了一幅宽 0.43 米、长 23 米多的白布镶黑布边的清道光二十九年(1849 年)的《雷氏祖图》，每图内容都配有汉字，其顺序是：

① 凌纯声：《畲民图腾文化的研究》，《中央研究院历史语言研究所集刊》第 16 本，1947 年。

1.盘古帝王开分天下
2.伏羲画太仪化教
3.神农尝百草宇宙传
4.龙马负图
5.公输子
6.黄妃织机
7.黄帝有熊氏姓公孙名轩辕土德王位一百年
8.高辛皇帝
9.太医将奇虫献上帝览
10.奇虫□□□□□□龙期
11.与番王交战
12.帝□□榜招贤
13.龙期折榜朝臣带进金銮殿见驾
14.龙期领帝旨过海征番
15.番王见龙期来投喜之
16.番王宴饮不觉大醉
17.番王沉睡床上被龙期咬断头而去
18.文武朝臣迎接
19.龙期将番王头首复旨
20.发断三公主龙期识破
21.龙期认三公主将裙襟拖住
22.已认三公主真身内臣带进见驾
23.龙期伏金钟变化成人
24.洞房花烛结良缘
25.龙驸马登朝取姓
26.龙驸马□□□□
27.奉旨荣归
28.荣迁会稽山七贤洞
29.御赐免朝
30.龙驸马传授仙法
31.好田猎与民同乐
32.跌倒山岩
33.安灵建功超度亡魂
34.奉忠勇王灵柩卜葬于南京凤凰山

35. 南京凤凰山忠勇王之墓

36. 高堂大会

祖图上的字迹有些破损，但保存尚为完整。浙江丽水畲族祖图包括“三清祖图”（即上清、玉清、太清）三幅，十殿王图（一殿秦广明王、二殿初江明王、三殿宋帝明王、四殿五官明王、五殿阎罗天子明王、六殿变成明王、七殿泰山明王、八殿百年平政明王、九殿周年都市明王、十殿三年转轮明王）十幅及射猎师爷、打猎师爷、本姓始祖、左门神、右门神、金鸡、玉兔等图像和两幅描绘畲族始祖变身、征番有功、招驸马、受封及率盘自能、蓝光辉、雷巨祐、钟智琛三子一婿别离京都前往深山狩猎等情景，长达二十余米的连环图。

值得我们注意的是，与族谱书写调整、变化的情况类似，由于汉文化的影响，祖图在描绘祖先形象时也有相应的变化。年代稍早的祖图，保留着较原始的古典风貌，画上龙犬均因变身时间不足，头未变而身已变。但是时代较晚的祖图，盘瓠形象已逐渐演化过渡到完整的人形。如宁德九都乡柴坑村的祖图，其图腾名称的改变已从犬变化到龙犬最后再变成龙麒。祖图上画盘瓠变身时，虽也描述了刘皇后在第六天夜里窥视龙麒变人，因期限未满，所以龙麒头还未变成人形。但是下面紧接着出现“太皇帮助龙麒变成人身”的字样及画面，完成了盘瓠从犬到人过渡的第一步。据研究，这是制作年代较迟的祖图。在宁德八都猴盾畲村保留的祖图，上面已完全抹去了犬的形象，变成“龙头公”。足见汉文化对畲族历史记忆表达的影响。

三、畲族历史的现代书写

尽管古籍文献中有一些有关畲族历史文化的记载与描述，也尽管畲族社会里有着关于自己族群历史的记忆与书写，但是，长久以来，现代学者认为一种可信的畲族历史尚不存在，他们或抱着追求历史真实、为畲族立史的科学目的，或抱着民族平等、民族发展的目的，试图为畲族制作“新的历史”。而且据说，畲族内部的人们也期待专家学者为他们写一部“科学的”畲族史。

著名的畲族研究学者蒋炳钊教授曾经说：“我接触畲族的历史是从参加 1958 年中央组织的福建少数民族社会历史调查组对畲族社会历史进行调查开始的，以后由于教学需要又多次到畲区调查，由此产生对畲族研究的兴趣。接着又着手收集整理畲族的历史资料。文化大革命中止这项研究工作。粉碎四人帮后，又先后参加由国家民委领导组织出版的我国少数民族《五种丛书》中的《畲族简史》和《畲族社会历史调查》两书的编写工作。并油印出自己编写的《畲族古代历史资料选编》……”[①]

也许抱着共同的目的和意愿，但是在如何书写畲族的历史这个问题上，现代学者之间有着不同的见解。从现今畲族的分布情况来看，他们主要聚居在中国东南地区，而在历史上，中国东南地区是“百越”民族的聚居区，《吕氏春秋·恃君》曰：“扬汉之南，百越之际。”《汉书·地理志》注引臣瓒言：“自交趾至会稽七八千里，百越杂处，各有种姓。”那么，现在仍生活于这一地区的畲族，与古代土著的越人是否有渊源关系，或是从其他地区迁入，这是目前学术界存在的一桩公案，也是东南地区古今民族比较有密切关系的研究课题。

关于畲族来源的种种不同学术观点，不仅在学术界引起了广泛兴趣，同时也受到畲族地区民委部门的重视。为了把这个问题的讨论引向更加深入，由广东省民族研究所倡议，并得到广东、福建、浙江、江西、安徽等省民族事务委员会的支持，联合筹办了全国第一届畲族史学术讨论会，1985 年 3 月在广东省潮州市举行。参加这次会议的除了国内的有关专家、学者与民族工作者外，日本、法国等地的一些学者也参加会议。会议收到论文 30 余篇，会后出版了《畲族研究论文集》。这是 1949 年以后，畲族史研究的一次高潮与盛会。

综观学术界的讨论，有关畲族族源研究的文章，虽然有着各不相同的意见，但归纳起来主要有两大观点：一是主张畲族是从其他地区迁入的，尤以湖南长沙“武陵蛮”说居多；二是认为畲族是古代当地土著民族越族的后裔。[②] 近年学界也提出畲族族源多元论。

在这些研究畲族民族史的学者当中，也包括畲族的学者。比如畲族学者蓝周根发表了《关于畲族来源》一文，认为：“畲族既不是百越的后裔，又不是‘武陵蛮’，而是东夷的‘徐夷’。”他列举一些畲族族谱中有关东夷关系的记载，如《雷氏宗谱》云：“……我陛下有东夷王贡献美女奇珍、奇珪、奇珠三人，美貌丰姿，将此长女奇珍赐配长男盘自能；次女奇珪赐配次子蓝光辉；三女奇珠赐配雷巨佑，孙女龙郎公主配与钟志深

---

① 蒋炳钊：《畲族史稿》，厦门：厦门大学出版社，1988 年，前言。

② 蒋炳钊：《畲族史稿》，厦门：厦门大学出版社，1988 年，第二章；施联朱主编：《畲族研究论文集》，北京：民族出版社，1987 年。

为婚。"他认为畲族与东夷有亲属关系。[①]

比较畲族的本族历史记忆与现代学者书写两种不同的形式，我们发现，畲族传统的历史记忆在各种不同版本的族谱书写上，有着普遍的广泛的一致性，基本不存在相互对立的情况。而现代的历史书写，却有着许多的不一致，甚至对立。这种情况，彰显了现代族群历史书写的内在张力：学者的主观性与学科所追求的客观性的矛盾。

① 蓝周根：《关于畲族来源》，施联朱主编：《畲族研究论文集》，北京：民族出版社。

围坊而商的西北城镇回族聚居区经济

——以甘肃省临夏八坊回族聚居区为视角

王　平

摘　要：本文以甘肃省临夏八坊回族聚居区为视角，分析了西北城镇回族聚居区围坊而商的内部街巷经济和依坊而商的外部经济；并以社会学与人类学视角，对西北传统城镇回族社区利用民族文化社会资源形成的围坊而商的聚居区经济形态进行解读。

临夏八坊回族聚居区位于甘肃省临夏市，历史上这一地区曾被称为河州，所以人们曾习惯地称这一地区为“河州八坊”，河州作为历史上丝绸之路和茶马贸易的重镇，其繁荣的商业贸易促使了以商业生计方式的回族穆斯林聚居与此并不断得到发展，明末清初时，河州城（今临夏市）南关厢内外，聚居于此的回族人先后建立了八个清真寺，以各清真寺为中心，形成了围寺而居的八个教坊。清朝后期，八坊回族聚居地区又修建了四座清真寺，当地回族习惯上称之为“八坊十二寺”，简称八坊。如今，“八坊”成了临夏市城区回族聚居区的专称。“八坊回族聚居区”地理范围上包括临夏市广场洪水河以南，三道桥以北，东至上二社以西，西至西巷以东的这片回族居住的地区。随着回族居民的不断增多，又扩大到城郊小西关一带，甚至整个南关厢、前河沿、大小西关甚至木场街等市区南面的回族聚居地区，都被统称为八坊。由于世代经商的生计方式和传统回族伊斯兰生活方式，使这一地区形成了多教坊结构的社会形态和具有浓郁地方性特色的回族伊斯兰文化体系。

八坊回族聚居区社会文化形态的形成和发展是建立在以商业服务业为主的聚居区经济基础之上的，围寺而居的教坊不仅仅是一个地理居住单位和社会文化生活单元，而且是一个围坊而商的商业经营单元。如今，在两河（红水河、大夏河）、两路（环城东路和环城西路）围成的回族聚居区内，聚集了大大小小十几个围寺而居的教坊，而聚居区内的大街小巷，零售商铺林立，聚居区外围则形成各类不同的专业批发市场，形成了围坊而市、依坊而商的商业贸易区。这种依坊而商的街巷经济和围坊而市的市场体系，构成了八坊回族的民族聚集区经济形态。

一、围坊而商的聚居区街巷经济

街巷经济是八坊依坊而商的一个重要特点，在八坊回族聚居区内的大街小巷，都布满了成百上千家的商铺，在这些商铺中，经营行业各异，规模大小不等。一般在主街道上是经营规模比较大的批发商铺或商场，小巷深处是日常生活用品的零售小店，也称为连家铺。笔者通过田野观察和思考，将八坊回族聚居区的商业分布归纳为"四街七路两广场"。纵横交错的街巷，星罗棋布的商铺，形成了八坊回族聚居区依坊而商的街巷经济。

北大街，位于临夏市中心广场的西侧，是20世纪80年代改革开放初形成的民族用品商业一条街，北大街共有商铺200多家，其北侧是一座拥有100多家商铺的两层商城，著名学者费孝通在临夏作调查时为其题写"河州商城"，其南侧是沿红水河而居的八坊回族家庭开设的几十年连家铺。北大街是集民族用品、民族特需用品、手工艺品、旅游纪念品、古玩玉器字画等贵重物品交易为一体的综合性贸易街市。这里汇集了不同民族、不同地区的艺术品、工艺品，具有地方民族特色和旅游纪念价值的工艺品，品种繁多，以藏族用品为主导，还有保安族腰刀、八坊回族雕刻葫芦、牛羊角工艺品、皮制小动物、各种手工地毯及一些仿真彩陶、清真八坊特色小吃店、旅馆等，是一个集各种民族特色产品经营为一体的商贸街，在西北五省和全国乃至阿拉伯国家中享有较高的知名度。

华寺街，东接北大街，西连新西路，沿街有老华寺、西寺、北寺三座清真寺，是八坊回族日常生活用品销售一条街，除经营日常副食品及生活用品的商铺外，还有发子面肠、酿皮子、凉粉等各类特色小吃摊铺，家用小电器小五金铺、修理铺、牛羊肉铺、蔬菜水果摊，是聚居区内主要的牛羊肉食、蔬菜水果及小食品供应点，每年的八坊回族传统节日斋月和古尔邦节等来临之时，这里会形成临时的斋月食品市场和古尔邦节羊市场，这是最能体现八坊回族民族风情的商业街。

下菜市街，它沿八坊红水河，西起临夏市中心广场东端，东接环城东路，长约一公里，这条街原来是八坊回族蔬菜水果及日常消费食品销售一条街，街道两旁除日杂副食铺、牛羊肉铺等固定的商铺外，每天还有近百个蔬菜、水果、副食品流动摊贩聚居在这条街上，许多八坊回族小摊贩每天用人力三轮车和三轮摩托车到蔬菜批发市场或周边菜农手中购得蔬菜后到此销售，这条街主要满足八坊回族和市区及近郊群众的日常生活用品消费。

韩家寺街，北接下菜市街、南接前河沿路，是八坊回族聚居区最为热闹的零售商业一条街，在长约 1000 米的街巷两旁，就有上二社、下二社、韩家寺等三座清真寺，街巷两旁有百余家固定商铺，有诊所、药店、渔具店、各式服装店、百货商店、清真淋浴理发店、清真饭馆和特色小吃店、清真锅盔铺、工艺美术店、日杂用品店、劳保用品店、穆斯林服饰加工店、穆斯林日常及文化用品店等，在街巷中间地马路上，有两百多家流动商摊，经营日用百货、服装鞋帽、音像书籍、五金日杂、干鲜副食、各色清真小吃等居民日常生活用品，消费者是主要是来自城区和市郊的各族群众。

解放路，分为解放北路和解放南路，解放路北起临夏市中心广场，南至临夏市三道桥广场北段，这条不足 1000 米长的街道，在历史上曾是商贾云集、店铺林立的南关厢。改革开放后，街道两旁建起了商铺、宾馆和商场，八坊回族聚居区最早的布匹服装批发市场就位于这条街，如今这条街是纺织品及民族服饰品批发零售一条街，八坊回族中经营布匹、纺织品、藏族服饰、穆斯林服饰、穆斯林生活用品及文化用品、地毯、瓷器的批发零售商大部分都集中于此，每年全国各地纺织品云集于此，或加工成民族服饰或直接批发到周边及藏区和全国的穆斯林聚居区。解放南路北起八坊三道桥广场南端，南至大夏河北岸桥头，这条路是集中了小商品、副食品、各类小型机械（农用、食品加工、木工）、日用化妆品等批发零售商以及各类私营宾馆、小吃店及面馆近上百家。位于这条街的浙临商场，是改革开放后在八坊最早兴起的由近百家浙江小商品经营商组成的小商品批发市场。

前河沿街，分为东西两街，它是改革开放后兴起的八坊回族聚居区中最大的商业零售批发街区，这是一条集中集副食干鲜食品、小食品、茶叶、日杂用品、服装、塑料制品五金制品、日用百货、摩托车及配件、化妆品、陶瓷、藏衣藏饰、马具等用品的批发一条街。整个前河沿街有一千多家大小商户从事各种商品的批发和零售。其中前河沿东街的商户主要经营干鲜副食、小食品、马具用品、日杂百货、塑料制品和茶叶等。在这条不足 500 米的道路两旁，大型批发商户近百家，位于该街的东部批发市场是临夏市最大的服装鞋帽批发市场；前河沿西街的商户则经营五金制品、藏袍藏饰帐篷、陶瓷、化妆品、摩托车和家用电器等的批发，前河沿街是兰州通往甘南、四川藏区的必经之路，所以沿街路旁有许多大型宾馆饭店和小型旅社饭馆，供各方进货商食宿，此外还有大型停车场和货物托运部。在 20 世纪 80—90 年代，八坊回族商业最兴盛时，每天都有近百辆装满各类商品的大型货车发往西藏、甘南、四川、青海各藏区，仅发往拉萨的各类货车就有几十辆，如今，虽然发货数量远不及从前，但每天依旧有十多辆车发往藏区各地，其中大部分发往拉萨。

新西路街，北连华寺街，南连前河沿西路，是八坊回族聚居区最具民族风情的一条街，在整条长约一公里的街道两旁，有老华寺、新华寺、前河沿寺、铁家寺四座清真寺，其中老华寺为格底目教派清真寺，新华寺和铁家寺为伊赫瓦尼教派清真寺，前河沿清真寺为赛莱菲耶派清真寺，不同教派建筑风格各异的清真寺使这条路成为八坊民族文化的缩影。新西路街的商铺有一百多家，经营场所有两类，一类是由清真寺出租的沿街房屋，一类是连家铺，就是沿街的家户将其沿街的房屋作为商铺供出租或自家经营，经营的行业有清真理发、清真淋浴、商业信息、特色小吃和传统菜肴，副食杂货、五金铁器加工、木器加工，药铺诊所，在新西路街所有商铺中，经营中介信息的商铺最多，整条街经营信息业务的商铺有几十家，是八坊回族聚居区的商业信息一条街。如今，临夏市政府正规划着将这条街建设成为民族风情一条街，使其成为展示八坊回族风情、发展八坊民族商贸流通和旅游业的特色商业街。

红园新村街，红园新村是改革开放后形成的八坊回族居住区，位于老八坊之西，由于这里居住的居民中有许多为从事固定工作的回族群体，有着稳定的收入和消费需求，所以沿红园新村街出现了许多从事各类生意的商铺，与其他八坊回族聚居区的商业街不同的是，在这条街分布的商铺中，既有传统的特色锅盔和馍馍铺，也有现代的西饼屋和蛋糕店，既有特色小吃店和面馆，也有餐厅和美食城；既有个体小商铺，也有自选商场和现代超市；既有小型理发店和照相馆，也有专业美容美发中心以及时装店、婚纱影楼，是一条融传统和现代商业气息为一体的商业街。

滨河路街，是改革开放后新建的集休闲餐饮和民族用品生产销售为一体的一条街，其中段正好环绕八坊回族聚居区，路旁分布着许多由八坊回族开设的藏族帐篷及藏族服饰加工厂，民族用品加工厂及各类清真特色的餐厅以及一些休闲娱乐场所，路旁正在兴建民族特色工业园区，滨河路正在成为八坊回族新的特色经济之路。

环城路街，分为环城东路街和环城西路街，是八坊回族聚居区通往西部牧区和东部农区的重要通道，沿环城西路西行经土门关可达甘南、四川藏区，西北方向经积石山可达青海、西藏，沿环城东路可经东乡到达兰州、陇西，渡黄河可达永靖、兰州。由于这两条路是重要的交通要道，所以沿路都是大型的专业市场、宾馆及工厂。沿环城西路主要有煤炭市场、木材市场、八坊机动车交易市场、八坊牛羊交易市场、西部副食建材市场，八坊集团所属的八坊医院、八坊汽车运输公司、八坊宾馆、八坊加油站、八坊清河源清真牛羊肉食品有限公司，朝晖宾馆、龙康制药厂等许多八坊回族投资兴建的专业市场和企业，沿环城东路则有花卉批发市场、蔬菜批发市场以及清真南园食品厂等食品加工企业。

这些纵横交错的商业街，由两个商业广场相连，临夏市中心商业广场位于城内汉族聚居区和八坊回族聚居区之间，是解放路街、下菜市街、北大街三条商业街的交汇之处，中心广场是一个具有传统和现代气息的商业经营场所。位于八坊回族聚居区的三道桥广场，是解放路、解放南路、前河沿西路、前河沿东路四条商业街的交汇之处，是八坊回族从事东进西出对外商品贸易中转的必经之地。围坊而商的街道和深居小巷的商铺，共同构成了八坊回族聚居区的街居经济，既满足八坊回族聚居区回族的日常消费，也发挥着聚居区进行区外贸易的职能。

二、依坊而商的聚居区贸易市场

在八坊回族聚居区及周围，分布着二十多个专业和综合批发市场；在许多寺坊的周围，又存在着小型的日常消费品市场，每当回族传统节日来临的时候，一些较大的寺坊周围还形成临时性的节日市场，这些市场既发挥着聚居区对外贸易的职能，又满足聚居区内部的消费和需求。

河滩关综合市场位于八坊聚居区之南，初建于 1983 年，占地 165 亩，是全部利用社会集资兴建的综合市场。该市场以大夏河桥为界，分为东西两个部分，8 个交易区，桥西市场为粮油山货、木材、钢材、五金交电、大牲畜、羊毛交易区；桥东市场为木材加工、新旧家具、皮张、家禽综合交易区。市场可容纳近 1000 户个体户从事经营，该市场曾经是西北地区最大的羊毛皮货交易批发市场之一。

前河沿副食批发市场(河州副食品商城)。该市场位于八坊前河沿西路以北，面积 2131 平方米，采用社会集资方式建成。市场正面为三层综合楼，东、西两侧为二层营业楼，市场中间是一座占地约 900 平方米的交易大棚，1995 年建成之初曾拥有 100 多户经营户，主要经营干鲜副食品的批发。

三道桥杂货批发市场。该市场位于八坊前河沿路，是一家大型的杂货批发市场，1995 年建成时有营业铺面 120 间，容纳批发个体商户 140 多户。

东部服装百货批发市场。其位于八坊三道桥东端的商业繁华区，该市场占地 21 亩，拥有营业铺面 700 多间，容纳服装百货批发户 500 多户，是八坊最大、最繁华的专业批发市场。

城西中药材市场。该市场位于八坊之西，为八坊通往藏区和中原的公路交汇处，主要经营当归、甘草、党参等中药材，集西部藏区之药材，发往东部地区西部市场。西部市场位于八坊之西的环城西路，是通往甘南、四川和青海、西藏的两条公路的交接处。市场以家用建材的批发和零售为主，还有一些日杂、副食、百货等的批发零售和五金制品的加工销售。

城西煤炭交易批发市场，位于八坊之西的环城西路旁，是临夏市唯一建成使用的煤炭专业批发市场。市场是由三个八坊回族穆斯林合股经营的，面积 7000 多平方米，市场内有专为长途车司机提供食宿的旅馆，并设有专业的交易场所和大型过磅设备，市场拥有各类工作服务人员 30 多名，煤炭来自甘肃、宁夏、山西、新疆等全国产煤区，销往临夏回族自治州内各县，以及甘南、青海及四川藏区。

东部蔬菜水果批发市场，位于八坊回族聚居区之东，占地 62 亩，以蔬菜瓜果的批发为主，其蔬菜瓜果来自周边产区及全国各地，发往临夏州属各县及甘南藏区。

八坊集团牛羊活畜交易市场，是改革开放后兴建的，也是西北地区最大的牛羊活畜批发交易市场。该市场的牲畜主要来自甘青藏区，市场牲畜交易方式以整车交易为主，小量交易则常年不断，市场拥有二十多位负责交易的牙行，其中负责活牛和活羊交易的牙行各十人，每年大批量的集中交易从 6、7 月份开始，一直持续到来年的元月份，在此期间每天约有 200 多车牛羊活畜发往全国各地。

八坊集团机动车交易市场，位于八坊商贸集团院内，交易时间为每周六、周日的早晨十点到下午一点，参加交易的有各种旧的机动车，这些车辆主要来自临夏州范围内，也有一些从兰州、甘南河青海下来交易的车辆，每天交易的数量约有 30 到 40 辆，市场内有专门从事评车的牙行，这些牙行熟悉车况和市场行情，交易双方在牙行的促使下达成交易，牙行根据车辆和交易金额的不同收取相应的牙钱，市场交易办公室负责协议的签订并收取相应的服务费用。

浙临小商品批发市场，又称浙临商城，位于临夏八坊商业繁华地带的三道桥广场东南侧，是一家集日用百货、服装鞋帽、文化用品等批发销售为一体的大型商品批发市场，始建于 1985 年，先期有铺面 90 间。后来随着商贸流通业的不断发展，来自浙江义乌、东阳、温州，四川成都，甘肃甘谷县、秦安县、临潭县的客商和临夏市商户云集浙临商城，规模不断扩大，2001 年改扩建后，拥有商铺 250 多间。到 2004 年，个体经营户达 200 多户，经营的商品主要来自东部省区，批发到州内各县市及甘南、青海、四川、西藏等藏区。

临夏花卉超市，位于八坊聚居区之东，八坊回族有着养花草鱼鸟的传统，每一个家庭的四合院中都有种植各种花草的花圃，因此许多八坊回族商人也从事花卉生意，八坊早期的花市在八坊韩家寺街，主要经营花草鱼鸟，兼营书画古董，后来随着市场的不断发展，又在八坊之西的毛园村修起了专业的花卉市场，经营零售批发的商户近百余家，经营的花卉既有当地培育的品种，也有来自南方及全国其他地方的花卉品种，除满足八坊及全市的需求外，还销往临夏州内各地及甘南合作、夏河等地，成为一个大型的花卉专业批发市场。

除外向型的专业批发市场外，具有浓郁民族特色的临时性节日市场也是八坊回族依坊而市的一个重要体现。

斋月市场。斋月是回族穆斯林的传统节日，也是八坊回族一年中最为尊贵和吉庆的月份，每当斋月来临的前夕，在一些清真寺的周围，就会形成一些围寺而市的节日市场。斋月市场从开始到结束要持续一个多月，除了在一些规模较大的清真寺周围形成具有一定规模的市场外，在一些主要的街巷交汇处，也会形成方便居民的小市。规模较大的市场上有销售摊点几十家，这些临时性的市场主要为回族居民提供各类斋月食品和节日拜访的礼品，食品包括油香、麻花、油果子等各类油炸食品，甜麦子、凉粉、酿皮子等各色小吃，发子、面肠等熟肉制品，以及蔬菜、水果等。在斋月中八坊回族都有着亲属间开斋的习俗，尤其是在开斋节到来时，回族相互之间和汉族给回族开斋是一个传统的习惯，一到开斋节，各种礼品摊点布满大街小巷，满足节日拜访的礼品消费需求。

古尔邦节的牛羊牲市。古尔邦节，又称“宰牲节”，是八坊回族一年中一个重大的传统节日。按照回族的习俗，古尔邦节这一天，有能力的家庭会举行宰牲仪式。在过去，由于经济能力好的家庭少，所以在古尔邦节宰牛宰羊只有少数家庭进行，也没有形成大规模的市场，改革开放以来，随着八坊回族家庭收入的不断增多，宰牛宰羊的家庭也越来越多，形成了一定规模的需求，古尔邦节的牛羊市场也就随之出现了。尤其是近几年，节日市场规模越来越大。每当古尔邦节来临的时候，八坊回族聚居区内的几个主要街道以及周边，都会形成规模大小不等的几个临时性牛羊市场，这些市场只持续一个星期。出售牛羊者主要是来自周边郊县的农民，有回族也有汉族，也有一些郊县及甘南等藏区的回族，直接从藏区用大卡车运输牛羊到市场交易。购买者主要是八坊回族家庭和一些经营牛羊屠宰生意的八坊人，市场上除买卖双方外，还有负责交易的牙行，这些牙行全为八坊人，他们不是正规牛羊交易市场上具有执业资格的经纪人，而是一些拥有一定评牛羊经验的八坊回族，临时到市场上提供服务，以收取一定的服务费来补贴家用。

香摊市场。八坊信奉门宦拱北的回族穆斯林都有在节日或举行宗教仪式时点香的习俗，所以每当节日和重大宗教仪式举行时，在各个拱北门前都会出现临时香摊。在一些拱北比较集中的地方，则会形成几十个香摊组成的临时性市场。八坊回族聚居区的大拱北一带是拱北比较集中的地方，有大拱北、国拱北、台子拱北、古太爷拱北等四个拱北，每逢宗教节日来临或拱北举行宗教仪式时，这里便会形成临时性的香市。

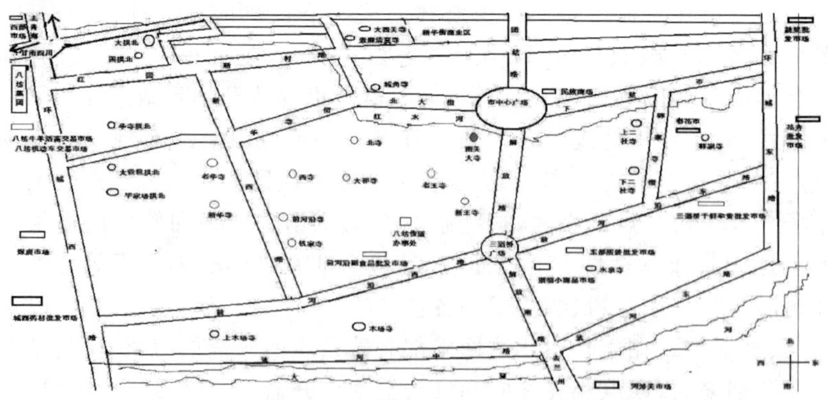

图 1 依坊而商、围坊而市的八坊回族聚居区

三、围坊而商的八坊回族聚集区经济

围坊而商的街居经济和依坊而商的贸易市场共同构成了八坊回族聚居区的经济形态，这种经济形态的形成，是回族特有的生计方式和社会文化模式共同形塑的结果。

"民族聚集区经济"与单纯的"民族经济"在概念上有质的区别。"民族聚集区经济"具有两个向度上的含义：一个是空间向度上的含义，特指民族经济商务活动和族裔人口在地理位置上的相对集中；另一个是社会向度上的含义，特指民族经济商务活动已经深深嵌入到族裔社区的社会结构之中，并与这个族裔社区的各个社会层面有着密切的联系和互动。[①] 城市回族社区是一个"民族经济聚集区"，其经济实际上是一个"民族聚集区经济"，"城市回族社区既是回族人娶妻生子、住家、从事宗教活动的生活区，又是置业谋生的工作区，生活、工作、谋生及社会关系、社会组织结构都紧密地嵌合在一起。"[②]正如经济人类学认为的那样，"经济作为保证人类生计的安排，是具体嵌入在社会关系之中的，处于宗教、政治等其他社会安排之下，是一种在人与环境的互动中设置的满足物质需求的过程，它强调文化和社会系统对个体选择的限定。"[③]个体或群体作为经济社会的成员，其对生产、交换、分配、消费的选择依然受社会和文化的限定。八坊回族聚居区是一个回族人口高度聚居的少数民族社区，其具有民族特色的经济深嵌于其社区结构之中，其生产、交换、分配和消费行为都深受其所处的自然环境、社会条件和文化系统的影响。在八坊回族社区的形成和发展过程中，其成员利用民族资源(传统的重商价值观、民族团结精神、民族特色文化)，利用处于青藏高原和黄土高原的交接地带、处于农耕经济和畜牧经济之间的有利地理生态环境，抓住了历史上丝绸之路、茶马互市重镇以及西部旱码头的有利时机，创造了经济上的发展，并在一定程度上拥有相对独立自主的民族聚集区特色经济结构。特别是 20 世纪 80 年代以来，八坊回族发挥善于经商的民族特质，积极投身于以商品经济为基础的市场

---

① 周敏，蔡国萱：《美国华文媒体的发展及其对华人社区的影响》，《社会学研究》2002 年第 5 期。

② 参见杨文炯著：《互动调适与重构》，北京：民族出版社，2007 年，第 580 页。

③ 庄孔韶主编：《人类学通论》，太原：山西教育出版社，2002 年，第 118 页。

经济发展中,使八坊回族聚居区从一个自给自足的、小型的附属性的民族传统经济社区变成为一个崭新的稳固的有凝聚力的民族经济聚集区。

民族聚集区经济模式包含着经济和文化这两种成分,"一定社会经济的发展,不仅仅是一种物质资源的变动关系,而且必然受到民族现存的、并不断演变着的特定文化价值标准的制约。"[①]与同处市区的汉族聚居区相比,八坊回族的民族和宗教传统(比如宗教信仰、饮食禁忌、经商传统、族内通婚、风俗习惯)使得回族在文化和宗教上,更重要的是在社会经济层面上形成了与汉族不同的特点。崇商重商以及清真生活方式传统成为八坊回族的生存策略,这种传统不仅具有经济价值,而且在他们保持民族认同和互动的过程中,边缘化的商业活动及其清真生活方式传统也成为重要的象征资本,民族传统文化及生活方式成为发展聚居区经济的资源和社会资本。在八坊回族聚居区形成和发展的过程中,八坊回族的特色经济行业和就业机会都是由民族文化资源提供的,清真生活方式所形成的消费习惯形成了聚集区内稳定而相对独立的清真产品加工业和清真饮食服务业等特色生产行业和消费市场,重商崇商民族传统,坚韧勤奋、大胆开拓、不畏艰险的民族性格,以及强烈的家庭责任感和民族认同感形成了对内和对外的商业流通网络。"民族传统文化与民族经济体现的互动关系更确切地说是一种共生的关系。经济利用了文化资源,反过来,民族经济的发展又强调了文化特征,本身也成为一种文化特征。"[②]民族文化决定并促进了民族经济的发展,形成了独具特色的民族经济,民族经济又成为民族文化的一个特质,成为民族文化表达的一种方式,同时为民族文化的传承和发扬提供了物质基础,形成了民族经济与民族文化间的良好互动。

社会资本,是通过社会网络和社会关系获得的资源,是八坊民族聚集区经济形成的社会基础。正如马克·格兰诺维托所论证的那样,经济行为是密切地依靠着前进中的社会关系结构的。[③] 这种观点认为,

---

① 陈庆德:《经济人类学》,北京:人民出版社,2001 年,第 480 页。

② 良警宇:《牛街:一个城市回族社区的变迁》,北京:中央民族大学出版,2006 年,第 34 页。

③ M. Granovetter 1985, "Economic Action and Social Structure" pp. 481-510,转引自周敏:《唐人街:深居社会经济潜质的华人社区》,北京:商务印书馆,1995 年,第 29 页。

作为个体的人,并非只关心自己,只会单纯地计算最大利润和最低成本。作为个体的人,还拥有一些不为他自己所控制的资源。[①] 这些资源就是,特定的社会关系,家庭关系,亲属网络,还有种种受感情、信任、承诺和其他文化价值观和道德标准约束的人际关系等等,这些构成该民族特有的一大笔社会资本。[②] 在民族聚集区内虽然物质资源和人才资本都有限,但是,只要有了这种社会资本,其群体成员就有了竞争的武器,可以为提高自己的社会经济地位而斗争。在民族聚集区,民族性代表着一种共同的生活方式、大致相同日常生活需求和人际关系社交圈子,通过家庭、亲属网和本民族的其他社会机构,群体的良好的文化共性促进了民族聚集区的经济发展。[③] 在八坊回族聚集区,以个体亲属网络构建的家庭和家族,以群体信仰网络为基础建立的"哲玛提"社会结构,形成了亲缘、地缘和信缘相互交织的社会关系,这种社会关系成为八坊回族重要的社会资本。在八坊,他们有着自己所熟悉的生活环境,可以保持他们自己的民族生活方式和他们所熟悉的生计方式,可以保障他们不受语言障碍,文化教育程度不足,对大社会的了解不够,以及生活习惯上的诸多不便等缺陷的困扰。他们可以通过家庭成员、亲属关系和本民族同胞,得到有关就业机会和商业信息的第一手资料,可以利用宗教社团(哲玛提)和家庭、亲属、族群关系取得经济资助、周转资金。因此,社会资本使八坊回族商人(企业家)和居民双方互惠互利。在八坊回族聚居区,家庭、家族既是聚居区内民族文化延续传承的重要单位,也是一种生计延续的方式和劳动组织形式。八坊回族的每一个经营单位,每一个经营个体,都是家庭关系、亲属网络等社会资本的集合体,家庭作坊和家族企业成为八坊回族从事生产经营和资源配置的重要单位,家庭经济和家族经济的发展为聚集区经济奠定了坚实的基础。

---

① A. Portes and L. E. Guarnizo 1991,"Tropical Capitalists."转引自周敏:《唐人街:深居社会经济潜质的华人社区》,北京:商务印书馆,1995年,第29页。

② J. S. Coleman 1988,"Social Capital in the Creation of Human; B. P. Wong1968, Patronage, Brokerage, Entrepreneurship, and the Chinese Community of New York, p. 115,转引自周敏:《唐人街:深居社会经济潜质的华人社区》,北京:商务印书馆,1995年,第29页。

③ 参见周敏:《唐人街:深居社会经济潜质的华人社区》,北京:商务印书馆,1995年,第19、21页。

文化资本和宗教资本是八坊回族聚集区经济形成的重要因素。文化资本是通过社会认同和相互认可而获得的资源。[①] 社会习俗作为一种文化现象,它的存在、传播和承递具有社会性,它是通过集体的约定俗成,逐渐定型于人们的社会生活中的,成为人们普遍认可并遵从的一种伦理和行为规范。八坊回族族群的社会习俗无论是衣、食、住、行等物质生活方面的风俗,还是属于宗教影响下仪式行为范畴的习俗,以及信仰主导下的观念范畴的习俗,作为一种社会文化现象,均既属于精神信仰范畴,又属于物质生活范畴。这种具有社会认同和相互认可的社会习俗文化形成了八坊回族从事经济活动的一种文化资本。宗教资本是由对一个特定宗教文化的掌握和依恋程度构成的。宗教资本由两大层面构成,大致可以分为为文化和情感。[②] 宗教资本是存在于社会中的一组信仰、规范,一种社会组织,人们能够借助于它们以获取相应的权力与资源、进行合法性的证明或构建意识形态。[③] 在八坊回族聚集区,一方面,回族居民有着虔诚的宗教信仰,并对自己民族的文化怀着深深的情感,正是这份虔诚和情感,使他们产生了巨大的精神动力,这极大地促进了聚集区经济的发展;另一方面,共同的宗教信仰和价值规范以及在此基础上形成的社会群体组织"哲玛提",是维系八坊族群社会演进的价值、精神纽带,人们可以借助它们获取相应的权利和资源。"哲玛提"这种凝聚力很强的社会群体组织,孕育出一种特殊的社会资本,它帮助八坊回族克服自身存在的障碍,为民族个体和家庭提供种种精神资源和物质资源,鼓励个体和家庭在不丧失民族性和凝聚力的情况下,在社会上奋斗、发展、寻求生计,为个体从事经济活动提供精神支持,并提高他们的社会经济地位。同时"哲玛提"通过其社会组织内个体成员间资源的再分配,使"哲玛提"成员之间进行资源的相互调剂,从而在"哲玛提"内部形成一种互惠的关系。

在八坊回族聚居区内,还形成了自己的民族劳动力市场,这种内部

---

① 林南:《社会资本——关于社会结构与行动的理论》,上海:上海人民出版社,2005 年,第 42 页注 3。

② [美]罗德尼·斯达克(Rodney Stark),罗杰尔·芬克(Roger Finke)著,杨凤岗译:《信仰的法则:解释宗教之人的方面》,北京:中国人民大学出版社,2004 年,第 150 页。

③ 参见李向平:《信仰、革命与权利秩序:中国宗教社会学研究》,上海:上海人民出版社,2006 年。

劳动力市场形成的就业优势，不仅有利于企业家，也同样有利于工人，工人们虽然工资低，但没有外出打工那么花费时间精力及面临就业竞争的压力，更重要的是(尤其是妇女)可以受到本民族文化和道德的约束与保护，工人们不至于在外出打工后出现文化遗失，无法保持信仰和文化的危险，减少文化的机会成本。由于文化认同导致的消费认同，八坊回族聚集(居)区内形成了独特的消费市场，主要是针对本民族成员的。在民族聚居区经济理论中，关键的命题是"民族聚居区为其成员开创许多发展机会，而这些机会不容易在大社会中得到，民族聚居区的劳务市场、金融市场和消费市场在一定程度上保护着民族群体成员"[①]"在民族聚居区内工作的人，变成个体经营老板的可能性大"[②]在八坊回族聚集区内，经营者不受其他社会群体竞争的影响，这也保护他们不致因民族身份而受到歧视，工人和企业家之间的矛盾，在很大程度上被共同的信仰和民族认同所调和。

民族聚集区经济，"既反映了大经济的一个侧面，又是一个按自己规律运动的二元经济结构。"[③]"受保护的行业与外向型行业之间相互作用，反复呈现内部消耗与再投资之间的辩证关系，这种关系对民族聚居区经济发展起着重要的作用"[④]八坊回族聚居区的经济也体现出这种二元性，这种二元经济结构由受保护的民族内向型特色行业和服务于大经济的外向型的商贸流通行业组成。受保护的民族内向型特色行业是具有民族特色的清真行业，诸如清真淋浴理发、清真餐饮以及清真食品加工行业，这种行业受到个体和群体由于宗教信仰等形成的价值生活观和国家民族政策的保护，这种行业有着自己民族内部的资金、劳动力和消费市场。由于受制于民族聚居区内的有限消费，规模都比较小，员工来源主要靠亲属关系和本民族内的社会关系。八坊回族聚居区内受保护的行业主要涉及两种经济活动：其一是生产和服务活动，为

---

① 参见周敏：《唐人街：深居社会经济潜质的华人社区》，北京：商务印书馆，1995 年，第 158 页。

② 参见周敏：《唐人街：深居社会经济潜质的华人社区》，北京：商务印书馆，1995 年，第 158 页。

③ 参见周敏：《唐人街：深居社会经济潜质的华人社区》，北京：商务印书馆，1995 年，第 132 页。

④ 参见周敏：《唐人街：深居社会经济潜质的华人社区》，北京：商务印书馆，1995 年，第 138 页。

民族聚居区居民生产本民族生活特需的产品，提供民族特需服务；其二是民族贸易行业，为名族聚居区居民提供民族日常生活所需要的一切商品，这种贸易活动特别明确是以建立民族聚居区内消费市场为目标的。八坊回族聚居区的外向型的商贸流通行业主要是指服务于藏区和汉族两大经济体之间的商业贸易，这个外向型行业处于整个国家的东西部经济循环体系之中，处在农牧贸易的市场流通和能量交换之中。在八坊回族，受保护的民族特色行业和外向型的商贸流通行业之间相互促进，一方面，受保护名族特色行业的资金在八坊回族聚居区内稳定地周转，并有效地防止聚居区经济资源的外流，另一方面，通过外向型流通行业得到的收入，不断提高着民族成员的购买力，同时，也为进一步投资于受保护的民族特色行业积累资金。这样的资金周转，不断地从外部社会流入民族金融市场，同时也使受保护的特色行业和外向型商业都能获得发展。

基于汉字文化符号论的祭祀礼仪“音乐”论

——以日本祭祀仪礼音乐、乐器为例

朱家骏

摘　要：本文基于独自的“汉字文化符号论”，对基于象形原理的有关音乐的古代文字进行探讨，并将其结果与对保留了古代文化形态的日本民俗祭祀仪礼音乐所做的田野调查结果相互印证，探讨了早期音乐、乐器的起源、本质与功能，以及音乐和宗教信仰的关系。在中国、日本等以农耕为基本生活样式的社会中，人类只能单方面地顺应自然和超自然的存在，只能向神灵祈祷以求得风调雨顺、五谷丰登，求得生命的延续和人类自身的繁衍。在这种时代和社会中，音乐、乐器都是服从于人类的这种生存本能，为了满足这种生存的需要而被用来召唤神灵、沟通神灵、取悦神灵的。可以说，这就是东亚汉字文化圈这一自然和文化环境中音乐的起源、本质、原始的功能和意义。

一、前　言

当今世界，人类学、文化人类学、民族音乐学或音乐人类学以及民俗学等邻近学科可以说是方兴未艾。在中国，自上个世纪末的改革开放以来，这些学科的迅速兴起和发展更是令人瞩目。但是，有关这些学科的理论、方法与中国传统文化、学术的关系，也就是说在中国如何引进这些学科的理论、方法等的问题，似乎至今尚未引起充分的注意和讨论。

本来，人类学、民族学、文化人类学等学科都是起源于西方、从西方的学问体系、学术传统中发展起来的。它们的发展曾经或多或少都与西方国家的殖民主义政策和历史有关，早先许多是伴随着殖民主义势力的扩张而以所谓“自然民族”、“无文字社会”等作为观察、研究对象而发展起来的。因此，这些学科的理论、方法，多数都存在着缺乏历史的观点，或者忽视对文献、文字的考虑等缺陷，原本就是不完全适合于像中国这样的所谓“高文化”研究的。尤其是与西方的表音文字性格迥异的汉字这一表记系统及其对于文化研究的重大意义，更是西方学者们所难以顾及甚或是他们意想不到的东西。

因此，当我们把这些源于西方的理论、方法运用于象中国、日本这样的高文化社会时，就必须考虑、顾及研究对象所固有的文化遗产，尤其要考虑到汉字文化圈这种特殊的文化背景，并在此基础上重新构筑、修订研究的理论框架。其中最为迫切而重要的工作之一，应该说就是如何重新审视作为东亚文化最大特征的汉字，并如何将其导入这些学科的理论框架之中。

汉字现在是世界上唯一被极为广泛使用的表意文字。其使用、以及字形的演变和推移，根据明确的文字资料来推算，至少也有三千五百年以上的历史。有人主张其原始的形态在约七千年前的出土文物上已能看到。由于它象形的、图像性的性格，(1)使它的传达能力远远超越了一般文字所具有的远距离传播性，以至于可以跨越异文化和不同语言障碍来进行传达；(2)通过对早期的象形文字的解读，可以使我们相当明确地了解到文字刚刚产生时期乃至在此之前的许多原始的文化形态，以及人们对于某一种文化事象或事物、概念的理解和认识，包括他们对于事物加以命名时亦即概念行为的过程中所显示出来的认知方式等；(3)它不仅是历史的、历时的研究所必不可少的资料，将这种解读的结果与通过田野调查所取得的数据相互印证，更能使我们在许多文化事象的起源、本质、功能等方面获得深刻而且准确可靠的理解。

为此，笔者根据自己的模索和思考尝试提出如下“汉字文化符号论”的粗略框架，以期抛砖引玉，就教于方家、同行。

二、汉字文化符号论概述

19 世纪的最后一年即 1899 年，发现了甲骨文，这是一种在公元前 17 世纪的商代用于占卜而刻于龟甲或牛的肩胛骨上的文字。甲骨文的发现不仅有力地推进了古文字学的研究，还极大地促进了中国古代史的研究，是研究中国古代社会、文化的宝贵资料。在商代，农耕生活有了很大的发展，物资的丰富为文化的繁荣提供了基础。这是一个信仰活动极为兴盛的时代，也是汉字作为文字开始进入实用阶段的时代，同时，也是青铜器文明兴起的时代。当时的青铜器上，很多都刻有铭文，与刻于石头上的文字一起并称为“金石文”。在那个时代，由于神权与政权、政治与祭祀尚未分离，文字、青铜器以及音乐大多用于与祭祀有关的活动。因此，当时人们的信仰、音乐等所有文化生活的状况、概念等都在由象形文字发展起来的早期文字中留下了确凿的记录。

汉字文化符号论最基本的观点就是把汉字、尤其是甲骨文等古代汉字作为记录了文化信息的符号体系来解读和考察，它本身包含着过程与方法两个部分。换言之，汉字文化符号论就是在对汉字的形成、形态、变化、以及字形与字音、字义的关系和特征等加以考察，对文字符号及其所表示的概念进行解读和分析的同时，对其文字和概念所表示的各种文化事象的起源、原始形态、本质、功能和特征等进行研究、探索的理论和方法。

提出汉字文化符号论的主要理由有这么几条：

第一，从字形形成的原理和方法、以及字形与字音、字义的关系来看，汉字与西方语言学、文字学的“文字”这一概念的区别较大，不可套用现有的西方语言学意义上的“文字”这一概念。

众所周知，文字符号与其他符号的区别就在于它与声音语言即言语的关系，在于它作为言语的书写方式这一基本特征。在拉丁文系统的言语和文字中，这种特征最为显著，文字基本上全是言语的视觉形态，是忠实地记录和再现了言语的工具。

而汉字尤其是早期的象形文字则是通过象征的手法来描绘事物的形象或表示抽象概念的视觉符号，其字形的成立基本上是与声音语言无关的。因此，将汉字与源于西方语言学、文字学中的“文字”等同起来，对其字形成立，或字形与字义的关系等，仅从西方起源的以声音语言为基础的语言学、文字学的角度和方法来研究是不合适的，还必须在继承传统训诂学的基础上，进一步从符号学以及文化学等的角度来加以考察和研究。

如果说，表音文字与言语的关系是侧重语音的、建立在听觉原理上的，那么，汉字与言语的关系则主要是侧重语义的、建立在视觉原理上的。比如，在圆的中心加上一点写作⊙，这就是日、是太阳，其字形是它所表示的事物的实际形态的描绘，它与人类对外部世界的最基本的观察、认识和表象的方法是一致的，但与读音却没有直接的关系。

如果我们承认文字符号本来就是作用于人的视觉来达到传达目的的媒介，那么，从这种观点出发，可以说基于象形原理的汉字才是名副其实的文字。而西方语言学概念中的“文字”则只不过是言语的附属品，而不是一种自律的符号系统。

总之，拉丁文系统的文字仅仅是拉丁语系统言语的二次性或次生性的符号，而汉字却是一次性、原发性的视觉符号，它从古自今始终保持着它的自律性和统一性，并没有因为被作为言语的视觉符号而放弃了它的象形和表意的原理和功能，也基本上没有因言语、语音的变化而改变它的字形以及自身的演化过程和发展方向。它是与迄今西方语言学、文字学中的“文字”概念不同的东西。因此，笔者认为把它称为“文化符号”还可以同通常所说的“文字”这一概念相区别。

第二，基于象形和表意原理的汉字，其传达方式与传达能力、及其所传达的信息的质和量，都大大超过一般文字的范围。

我们知道，与语言相比，文字符号具有远距离传达的性质。在时间上，通过书籍、文献等，古代的情报信息一直保留到现在，还将流传到将来；在空间上，也可以将这些情报信息通过邮件、书信、乃至现代的传真电子邮件或网络等媒介，发到任何具有接收条件的地方。尽管如此，与语言相同，文字通常也只能是在使用同一语言，拥有共同文化背景的人类群体中通用。

但是，汉字却显然能够跨越语言、文化乃至民族、人种的限制来进行传播。比如，上述“⊙”的字例，其字形尽管随着时代的推移不断地做出微小的变形，但是，不管在什么时代，甚至不管是什么语言文化背景的人，大都能够理解和接受其所表现的“日”的字义。

从空间的、文化的角度来看，中国现在拥有着约一千万平方公里的广大领土。在这片土地上生活的五十多个民族，多数都有自己的语言，甚至在同一个民族中，随着地域的不同，还有着种类繁多的方言。而中国自古以来却能够将这样广阔的地域和众多的民族、纷繁的语言和文化奇迹般地统一在一个中央集权政府的管辖之下，这在很大的程度上是得益于汉字这一符号体系的。朝廷或中央政府只要把文书、文件发到各个下属行政机构，不管当地通行何种语言，也不管当地用何种方言、读音来阅读它，都能够被接受和理解。只要在全国各地的城墙上贴上布告，皇帝的旨意、国家的政策等就能在全国得以迅速而准确地传播。这可以说是一个政权存在的基本条件。

基于同样的原理，汉字自古以来就在汉民族之外的许多其他民族和中国周边的广大地域传播和使用，直至现在，汉字仍然在日本、新加坡、朝鲜、东南亚各国以及遍布于其他世界各地的华人社会中得到广泛的使用，形成了各种不同层次的汉字文化圈。

从时间的、历史的观点来看，汉字从古至今保持着相同的体系，其中高度地凝缩了有关古代文化的大量情报信息。在中国几千年的漫长历史中，战乱和朝代的更迭以及民族群体的移动等非常频繁，但汉字却仍然保持着自己的体系，其初期的文字，许多到现在都还能被准确地解读。这对中华文化的记录、积累、发展和传播做出了不可估量的贡献。

文化人类学、民族音乐学研究的主要目的之一，就在于探索民族文化、音乐的本质与特征。为此，就必须尽可能地从民族文化的起源来寻求其纯粹、原始的形态。就这一点来说，汉字至少可以回溯到文字形成初期，这为我们提供了极其丰富多彩而准确的情报信息。因此，汉字这一符号体系同时也是有关中国文化的符号和象征的体系，是有关中国人对自然、社会和文化的认识与表现的体系。通过对甲骨文、金石文等古代文字的解读，对其象征性和意义的理解，我们可以获得许多有关古代自然环境、古代社会、古代人生活方式、以及包括古代祭祀仪礼、信仰活动在内的许多文化事项的起源、原始形态、本质、功能、形式等方面的情报信息，这就是汉字对于文化研究的重大意义。

第三，汉字虽然是以每一个字为单位的，但它的每一个偏旁冠脚等构成部分，大都是具有独立意义的符号，相对于拉丁系统文字中的音素，我们亦可以称之为文字素或意素。作为汉字整体之基础部分的早期象形文字，都是一些利用富于象征意义的线条或图形来对事物的形象进行模写或抽象的结果。所形成的字形，包括每一个偏旁、部首等构成部分，乃至每一根线条、每一个点大都表现了特定的事物，具有特定的意义。而且，每一个字、每一个符号不仅作为一个文字表现了事物的形态、名称、概念，还显示出人们对于该事物是如何认识、如何定义、又是如何来表示它们的一系列过程的，浓缩着有关客观世界和人类精神世界以及两者之间关系等的大量信息。因此，我们必须从符号论的观点出发，将所有的字素即这些构成文字的零件作为一个个独立的符号来研究，才有可能获得对每一个文字和汉字整体的、深刻的和正确的理解。①

---

① 朱家骏：《音楽への“漢字文化記号論”からのアプローチ — 東アジア祭祀儀礼音楽研究の場合》，(東洋音楽学会)《東洋音楽研究》1993 年第 58 号，第 57～65 页。

三、微观汉字“文化”符号论

下面,让我们以“文化”等字为例,具体地检验一下汉字文化符号论对于文化研究的意义,同时也探讨一下东亚或者汉字文化圈中“文化”的本质、意义和特征。

我们知道,西方所说的文化、也就是“culture”这个词源于拉丁文的“耕作”一词,原意为对土地的耕耘和对植物的栽培,而后逐渐引申为对人的身体和精神两方面的培养,进一步引申为加工或精炼事物之意,最后才被作为文化的意义来使用。在其根底里,包含有以人类的力量来对自然进行加工、乃至征服自然这样一种立足于人类主体性的指向,这可以说是西方文化的一个基本的性格和特征。

与此相对,汉字的“文化”一词本身是否也能表明或显示出东亚文化的某些本质或基本的指向呢?

“文化”一词,正如在日本江户时代末期曾作为年号来使用时所表明的那样,是日本在接触了近代西方文明以后,才开始作为“culture”一词的译文来使用的。但是,其原形却来自于中国的古籍,例如《周易·贲·彖辞》:“观乎人文,以化成天下”等,原本的意思是以文明和道德来教化人民的意思。

从甲骨文、金石文的字形来看,“文”字乃是人的象形,本来当是表示纹身即在人的身体上画上各种图形的意思。古代人在庆祝小孩出生或举行成人仪式乃至葬礼等人生仪礼时,似乎都有在其脸部、身上画上图纹以避邪或加以圣化的习惯。例如在小孩刚“产”下时,在其额头处用代表生命力的“朱”点一个红点,或者如同现今在日本仍然可以看到的那样在女孩的额头上写一个“小”字,在男孩的额头上写一个“大”字;亦或如许多自然民族举行成人仪式时,在青年男子的脸颊上画上三条红杠等,这些习俗的存在,从“产”、“颜”的旧体字的部首“产”的上部原来都是“文”字就可以得到佐证。“产”下部的“厂”为人的额头的象形,表示青年男子之义的“彦”字中的“彡”这一意素即表示画有漂亮的图纹,这一点可以“修”、“彩”、“彰”等具有相关意义的一系列文字为证。现今的简体字将“产”字上部简化为“立”字,笔画既不省而失其本源,实属缺乏考虑而“颜面尽失”之举。

在古代的字形中,还可见到在“文”字中加上一个心形的字形。大概是来源于在葬礼中用代表生命的“朱”的颜色涂在死者胸口,借以对尸体加以圣化，祈祷其再生的仪式吧。因此，古人亦称死去的祖先为“文考”。

另外，还有在“文”字中间即人的胸口加上一个“×”的字形。这个通常被称为叉号的符号，在中国古代经常出现在罪人住宅的大门上等地，表示查封的意思。在今天的日本，信封的封口上经常也加上这一符号，它所表示的封闭之意是显而易见的。

在文字中，这个符号还出现在表示人的胸部的“勹”中，如“匈”、“凶”等，这一系列的文字表明“×”是古人时常用于胸部的纹身图形。它所以具有封闭、禁锢之意，很可能是源于绳索捆绑的形状。古人将遭遇意外事故或被杀害等非正常死亡的情形称为凶死，在死者的胸口打上“×”的符号表示封闭，即将那些满怀怨恨的灵魂封闭于死者的尸体中，使其不会跑出来作祟。

诸如“×”之类的许多意素，都是一些具有独立意义的符号，其意义贯穿在以之作为构成要素的一系列文字中。要想正确地解读它们，我们除了有必要从文字学、符号学等的立场、观点出发来对之进行微观的考察外，还有必要从文化人类学、民族学、民俗学等文化研究学科的角度出发，将对文字所作的研究与田野调查的结果相互印证，才有可能正确而深刻地理解文字以及与之相关的事物或文化事项，这就是本文所提倡的汉字文化符号论的主要观点。

将这种对“文”字的考察所获得的信息与我们在文化人类学、民族学等的田野调查中可以普遍看到的文身习俗联系起来考虑，我们可以明确地认识到古代汉民族的先民也是存在文身习俗的。虽然在中国的古代文献中，经常以“断发文身”、“文身黥面”等来描写那些“蛮夷”民族，其实汉族人的祖先亦不能免俗。这对于我们认识中国古代文化、理解文明与野蛮的异同与本质等显然是大有裨益的。

“化”字的原型为“匕”，是人的曲体葬的象形，后来在对文字分类时又加上人字旁。所以，“匕”这个符号也存在于“死”、“葬”等字中。佛教称高僧去世为“迁化”，表示僧人改变了存在的形态，迁移到另外一个世界或回归自然，仍然保留着“化”字的原意。

图 1　绚丽多彩的“文”字世界

由此看来，原始意义上的“文化”所表示的就是在包括葬礼在内的人生经过仪礼，尤其是其中为了避邪、圣化而施行的纹身仪式。它寄托着人们对于永恒、再生的向往和愿望，对神灵和超自然力的敬畏和崇拜，这可以说它正是东亚文化的本质和基本特征。

其后，由纹身而逐渐派生出纹理、图纹、花纹，纹章进而衍生出文字、文辞、文章、文采乃至文化、文明等具有人文意义的概念；从纹身具有圣洁美丽的意思发展到如文王一词所表示的政治道德规范，天文、地文、水文等词[①]所表示的宇宙与自然的秩序、原理等。可以说这就是汉字中“文”的原意、基本性格和内涵。

同样出自人的象形字除了“文”和“人”字以外，还有以下的一系列字：把人的头上的部分强调一下，写得大一点就是“天”；“天”包容了宇宙和人类社会，被理所当然地认为是最“大”的东西，而且，“天”还是世界的本“元”。其中，“天”中有“人”，“人”中有“天”的所谓天人合一的思想倾向已然可见端倪。其后，这种思维成为贯穿古代中国思想、文学艺术乃至文化整体的一条主线也就不足为怪了。

总而言之，古汉字的“文”字凝缩了人类与自然、现世与彼岸、社会与文化的极为广泛的内容。它本身就好像是佛教的曼荼罗那样是一个宇宙的缩略图。从汉字文化符号论的观点出发，对“文”字及与之相关的一系列文字符号进行考察和解读，可以说是理解古代中国和汉字文化的捷径和关键所在。它为我们展示了一个绚丽多彩的“文”字世界，揭示了东亚文化或者说是汉字文化圈文化的本质和特征。

四、基于汉字文化符号论的“音乐”论

那么，如果我们从上述汉字文化符号论的视角来考察音乐的话，是否也同样有效？又会得出什么样的结论呢？

甲骨文、金石文等古代汉字中“音”字上部写作“[illegible]”即“辛”字，其原形是短剑、短刀或者针等细短的金属锐器。下部的“曰”多写作“[illegible]”，为类似盆状或碗状等的器物，这从古文字中器字写作“[illegible]、[illegible]”的形态上就可以看出来，“器”字原本是杀狗来祓除洁净祭器的象形。

---

① 朱家骏：《神霊の音づれ — 太鼓と鉦の祭祀儀礼音楽》，京都：思文阁出版，2001年，第24页。

按照日本汉学家白川静的说法，“曰”字原本是用来装入祭文、祷告词的祭器。[①] “曰”字中间的一横在古代文字中只是一点，表示有声音在发响，表示神喻之意。由此看来，它还是一种响器或者说是具有乐器的功能。也就是说，用短刀等细短的锐器对这种祭器的撞击及其音响，或者是由风等自然力或其他自然界的音响引起这种祭器的鸣响、共鸣，这就是“音”字所表现的内容。

“音”字所表现的仪式内容的目的在于召唤神灵亦即降神。“召”在古文字中写作[illegible]，表示神灵从天上降临到ㅂ，即用来招神的祭器之中。还有表示到来之意的“诣”字，其初文“旨”古文字写作[illegible]，与“召”字相比，ㅂ中多了代表音响的一点，表示神灵应其召唤而显现之意。[②]

类似的仪式在现代日本的民俗生活中经常可以看到。照片1是现代日本民俗生活中极为常见的一个画面。这家的主人跪在供奉着先人牌位的“佛檀”前，右手拿着一根约15厘米长的“铃棒”，正要敲击放在佛檀前的一个称为“铃”(rin，日语罗马字表记，下同)的高约10厘米、直径约15厘米的铜制碗状响器。在参拜祖先之前，先要敲一下这个铃，然后才合掌祈祷，这应该也是为了召唤祖灵来听取自己的祷告或享用供奉的行为吧。

古代中国和日本都是农耕民族，在科学技术水平低下的古代，农作物的丰歉几乎完全取决于适时、适量的降雨量。因此，使用ㅂ这种本身也是一种汲水容器的祭器来招神的巫术活动，早期主要是针对雷神的，也就是说是用来祈雨的。神字的原形“申”古文字写作[illegible]，是闪电的象形。[④] 对于古代中国、日本等农耕民族来说，神本来就是指掌管风雨、雷电、洪水、干旱等，并进而因影响作物的生长而直接、間接地支配人类生活的自然神。

灵字古代写作[illegible]。上部为天空和下雨的象形，下部摆放着几个ㅂ形的祭器，后来还在底下加上一个“巫”字，写作“靈”，展现出一幅巫师举行祈雨仪式的场景。[⑤] 结合上述对音、器等字的分析，可以认为灵字所

① 白川静:《中国古代の民俗》，东京:平凡社，1980年，第82-84页。

② 白川静:《中国古代の民俗》，东京:平凡社，1980年，第89页。

③ 朱家骏:《神霊の音づれ — 太鼓と鉦の祭祀儀礼音楽》，京都:思文阁出版，2001年，封2。

④ 白川静:《字統》东京:平凡社，1984年，第470页。

图 2 日本的"铃"[①]

描绘的就是巫师用刀剑等敲击ㅂ形的祭器,或者摇动铃之类的法器发出声音以模仿雨水落入ㅂ形祭器时的声音,藉此来召唤神灵;也可能还会同时施行将ㅂ形的盆或釜中的水洒向四方等祈雨仪式。文化人类学将这类巫术归类为模仿巫术,即用类似的事物、现象来促使同类事物、现象产生的巫术。当巫师的祈祷终于被神所接受而实现降雨时,这就是所谓灵验亦即神灵的显现。作为其仪式的主持者、执行者的巫女,就被认为具有与超自然的存在沟通的灵力,被称为灵媒。

值得说明的是,ㅂ在传统的训诂学研究中通常被认为是"口"字,但是,白川静考证这不是口,而是表示祭祀仪礼中用来装放祷告文辞的器物。这一解释,使得以ㅂ作为字素的一系列文字的意义获得了崭新的解释,使我们对音乐、乐器的原始形态及其起源、本质和功能等都有了深刻的认识,意义极为重大。

至于"乐"字,自古以来就存在着鼓的象形或在木板上绷上丝弦的弦乐器等解释。白川静根据甲骨文等研究,认为是左右缀有丝线装饰的小手铃,是巫师等使用的法器,是用来愉悦神灵的道具。[②]

就我个人来说,每当看到"乐"字的字形,就会想起如同照片 2 的日本神社的"向拜"(kôhai)[③]的情景。从神殿正面的屋檐下垂下一条很粗的绳子或各种布条绑成一束的"叶绪"(kanenoo),上面连接着一个很大的"铃"(rin)。最常见的是接近圆形的铃铛状的东西,也包括形状类似两个中国的锣扣在一起,中间还开了一条裂口的扁圆形的"鳄口"(waniguchi)。在参拜的时候,必须先甩动这条又粗又长的"叶绪",鸣响系于其上的"铃"或敲击、撞击挂在壁上的"鳄口"等,然后才开始祷告。这就是一种召唤神灵的仪式,其原理和功能与现代的电话或者门

① 白川静:《字統》,东京:平凡社,1984 年,第 900 页。

② 白川静:《字統》,东京:平凡社,1984 年,第 111 页。

③ 朱家骏:《神霊の音づれ — 太鼓と鉦の祭祀儀礼音楽》,京都:思文阁出版,2001 年,封 2。

铃等如出一辙。

当然，在远古时代并没有神殿，因此，类似的法器、响器只能挂在树上。这种情景正是早期乐（樂）字所描绘的景象。

图 3　日本神社的“向拜”

在日本，有一种称为“铜铎”（dôtaku）的祭器，形状比钟细长，横截面接近椭圆形，基本上不具备作为响器的功能，而只是作为一种祭器使用。将这种铜铎挂在树上的习俗一直保留到现在。据说在中国的云南省，现在也还能看到将铜铃等挂在树上的情景。古代文字证实这种习俗是由来已久的。在甲骨文、金文中，可以见到在被认为是神树的树枝上挂着很多这类法器的字形，令人不禁联想起日本的神树“榊”（sakaki）和西方的圣诞树，树木原本就是神灵寄寓之处。

在金石文中，还有一个[illegible]的字形即“某”字，也就是“谋”、“媒”的初文，表示在神树上挂着、系着很多ㅂ形的器具。谋为谋求神意的意思，媒即灵媒，是具有与神灵沟通能力的人。① 这些都是必须通过在神所寄寓的“木”即树上挂上装有祭文、咒语的ㅂ形法器来实现的。

在日本的各种祭祀仪礼音乐中，具有响器功能的法器里最常见的就是一种形状有点类似云锣的“钲”，以及铃、钟、鼓等，他们都具有降神、娱神的功能。欢喜的“喜”字，古文字上部为鼓的象形，下部就是上述的ㅂ，本意就是用鼓与锣或者日本的钲之类的乐器来乐神。《诗经》中说的“窈窕淑女，钟鼓乐之”，就体现了“喜”字的原意。鼓大概因其声音与雷声相近的缘故，在包括日本的祈雨仪礼在内的东亚的各种祭祀仪礼中乃至世界各地的祭祀仪礼中都是最为常用的一种乐器。

五、结　语

总之，从以上基于汉字文化符号论视角所作的概略考察，显然可以使我们进一步认识音乐、乐器的起源和原始形态，音乐的本质和功能，

---

① 白川静：《中国古代の民俗》，东京：平凡社，1980 年，第 89 页。

以及音乐与宗教信仰的关系,音乐文化与自然环境的关系。

宗教信仰与音乐是人类文化中最为普遍的、本质的事象,同时,音乐与宗教信仰还非常紧密地联系在一起。神灵现象、神灵本身与音响现象具有异常相近的性格,人类的宗教信仰活动也总是伴随着音乐行为的。两者都是人类的感情性、象征性行为,都以精神性和主观性作为其存在和活动的原理,都极其富于象征性和神秘性。其象征和意义的世界尽管也有音乐、宗教信仰各自独立的部分,但在许多场合中,两者却是紧密交织在一起的。

本来,在令自然民族或无文字社会的人们感到不可思议、恐怖、敬畏的超自然的存在、神灵现象之中,伴有声音的东西很多;如:风雨、雷鸣、地震、火山、海啸、松籁与山间的回声,汩汩流水声和鸟的鸣叫声。如果说,所有这些都是神的所为,或者说就是神灵本身的话,那么,这些音响现象就可以说是神灵显现的标志和象征,就是神灵的表象。

从视觉上无法确认的神不知从何方出现,也不知道消失于何方,于是,人类只能凭借这些伴随着神灵出现的声音从听觉上去判断和感悟。并进而发展到利用巫术的手段通过声音来召唤神灵、询问神意、取悦神灵、祈求神灵的佑护,乃至藉以送神、驱除恶灵。

在古代中国、日本等以农耕为基本生活样式的社会中,人类只能单方面地顺应自然和超自然的存在,只能向神灵祈祷以求得风调雨顺、五谷丰登,求得生命的延续和人类自身的繁衍。在这种时代和社会中,音乐、乐器都是服从于这种人类的生存本能,为了满足这种生存的需要而被用来召唤神灵、沟通神灵、取悦神灵的。可以说,这就是东亚汉字文化圈这一自然和文化环境中早期音乐、乐器的本质和功能。

参考文献

白川静:《中国古代の文化》,东京:平凡社,1979 年。

白川静:《字統》,东京:平凡社,1988 年。

白川静:《白川静著作集》,东京:平凡社,2000 年。

朱家骏:《音楽への“漢字文化記号論”からのアプローチ — 東アジア祭祀儀礼音楽研究の場合》(東洋音楽学会)《東洋音楽研究》1993 年第 58 号,第 57~65 页。

朱家骏《神霊の音づれ — 太鼓と鉦の祭祀儀礼音楽》,京都:思文阁出版,2001 年。

刍谈古汉字构形中"以三为多"的民族智慧之隐现

刘家军

摘　要:2000 多年前的先秦经典《易经》、《道德经》中就已总结出"三生万物"的大道。"三"在中国文化中是个大数、吉数,"以三为多、吉祥三宝"的智慧也隐含着文明的厚积,不仅体现在哲学、政治、经济、数学、文学、语言学中,还隐现在我们先人早初的古汉字构形中。在古汉字构形符号中类似"一分为三"、"三人为众"的现象是很广泛的,其中既有确指的含义,更有抽象的延展意义,同样也进一步印证了"以三为多"的汉民族智慧特色。

地有三宝水火风,人有三宝精气神。在中国,"三"是一个众所周知的吉祥数字,这主要是因为,"三人为众,三五成群,人多力量大","三"常常代表"多"的意思。老子在《道德经》第四十二章里讲到:"道生一,一生二,二生三,三生万物。"强调了至"三"就已能生成万物。汉代李陵在给苏武的诗中有这样的诗句:"嘉会难再遇,三载为千秋。"[1](P16) 惺惺相惜,这里的"三载"就承载起了绵延不尽的岁月。直至今天,仍有许多带有"三"的谚语或口头语在被广泛应用。比如,"事不过三"、"吉祥三宝"、"三顾茅庐"、"三头六臂,三心二意"、"三令五申,三番五次"、"三下五除二"、"一而再再而三"、"三人行必有我师"、"三个臭皮匠顶个诸葛亮"等等,不一而足。有时对一名在校学生的评价是"该生是德智体全面发展的三好学生","三好"也与全面发展联系在了一起。对于"三热爱"、"三鞠躬"、"三大纪律"、"三个代表"等相对严肃的术语,大家也都很熟知。"现实生活中的很多人和事也常跟'三'相关,很多人的命运或事物的发展,似乎都遵循这个规律。"[2]

一、"以三为多"的民族智慧概述

2006年春节联欢晚会上的阳光型歌曲《吉祥三宝》令人耳目一新，很快唱遍并红遍了大江南北，而歌词中反复重复的只是孩子关于"三数的好奇"与父母对"三数的回答"，语言显得非常简单，小孩不断好奇地发问，"爸爸、妈妈和我是什么？太阳、月亮和星星是什么？树木、花朵和果实是什么？"父母亲切地回答都是"吉祥三宝，永享吉祥"。两代人的对答配上舒缓美妙的旋律，给人一种非常和美的感觉，由"三宝"的组合到"永享"的吉祥是"由三到永"的预期与肯定，这显然已经不是一种简单的寓意。钱文忠先生在中央电视台《百家讲坛》上曾反复阐述《三字经》中以"三"为叙述的国人知识与智慧，国人以"三"来说明了人类的某种观念。雷圭元先生在《中国传统图案中美的格式》一文中说："三数同偶数一样为中国人民喜爱的'数'。在生活中以三来表示多数，一向是我国民族的习惯语，如'三星高照'、'岁寒三友'、'福寿三多'之类……"[3](P54)雷先生指出这是一种"美的格式"，但并没有对此做进一步的延展或解释。其实，"以三为多"的民族智慧表现在人们生活中的多个方面，简述如下：

(一)在哲学方面

中国的先秦哲学经典《易经》中八卦及六十四卦的卦形都是以"三爻"为基础的，以"三"为生数而推演卦象，表现万物生生化化之奥妙。[4](P91)其所彰显的不外乎天、地、人三才之道："《易》之为书也，广大悉备：有天道焉，有人道焉，有地道焉。兼三才而两之，故六。六者，非它也，三才之道也。"(《系辞下传》)"是以立天之道，曰阴与阳；立地之道，曰柔与刚；立人之道，曰仁与义。兼三才而两之，故《易》六画而成卦；分阴分阳，迭用柔刚，故《易》六位而成章。"(《说卦传》)《易传》透过卦爻符号的独特结构形式，将变易的法则演绎为天地人三才统一的宇宙图式，彰显出"生生不息"的宇宙本质。[5]汉代的思想家们也将"天"、"地"、"人"看成是宇宙之三才，而人是"三才"中最重要的中间环节，是上天的骄子，"是真善美三者的完美的统一"。[6](P7)厦门大学校徽中的三颗星代表的就是我国传统哲学中的"三才"，即所谓的"天然中之精神的、宇宙的、人类的"三大元素。[7]《道德经》第六十七章："我有三宝，持而保之：一曰慈，二曰俭，三曰不敢为天下先。"[4](P142)庄子在《齐物论》

中说:“天地与我并生,万物与我为一。既以为一矣,且得有言乎?既以谓之一矣,且得无言乎?一与言为二,二与一为三。”通过语言来诠释的“一”之言、“一”之知与“一”之在就构成了“三”的哲学范畴。[8]《中庸》中孔子也把华夏之强三分为“南方、北方、中方”,子曰:“南方之强与?北方之强与?抑而强与?……”[9](P3016)

道教、佛教、基督教中有“三位一体”的共同体现,比如道教的精、气、神;佛教的佛、法、僧;基督教的圣灵、圣父、圣子。其实,阴阳两极或辩证哲学中的正反两面在哲学的阐述中,都会最终加上一个“中”、“融”或“和”、“合”的方面,构成哲理上的三位一体。在太极图“☯”里,众所周知有黑白两色的阴阳两极紧紧圆融在一起,但我们也不难发现,阴阳两色里都还包含一个颜色相反的圆点,这就是“你中有我、我中有你”的“和”或“融”的第三部分。

(二)在政治学方面

在政治方面,与“三”有关的提法也不少,如,中国古代的“三省佐政”,孙中山先生的“三民主义”,西方政治中的“三权分立”,以及新时代的“三讲”,“三个代表”。

在政治派别上,也常分为“左翼”、“右翼”、“中间”三派。毛泽东曾有一句语录:“除了沙漠,凡是有人群的地方都分左中右。”用“三”来表示,并不仅仅是一种有意或巧合,必然含有潜在的智慧层面。这既是社会情感发展中的一种“约定俗成”,笔者认为这也是中国人语言文化形成过程中所包含的一种智慧特色。

(三)在经济、数学、文学语言等方面

在经济反面,除了买、卖外还有一个第三者——“看不见或看得见的手”,那就是市场经济规律。三个方面都是循环的关系,互相克制,没有绝对的强者。在数学或动力科学方面,三点成一面,三点构成了稳定性最强的一面,如象征华夏中国的九鼎也是“三足而立”。在文学方面,行文创作更为习见的是“三段式”,语句语法上也以主、谓、宾为总统摄,容易让读者感到条理和层次都很明朗。《三字经》的语言编排匠心独运,以“三”统筹。相声大师侯宝林先生强调《三国演义》在文学语言上多用“三”数来叙述。“三”字象针线一样将“三才”、“三光”、“三纲”串起

来。民间故事“三人成虎”①也颇有说服力。

(四)日常生活中关于三极的故事也很多

比如从过去抱朴子所讲的“蛇、青蛙、蜈蚣”的关系，到现在人们常玩的一种“石头、剪刀、布”游戏。民间传说中认为尧、舜有三眼所以很聪明，禹有三耳所以能兼听兼明。中国社会科学院的庞朴教授在2005年9月山东大学全国博士生学术论坛上做了《一分为三——民族智慧》的学术讲座，他说他一直在思考这个问题，他认为古人是用“参”字来表示三分。天，化生万物；地，养育万物；人是赞，起参赞的作用。形成“参赞化育，阴阳三和”。天、地、人三极，构成了整个宇宙的运动。梵文中的视觉符号“∴”，表示数量上的所以，也是事物的所以。有人认为“一分为三”，就是“一分为多”，庞朴教授认为超出正反两面的多出部分可以看作第三，可以概括为“一分为三”是一种民族智慧。

(五)“以三为多”的语言表述在先秦的典籍中就已非常习见

《论语》中孔子不厌其烦，用“三”来表述的语句就有几十处之多。比如，子曰：“父在，观其志；父没，观其行；三年无改于父之道，可谓孝矣。”三：约数，表示相当长的时间。[9](P3047)《公冶长第五》中“季文子三思而后行。”意思是“季文子办事情都是考虑了多次才实行”。[9](P3088)子能问曰：“令尹子文三仕为令尹，无喜色；三已之，无愠色。”意思是“楚国的令尹子文几次担任令尹这一职务，没有喜悦的表情；几次被免职，也没有怨怒的表情。”[9](P3087)《雍也第六》中孔子言：“回也，其心三月不违仁，其余则日月至焉而已矣。”孔子的意思是“颜回这个人，他的心可以长久地不离开仁德，其余的人只能在短时间做到仁德罢了。”[9](P3094)《述而第七》中“子在齐闻《韶》，三月不知肉味。”这里的三月，泛指长时间。意思是孔子在齐国，听到《韶》的乐曲，很长时间都不知道肉的味道。[9](P3108)《泰伯第八》中，子曰：“泰伯，其可谓至德也已矣。三以天下让，民无得而称焉。”意思是，孔子说：“泰伯可以说是品德最高尚的人了。他多次把天子的地位让给其弟季历，老百姓不知道用什么恰当的

---

① “三人成虎”的主要意旨：某甲从街上跑来，告诉某乙说大街上有一只老虎。某乙大笑，根本不信。又跑过来某丙，告诉某乙大街上有一只老虎，并且色泽斑斓。某乙将信将疑。又跑过来某丁，说大街上有一只老虎，张牙舞爪要吃人。某乙大惊失色，扔下背包行囊屁滚尿流地逃走了。

词来称赞他才好呢！”[9](P3116)《论语·乡党》：“色斯举矣，翔而后集，曰：‘山梁雌雉，时哉！时哉！’子路共之，三嗅而作。”“三嗅而作”指的是多次做着低头觅食和昂首挺胸的舞蹈动作。这里的“三”为副词，多次，反复，重复的意思。[10]

《左传·曹刿论战》中鲁庄公问曹刿为什么直到第三次才迎战齐师，曹刿有言：“一鼓作气，再而衰，三而竭，彼竭我盈，故克之。”清代《古文观止》的编著者吴楚材、吴调侯认为曹刿的所谓“三的战略”表现在“未战考君德，方战养士气，既战察敌情。”最终达到“步步精细，著著奇妙”[11]的境界，这是一种恰到好处的“以三为善”。

二、“以三为多”的民族智慧在古汉字构形中的隐现

文字是记录语言和思想的符号。既然在文献中大量包含了“以三为多”的哲理，汉字作为象形字，作为博大中华文化的重要代表，应该在造字之初，在文字的构形上也会体现出“用有限推演无限”，“以三为多”的智慧哲理，事实恰恰如此，这也成为人类思维或智慧的某些启示。不可否认古汉字字形中保存有一些与字义相关的“信息”，在断定字形相当于后世的什么字后，可以对字义的理解做出一些提示。[12](P232)古汉字构形符号中“以三为多”的现象同样非常常见。

首先，“以三为多”的哲理智慧在中国的古典书法理论中已有很多体现。

在中国目前可见的最早书法理论《非草书》中，赵壹已将书法的形象意义从三个哲学领域来评述书法的形象意义：“上非天象所垂，下非河洛所吐，中非圣人所造。”[13](P185)卫夫人在其《笔阵图》中说：“夫三端之妙，莫先乎用笔。”[14](P1)明朝季项穆的《书法雅言》认为文字乃天、地、王三者的造化：“河马负图，洛龟呈书，此天、地开文字也。羲画八卦，文列六爻，此圣王启文字也。”又将书法的形象万状也归结为三大类：“人之于书，……千形万状，不过曰中和，曰肥，曰瘦而已。”[14](P2)历代的书法作品中常会出现这样的问题：线条瘦硬的作品，总是显得枯燥无味；线条丰满的作品，却常常缺乏骨气，被人嗤为“墨猪”。因此古代的书法大家都在努力地解决这些问题。唐代的欧阳询努力使自己的作品瘦而不干；颜真卿则尽可能使自己的作品丰而不满。近代书法家弘一大师的作品讲究藏而不漏，这就是大师的书法精神，是大师坚持佛教“律宗”的哲学精神。[1](P25)这种精神就是尽量将“肥、瘦、中和”三者达致理想统

一体的和合把握与运作。

其次，早期古汉字在构形上也广泛体现出“以三为多”的含义。

追根溯源，我们首先看一下“三”字，甲骨文中的字形就是三道线形的“三”，是记数名。甲骨文从一至四，以积画为数，当出于古之算筹，甲金文均同，为指事字。[15](P32)这就是说甲骨文从一到四都是直接用“线条”的数量来表示数字的，实际在演变过程中就到“三”为止，“≡”的写法也确实出现过，但最终还是用“四”来代替了。因为先人在冥冥中就认为“三个线条”已经有“多”与“足”的含义了。所以“手”、“州”、“川”、“卅”、“王”、“玉”、“羊”、“全”、“奏”、“参”等许多字，有三横或三竖就够了，在文字的构形上一般不超过“三”，体现出“以三为多”、“至三为善”的构形特征及思想。现从人文、地理、天文等方面列举部分代表性的字例如下：

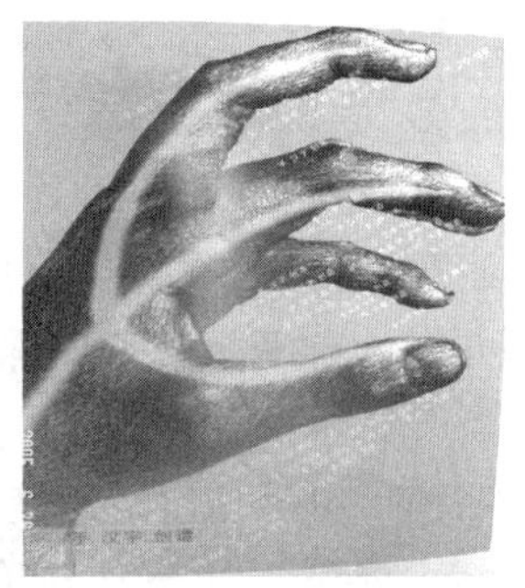

“止”字，甲骨文的字形为“[illegible]”或“[illegible]”，象简化之足形。[15](P125)虽然正常人的每支足都该有五个趾头，但古人在造字时还是用“三个趾头”来表示全部。“手”字也类同，甲骨文中分别用“左”和“又”或“右”来表示“手”的字形，“左”即“左手”，甲骨文的字形是“[illegible]”，“又”的字形为“[illegible]”，也象右手之形。《说文》：“又，手也，象形。三指者，手之列多略不过三也。”甲骨文的“又”即“右”的初文，用三指代表右手，因古人皆以三表多。[16](P238)左右手形方向一般无区别，只有左右并称时才左右手形方向相反，表示两手相拱的“共”字就是将左右手的各三个手指相对，甲骨字文的形为“[illegible]”。“手”的造字视觉形象参看右图。[3](P196)“爪”字也完全类似，甲骨文字形为“[illegible]”或“[illegible]”，像朝下的手形。

“眉”字的甲骨文字形为“[illegible]”，象目上之眉。《说文》：“目上毛也。”也用目上的“三毛”来表示细密的眉毛，整个“眉”字已经有眉清目秀之感。再如“须”字，甲骨文字形为“[illegible]”、“[illegible]”或“[illegible]”，像颐下毛。[17](P93)也是用“三须”来表示大胡子。“笔”字，甲骨文字形为“[illegible]”，像用“三指”右手握“三毛”毫笔。还有“齿”字，甲骨文字形为“[illegible]”，上下两合的牙齿各用三颗来表示。

大汶口文化陶器上的陶符“[illegible]”，最早发现于山东莒县凌阳河距今约4500年前大汶口文化遗址的陶尊外壁上，该符号被很多文字专家当作是甲骨文之前的“文字”来看待。唐兰、李学勤等将此符号释为“炅”

字,[18]表示正在燃烧的大火,如果确为此意,则也是用火焰的三个火苗来表示燃烧的大火,跟后来出现的"火"字完全类似。火的甲骨文字形为"[illegible]"或"[illegible]"[19](P504),像火焰之形,也是截取了火焰中的三个焰角来表示整体的火。再如"光"字,甲骨文字形为"[illegible]",《说文》:"光,明也。从火在人上,光明意也。"是由人顶着三个正在燃烧的火焰,"以三为多"来表示抽象的光明意。

"川"字,甲骨文多写作"[illegible]",象两岸间水流之形,"川"与"水"字起初应为一字,后世意义渐有分化,而其形乃为《说文》篆文所本。"泉"字,甲骨文的字形为"[illegible]"。《说文》:"泉,水源也。象水流出成川形。"川"与"泉"中的川流不息的水流都用象征性的"三小段"来表示,这也正如我们现在常将水作为偏旁的水说成"三点水"。"山"字,也是典型的象形字,其本意是高大的山。《说文解字·山部》:"山……有石而高。"甲骨文中"山"的字形是"[illegible]",只截取群峰中的三座山峰来表示大山、高山。金文的"山"字保持了与甲骨文相同的形体,古人后来为了书写的方便将小篆的山峰线条化,但三个山峰仍然保持。而比山小的"丘"字,本义是指小土山或小土堆,《说文解字·丘部》:"丘,土之高也,非人所为。"甲骨文"丘"的字形为"[illegible]"或"[illegible]",是截取了两部分小山来表示。说明数字"二"还不能象征"多"、"大"之意。总之,两个山形就是"丘",表示小土堆,三个山形就是"山",表示有规模的高山。这也正如两个木表示"林",是小规模的树林,而三个木就表示"森",是大片的森林了。[20](P161)

"星",甲骨文作"[illegible]"或"[illegible]",东巴象形文作"[illegible]",形状都近似。"晶"在甲骨文里作"[illegible]"、"[illegible]"等形,本是"星"的象物字。"星"看起来比"日"、"月"小,而且日、月都只有一个,"星"则有很多个,所以古人多用三个较小的"0"来表示"星",后来出现加注"生"声的"星",这里甲骨文里已经出现,只好把"0"的排列做了调整,作"[illegible]"、"[illegible]"等形。"晶"后来成了专门用来表示"星"的一个同源词——形容星光的"晶"。

"卉"字,旧字形作"[illegible]",是由三个单体的"屮"(草)组成,《说文》认为"卉"指"草之总名也",系会意字。[21](P59)《诗经·小雅·四月》:"秋日凄凄,百卉俱腓。""卉"也指草的总称。[22](P158)唐兰认为,"晶"、"卉"、"森"等这些由三个"单体意形"构成的字都是重体象意字。[23](P23)

"众"字,甲骨文字形为"[illegible]",从三人形,《说文》:"众,多也。"三人为"众",表示人多的意思。类似的"品"字,众庶也,从三口。从许慎之说,品为众口品评事物。徐中舒《甲骨文字典》:"品字所从之口,乃表示器皿,从三口者,象以多种祭物实于皿中以献神,故有翻庶众多之义。”部属二字,“嚚,多言也。”“喿,鸟群鸣也。”[16](P231)如此,则“众庶”之说似为引申义。还有“皛”字,篆文作“皛”。《说文解字》:“皛,显也。从三白。”“磊”字,《说文解字》:“磊,众石也,从三石。”[24](P85)“毳”字,指鸟兽的细毛,细毛难以计数,金文作“毳”。《说文解字》:“毳,兽细毛也。从三毛。”“集”的一个早期异体字为“雧”,金文作“雧”,像三只鸟停落在树木上,会意群鸟飞“集”树上。“舞”的一个异体字为“𠈌”,是用“三人组合”来会意群体的翩翩起舞,显然有的异体是比通常写法更为象形的原始形态。[12](P51)这也应该是由于文字在应用中受“以三为多”意识的影响所致。

五行中的“金、木、水、火、土”都可以由其本身三个单体叠加构成新字,皆含有“量多”的涵义。“淼”、“鑫”、“犇”、“蕊”、“荔”、“緦”、“协”、“森”等字也常作为取名的用字,主要看中的也是其有“多”或“善”的含义。如大科学家钱学森,排球明星赵蕊蕊等。赵蕊蕊的父亲赵怀富喜欢“蕊”字的理由是:“蕊”字有三个“心”,而“蕊”是花之心,最可贵之物,冀望女儿有信心、有雄心、有上进心。[25]还有人叫刘蕊荔,显然是取其字面构形显现出的“齐心协力”之寓意。

三个单体叠加也常隐含着一种会意的“量够”之意,归根结底也是一种“量多”意的引申。“鱻”是“鲜”的古字,《说文》中也认为“鲜”的本字是“鱻”。[26](P235)鱼的味道是鲜美的,用三鱼就会意成鲜美的“鲜”字。现在用的由“鱼”和“羊”构成的“鲜”字是后来新造的,有一种说法是古代攀枝花地区彝族先人的发明,他们用生羊皮包成锅来煮羊肉,煮成的汤味道特别鲜美。由三个“虫”构成的“蟲”,本意表示大虫。由三个“鹿”构成的“麤”,据《说文》,本义是“行超远”。古书中“麤”是“粗”的异体字,用三个鹿表示超出之意。《春秋繁露·俞序》“是亦始于麤粗,终于精微”。“𪋻”与“麤”字形相近,是后来“塵”、“尘”的本字,《说文》把“尘”字篆文分析为“从麤从土”。依字形看从三“鹿”从“土”,表示众鹿奔跑扬起尘土。[26](P165)由三个牛叠形构成的“犇”字,是“奔”的异体字,三个牛表示跑得快。再如,“㴇”,水流动的声音。“焱”,火焰。“桑”,茂盛。“矗”,直立高耸,如矗立,高矗。三个三角状“△”表示“齐”字,会意植物茂盛状。“玉”字和“朋”字,其甲骨文字形常为“丰”或“拜”,都用三个连在一起的物体来表示串状的“玉”或“贝”。显然都是用有限的“三数”来表示引申意的“多”。

“水”字,甲骨文常见字形为“巛”、“巛”或“巛”。《说文》:“水,象众水并流，中有微阳之气也。”甲骨文中“水”字字形繁省不一，但字形中多包含数字的“三”意。目前发现“雨”字的最早写法是甲骨文的“⿱”或“⿱”，也是用三竖来表示茫茫苍穹，其下又用三个雨点来表示漫天的雨，“雹”字也完全类似，甲骨文字形为“⿱”；“气”字，甲骨文字形为“三”，本是水已流尽之意，先人已经知道水流干了就成了气，小篆伪作“气”，借为云气之气。[15](P38) 汉字发展过程中还把“彡”当作一种表示文饰、花纹一类意思的偏旁，比如“影”、“彤”、“形”、“须”等。在纳西文里，“彡”的形状也是用来指示空气的流动之意的，既代表“风”这个词，又代表“春季”这个词，似乎也有用“三”来表示泛指的“多”，这种引申的方法显然与古汉字有一些类似的方面。

“小”字，本身就是大和多的反意，它的甲骨文字形为“小”或“小”，以散落细微之点表示微小，《说文》：“小，物之微也。”用“三小点”来代表另一种“多”的抽象含义。“劦”字，甲骨文作“劦”或“劦”，“力”字本象原始农具之耒形，从三力是会合力之意。《说文》：“劦，同力也。”《山海经》曰：“惟号之山，其风若劦。”其他类属的字像勰、脅、脇、拹、恊、協等皆取其引申意。“网”字，甲骨文字形为“网”，象网形。《说文》：“网，庖羲所结绳，以渔。下象网交文。”密密的“网交文”也干脆用“三”的叠加来示意。

战国时燕国还出现“㕛”姓的玺印[27](印2883-2889)（图 1），其实自周朝起就有“文”姓。《风俗通·姓氏》云：“周文王之孙，以谥为氏。”此姓由单个文到三个“文”，这就反映了一种家族崇文的美好期求。古人讲究的“齐家”就是希望自己能“读书为高”、“文武双全”。

图 1　玺印

另外，“三”在文字构形中有时也表示另一种反面的抽象含义，比如由三女组成的“姦”，并不是表示有众多女子，而是“邪私”之意。这是因为古人很早就有歧视妇女的思想，认为三个女人一台戏，女子聚在一起会干坏事。“姦”字在古汉语中就训为邪恶之意。到了后代，“姦”也常写为“奸”字。[28](P176)“羴”是膻的本字，“羶”及后来的“羶”、“膻”都是“羴”的异体字，表示羊肉的膻气气味。[26](P207)“羴”显然并不是一种好闻的味道，但社会上却也有人用“羴”这个字形来妆点门面，祈望多一点“三羊开泰”的吉祥意，这就闹出了笑话，属于文字知识缺乏、望文生义的曲解。

“三”也有指“三数的确指”或者“多”的一种反意描绘，比如三三两两，“天无三日晴，地无三里平，人无三两银。”描写的是过去贵州的贫瘠面貌。[29](P37) 因此“三”能象征 “够程度”的意义。

总之，“以三为多”可以说是汉民族的一种智慧体现，既有求简实用的目的，又包含有对向延伸的“以三为善”、“一分为三”等哲理智慧。而汉字是中华文化最重要的标志之一，汉字构形中同样有“一分为三”、“以三为多”的智慧隐现，这更加印证了人类对双向延伸“度的把握”的重视，能启发人们对“适可而止”、“和而不同”、“中庸之道”等思想的进一步理解。作为最后的总结，可以引用汉代董仲舒对“王”字的解释法，“三者，天、地、人也，而参通之者王也。古之造文者，三画而连其中谓之王。”[16](P258)《经发·六分》中也言：“王天下者之道有天焉，有人焉，又地焉。”[26](P240) 说文大家许慎也对此表示认可，即天、地、人互相推演，生生不息，寓意了一种“三生万物”的有中华文化特色的民族智慧。

参考文献

[1]宗鸣安：《汉代文字考释与欣赏》，西安：陕西人民美术出版社，2004 年。

[2]麦子：《书中有法写传奇》，《海峡导报》2006 年 5 月 19 日。

[3]王国伦：《汉字之光》，北京：清华大学出版社，2003 年。

[4]清宁子：《老子道德经通解》，福州：海风出版社，1997 年。

[5]杨庆中：《论〈易传〉中的“道”》，《中国哲学史》2005 年第 4 期。

[6]金春峰：《汉代思想史》，北京：中国社会科学出版社，1987 年。

[7]厦门大学：《校徽》，《厦门大学报》2005 年 9 月 15 日。

[8]陈清春：《庄子“吾丧我”的现代诠释》，《中国哲学史》2005 年第 4 期。

[9]丰连根、葛培岭：《五经四书全译本》，郑州：中州古籍出版社，2000 年。

[10]黄红宇：《〈论语〉“色斯举”章释读》，《中国哲学史》2005 年第 4 期。

[11]楚欣：《读〈曹刿论战〉》，《炎黄纵横》2005 年第 12 期。

[12]刘钊：《古汉字构形学》，福州：福建人民出版社，2006 年。

[13]陆锡兴：《急就集》，北京：中国社会科学出版社，2001 年。

[14]白砥：《书法空间论》，北京：荣宝斋出版社，2005 年。

[15]徐中舒：《甲骨文字典》，成都：四川辞书出版社，1988 年。

[16]班吉庆:《汉字学纲要》,南京:江苏古籍出版社,2001 年。

[17]启功、贾书晟:《汉字书法通解·甲骨文》,北京:文物出版社,2005 年。

[18]李学勤:《从大汶口文化的陶器文字看我国最早文字的年代》,《光明日报》1977 年 7 月 14 日。

[19]高明:《古汉字类编》,北京:中华书局,1980 年。

[20]吴东平:《汉字文化趣释》,武汉:湖北人民出版社,2001 年。

[21]厉兵:《汉字字形研究》,北京:商务印书馆,2004 年。

[22]王力、林焘:《古汉语常用字字典》,北京:商务印书馆,2005 年。

[23]唐兰:《中国文字学》,上海:上海古籍出版社,2005 年。

[24]王辉:《汉字的起源及其演变》,西安:陕西人民出版社,1993 年。

[25]综合,南方网,2003 年 11 月 6 日,12:08:15。

[26]裘锡圭:《文字学概要》,北京:商务印书馆,1988 年。

[27]罗福颐:《古玺汇编》,北京:北京文物出版社,1981 年。

[28]王力、林焘:《古汉语常用字字典》,北京:商务印书馆,2005 年。

[29]柏杨:《中国人史纲》,北京:同心出版社,2005 年。

穿越时空的经典

——《诗经》文化的传统与现代

林　琦

摘　要:《诗经》蕴藏着极为丰富的文献资源,是一部了解春秋时代社会生活的百科全书,更是一部展示古人情感生活的文化宝库。几千年来,它不仅一直是后人窥探祖先婚恋生活的一面镜子,更以一种活态的文化传承方式,穿越岁月的长河,影响着人们情感语言的表达、婚恋生活的习俗乃至其他的方方面面。本文通过探讨《诗经》婚恋诗在词语语句、婚恋习俗及民歌风格等方面的文化传承及影响,来重新认识《诗经》于当今时代的意义。

一、引　言

《诗经》,一颗璀璨靓丽的东方明珠。《诗经》蕴藏着极为丰富的文献资源,是一部了解春秋时代社会生活的百科全书,更是一部展示古人情感生活的文化宝库。

使用着简陋的生产工具,守着一方水土,周而复始地重复着日出而作,日落而息的田猎农耕生活的是《诗经》时代的先民。而现代人无论在物质生活上还是在精神生活上都享受着前所未有的丰富。人类的生存环境变了,生活质量变了。经过纵横三千年的悠悠岁月,人类对情感的诠释方式是否也古今不同了呢?人们的婚恋习俗是否也今昔相异了呢?走进《诗经》去感受感受先人的情感世界,再回头看看身边的现代人,我们就会发现其实有着不少惊人的相似之处。《诗经》不仅是后人窥探祖先婚恋生活的一面镜子,它更以一种活态的文化传承方式,穿越岁月的长河,影响着人们情感语言的表达、婚恋生活的习俗乃至其他的方方面面。

人的一生大致都要经历恋爱—结婚—生儿育女的"婚恋"过程。反映这一内容的诗歌在《诗经》中占了相当的数量，我们姑且称它们为婚恋诗。《诗经》能够经历几千年的风风雨雨流传至今，成为中国乃至世界的文学瑰宝，可见其具有不可磨灭的价值和深远的影响。但《诗经》影响之深、之广，绝非一篇小论所能全面涵括。所以，本文仅通过探讨《诗经》婚恋诗在词语语句、婚恋习俗及民歌风格等方面的文化传承及影响，来审度《诗经》在世人心目中的分量，重新认识《诗经》于当今时代的意义。

二、《诗经》的语言艺术：源头活水的影响

论及《诗经》对现代人的影响，首先不容忽视的就是早已融入日常生活并成为随口而出的口语的源自《诗经》的语句。早在春秋时代，《诗经》就被当作学习语言的教科书，到了汉代成为儒家经典后更是童蒙必习，文人学士尤视之为文学创作的标尺。《诗经》的许多词汇和诗句就这样渐渐地为人们所运用和传播。不仅如此，还从中衍生出了大量的新生词汇和成语，大大地丰富了汉语的词汇。有识之士自不必言，就连平民百姓，虽不一定能完整地吟出《诗经》的多少篇章，但却在日常生活中自觉或不自觉地运用着源自《诗经》的词语、成语或诗句。其中与男女的婚恋、情感相关的词语，更使我们的情感表达显得古雅而多彩。

(一)词语

先秦的很多词语由于《诗经》的巨大影响而得以保存和传播，广泛应用于文学语言乃至日常生活中，流传至今。其中有些词语还在应用过程中派生出新的词义。另外，由不同诗句中的字词组合出的新复合词，或模仿《诗经》里的词创造出的新词，也都可视为《诗经》对后世产生影响的一种表现。现将这几种情况一并举例如下。

依依：出自《小雅·采薇》的"昔我往矣，杨柳依依。"形象地描写出了杨柳婀娜摇曳的姿态，成为妇孺皆知的咏杨柳的习语。如"隋皇堤畔依依在，曾惹当时歌吹声。"(慕幽，《柳》)，又如"感春柳之依依"(伍缉之，《柳花赋》)等。在应用的过程中其词义还得到了发展，被用来描写缥缈轻盈的烟。如"暧暧远人树，依依墟里烟"(陶渊明，《归田园居》)。又用于描写感情，形容依恋不舍的样子，而且成为几个词义中最为常用的一个，形成"依依惜别"、"依依不舍"、"往事依依"、"离情依依"等成语

或惯用词语。后人把折柳与送别相联系，最早便是源于这句诗。因为“柳”与“留”谐音，柔软低垂的杨柳恰好可以表达出对亲人，朋友的恋恋不舍之情，情即为柳，柳即为情遂成定式，民间从此形成了亲朋好友惜别时折柳相赠的习俗。

琴瑟：出自《周南·关雎》“窈窕淑女，琴瑟友之。”和《小雅·常棣》“妻子好合，如鼓瑟琴。”琴和瑟本来是两种乐器的名称，后来成为复合词，代指夫妇。并由此发展出“琴瑟之好”、“琴瑟调和”、“和如琴瑟”、“琴瑟和鸣”等成语，比喻夫妻间感情和谐，相亲相爱。

盼倩：“盼倩”一词是由《卫风·硕人》的“巧笑倩兮，美目盼兮。”这两句诗各取一字组成的复合词。在诗中的原意，“倩”为口颊好看，“盼”为眼睛黑白分明。形容女子的美丽多姿。

蛾脸：仿照“蛾眉”创造的新词，都是形容女子漂亮的脸。“蛾眉”出自《卫风·硕人》“螓首蛾眉，巧笑倩兮。”螓是小蝉，“螓首”形容额头广方。蛾是蚕蛾，“蛾眉”形容眉毛细长。

（二）成语

汉语中有成千上万意思丰富多彩的成语。成语以四字格居多，而《诗经》的主要句式正是四字句，不少形象生动的诗句在长年累月的运用中渐渐变成为人们熟知的成语。

1. 直接出自原有诗句的成语

窈窕淑女：出自《周南·关雎》“窈窕淑女，君子好逑。”指美好的女子。

君子好逑：出自《周南·关雎》“窈窕淑女，君子好逑。”原指君子的佳偶。现指男子追求佳偶。

寤寐求之：出自《周南·关雎》“窈窕淑女，寤寐求之。”原来指梦寐中也在追求其所思念的人。后扩展到形容迫切期望着、追求着某种事物。并由此发展出新的成语“梦寐以求”。

信誓旦旦：出自《卫风·氓》“言笑宴宴，信誓旦旦。”意为誓言说得真实可信。

邂逅相遇：出自《郑风·野有蔓草》“邂逅相遇，适我愿兮。”指无意中相遇。

辗转反侧：出自《周南·关雎》“悠哉悠哉，辗转反侧。”形容男子得不到所追求女子的那种焦急不安的心情，生动地描绘出男子因相思之苦，翻来覆去睡不着觉的情形。后来也用于表现由于各种不同的原因，心里有事而不能安睡的情况。

忧心忡忡：出自《召南·草虫》“未见君子，忧心忡忡。”原指因思念心上人而忧愁不安，后泛指心事重重，非常忧愁。

及尔偕老：出自《卫风·氓》“及尔偕老，老使我怨。”原为弃妇诉说原夫负心，后反用其意，用来形容夫妻相亲相爱，相伴到老。并由此创造出新的成语“白头偕老”，用作庆贺新婚之辞。

天作之合：出自《大雅·大明》“文王初载，天作之合。”意为仿佛是上天给予，完美地配合在一起。后用来表示对新婚夫妇的祝愿。

2. 对原有诗句进行改造的成语

A. 或变换原有诗句的词语顺序。如：

新婚宴尔：出自《邶风·谷风》“宴尔新婚，如兄如弟。”形容新婚的欢乐。原意是弃妇诉说原夫再娶与新欢作乐，后反用其意，用作庆贺新婚之辞。原意安乐的“宴尔”成了新婚的代称。

蛾眉螓首：出自《卫风·硕人》“螓首蛾眉，巧笑倩兮。”形容女子容貌美丽。（参照上文）

B. 或变换或去掉个别字将其精简成四字成语。如：

之死靡他：出自《鄘风·柏舟》“之死矢靡它。”表示对爱情坚定不贰，至死不变。

C. 或把几个诗句的意思概括组合成四字成语。如：

一日三秋：出自《王风·采葛》“一日不见，如三秋兮。”意思是一天不见面，就像过了三个季度那样漫长。比喻分别时间虽短，感觉却很漫长。形容思念殷切，用于描绘相思之苦。

采兰赠药：出自《郑风·溱洧》“士与女，方秉蕑兮。”“维士与女，伊其相谑，赠之以芍药。”蕑即兰，芍药即药，都是用于祓禊的香草。比喻男女互赠礼物，表示相爱。

（三）《诗经》语言在命名上的应用

直接或间接源于《诗经》的词语、成语不仅大大地丰富了口头语言的表达，还在人们的命名、文学创作等其他方面得到广泛的应用。俗话说“赐子千金，不如教子一艺；教子一艺，不如赐子好名。”又说“不怕生错命，就怕起错名。”自古人们就非常重视命名。姓名不仅是体现一个人文化层次、背景等的身份符号，而且还可能影响一生的事业、婚姻、健康、学业和人际关系。有着《诗经》情结的人结婚生子时，喜欢从《诗经》中择字起个靓丽的、寓意美好的好名子，寄托对爱情结晶未来事业有成、生活美满等不同角度的殷殷期望。这正反映了人们对《诗经》中美好的这种不变情怀。从社会名流到平民百姓，古今不乏精彩的范例。

清朝考据家王引之的名字出自《小雅·楚茨》的“子子孙孙，勿替引之。”寓意子孙后代繁衍不绝。诗学专家唐圭璋的名字出自《大雅·卷阿》的“颙颙卬卬，如圭如璋，令闻令望。”寓意人格如珍贵玉器般高尚。现代的如秦邦宪的名字出自《小雅·六月》的“文武吉甫，万邦为宪。”寓意成为国家的栋梁之材。胡乔木的名字出自《小雅·伐木》的“出自幽谷，迁于乔木。”寓意人格犹如树木般高大。张闻天的名字出自《小雅·鹤鸣》的“鹤鸣于九皋，声闻于天。”寓意声名远播。还有晚唐文学家陆龟蒙、北宋词人周邦彦、才女林徽音、著名历史学家傅斯年等等名人。另外如天禄、寒冰、哲明、鸿飞、舜华、松茂、克明、如玉、如璧、雅南、肇敏等等，都是人们爱用的取自《诗经》的名字。笔者小孩的名字，也是从《豳风·七月》“我朱孔阳，为公子裳”中巧妙地取出连名带姓的“朱孔阳”三个字。

（四）《诗经》语言意象对文学创作的影响

《诗经》是中国诗歌乃至整个中国文学的一个光辉的起点。其思想内容和表现手法等诸多方面的特点，都对中国后代文学产生了很深远的影响。《诗经》的内容以日常性、现实性为基本特征，它是中国的现实主义文学的源头。《诗经》以抒情诗为主流的特点，也奠定了中国文学以抒情传统为主的发展方向。《诗经》中浓厚的政治与道德色彩，也决定了中国文学关注社会政治与道德的特点。另外《诗经》在语言形式、表现手法上也对中国文学起到了不同程度的影响，这将于下文述及。此处仅探讨《诗经》的语言意境对后世文学创作的不可忽视的影响。

日常生活中，大家常用“花颜月貌”、“花容月貌”来形容女子美丽的容貌。这些虽出自《诗经》之后的文学作品，如明朝吴承恩的《西游记》第六十二回、清朝曹雪芹的《红楼梦》第六回等，但推本溯源，以花、月喻美人这种意象的塑造却是始于《诗经》的。

“桃之夭夭，灼灼其华。”《周南·桃夭》通过摹写桃花盛开之貌，借物起兴，盛赞新婚女子的妩媚动人。正如清朝姚际恒《诗经通论》所言，“桃花色最艳，故以喻女子，开千古词赋咏美人之祖。”自此之后，桃花和佳人就如影随形，如唐代诗人崔护的“人面桃花”（《题都城南庄》）等。桃花从一个纯粹的自然物象上升为一种饱含文化意蕴的文学意象，在历代文人的笔下不断地被演绎泛化，直至今日。

“月出皎兮，佼人僚兮。”《陈风·月出》第一次以月亮的皎洁明亮来映衬美人的娇好容颜。自此以后，以月喻美人、以月来表达相思之情在中国传统文学中成为一种思维定式。如韦庄《菩萨蛮·人人尽说江南好》的“垆边人似月，皓腕凝霜雪。”又有马瑞辰的“古者喻人颜色之美，多取譬于日月。”(《毛诗传笺通释》)为证。月超越一般的自然景物而成为一种极富文化内涵的意象，直至今天依然影响着文人的创作。

至于直接以《诗经》的语言入诗入文的更是不胜枚举。台湾著名作家琼瑶不仅笔名出自《诗经》的“投我以木桃，报之以琼瑶。”(《卫风·木瓜》)，她还喜欢在爱情小说中使用《诗经》语言。她所著的被拍成电视剧的小说《在水一方》的名字就出自《秦风·蒹葭》的“所谓伊人，在水一方”。电视剧的主题歌可以说就是《蒹葭》的现代版，是一首意境缥缈朦胧的情歌，为港台大陆等各地华人所传唱。现载《蒹葭》原诗和《在水一方》歌词于下以资比较：

蒹葭苍苍，白露为霜。所谓伊人，在水一方。
溯洄从之，道阻且长；溯游从之，宛在水中央
蒹葭凄凄，白露未晞。所谓伊人，在水之湄。
溯洄从之，道阻且跻；溯游从之，宛在水中坻
蒹葭采采，白露未已，所谓伊人，在水之涘。
溯洄从之，道阻且右；溯游从之，宛在水中沚。 ——蒹葭

绿草苍苍，白雾茫茫。有位佳人，在水一方。
我愿逆流而上，依偎在她身旁。
无奈前有险滩，道路又远又长。
我愿顺流而下，找寻她的方向。
却见依稀仿佛，她在水的中央。
绿草萋萋，白雾迷离。有位佳人，靠水而居。
我愿逆流而上，与她轻言细语。
无奈前有险滩，道路曲折无疑。
我愿顺流而下，找寻她的踪迹。
却见仿佛依稀，她在水中伫立。 ——在水一方

白雾、白霜和白色的芦荻，秋水伊人，恍然若缥缈仙境。向往追寻却可望而不可即，无限情意，无尽惆怅。几千年来“在水一方”的渺不可及令多少人扼腕慨叹。古往今来的文人们不断地由《蒹葭》演绎出新的诗篇。古者如鲍照的《遊思赋》、江淹的《去故国赋》等。今人如陈义芝

的《蒹葭》，罗智成的《蒹葭》，周梦蝶的《所谓伊人》，蓉子的《白露》等等。

以上所涉及的仅限于与婚恋、男女情感主题相关的方面，但由此已可窥见《诗经》语言的深远影响于一斑。“《诗经》里有许多用当时口语写成的民间歌谣，流传至今，保存了大量上古口语词汇。”“《诗经》里的三千多个词，都出现在一定的上下文里，是活的词汇。”[①]《诗经》语言，已成为我们的口头语言乃至文学语言的源头活水，根植于人们的生活之中。

三、《诗经》的婚俗文化：润物无声的影响

恋爱和婚姻，是一个跨越时空的古老而新鲜的话题。先秦的民间歌谣大都是表现男女之情的。以《诗经》为例，三百零五篇作品中言男女之情的约占三分之二，国风部分更是十有六七为婚恋题材的诗篇。这些婚恋诗生动地展现了几千年前的先民们的婚恋生活和情感世界，从中反映出先秦时代的婚姻观念、道德伦理观念和婚恋生活习俗，为我们保留了古代各种婚俗资料。从民俗文化学的视角研读《诗经》婚恋诗，可以发现《诗经》所展示的情感表达方式、婚姻生活模式乃至各种婚恋习俗，至今仍然从各个层面不同程度地影响着我们的生活。

（一）婚恋习俗

无论是几千年前的《诗经》时代还是二十一世纪的今天，热恋中的男女都要互赠信物以表衷情。从“贻我彤管”（《邶风·静女》）、“赠之以芍药”（《郑风·溱洧》）、“贻我握椒（《陈风·东门之枌》）“投我以木瓜，报之以琼琚。”（《卫风·木瓜》）等等，到今天的名牌衣饰、999朵玫瑰乃至宝马香车，尽管信物无论从量上还是从质上都已经不可同日而语了，但赠者欲以此作为爱情见证的目的却未曾有变。即使在今天，恋人们在山盟海誓时，依然爱借用“之死靡他”（《鄘风·柏舟》）、“执子之手，与子偕老”（《邶风·击鼓》）、“及尔偕老”（《卫风·氓》）等《诗经》的诗句来表明自己愿与意中人相亲相爱，相伴到老的心迹。“不求同年同月同日生，但求同年同月同日死”不就是“百岁之后，归於其居！”“百岁之后，归於其室！”（《唐风·葛生》）“穀则同室，死则同穴”《王风·大

① 向熹：《诗经语言研究》，成都：四川人民出版社，1987年，第159页。

车》的现代诠释吗？而“谓予不信，有如皦日”这种指天为誓的举动，更是被爱情冲昏了头脑的现代人依然乐此不疲争相仿效的游戏。

在婚庆场合，人们常用《周南·关雎》第一章中的“关关雎鸠，在河之洲。窈窕淑女，君子好逑”或《诗经》其他篇章中的“天作之合”、“宴尔新婚”、“新婚宴尔”、“白头偕老”、“琴瑟之好”、“琴瑟调和”、“和如琴瑟”等语汇来作为祝福新婚夫妇婚姻美满、家庭幸福的贺辞。

另外，祈祝早生子、多生子自古以来就是祝福新婚夫妇的一个重要内容。《礼记·婚义》云：“昏礼者，将合二性之好，上以事宗庙，而下以继后世也。”开宗明义地指出婚姻的目的在于传宗接代。祈祝早生子、多生子因而成为对新婚夫妇最美好的祝福。《诗经》中有不少诗篇涉及祈子贺子的内容，这正是这种婚姻观念最好的写照。根据巫术的交感原理，古人认为通过咏唱多子之物，就可以获得类似的旺盛的生殖能力。因此，《诗经》或描写枝叶茂盛、果实累累的植物，或赞颂繁殖能力很强的动物，以此来祈祝多生子。如贺婚诗《周南·桃夭》：

桃之夭夭，灼灼其华。之子于归，宜其室家。
桃之夭夭，有蕡其实。之子于归，宜其家室。
桃之夭夭，其叶蓁蓁。之子于归，宜其家人。

全诗三章都以“桃之夭夭”起兴。第一章用艳丽多姿的桃花比喻新娘的动人美貌。第二、三章以累累桃实、繁茂桃叶为喻，祝愿新婚之家兴旺发达，新娘多生贵子。

椒聊之实，蕃衍盈升。彼其之子，硕大无朋。椒聊且，远条且。（外一章）

《唐风·椒聊》以描写花椒树繁茂的果实为起兴，赞美妇人，喻其多子。

《周南·螽斯》则借繁殖力惊人的螽斯的群集之貌，作为子孙众多、宗族兴旺的象征。

螽斯羽，诜诜兮。宜尔子孙，振振兮。（外二章）

“相同的自然环境、几千年不变的农耕文化形态，代代沿袭的口头传承决定了相似的思维方式，几千年相传不断的习俗生活更是陶冶塑造了一脉相承的信仰追求和情感气质。”①即使在几千年后的今天，生儿育女、传宗接代依然作为婚姻生活的一个重要内容受到人们的普遍重视。于是，在民间的婚礼习俗或祝贺生子的习俗中，往往有用来满足人们繁衍子嗣心理期待的各种祈子吉祥物登场亮相。如植物果实类的枣子、栗子、石榴、花生、莲子、荔枝、桂圆、葫芦、花椒等，动物类的鱼、龙、麒麟的仿制品以及与飞禽相关的蛋等等，而其中不少就是源自于《诗经》的。更有直接借用《诗经》的这类诗篇或其中的诗句来作为新婚或生子的祝辞的。例如：在农村，农民娶亲就有唱《桃夭》这首诗作为祝福之辞的。而《螽斯》一诗也被人们提炼成“螽斯衍庆”这个成语，用于庆颂子嗣繁盛的喜事。

除此之外，作为祈子、祝颂生子的吉祥语，还有源自《小雅·斯干》的例子。诗云：

吉梦维何？维熊维罴，维虺维蛇。
大人占之：维熊维罴，男子之祥；维虺维蛇，女子之祥。
乃生男子，载寝之床。载衣之裳，载弄之璋……
乃生女子，载寝之地。载衣之裼，载弄之瓦。

诗中描述人们如何通过占梦来预测生男还是生女，以及祝贺添丁或添女的习俗。梦见熊罴是生儿的征兆，梦见蛇是生女的征兆。生儿则给他睡床穿衣裳，让他玩弄美玉璋；生女则给她睡地床穿褓褓，让她玩弄纺线锤。由于《诗经》的影响，后世就以“熊梦”、“熊罴入梦”、“弄璋之喜”来表示对别人生男的祝愿；以“虺蛇入梦”、“弄瓦之喜”来表示对别人生女的祝愿。

还有《大雅·绵》的例子。“绵绵瓜瓞，人之初生……”诗篇以连藤而生、果实累累的大瓜、小瓜为起兴，追述周之先祖的创业史。由于受这种葫芦生人观念的影响，葫芦成了民间习俗中象征繁衍子孙的吉祥物。民间于是有于农历正月初一在门上挂用枝蔓缠绕的多个葫芦以祈子的习俗。也有以绘图或剪纸的葫芦图案来代替葫芦进行祈子的。这类图案多绘制回环缠绕的葫芦藤和藤上所结的众多小葫芦，或绘制藤蔓上结一个大葫芦，两边各结一个小葫芦，被称为“子孙万代”图。葫芦也因此在工艺美术品中占有一席之地。

---

① 乔晓光：《沿着河走——黄河流域民间艺术考察手记》，北京：西苑出版社，2003 年 9 月，第 3 页。

从民间各地的各种与瓜有关的求子习俗中，不难看出《诗经》时代中秋节这种生殖崇拜思想的影响。贵州中秋节有偷瓜送子的习俗。结婚多年不育者，由亲友于中秋节晚上偷来瓜并用不同颜色画出人的面目，饰以衣服，敲锣打鼓送至无子之家。送者将瓜放在床上盖上被子，口念“种瓜得瓜，种豆得豆”。不孕之妇伴瓜睡上一夜，次日把瓜煮来吃，以为即可怀孕。安徽歙县有指使小孩子偷倭瓜放在新房被子里的习俗。江苏六合，中秋夜晚，乡村妇女也有私取园瓜的，谓之‘摸秋’，以兆生子。①

麒麟则是作为想象中的瑞兽而成为祈子吉祥物的。“麟之趾，振振公子，于嗟麟兮。（外二章）”《周南·麟之趾》以麒麟为起兴，祝愿贵族人丁兴旺。《说文解字》曰：“麟，仁兽也，麋身牛尾一角。”麋即鹿的一种。可见传说中的麒麟是在以鹿为原型的基础上复合其他动物的部分组成的。鹿是一种喜群聚、繁殖力极强的动物，古人视之为生殖象征物。作为鹿的神异化产物的麒麟，仍保留着鹿的生殖象征意义，古人认为求拜麒麟可以得子。由《诗经》的这首诗演化出民间的“麒麟送子”的求子习俗：多年不孕的妇女，于正月十五日龙灯到家时，以龙身绕妇人一次，又将龙身缩短，上骑小儿，在堂前绕行一周。传统年画中有“麒麟送子”图案，绘一童子持莲蓬和笙等祈子吉祥物，骑着麒麟自天而降，象征着麒麟从天上送来贵子。民间认为春节张贴这种年画，有祈子之意。新婚夫妇也有使用绣有或印有“麒麟送子”图案的被面的。在婚礼中“麒麟送子”还成为祝颂子孙昌盛的颂辞。后人还以麟趾喻子孙的贤能。

现代常用的结婚对联或贺婚诗中，也有很多源自上述《诗经》中的婚庆贺子内容的，如：

合卺报喜有金鸡，熊罴占梦雀声啼。／琴瑟和鸣鸳鸯配，绵绵瓜瓞步云梯。／琴瑟和鸣家美满，百年偕老永团圆。／琴瑟和鸣今日起，百年偕老乐融融。/明岁麟儿应召梦。／关雎诗咏乐陶然。／诗咏关雎今夕祝。／连绵瓜瓞德声隆。／灼灼桃夭瑞露浓。／载咏河洲窈窕诗。／诗歌窈窕入河洲。／今夜熊罴应入梦……不一而足。

① 吴格言：《中国古代求子习俗》，石家庄：河北花山文艺出版社，1995 年 3 月，第 199 页。

(二)婚礼仪式

《诗经》,对于文人墨客来说是一部神圣的经典,是一门永远切磋琢磨不透的学问,而对于人民大众来说,它则是一幕幕真实而亲切的生活场景,是一种绵延不绝的文化模式。正因为这样,《诗经》中记载的有关古代婚礼习俗的传统,在几千年后的现代还大体传承着,只是发生了不同程度的演变和创新。虽然《周礼》、《仪礼》等其他中国古代文献也有关于古代婚礼仪式的记载,但在现代生活中以再现这些婚礼仪式的形式出现的却只有《诗经》。

在《诗经》中,男子娶妻叫"取妻"、"归妻"、"归"。如"岂其取妻,必齐之姜?"(《陈风·衡门》)"取妻如何?匪媒不得。"(《豳风·伐柯》)又如"士如归妻,迨冰未泮。"(《邶风·匏有苦叶》)再如"之子归,不我以。"(《召南·江有汜》)女子出嫁叫"于归"、"有行",如"之子于归,宜其室家。"(《周南·桃夭》)"之子于归,百辆御之。"(《召南·鹊巢》)"之子于归,远送于野。"(《邶风·燕燕》)又如"女子有行,远父母兄弟。"(《邶风·泉水》《卫风·竹竿》)"取妻"即"娶妻",迄今沿用不变,自不待言。难得且有趣的是,民间至今仍有使用"归"、"行"这种古雅的字眼来表示婚嫁的。如广东潮汕地区、福建宁化地区称出嫁为"行嫁",宁化人还称之为"归亲",显示了其中与上述诗篇所反映的中原文化的深厚渊源。

先秦时代婚嫁需有"父母之命,媒妁之言",这从《诗经》中也可以得到佐证。《卫风·氓》"匪我愆期,子无良媒。"《豳风·伐柯》"取妻如何?匪媒不得。"等例子,都是"无媒不成婚"的最好说明。在婚姻恋爱自由的当今时代,男女谈婚论嫁虽不再"匪媒不得",也不一定需要专职的媒人,但媒人这个角色不但没有因此退出历史舞台,而且在大多数人的成亲过程中依然起着重要的作用。亲戚朋友或者其他间接关系的人,都可能在有意或无意中扮演起媒人的角色,撮合出一段姻缘来。不仅如此,由于《伐柯》以"伐柯如何?匪斧不克"来作为"取妻如何?匪媒不得。"的起兴,也即以斧子之于伐柯的重要性来说明媒人在婚姻中的重要性,今天人们依然称为人做媒为"伐柯"、"执柯"、"作伐",而称婚姻介绍人为"媒人"或"伐柯人"。

在信息高度发达、世界日益朝着地球村目标靠近的今天,人类的婚姻形式和婚礼模式越来越个性化。有严格遵循古代婚俗的古雅的传统婚礼,也有充满浪漫情调的西式婚礼,更有两全其美的中西结合的婚礼。有人喜欢独享静谧的两人世界的旅行结婚,有人则喜欢在酒店大宴宾客,恨不能让全世界的人都来分享自己的幸福。还有水下婚礼、空中婚礼、热气球婚礼、蹦极婚礼等等名目繁多的婚礼形式。但是不管有多少新人和商家挖空心思标新立异,热爱传统的中国式婚礼的还是大有人在,而且还大体遵循着古代的仪礼程序来进行。

先秦时代的婚礼有着繁芜复杂的过程,《仪礼·士昏礼》就对古代婚礼的六个程序"纳采"、"问名"、"纳吉"、"纳征"、"请期"、"亲迎"做了详细的记载。

"纳采",就是男方请媒人执雁为礼到女方家提亲。《卫风·氓》中的"匪我愆期,子无良媒。"就是女主人公责怪恋人没有请好媒人上门提亲。"问名"、"纳吉",就是女家接受见面礼后,由媒人问清女子的名字,再交由男方在宗庙里占卜,看双方结合是否吉祥。若不祥则作罢;若吉利则告知女家并定下婚事。《卫风·氓》中的"尔卜尔筮,体无咎言。"说的就是婚前的占卜得到了吉祥的结果。"纳征",就是男家向女家赠送鹿皮作为订婚依据。所以《诗经》中才会有"野有死麕,白茅包之。有女怀春,吉士诱之。"(《召南·野有死麕》)这样的情景:男子用白茅包起鹿皮来诱惑春情萌动的少女,以表白爱慕的心迹。"请期",就是议定结婚的吉日良辰。"亲迎",就是结婚之日男子亲往女家迎亲,接回家中后,共鼎而食,新婚夫妇各执剖成两半的瓠瓜的一半斟酒对饮。《卫风·氓》的"以尔车来,以我贿迁。"就是描写在亲迎这一仪式中用车将嫁妆运至男家的情景。其他描写以车马迎亲场面的诗篇还有《召南·鹊巢》的"之子于归,百两御之。"《召南·何彼襛矣》的"曷不肃雍?王姬之车。"《周南·汉广》的"之子于归,言秣其马。"等等。

对比一下现代民间的传统婚俗。男女谈婚论嫁,第一步要"求婚",亦即古俗之"纳采",只是所执之礼不再是雁,媒人也不必非专职不可,亲朋好友都可以充当月下老人。接下来是"合婚",俗称"合八字",亦即古俗之"问名"、"纳吉",即请算命先生根据男女双方的生辰八字推算男女命相阴阳是否相合。若结果吉祥,就可以"下聘",或称"送聘"、"送定"、"定亲"、"订婚",亦即古俗之"纳征"。男家向女家送去聘礼以表示婚事正式确定下来,只是古代的鹿皮现在已被各种金贵首饰所替代。然后议定结婚的良辰吉日,俗称"择日"或"报日子",亦即古俗之"请期"。佳期前一天,女方将嫁妆送到男方家布置好洞房。最后是"迎娶",或称"接亲",亦即古俗之"亲迎",同样是由新郎于佳期当天凌晨亲自上门接新娘回家,晚上再设宴请双方宾客。只是古俗的简陋车马已为各种装饰华丽、气派十足的轿车、跑车或其他张扬个性的特色交通工具如三轮车、公交车、自行车等所取代。而婚宴上的交杯酒其实就是古代的以瓠瓜斟酒对饮仪式的孑遗。

周代多以春天为婚姻正时，因为“春者，天地交通，万物始生，阴阳交接时也。”（《白虎通·嫁娶篇》）《召南·何彼襛矣》、《周南·桃夭》都是结婚祝颂歌。前者以“何彼襛矣，华如桃李！”后者以“桃之夭夭，灼灼其华。”为起兴，都是以春天盛开的桃花来形容新娘的艳丽多姿，这是以春天为婚期的例证。

但也有以秋天或秋冬之交为婚期的。“将子无怒，秋以为期。”（《卫风·氓》）“士如归妻，迨冰未泮”。（《邶风·匏有苦叶》）便是例证。

避开忌年忌月忌日，选择良辰吉日为结婚日期依然是传统婚俗中很受重视的一个环节，但一般已不再计较是否春秋季。随着生活节奏的加快和国家法定休假日的变化，结婚择日观念正悄然发生着变化，双休日或节日长假成了择日的首选。春节、“五一”黄金周、“十一”黄金周等节日期间成了内地许多城市的结婚高峰期。

按照古代的婚俗习惯，婚后第三天，新娘要偕同新郎一起回娘家，这在《诗经》中也得到了反映，即所谓的“归宁诗”。《周南·葛覃》云：“薄污我私，薄浣我衣，害浣害否，归宁父母。”描写的就是新嫁娘梳洗打扮回娘家的场面。这种礼俗现代叫“回门”，如今依然是传统婚俗，尤其是保留中原文化比较完整的闽南地区和潮汕地区婚俗中必不可少的一种礼节。

下面以闽西武平的婚嫁习俗为例以窥现代社会中传统婚俗的整个仪礼过程。

纳采：男方托媒人到女家说亲。如女方同意，则由媒人及男方长辈携未婚男青年到女家相亲——“看妹子”。如双方同意议婚，男方须赠女方以信物（如金戒子）。俗称“过采”。

问名：男女双方互换庚帖，然后交算命先生查测生辰八字是否相合，俗称“合婚”。

纳吉：合婚得吉兆即由媒人从中周旋，议定聘金、嫁妆，男方备礼向女家定婚，俗称“小扎”。

纳征：婚约议定，择吉日正式下聘，俗称“大扎”……女家须备办新娘应用的衣饰、被帐、橱箱桌几和新郎的衣帽鞋袜等陪嫁妆奁，妆奁多寡视女方家境而定。

请期：男方选好合卺吉日，备礼物与吉课大红帖送到女家，俗称“送日子”。

亲迎:结婚前一日,男家张灯结彩,置花轿于大厅,请吹班奏乐,叫"养花轿"。迎亲日新郎披红挂花或坐轿或骑马,由媒人带领"亲家郎"抬着鱼肉等礼物,吹吹打打,伴花轿来女家迎娶……(至男家)新娘新郎拜天地、拜祖宗、拜爹娘,入洞房饮交杯酒。新郎给众人散发喜糖。众人哄抢嘻闹,不算失礼。然后吹班于下厅鼓吹,设婚筵宴请宾客,尽欢始罢。①

如今,随着百姓生活水平的提高,人们把婚事办得越来越隆重。即使在农村,聘金也愈来愈多。亲迎由坐花轿改为乘拖拉机、摩托车、小汽车。女方陪嫁除传统的床、凳、箱、橱等外,又增加了自行车、缝纫机、收录机、电风扇、电视机、电冰箱等。

综上所述,我们可以看到《诗经》对民间普通百姓婚恋生活的潜移默化的影响,可以看到民间传统婚俗与《诗经》所反映的中原文化的深厚渊源。

不难发现,《诗经》在民间其实并不是束之高阁的高深莫测的经典,而是始终以其充满人性温暖的本来面目出现的。因为它所咏唱的是人类最具体、最切身、最本原的情感和生活。三千年前的《诗经》所表现的古人的喜怒哀乐和对幸福吉祥的向往,一样可以代表着现代人的爱恨情愁和对美满生活的憧憬。正因此,几千年来,《诗经》一直润物无声地影响着后人,我们依然习惯性地沿用着《诗经》的方式来表达情感、祝贺婚姻,依然沿袭着《诗经》时代的婚姻模式来经营我们的婚姻生活。

四、《诗经》的民歌风格:飞入寻常百姓家

(一)表现手法

《诗经》原来都是配乐歌唱的乐歌,是歌辞与音乐的结合。《诗经》从其诞生那一刻起就与民歌有着密切的联系,许多作品就采自民歌。正因为如此,尽管后来乐曲失传,经历过秦始皇的焚书坑儒之劫和历代经学研究者的断章取义、肆意曲解,但却由于它本身的内容贴近生活,韵律、节奏又琅琅上口,便于传诵,所以得以代代流传。不仅如此,我们至今仍然可以从某些民歌的形式特点和表现手法上看到《诗经》影响的

① 本节内容参照 CCTV 民俗频道专题节目。

痕迹。

《诗经》中的诗句以四言为主，也有二言至九言自由地杂用。中国古代诗歌的发展基本是从二言体到四言体，再过渡到五言体、七言体乃至后来的词曲。而这些句式在《诗经》中都存在，这一方面为后来诗歌的发展奠定了体系上、句式上的基础，另一方面也至今为民歌所保留和传承。

《诗经》里大量运用的比兴手法，大大加强了作品的形象性。朱熹《诗经集传》曰：比者，以彼物比此物也；兴者，先言他物以引起所咏之词也。"兴"字的本义是"起"。也就是借助其他事物为所咏之内容作铺垫。"兴"用于一首诗或一章诗的开头，又往往兼有"比"的用法，具有比喻、象征、烘托等较有实在意义的作用。如《关雎》的首句"关关雎鸠，在河之洲"，借眼前景物兴起下文的"窈窕淑女，君子好逑"，同时关雎和鸣又用来比喻男女求偶或男女间的和谐恩爱。又如《桃夭》，首句"桃之夭夭，灼灼其华" 既是用写实的手法写出了春天桃花盛开时的美丽景色，又暗喻新娘的美貌，同时又是在烘托结婚时的热烈气氛。比兴这种微妙的、可以自由运用的手法，在后代诗人的手中不断翻陈出新，使诗歌含蓄委婉的韵致得到进一步的发挥；而在歌谣、民歌中，比兴手法更是无论古今一直得到淋漓尽致的演绎，成为一种不可或缺的表现手法。

《诗经》还形成了中国诗歌的另外一个特征，那就是押韵。《诗经》的用韵灵活多变，依韵在句中的位置，有句首韵，句中韵，句尾韵；依韵在章中的位置，一章里只用一个韵的可分为句句用韵、隔句用韵、疏韵、遥韵、无韵几种情况；一章多韵的又可分为转韵、交韵、抱韵等几种情况。其中，以双句押韵的方式最为常用，如《关雎》、《桃夭》等。不仅中国古代诗歌的押韵形式在《诗经》里都可以见到，就是现代民歌的各种押韵形式也都能从《诗经》中找到其源头，民歌依然保留着《诗经》没有固定规定的、比较自然的押韵方式。

《诗经》中大量使用双声、叠韵、叠字的词汇来增加声韵上的美感，表达委婉曲折的感情，描绘秀丽清新的自然。如《关雎》，用叠字词"关关"摹写水鸟的叫声，用叠韵词"窈窕"形容淑女的妩媚，用双声词"参差"描写水草的状态，用叠韵词"辗转"表现因相思而不能入眠的情状，既形象生动，又声音和谐。《诗经》的这一特点同样反映于现代的民谣和民歌中。

《诗经》还大量地使用虚词、语气词、衬字，兼有凑足音节、押韵、咏叹等各种语气和使节奏更完美的多种功能。常用的衬字有"矣"、"之"、

"于"、"兮"等。如"子惠思我，褰裳涉溱。子不我思，岂无他人？狂童之狂也且……"(《郑风·褰裳》)的中的"之"、"也且"，还有"有杕之杜，生于道左。彼君子兮，噬肯适我？中心好之，曷饮食之……"(《唐风·杕之杜》)中的"之"、"于"、"兮"等。

我国各民族、各地域都有各具特色的民歌。各地民歌虽都有与之相应的表现手法，但就其歌词而言，在运用杂言句式、比兴手法、押韵、衬字、衬词、衬句、迭词与叠音等方面却与《诗经》有很多相近或相同的地方，可以认为是直接继承了《诗经》的传统。根据表现和结构上的需要，这些艺术手法或对歌词的文字、音节进行补充，或使音韵更加和谐完美，或表达强烈的感情、塑造生动的形象，其形式多样、变幻无穷，从而使民歌具有各自独特的表现功能和强烈的艺术感染力。限于篇幅，在此仅以陕北民歌信天游为例进行分析。

1. 赶牲灵

走头头的那个骡子呦、三盏盏的那个灯，
啊呀带上了那个铃儿呦噢、哇哇得的那个声。
白脖子的那个哈叭呦、朝南得的那个咬，
啊呀赶牲灵的那个人儿呦噢、过呀来了。
你若是我的哥哥呦、你招一招的那个手，
啊呀你不是我那哥哥呦噢、走你的那个路。

2. 叫一声哥哥你快回来

上河里的鸭子下河里的鹅，
一对对毛眼眼照哥哥。
煮了那个钱钱下了那个米，
大路上搂柴了一了你。
清水水的玻璃隔着窗子照，
满口口白牙对着哥哥笑。
对扇扇的门来哟单扇扇的开，
叫一声哥哥哟你快回来。

3. 你把哥哥心搅乱

三十里那个面沙二十里那个川，
五十里那个路上哎呀我把我那妹妹看。
我看见那个小妹妹呀硷畔上那个站，
你把你的那哥哥哎呀心呀么心搅乱。
高旱岭那个盖房不嫌你那个低，

至死那个哥哥我哎呀忘呀哈忘不了你。

信天游的格式通常是七言，为了表达上的需要，也使用九字、十一字等自由的格式。例如上述三例就属于杂言的自由格式。

通常上句为比兴，上下两句构成一个完整的内容，表达一种感情意思。例如第二例共有四段，每段的第一句就都是比兴。

信天游善用重词叠字，如第一例中的"走头头"、"三盏盏"，第二例中的"毛眼眼"、"清水水"、"满口口"、"单扇扇"等。

信天游也与其他民歌一样保留了《诗经》大量使用衬字、衬词、衬句、虚词、语气词的特点。如第一例中的"那个"、"啊呀"、"呦噢"、"哟"，第二例中的"那个"、"来哟"、"哟"，第三例中的"那个"、"那"、"唉呀"、"呀"、"呀么"、"呀哈"等等。

押韵同样是信天游的特点之一。一般都用句尾韵，各章独立用韵。如第一例的"灯"与"声"，"咬"与"了"，"手"与"路"；第二例的"鹅"与"哥"，"米"与"你"，"照"与"笑"，"开"与"来"；第三例的"川"与"看"，"站"与"乱"，"低"与"你"。

信天游，还有这里未及列举的山西左权民歌、河曲民歌等等，都和《诗经》一样，是华夏大地上的天籁之音，它们凭借方言的魅力，凭借撷取日常生活中的细节为内容而焕发出经久不衰的生命力和无穷的韵味。《诗经》的民歌里所蕴含的中华民族积淀几千年的生命真气和深厚朴素的人性文化至今依然在信天游等民歌中顺生绵延。

（二）对歌习俗

《诗经》尤其是《国风》和《小雅》中的民歌普遍使用叠咏体的章法。如《陈风·东门之池》：

东门之池，可以沤麻。彼美淑姬，可以晤歌。
东门之池，可以沤苎。彼美淑姬，可以晤语。
东门之池，可以沤菅。彼美淑姬，可以晤言。

全篇三章十二句四十八个字，只变动了六个字。又如《郑风·萚兮》：

萚兮萚兮，风其吹女。叔兮伯兮，倡予和女。
萚兮萚兮，风其漂女。叔兮伯兮，倡予要女。

全篇两章八句三十二个字，只变动了四个字。这种重章叠唱在重复的几章间，意义和字面都只有少许变动，借此强化感情的抒发，造成一唱三叹的效果。这种章法应该起源于生产劳动过程中的唱酬和男女聚会时的对唱等民歌形式，在编订时也为其他类型的诗篇所仿用而成为《诗经》中最具代表性的章法。

在《诗经》时代，为使适龄男女及时婚配，作为“父母之命，媒妁之言”式婚姻的辅助手段，“中春之月，（媒氏）令会男女，于是时也，奔者不禁。若无故而不用令者，罚之。司男女之无夫家者而会之……”（《周礼·地官·媒氏》）。即在阴历三月上旬的己日，让未婚男男女女祓禊于水滨，祭祀高媒，对歌择偶并自由地幽会乃至野合。《诗经》中有许多婚恋歌就是表现这个上巳节的风俗的。上述两例便是描写在此欢会时刻男女邀歌对唱借以表白心迹的诗歌。前者以男子的口吻描写与淑女的对歌，从“晤歌”到“晤语”再到“晤言”，微妙地再现出从对歌试探，进而袒露心曲，最后互诉衷情的情感递进的过程。后者描写女子要求男子带头唱歌，诗歌以风喻男子，以萚（落地叶）喻女子，寓意人生易老，要趁着青春年少早结良缘。反映这一风俗的最具代表性的诗篇是《郑风·溱洧》：

溱与洧，方涣涣兮。士与女，方秉蕑兮。
女曰观乎？士曰既且，且往观乎？
洧之外，洵訏且乐。
维士与女，伊其相谑，赠之以勺药。（外一章）

阳春三月，风和日丽，众多男女聚集于溱水、洧水岸边，临水祓禊，祈求美满婚姻。一对青年男女手持香草，穿行在如山如海的人群中，边走边相互调笑，并互赠芍药以定情。

这一类歌除此之外还有郑风的《山有扶苏》、《狡童》、《褰裳》等等。清人方玉润于《〈诗经〉原始》中云：“恍听田家妇女，三三五五，于平原旷野、风和日丽中群歌互答，余音袅袅，忽断忽续。”

《诗经》中的这种唱和形式，在现代歌曲尤其是民歌对唱中常常可以看到。虽然在汉族中几乎已经销声匿迹，但在少数民族中却得到比较完好的传承。多数少数民族都有定期举行的“歌圩”、“歌会”等，如苗族的跳厂、彝族的火把节、黎族的三月三、白族的绕山林、阿细人的跳月等等。如潮人流聚集于坡前岭后，分成男女双方，即兴而唱，相互酬歌、彼此对歌，唱和竟日，感情真挚纯洁，音调幽婉动听。对歌内容包罗生活的方方面面，而情歌对唱无论在哪个少数民族的民歌中都是最具生命力和最具魅力的部分。对歌是少数民族青年男女互诉爱慕之情的一种特有的表达方式。尽管在21世纪的当今，男女之间不再横亘着封建礼教的绳索，平日里也可以自由地交往，但“歌圩”、“歌会”等仍然是青年们恋爱择偶的非常重要的时间和场所。苗族俗语“有口不会唱，白活在世上。有脚不会跳，俏也没人要。”就很好地道出了歌舞习俗在少数民族生活中举足轻重的作用。

周代某些地方当男女欢聚之时还有投果的风俗，那就是女子掷瓜果给喜欢的男子，男子若有意则回以玉石。《卫风·木瓜》就是一首描写投果场面的诗歌：

投我以木瓜，报之以琼琚。匪报也，永以为好也！
投我以木桃，报之以琼瑶。匪报也，永以为好也！
投我以木李，报之以琼玖。匪报也，永以为好也！

诗中男女聚会对歌，唱至酣畅，姑娘向意中小伙抛出手中的木瓜和桃李，而小伙则解下佩戴于身上的各种玉佩回赠姑娘，以表达自己愿意永远结好的的情意。《王风·丘中有麻》和《召南·摽有梅》也是表现这种场面的诗歌。由于在先秦时代，采集用于食用或祭祀的香草、野菜或瓜果主要是女子的工作，尤其是由于瓜果象征多子且酸果利于孕，所以这些东西也就成了女子表情示爱的媒介物。而男子之所以多以玉类作为信物，则与玉为灵魂之象征，为灵力之根源有关，赠玉就是表示授灵，表示相爱男女从此成为灵魂相通的一体。

这一有趣的习俗还流传于后世。《晋书》载美男子“(潘)岳美姿仪礼……少时常挟弹出洛阳道，妇人遇之者，皆连手萦绕，投之以果，遂满载而归。”六朝时仍有此古风由此可见。晋代诗人陆机“敢忘桃李陋，侧想瑶与琼。”的诗句就是运用了由这一习俗演变而来的典故。少数民族的情歌对唱传承了《诗经》时代民间对歌的遗俗，有的少数民族如壮族在对歌过程中还要互抛绣球以示爱，而这个习俗大概就是《诗经》中所描写的投果习俗的现代转型。绣球代替瓜果成为对歌青年男女表达爱情的媒介物，同时也发展成为吉祥、幸福的象征。

(三)《诗经》民歌至今传唱

“关关雎鸠，在河之洲；窈窕淑女，君子好逑。”这首钟情男子最爱吟诵的《诗经·关雎》，至今仍在湖北省房县传唱。我国传统文化典籍中的作品竟然在偏远的小山村流传，这一现象引起正在此地进行民间文化遗产挖掘整理、抢救工作的湖北省民间文艺家协会专家们的特别关注。[①] 房县是采风并编撰《诗经》的周朝太师尹吉甫的故里。这里的村民识字不多，但却能随口唱起《诗经》中的篇章。

20 世纪 80 年代初，《中国民间歌曲集成·湖北卷·郧阳地区分卷》主编、副研究馆员徐树棠在搜集整理郧阳地区传统民歌时，就发现村民会唱《诗经》这一有趣的文化现象，这说明房县流传的传统民歌，与两千多年前的《诗经》有一定的渊源。专家们在挖掘整理和抢救中发现，房县农村还在传唱着《诗经》中的《关雎》、《蓼莪》等民歌。例如：民歌“姐儿歌”：关关雎鸠往前走，在河之洲求配偶，窈窕淑女洗衣服，君子好逑往拢绣，姐儿见了低下头……民歌《年年难为姐做鞋》：关关雎鸠(哎)一双鞋(哟)，在河之洲送(哦)起来(咿哟)，窈窕淑女(哟)难为你(耶)，君子好逑大不该，(我)年年难为姐(哟)做鞋(咿哟)。

当地村民在唱蒿草锣鼓或唱“待尸歌”(当地办丧事时唱的民歌)时，也经常把《关雎》民歌的前四句作为开场白或唱或说出来，以示雅兴，也有用《诗经》其他句子的。

如今，房县也有一些民歌高手应各地自然风景区的邀请，演唱 2500 多年来传唱的《诗经》“关雎”等民歌和独具楚调、巴音、秦韵特色、国内外享有盛名的“房陵文化圈”地方民歌，为游客助兴。

笔者相信，凭中国之地大人多，有如房县这样的“下里巴人”唱《诗经》的现象一定不是绝无仅有的，只不过尚待挖掘。这种现象，充分地展示了《诗经》文化经久不衰的魅力，有力地证明了《诗经》文化的平民性和口头传承性。

在民间，《诗经》以民歌这种非物质文化的形式得以代代传承，生生不息。

五、结　语

《诗经 》是人类早期社会生活的真实反映，更是人类早期情感生活的真实记录，而这种情感的全面展示和高度概括是超越时空、古今相同的。正因为如此，这颗中华文化史上的璀璨明珠，不仅影响着中华文化

① 袁源、袁志国：《〈诗经〉传统文化作品至今在湖北房县传唱》，新华网 2004 年 11 月 16 日。

的过去，影响着中华文化的现在，也必将影响着中华文化的将来。

三千年，令人眩目的年代数字。然而这些诗篇中所表达的情感世界，却是如此富于现代性。“窈窕淑女”使三千年前的多情君子“辗转反侧”、“寤寐求之”，秋水“伊人”同样使三千年后的痴心男子“一日不见，如隔三秋”。三千年的悠悠岁月，未曾改变我们人类的情感。三千年的《诗经》文化，日久弥香……

文化的辨读

——以汉语"圣经"为例

汪晓云

摘　要:"文化的辨读"旨在进一步思考人类学文化解释的方法与效果,认为文化的解释如果按照既定的成规与传统的解释,很有可能导致对文化的误读。"真相"常常隐藏在"假相"之后,历史常常不是被记录,而是被遮蔽。任何一个民族的文化都是有根的文化,唯有把握文化之根,才能算得上是真正的"民族志"。文化之根不仅通过文字传达,亦通过口语体现,唯有将语言、文字、文献乃至文物相互结合,才能"辨读"出历史的真相。

有一本书,可以使世界上最古老的民族呈现出它全部的历史,不是被描述、被记录的历史,而是被遮蔽、被隐藏的历史。并且,这本书从头到尾都未曾以其本原面目出现,然而,它却是众书之祖,是几乎所有古代典籍共同追溯的源头,是这个古老民族曾有的"圣经"……

让我们先从惩罚说起——因为这本书从一开始就是以被禁止、被惩罚的角色出现的。

说到惩罚,我们会想到一个人与另一个人的对抗,其中既有精神也有肉体的,有冷漠的敌视、沉默的抗议,也有激烈的殴打、吵闹的辱骂;更进一步,如果从个体性、日常性的惩罚上升到国家性、政治性的惩罚,我们则会想到监狱、监视、问讯、拷打、审判、执刑。与福柯在《规训与惩罚》中描述的"全景敞视式"、"作为公共景观"的惩罚不同,在这里,我们看不到任何有关惩罚的具体情景,所有的人物都不在场,所有的声音都无法听见,所有的场景都无法看见,所有活生生的的东西都被遮蔽在了视野之外,只有一本以其对立面形式出现的书以小心翼翼的方式,被呈送给皇帝、再由皇帝赐给大臣。

这本以"圣经"对立面呈现出的书,就是《山海经》。第一个为《山海经》作传者郭璞在谈到《山海经》的渊源时首先引用《史记》“不敢言”“《山海经》所有怪物”，继而发出历史性的感叹：

> 司马迁叙大宛传亦云：“自张骞使大夏之后，穷河源，恶睹所谓昆仑者乎？至《禹本纪》、《山海经》所有怪物，余不敢言也。”不亦悲乎！若《竹书》不潜出于千载，以作征于今日者，则山海之言，其几乎废矣！

感叹源于《山海经》“几乎废”，在序中，郭璞两次提到“废”，第二个“废”字出现于“盖此书跨世七代，历载三千，虽暂显于汉而寻亦寝废。”“跨世七代，历载三千”足以显示其古老；“暂显于汉而寻亦寝废”则明言其有“显”有“废”。

为了显示《山海经》之非同寻常，郭璞《山海经传》附刘秀《上山海经表》，“表”亦称“奏”，为臣上呈于君之文，其中更隐藏着许多关于《山海经》以及古代经书的“千古之谜”：首先，“表”中提到“领校秘书”，暗言《山海经》为“秘书”；其次，“表”中提到“上大惊”东方朔晓毕方之名、刘子政辨贰负之尸，此实暗言“上”知晓毕方之名、贰负之尸源于《山海经》；第三，“表”中提到“东方朔晓毕方之名、刘子政辨贰负之尸”“朝士由是多奇《山海经》者，文学大儒皆读学以为奇”，此实暗言《山海经》于此时已被“废”故而“以为奇”；最后，“臣秀昧死谨上”则揭示上《山海经》为犯死罪，从而暗示“上大惊”乃因《山海经》虽被禁止却仍然流传。由此，“废”《山海经》者实为“上”，而“上”却不愿意让人知道其“废”《山海经》。

由于“上”不愿意让人知道其“废”《山海经》，因此使得“废”《山海经》的行为隐而不彰、秘而不宣。然而，“上”所“废”的其实并不是《山海经》，而是与《山海经》完全对立的《海山经》。

“山”与“海”为把握《山海经》与《海山经》的突破口，郭璞即言“非天下之至通，难与言山海之义矣”。《说文》“山，宣也。”章太炎《官制索隐》言“山”训为“山”为声训，“明古音山、宣不殊，而宣为天子正居。周有宣谢，汉有宣室，此皆因仍古语，彼天子正居，所以名宣者，正以其在山耳。”“天子居山，其意在尊严神秘，而设险守固之义，特其后起者也。”[①]“天子居山”实即暗言“山”寓君位。《管子·形势解》“山，物之高者也，地险秽不平易，则山不得见。人主犹山也，左右多党比周，以壅其主，则

---

① 洪治纲主编：《章太炎经典文存》，上海：上海大学出版社，2003 年，第 260～262 页。

主不得见。故曰，山高而不见，地不易也。”“人主犹山”实与“海王”、“山权数”相应，暗言“山”、“海”隐言帝王政治，“山”为“阳”，“海”为“阴”；“山”寓“人道”，“海”寓“天道”。《释名·释山》言“山，产也，产生物也，土山曰阜，阜，厚也，言高厚也，大阜曰陵，陵，隆也，体高隆也。”“高厚”、“高隆”亦隐言王权。

《说文》“海，天池也，以纳百川者，从水每声。”“海”为“天池”，寓“天道”。故“海”与“天”同义，此即“瞒天过海”、“海阔天空”、“海天一色”、“天风海涛”。《老子》有“江海之所以能为百谷王者，以其善下之，故能为百谷王。”“善下之”即以民为本。“天”、“海”皆隐言以民为本之“天道”。《管子·内业》以“登于天”、“入于渊”、“在于海”、“在于己”寓“民气”：“民气杲乎如登于天，杳乎如入于渊，淖乎如在于海，卒乎如在于己。是故此气也不可止以力而可安以德，不可呼以声而可迎以音，敬守勿失，是谓成德。”“天”通“田”，故有“沧海桑田”。《释名·释水》“海，晦也，主承秽浊，其水黑如晦也。”“水”、“海”“晦”实隐言民权隐晦。

由此，“山”与“海”并非自然地理意义之山水地理，而为政治哲学意义之权力斗争。《孔子家语》中《山海经》被称为“山书”，《论衡》中《山海经》称为《山经》，其实皆有意强调“山”取代“海”且废除“海”。与此同时，“废”《山海经》的“上”变成了“赐”《山海经》的“帝”。[①]《山海经》实为《海山经》之变体，在“山”与“海”的位置变动背后，隐藏着“假正经”取代“正经”、“圣经”变为“神经病”的真相，在这一真相背后，则隐藏着激烈的权力斗争。

从《海山经》变为《山海经》，使得“惩罚景观的旧伙伴——肉体和鲜血——隐退了。一个新角色戴着面具登上舞台。一种悲剧结束了，一种喜剧开演了。”[②]“喜剧”的表现就是《山海经》从“昧死”所显示的死罪变成了无罪，不仅无罪，甚至有功，这就是“明帝赐景《山海经》、《河渠书》以治河”。福柯指出，这种“只有声音，没有面孔”的“影子表演”因于从惩罚犯法行为转变为消除危险心态或改造犯罪倾向、从惩罚肉体转变为惩罚灵魂。这就是中国古代的“文字狱”。即使是经过“移山换海”“大法”的《山海经》，也不能摆脱被禁止的命运。一切都诉诸“无形”，真

---

① 《后汉书》言“明帝赐景《山海经》、河渠书以治河”。

② [法]米歇尔·福柯著，刘北成、杨远婴译：《规训与惩罚》，北京：三联书店，1999年，第17～18页。

相很难被戳穿、刺透,相反,却是“弄假成真”、“真假难辨”。

“弄假成真”、“真假难辨”依靠的是权力的力量。在《海山经》乃至《山海经》的背后,是无形的权力斗争。福柯曾用“权力策略”、“权力技术(学)”、“权力关系”、“微观权力”、“权力微观物理学”、“政治肉体”、“政治技术学”、“灵魂技术学”、“意识形态权力”、“个人在权力关系中形式化”、“匿名的权力手段”等分析权力对知识的制造,指出“权力和知识是直接相互连带的,不相应地建构一种知识领域就不可能有权力关系,不同时预设和建构权力关系就不会有任何知识。贯穿权力—知识和构成权力—知识的发展变化和矛盾斗争,决定了知识的形式及其可能的领域。”①

的确,以《山海经》为基点,我们将看到与权力斗争密切相关的知识斗争,这就是古代绵延不断的经史之争。“正经”与“假正经”以及“正史”与“野史”的对立,是隐藏在浩如烟海的古代文献背后的主线。紧紧拽住这根主线,就可以透过纷繁复杂的表象把握古代知识体系构成的根基与脉络,否则,古代知识就会支离破碎、面目全非。智慧的先祖以“一本正经”暗示“经”有所“本”,“正经”只有“一本”,又以“舍本逐末”、“本末倒置”隐言“假正经”取代“正经”,更以“正本清源”、“追本溯源”指引后人发现“正经”之途径。此外,先祖还以“穿针引线”暗示经典之争为把握古代知识构成的主线,“针”通“真”,“穿针引线”即把握古代知识之线索为辨别其真伪、本末,古代文人反复强调的“家法”、“书法”、“师法”,实即辨别经史之真伪、本末。

从《史记》开始,论《山海经》者多言其“怪”,“怪”即“怪诞不经”,它恰恰从另一个角度揭示了《山海经》以及与《山海经》关系密切的《穆天子传》、《博物志》、《搜神记》等书为“被压制的知识”、“冷僻的学问和被剥夺资格的知识”、“被埋葬和压制的知识”、“局部的、非连续性的、被取消资格的、非法的知识”。中国历史上赫赫有名的“焚书”与“删书”,揭示的正是权力对知识的改造,改造的方式是“以真正的知识的名义和独断的态度对之进行筛选、划分等级和发号施令”,“先是剥夺它们的资格,然后在它们出现的时候对之不予理睬,如今却又似乎准备把它们吞

① [法]米歇尔·福柯著,刘北成、杨远婴译:《规训与惩罚》,第29～30页。

并，把它们吸收进自己的话语，赋予它们知识的权力的效应。”①历史通过文字告诉后人，“焚书”者为秦始皇、“删书”者为孔子，秦始皇与孔子，正是中国古代王权统治力量的象征，由帝王与知识分子合谋。

然而，在“上”、“帝”“废”、“禁”、“赐”《山海经》的另一面，则为“臣”“传”、“上”、“进”《山海经》，此即刘秀《上山海经表》“臣秀昧死谨上”与郭璞“余有惧焉，故为之创传”，这些冒着生命危险“传”《山海经》者正是那些以释读《山海经》为乐、以为《山海经》作注作序作图者为荣的历代硕学鸿儒，如陶渊明作《读山海经》言“泛览周王传，流观山海图，俯仰终宇宙，不乐复何如”；蔡尔康序《山海经笺疏》言“检览一过”“爽目怡心，为之称快不置，而因余之快又以知读是编者之同快无疑”；作《山海经汇说》之陈逢衡则言“于古书之若灭若没者，一朝阐明而表著之，不亦快然乎”②；明万历《秘册汇函》本收录《山海经图赞》，胡震亨题“偶过赵田袁若思案头，见有此赞，不觉蹋地狂叫”……“不乐复何如”、“为之称快不置，而因余之快又以知读是编者之同快无疑”、“不亦快然乎”、“不觉蹋地狂叫”显示的快慰与兴奋与“不敢言”真可谓天壤之别。

“臣”“传”、“上”、“进”《山海经》实即与“焚书”、“删书”相对应之“藏书”、“献书”。与“焚书”者为秦始皇、“删书”者为孔子相应，“藏书”者为孔安国、“献书”者为河间献王，依然是帝王与知识分子，孔子与孔安国构成对应，秦始皇与河间献王构成对应，两种对应实隐言两种政治体制，一为有道之治、一为无道之治。政治体制决定了书之显隐，因此，《山海经》并未被“废”，而是如毕沅所言“世传不废”。

《山海经》虽然为“圣经”之对立面，然“圣经”隐而不彰，因此，论《山海经》即意味着论“圣经”。福柯指出，“《圣经》是苦难和反抗的武器，它是起来反抗法律和光荣的声音：反对国王们非正义的法律和教会灿烂的光辉。”“新历史与预言和承诺的伟大的圣经形式铰接在一起”，这就是“圣经式历史”。③ “圣经式历史”与“统治权历史”构成对立，“统治权历史”利用权力的力量制造假相、遮蔽真相，其目的是为了维护自身统治；“圣经式历史”是揭示真相、“是反抗和预言、知识和召唤用暴力来推

① [法]米歇尔·福柯著，严锋译：《权力的眼睛——福柯访谈录》，上海：上海人民出版社，1997年，第219～221页。

② (清)陈逢衡：《山海经汇说》，道光二十五年刻本。

③ [法]米歇尔·福柯著，钱翰译：《必须保卫社会》，上海：上海人民出版社，1999年，第65页。

翻事物等级的话语”，其目的是为了革命。因此，“历史”是两种话语形态的斗争，福柯以罗马历史为例，指出历史是官方话语与民间话语的斗争，新的历史是要挖掘出被遮蔽的东西，揭露权力、掌权者、国王和法律对真相的掩饰、篡改和抹杀，“历史的角色就将是指出法律在欺骗，法律在掩饰自己，权力在制造幻觉而历史学家在撒谎。这就不再是连续性的历史，而是辨读的历史、秘密的揭示和阴谋诡计的重现，重获迷失和隐匿的知识。这将是对尘封的真理的辨读。”①

而“圣经式历史”话语“有一个伟大的关于复仇的希望在不断叙说”，“这种话语启示是要砍掉国王的头，无论如何要摆脱君主并将其废黜。”②由于王权无所不在的威力，“统治权历史”与“圣经式历史”的斗争不可能势均力敌，“统治权历史”不仅试图消灭“圣经式历史”以维护王权统治，还利用一切可能的机会使其为自己服务。当“圣经式历史”以“圣经”体现的时候，其最终结局必然是“圣经”变为“神经病”、“正经”变为“假正经”，这就是福柯所谓的移位、解释、转变、重新编码、调转枪口、变形、替代、被改造和利用。在西方，这样的移位与变形“以法律转向规范，法学转向生物学为代价；以种族的复数转向种族的单数为代价；以解放计划转变为对纯洁性的考虑为代价”，“国家的统治权再一次在自己的战略中，投资并重新利用了种族斗争话语”。在中国，这样的移位与变形则以政治哲学转向自然科学为代价，这就是隐言民权之《海山经》转变为隐言君权之《山海经》、政治哲学意义之《山海经》转变为自然地理意义之《山海经》。

在福柯对“疯癫”与“性”的剖析中，我们看到了权力是如何作用于知识并制造历史的假象的。福柯在《性史》中指出：“任何没有建立秩序的东西都不可能指望得到承认或保护，也别想得到发言的机会。它受排挤，被否定，只能默默无言。它不仅不存在，而且没有生存的权利，只要稍一露头，就会被迫消失——不管是行为还是言论都会遇到这种遭遇。”③“疯癫”与“性”，正是福柯试图从历史的假象中“辨读”出历史真相的两个个案与例证。

同样的历史脉络与历史轨迹在中国却通过一本书体现出来。从郭

---

① [法]米歇尔·福柯著，钱翰译：《必须保卫社会》，第70页。

② [法]米歇尔·福柯著，钱翰译：《必须保卫社会》，第49～50页。

③ [法]米歇尔·福柯著，黄勇民、俞宝发译：《性史》，上海：上海文化出版社，1988年，第2页。

璞为《山海经》“创传”之时起，《山海经》就被排除在“秩序”之外，当“东方朔晓毕方之名、刘子政辨贰负之尸”，“上”即“大惊”，“大惊”即暗示“大禁”，也就是“上”“禁”“经”，因此，郭璞言其“虽暂显于汉而寻亦寝废”——“只要稍一露头，就会被迫消失”。“压抑不仅起到主张消失的作用，而且也起到肯定性不存在的作用，还暗示和承认，这类事没什么可谈，没什么可看，没什么可知。”[①]这正是《山海经》以“怪”著称的根本原因。《山海经》之所以“怪”，正是因为其与“性”一样，“带有反叛气息，带有自由希望之光，带有崭新法律的时代即将来临的迹象”，“它为我们提供了谴责现存力量，表达真相，许诺福音，联结启蒙、解放，多种快感于一体的机会；宣告一种新理论的诞生，这种理论讲把对知识的追求，对改变法律的决心，和对建立人间乐园的向往三者结合起来。”[②]

然而，正如同“在把性变成禁忌、对之进行严厉的审查之外，我们的社会从来没有停止过对性的谈论，也没有停止过把它公开化”[③]，古代社会亦未停止对“圣经”的谈论并使其“公开化”，从而使其“世传不废”：

古文献中“圣经”、“圣人之经”屡见不鲜。《明儒学案》与《四库全书总目提要》就多次言及“圣经”。《四库全书总目提要》之“圣经”多与“四书五经”以及《孝经》、“十三经”相关；《明儒学案》仅仅言及《大学》、《中庸》为“圣经”，同时言“笺诂”、“诸子”、“史谍”、“杂文”为“圣经之翼”、“微言之遗”、“来今之准”、“蕴积之叶”。由此不难看出，何为“圣经”因人而异，不同政治取向者所确立的“圣经”亦有不同。以维护现实帝王统治为目的，“圣经”为“四书五经”、《孝经》、“十三经”；以反抗现实帝王统治为目的，“圣经”为“笺诂”、“诸子”、“史谍”、“杂文”。传统儒家以“四书五经”、《孝经》、“十三经”为“正经”，实为尊君权、维护现实帝王统治；相反，“笺诂”、“诸子”、“史谍”、“杂文”等被视为“不经”、“非正经”，实因其尊民权、反抗现实帝王统治。

与古代文献屡见不鲜的“圣经”相比，现代日常用语则仅言“神经”，如“发神经”、“神经病”、“神经质”、“神经兮兮”、“神经错乱”，安庆方言尚有“鬼头神经”之说。这些词中的“神经”，皆非现代医学术语之“神经”，而是与“圣经”相应之“神经”，“神经病”、“神经质”、“神经兮兮”以

---

① [法]米歇尔·福柯著，黄勇民、俞宝发译：《性史》，第2页。

② [法]米歇尔·福柯著，黄勇民、俞宝发译：《性史》，第3页。

③ [法]米歇尔·福柯著，严锋译：《权力的眼睛——福柯访谈录》，第36页。

及“鬼头神经”皆含“不正常”之义,“经”即“常”,“不正常”即“不正经”,暗示“假正经”取代“正经”,“正经”变为“不正经”。

“禁”与“传”犹如一个硬币的两面,它们产生双向交互作用,一方面是一种力量千方百计禁止它,使它消失;另一方面是另一种力量费尽心机谈论它,暗示它的存在。由于禁令的存在,“圣经”的“公开化”方式与众不同,这也如福柯所说的“性”“要么在松懈禁令之中以新的面目出现,要么以更加狡猾、更加谨慎的姿态出现”。[①] “禹本纪”、“古图书”、“神农经”、“太史公书”以及“连山归藏”、“河图洛书”等,正是“圣经”“更加狡猾、更加谨慎的姿态”的写照。在禁令松懈之时,“圣经”亦改头换面“以新的面目出现”,这就如同《山海经》乃至《阴符经》、《黄帝内经》等。几乎所有的古典文献都在暗示“圣经”的存在以及其作为“一本正经”的本原面目,正如福柯在《性史》中所说的西方社会“反复啰嗦地”“谈论它自己对性的沉默”,“费尽心机地详细叙述”“它没有吐露的事情”[②],历代中国大儒则“反复啰嗦”、“费尽心机地详细叙述”对“圣经”的沉默。对“圣经”的沉默不仅伴随着对《山海经》的沉默,亦伴随着对《山海经》的叙说。

回溯历代《山海经》注疏与古人对于《山海经》的论述,不难看出,古代为《山海经》作注作序作图者多为大师级硕学鸿儒:郭璞为之作传;王崇庆、杨慎、吴任臣、毕沅、郝懿行、吴承志、惠栋、吕调阳、汪绂、陈逢衡、王念孙、俞樾等为之作注作序;刘秀、尤袤、胡震亨、沈士龙、黄省曾、项絪、黄晓峯、孙星衍、阮元等为其作序题跋;王崇庆、蒋应镐、吴任臣、毕沅、汪绂等则为之作图;此外,郭璞为之作“图赞”、朱铨为之作“腴词”、冯桂芬为之作“表目”、卢文弨与严可均则为“图赞”“补逸”……

《山海经》在这些硕学鸿儒笔下声名显赫:胡文焕言《山海经》“士所当必识”[③];胡应麟言其为“古今语怪之祖”[④];《艺海珠尘》收录杨慎《跋山海经》言“《文选》、《山海经》,食品之山珍海错也”,“二书非宵三肆朝

① [法]米歇尔·福柯著,黄勇民、俞宝发译:《性史》,第8页。

② [法]米歇尔·福柯著,黄勇民、俞宝发译:《性史》,第6页。

③ 《梅花喜神谱 饮膳正要 山海经图》,《中国古代版画丛刊二编》第一辑,上海:上海古籍出版社,1994年。

④ (明)胡应麟:《少室山房笔丛》,上海书店出版社,2001年。

百诵不得其益”[①]；吴任臣言“《山海经》实博物之权舆，异苑之嚆失”[②]；刘承斡言《山海经》为“圣作明述之巨编”[③]；孙星衍言“多识于鸟兽草木之名，多莫多于《山海经》”；[④]阮元言“上古天尚通，人神相杂，山泽未烈，非此书未由知”[⑤]；《四库全书总目提要》亦言其为“小说之祖”……

不仅《山海经》声名显赫，《山海经图》、《山海经图赞》以及《山海经》诸注亦声名显赫。《艺海珠尘》收录杨慎《山海经补注》、刘大昌《刻山海经补注序》言“其作著发古人所未尝，悟古人所未见”，“异时艺林文苑称蜀本于天下，当自今日始矣”；《山海经补注跋》则言其为“吾蜀之盛事，斯文之庆幸”。

实际上，《山海经》的显赫声名亦见于他书：《博物志》言“太古书今见存有《神农经》、《山海经》”；《吴越春秋》言其为“金简之书”；《诸蕃国志》赵汝适序言“山海有经，博物有志，一物不知，君子所耻”；[⑥]清人汪琬《〈具区志〉序》言《具区志》“上参《山海经》，下究太史公、郦道元以来诸书”，[⑦]将《山海经》列于《史记》之上；刘师培言其“尝读《世本》《山海经》知苗民出自颛顼、路氏出自神农、翟氏出自黄帝、白民出自帝俊……乃窃叹史臣之无识，致朔漠贱姓渎我诸华，辨族类物之大经至此斩矣。”《世本》非“经”，《山海经》为“经”，此实暗言《山海经》为“辨族类物之大经”，“大经斩”即《山海经》“斩”。[⑧] 廖平《〈山海经〉为〈诗经〉旧传考》更言《山海经》不仅是“《诗经》大一统之师说”，亦为“大一统之《禹贡》”，“九州”、“邹衍”、“瀛海”等皆为《山海经》，《时则训》“五帝五神”、《尚书大传》、《月令》等亦皆出于《山海经》，据《山海经》以解经乃“先师之旧法”。[⑨]

问题的关键是从假相中“辨读”出真相，不仅仅要从浩如烟海的文

---

① (明)杨慎:《山海经补注》，载[清]吴省兰辑《艺海珠尘》，嘉庆吴氏听彝堂刊本。

② (清)吴任臣:《山海经广注》，《文渊阁四库全书》。

③ (清)吴承志:《山海经地理今释》，民国十一年求恕斋刻本。

④ (清)毕沅:《山海经新校正》，台北:新兴书局，1962年。

⑤ (清)郝懿行:《山海经笺疏》，上海:上海古籍出版社，1989年。

⑥ (宋)赵汝适原著，杨博文校释:《诸蕃国志》，北京:中华书局，1996年，第1页。

⑦

⑧ 刘师培:《攘书》，载《刘师培全集》二，北京:中共中央党校出版社，1997年，第2页。

⑨ 廖平:《山海经为诗经旧传考》，《四艺馆杂著》(十)。

献典籍中“辨读”出《山海经》的特殊性，亦要从《山海经》背后“辨读”出《海山经》。前一“辨读”并不难，历代《山海经》文献以及历代文献中的《山海经》可以为我们提供丰富的线索与材料；而后一“辨读”却相对困难。

如果我们看到古人言《山海经》多与其他书相提并论，就不难看出，《山海经》总是与一本称谓特殊的书联系在一起，如《史记》言《禹本纪》、《山海经》；《汉书》言《禹本纪》、《山经》；《后汉书》言《山海经》、《河渠书》；《博物志》言《神农经》、《山海经》；《论衡》言“禹之山经、淮南之地形”、“山经、禹纪”、“禹纪山海、淮南地形”；刘师培言《世本》、《山海经》……不仅如此，除《后汉书》与《论衡》外，诸书所言《山海经》均居后位，然《论衡》言“案禹之山经、淮南之地形以察邹子之书，虚妄之言也”、“案太史公之言，山经、禹纪，虚妄之言”；“夫如是，邹衍之言未可非，禹纪、山海、淮南地形未可信也”。“虚妄之言”、“未可信”实隐言《山海经》在前为“虚妄之言”、“未可信”。进一步研究当可发现，《论衡》不言《禹本纪》而言“禹之山经”、“禹纪”、“禹纪山海”，即将“本”字舍去，隐言《山海经》在前为“舍本逐末”，故其不言《山海经》而言“禹之山经”、“山经”、“禹纪山海”，隐言《山海经》去“海”言“山”为“经”，有“海”则非“经”，故为“虚妄之言”、“未可信”。由此可见，《禹本纪》实隐言《山海经》所“本”、“禹纪”所“本”，此亦即《世本》隐言《山海经》所“本”。而《后汉书》将《山海经》列于《河渠书》之前，实因其为帝王所赐，隐言帝王“舍本逐末”，以“假正经”取代“正经”、以“山经”取代“海经”。然由于《海山经》秘而不宣，古人多以《山海经》替代《海山经》。

因此，论《山海经》者多言其残缺、湮灭、错误，郭璞与郝懿行皆言“师训莫传，遂将湮泯”：郭璞序“此书跨世七代，历载三千，虽暂显于汉而寻亦寝废。其山川名号，所在多有舛谬，与今不同，师训莫传，遂将湮泯。道之所存，俗之丧，悲夫！”郝懿行《山海经笺疏》叙引《水经注》云“《山海经》薶缊岁久，编韦稀绝，书策落次，难以缉缀，后人假合，多差远意”，并言“古经残简，非复完篇，殆自昔而然矣”，又“今《禹贡》及《山海图》遂绝迹不复可得，《禹贡》虽无图，其书说要为有师法，而此经师训莫传，遂将湮泯。郭作传后，读家稀绝，途径榛芜，迄于今日，脱乱淆讹，益复难读。”还读楼本江序《山海经笺疏》言“通德人亡，尚念郑乡之学，惟是签分蠹轴，半蚀羽陵，写定礼堂，已成烬简”。

《山海经》之残缺、湮灭与错误，实隐言其“移山换海”以“假正经”取代“正经”。至此，《山海经》之“真相”才算“大白于天下”，与《山海经》一起“真相大白”的，正是隐而不宣之古“圣经”《海山经》。

福柯指出，在特殊领域的冷僻学问与被剥夺资格的知识中，仍然保存着对敌意和对抗的记忆，这些敌意和对抗至今仍然被禁制在知识的边缘，从这当中产生了一种可以称之为谱系的东西去艰辛地从事对斗争以及冲突的原始记忆的重新发现。这些谱系是冷僻学问和流行知识相结合的产物，只有废除总体性话语及其等级体系在理论上的特权地位，它们才能建立起来。[①] 发现与揭示这一“特殊领域的冷僻学问与被剥夺资格的知识”的途径就是话语分析。正如福柯所说，话语或者说语言，与历史一样，从来就不是客观真实的，而是永远有视角的，总是和权力联系在一起，打上了所有权、征服、胜利和自然关系的烙印。[②] ——权力斗争的双方在展开斗争的时候，都争相赋予话语自己希望拥有的权力，从而使得话语成为权力争斗的焦点与核心，那些在我们今天看来平淡无奇、信手拈来的文字与命名、词语与成语，无一不是权力斗争的历史遗迹。

以“圣经”言，《说文》“聖，通也，从耳，呈声。”段注“从耳者谓其耳顺”，并引《风俗通》“聖者声也，言闻声知情”、《周礼》“六德教万民”，言“凡一事精通亦谓之聖”。“从耳”、“闻声知情”实言“言传身教”，故“六德教万民”、“一事精通亦谓之聖”实言圣人以“言传身教”教民，此“一事”显为圣人教民、治民，也就是政治。我们看到，“聖”强调的“从耳”、“闻声知情”实即“口耳相传”。“聖”为“耳”与“口”在“王”之上，暗示“口耳相传”实为“民”，即“聖”意味着“民”在“王”之上，“口耳相传”即意味着民众话语权。“圣经”为“口耳相传”则隐言其寓民权。《史微》言“自古人口耳相传之例不明，而古书为后人变乱也”。[③] “口耳相传之例不明”实言“圣经”不明，“圣经”不明乃因“古书为后人变乱”。

《三字经》言“古圣著，先贤传。注疏备，十三经。《左传》外，有《国语》。合群经，数十五。”《三字经》表面上是言“十五经”，实言“十三经”非“经”而为“先贤传”之“传”，而《左传》、《国语》本非“经”之“传”、“语”，却为“经”。与此相应，“四书通，孝经熟。如六经，始可读。六经者，统儒术。文作周，孔子述。易诗书，礼春秋。乐经亡，余可求。”并未言及

① [法]米歇尔·福柯著，严锋译：《权力的眼睛——福柯访谈录》，第218～219页。

② [法]米歇尔·福柯著，钱翰译：《必须保卫社会》，第46页。

③ 张爾田：《史微》，上海：上海书店出版社，2006年，第172页。

“五经”，而言“六经”“统儒术”，然“六经”“乐经亡”，故“五经”不能“统儒术”，亦“可疑”。《三字经》最后更言“我教子，惟一经”，表明前言“十三经”、“十五经”、“四书”、“六经”皆非“正经”，“正经”仅“一经”，此“一经”即“一本正经”。不仅如此，此“一经”实为“三字经”，此“三字经”即与《山海经》相对之《海山经》。

“一经”即至今仍然出现于我们日常用语中的“一经……则(立即、就、马上)……”。“一本正经”亦为至今仍然使用的成语，此“一经”实即“一本正经”。除“一经”与“一本正经”外，现在日常用语明确言经数者如“正经八百”、“正儿八经”，我们看到，“诸经”多为“五经”、“六经”、“七经”、“九经”，独独不言“八经”，“八经”与“八百”如果为实数，亦差之甚远。实际上，“八”、“八百”皆非实指，而以“八”为“气之分散”寓“道之分散”，又以“道之分散”言“离经叛道”，“正经八百”、“正儿八经”实言“正经”“一分为二”，“假正经”取代“正经”、“正经”变为“不正经”。

与“一经”、“一本正经”、“正经八百”、“正儿八经”等日常用语不同，“四书五经”为专有名词，“四书五经”实与“一本正经”构成对应，释“正经八百”与“正儿八经”。现在日常用语中言经数者还有“几经”，如“几经周折”，“几经”实亦暗言“经”之数非实指。此外，“经”还常被单独使用，如“经研究，决定……”，以及“经得起”与“经不起”。“经”实即“一经”、“一本正经”，暗示古人所言“诸经”皆非“正经”，而为“假正经”。因此，“一本正经”表示严肃、认真，“不正经”表示随便、不认真，“假正经”表示不认真却假装认真；“经得起”、“经不起”，暗示“经”有“此起彼伏”。与“经”相对，尚有“不经”，如“不经意”，“不经意”实与“经意”形成对立，以“不经意”言“无意”，与“刻意”、“有意”对立，暗示“经”与“不经”意义不同。古人将“经”之奥秘以一种我们现在“日用而不知”的方式代代相传，从而使我们得以追溯与把握古代经学之奥秘，同时发现与“经”、“典”相关的常用词语如“经典”、“经常”、“经纪”、“经籍”、“典礼”、“典藏”、“典当”、“典型”、“正经”、“不正经”、“假正经”、“老不正经”、“一经”、“曾经”、“已经”、“经过”、“经历”、“经受”、“经营”以及成语“一本正经”、“经久不衰”、“经久不息”、“久经沙场”、“离经叛道”、“引经据典”、“满腹经纶”、“数典忘祖”乃至“名不见经传”等的本原意义。

对“圣经”的“禁”与“传”都是通过话语体现的。以“禁”言，正如福柯所说，“似乎为了在现实中控制性，首先必须在语言层上制服它，控制性在语言中自由流通，从言论中将它抹去，清除太露骨的词汇，甚至似乎在禁令中也不敢直接称呼它。”控制与制服的方式即为将“圣”变为

“怪”、将“一本正经”变为“怪诞不经”。正如“在性的周围出现了一个多样、特别、强迫的变相倾向言语转换的完整的网络”，围绕着“圣经”，也有一个“变相倾向言语转换的完整的网络”，这就是“海运”、“海禁”、“移山换海”等种种与山、海相关的隐喻隐言《海山经》变为《山海经》。正如“性不在言语之列，只有清除障碍、打破秘密，才能开辟通向谈性的道路”，“圣经”也不能通过文字表面看见，只有“清除障碍、打破秘密”，才能开辟通向谈《山海经》的道路，这个“障碍”和“秘密”，正是“山”与“海”所隐喻的君权与民权。

权力机构不仅对它们禁止的东西假装不知，还将其“粘附于一种岁数，一个地方，一种实践”，将其彻底改装，变成一种全新的模样，使之从一个领域转移到另一个领域，以性言，是将其从伦理领域转移到经济领域，从权力概念转变为利益概念；以“圣经”言，是将其从《海山经》转变为《山海经》、从政治领域转移到自然领域、从内在力量转变为外在称谓，这就是福柯所谓的“隐蔽言语”、“分散回避法”，它们以“煞费苦心的预防措施”和“详细的分析”、“众多的程序”，建构成一种“由回避组合而成的科学”，其目的即为“躲避”“那种难以忍受的、过于危险的真相”。[①]

“圣经”的危险性一如“性”的危险性。然而，“性”“是一种被无礼压制发言的东西，同时又是一种泄露起来困难而又有必要，危险而又珍贵的东西。”“圣经”之所以“危险”，亦是因为其危及现实秩序与法令，故被禁止废弃；其之所以“珍贵”，亦因为其为“圣经”，向更多人显示了一个更为理想的存在秩序与法令。通过“圣经”的对立面《山海经》，我们看到福柯通过性看到的令人震惊的情景：

> 据说没有任何社会曾过于拘谨；没有任何权力机构曾小心翼翼地对它们禁止的东西这么假装不知，似乎它们决心与之毫不相干。但是，至少在综观这些事实之后，人们看到了完全相反的情况：从来没有存在过那么多的权力中心；从来没有显示并用言语表示过这么多的关注；从来没有过那么多的循环接触和联系；从来没有更多的场所，在那里，欢愉的强度和权力的坚持那么相互结合，但只是为了向四处扩散。[②]

明清两代为《山海经》作注、作传者可谓层出不穷，其实皆因“海禁

---

① [法]米歇尔·福柯著，黄勇民、俞宝发译：《性史》，第39～41页。

② [法]米歇尔·福柯著，黄勇民、俞宝发译：《性史》，第39页。

宏开”隐喻对“圣经”《海山经》禁令的松弛。这一点也与“性”相似：

> 自18世纪以来，性一直没有停止过唤起一种普遍的思辨热潮。这些有关性的讨论不是在脱离或背离权力的情况下增盛，而是在权力的空间并作为行使权力的手段而扩大。激起谈性的因素来自四面八方，到处有聆听和记录的机构，有观察、审讯、系统表达的程序。人们把性从其隐藏处驱赶出来，使其被迫过起漫无边际的思辨生活。①

真理与谬误只有一步之差。在中国古代知识体系中，真理与谬误都是通过“天”或“天道”来体现，民众以民为君立法为“天”，君王以君为民立法为“天”，因此，对“天”的争夺一直是古代文字表述的核心。由于“圣经”本言民为君立法之“天”，因此，将此“天”改造成彼“天”就成为权力重新解释与改变“圣经”的根本策略，以至于“圣经”最终变得面目全非。揭示“圣经”所关系的“真相的政治史”是如此迫切，以至于清人廖平等用上了“急需”之词。

就在中国古代最后的知识分子急切呼吁辨别古代文献与文字之时，古代文化的血脉即将被割断，一种全新的书写方式登上历史的舞台。正如道格拉斯所说，《旧约》的《申命记》中的禁忌规则是以某种宇宙论和动植物的分类为前提条件的，如果剥夺了禁忌规则原有的社会背景条件，便显得是一套武断的禁令。当这种远处的背景条件丧失了，当人们原本据以理解禁忌的背景性信念不仅被遗弃而且还被忘却了，它们的特征就确实如此。在这样一种环境里，规则失去了任何能确保它们权威性的地位，加上它们不能迅速取得某种新的地位，对它们的理解和辩护就都成了问题。如果一种文化的资源太贫弱以致不能把重新解释的任务承载下去，那么，为其辩护就是不可能的了。② 同样，“圣经”的规则也是以宇宙论为前提条件的，这个宇宙论就是“阴阳五行”，《山海经》中的动物与植物、地理与天文、名物与神怪，无一不是“阴阳五行”“以气寓道”的体现。然而，伴随着古代帝王对“圣经”的禁令，“阴阳五行”亦成为禁令，“圣经”与“阴阳五行”一起被改头换面成“怪诞不经”的“怪物”；与此同时，从西方引进的学术体系再次将《山海经》与“阴阳

---

① ［法］米歇尔·福柯著，黄勇民、俞宝发译：《性史》，第25页。

② ［美］A.麦金太尔著，龚群，戴扬毅等译：《德性之后》，北京：中国社会科学出版社，1995年，第140～141页。

五行”改头换面，以至于一切已经变得面目全非——“圣经”以及《山海经》被“剥夺了禁忌规则原有的社会背景条件”，“人们原本据以理解禁忌的背景性信念不仅被遗弃而且还被忘却了”，从而使得“规则失去了任何能确保它们权威性的地位”、“对它们的理解和辩护就都成了问题”。假如情况正如道格拉斯所说，“如果一种文化的资源太贫弱以致不能把重新解释的任务承载下去，那么，为其辩护就是不可能的了”，中国古代先人呕心沥血、孜孜以求的文化血脉就真的不再能延续了，这将会是多么可怕而又可悲的事情！

然而，正如梁启超表示史迹“诡异而不易测断”的原因时所指出的，“人类心理时或潜伏以待再现。凡众生所造业，一如物理学上物质不灭之原则，每有所造，辄留一不可拂拭之痕迹以诒诸后。但有时为他种势力所遮抑，其迹全隐，浅见者谓为已灭，不知其乃在磅礴郁积中，一遇机缘则勃发而不能复制。”[①]中国文化向以“一脉相承”、“源远流长”著称，中国历史一定留下了“不可拂拭之痕迹以诒诸后”，这正是古人多次在文字中呼吁“以俟来者”之根本原因。

从这一角度看，“圣经”恰恰为后人提供了一个追踪先人历史足迹最合适不过的视角。如果按照人类学“民族志”的概念，那么，“圣经”应该是真正具有寻根意义的“民族志”。

① 梁启超：《中国历史研究法》，上海：上海古籍出版社，1998年，第125页。

人类学视野下的性别思考

——真正认识人类自己

林　红

摘　要:人类的性别原本就是五光十色、多彩多姿的光谱而不是一分为二的两极。在男女二元分割的性别文化霸权下,生理性别上雌雄同体的“双性人”和生理性别、社会性别、心理性别交错矛盾的“变性别欲者”被病理化、道德化,不得不进行性别“改造”或性别“矫正”。由此造成的身心痛苦与困惑、生命的呼喊与挣扎令我们不能不反思:生命的品质难道只能在男女二元的框架中才能实现?僵化刻板的二元性别体制难道不该受多元文化的监督与批判?人类学跨文化比较的观点让我们重新检视二元性别体制规范人类、划分性别的正当性。

人类学视野中的性别是一个五光十色、鲜活多彩的主题,它反映着人类世界最基本也最敏感的关系和秩序。20世纪90年代以来,在后现代女性主义“超越性别”的喧嚣声中,多元性别陆续浮出水面。本稿从人类学跨文化比较的观点出发,通过对“双性人”及“变性别欲者”[①]的现状透视认知多元性别,揭示“sex”(生理性别)、“gender”(社会性

① 指那些希望改变性别特征(不论是否实施了变性别手术)的人。本稿采用《性别是如何改变的?》(*How Sex Changed—A History of Transsexuality in the United States*)一书对“transsexuality”一词的译语。北京:外语教学与研究出版社,2007年,第3页。

别)、“sexuality”(心理性别①)的多元复杂性及其多重交叉关系,重新思考性别的文化含义。全稿分为三个部分。第一部分介绍生理性别的多元样态,指出既有生理性别常识认知上的偏颇;第二部分就“双性儿”的性别决定问题探讨生理性别与社会性别的关系;第三部分讨论性别认同现象及社会对此现象的认识与态度问题。由此揭示性别平等、多元和谐及性别多元教育的意义。

一、生理性别:男与女的二元对立?

现代医学研究表明,人类并非只有“男”、“女”两性,还有第三性、第四性……甚至可分为 7 种以上。这种先天的、与生俱来的生理上的性(sex)的差异,通常称为“生理性别”或“自然性别”,用以区别“社会性别”这一层面上的概念。判断性别的根据历来很简单。当人们呱呱落地时,便因其外性器的形状而被告知是男或女。在其日后成长和养育过程中,则按“社会性别”为男女规定的性别角色学习适宜的穿着、举止、言谈;成人后选择“正确”的性别伴侣,善尽“妻职母职”或“夫职父职”。然而,决定生理性别的不仅仅是肉眼能够看到的外生殖器性别,还有性染色体、性腺、性荷尔蒙等性别因素。在高倍数显微镜、细胞生化分析仪等现代科学仪器未诞生前,我们的老祖宗只能靠肉眼观察外性器来判断男女性别,而无法认知深藏于人体内的其他性别决定因素,也无从解释种种奇异的性别现象。这,不足为怪。

(一)常规态与非常规态的多元存在

长期以来,生理性别的相关知识被主流社会有意或无意地忽视,以致人们无从认知生理性别的多元存在和多重复杂。说它多元存在,是

---

① 在汉语的许多文脉中,“性”是 sexuality 的最简洁译语,也是 sex 的译语。为了不与 sex 的概念混淆,也为了与“生理性别”和“社会性别”的用语对应,更为了上课中方便学生理解和记忆,笔者将“sexuality”译为“心理性别”。台湾宁应斌在 2009 年 12 月 5—6 日“两岸三地性/别政治新局势”学术研讨会上特别提出“社会性”(sexuality)之译语。考虑到大陆人习惯于“定性”思维,恐“社会性”之语让之一下子联想到类似“政治性”、“经济性”……(因素)等一系列连贯用法,故在尚未找到更佳译语的情形下一意孤行仍用“心理性别”一语。尽管它还不能囊括 sexuality 一词的性言说、性呈现、性符码、性意识、性认同、性欲望、性象征、性存在及性行为等一系列性的个人特质与性的社会建构之全部内涵。

因为性别并非只有“男”、“女”两种，它还包括一些通常说的男不男、女不女，似男非男、似女非女等在男女二元性别框架外的“跨性别”①者；说它多重复杂，是因为决定性别的要素不是单一的，而是有外生殖器性别、内生殖器（生殖腺或性腺）性别、染色体性别及荷尔蒙性别等多重因素，且它们在某些个体身上的表现并不统一。尤其是其中的性染色体，在胚胎发育早期的有丝分裂（细胞分裂的类型有三种，即：有丝分裂、无丝分裂和减数分裂）或配子形成的减数分裂中，偶然会出现分裂不全或丢失现象，从而造成染色体排列呈非常规态，致使性别分化出一些鲜为人知的类型。

序号	性特征	1	2	3	④	5	6	7	8	9	10	11	12	⑬	14	15	16	17
1	性染色体	XX	XX	XX	XX	XX	XX	XX	XO	XY	XY	XXY	XY	XY	XY	XY	XY	XY
2	生殖腺	◎◎	◎◎	◎◎	◎◎	◎◎	◎◎	◎●	不全	无	●●	●●	●●	●●	●●	●●	●●	●●
3	雌性荷尔蒙	正常			正常	正常					正常	正常	正常	正常	偏低		正常	正常
	雄性荷尔蒙	正常	偏多	偏多	正常	正常	正常	偏低	偏低		正常	偏低	偏低	正常	过多	偏低	正常	正常
4	解剖学上的外观																	
5	阴茎							正常				偏小	小	正常	正常	小	小	正常
	阴蒂	正常	正常	肥大	偏大	偏大	肥大	肥大	正常	偏大	正常							
6	排尿方式	女	女	女	女	女	女	女	女	女	女	男	男	男	男	男	女	男
7	有无月经	正常	无序	没有	还好	还好	正常	少有	没有	没有	没有							
8	生殖功能	有	不定	无	有	有	无	无	无	无	无	无	不定	有	无	有	无	有
9	性别认同	女	女	女	双性	中性	双性	双性	女	女	女	中性	中性	双性	男	双性	男	男

◎代表卵巢；●代表睾丸；3 数字上加框者为双性人；④ 数字代圈者为同性恋；数字为红的是扮装癖；

资料来源：美国《科学杂志》第6卷第6号71页（1970年）。

生理性别的差异图

---

① 如何春蕤所言，“‘跨性别’并不是一个统筹划一的名称，而是一个包含了许多不同性质之主体、不断改变定义与疆界、不断浮现新的主体和性别想象的概括名词”。《“性别压迫”：跨性别主体在台湾》，见何春蕤编《跨性别》，台北：中央大学性别研究室，2004年，第77页。另，按费雷思的定义，“如今‘跨性别’这个名词至少有两个口语上的意义。一方面，它被当作一个涵括的名词，用来涵盖所有挑战性与性别疆界的人”；另一方面“也被用来区分那些在性别表现上被视为不符合其生理性别的人，以及那些透过手术和其他方式将其生理性别重新设定的人”。（费雷思著，张玉芬译：《在奋斗中浮现的跨性别》，见何春蕤编《跨性别》，第317页）本稿所指的“跨性别”还包括那些在生理性别上雌性同体的双性人。

如图表所现,1970 年美国《科学杂志》上发表的该资料显示了人类 17 种性别的特征。除了图左右两端的第 1 列和第 17 列是完整意义上的女性和男性外,其余的均是一些非常规态,很难用主流社会的男女二元分割体系加以归类。如图表中的第 8 列,性染色体呈 45XO,比常规态少了一个性染色体,其他各项性别特征为:卵巢缺如、性荷尔蒙分泌失常、第一性征为女第二性征却发育不良等,医学上诊断为“特纳氏综合症”,认为是胚胎期去雄激素化过程中导致的“两性畸形”;第 11 列性染色体呈 47XXY 配置,比常规态多出一个,其余各项性别指标为:睾丸发育不全(很小),分泌的雄激素偏少(雌雄性荷尔蒙分泌水平失衡)、第二性征呈弱,出现女性乳房、阴茎偏小、无精子发生,不育等,医学上称“克兰费尔特综合症”,虽被认定为“男”,实为非完整意义上的男人。图表中的第 4 列和第 13 列则分别具有女同性恋和男同性恋的倾向;第 5 列和第 12 列显现异性装扮特征(俗称“易装癖”或“服装倒错”等)。

人体的发育过程先后经历了两次性别分化(胚胎发育期和第二性征形成期),分化的不完全往往导致雌雄同体。在图表中间地带的 15 种非常规态中,最多的为“双性人”,列第 2、第 3、第 6、第 7、第 8、第 9、第 10、第 11、第 15、第 16 是也。医学上主要根据性染色体排列的不同(至少有 10 种以上),将双性人分为真性双性人、假性(男性假性和女性假性)双性人及潜性双性人。这些介于男女两性的、模棱两可的双性人,超出了主流社会二元性别分类的框架,被视“男”、“女”为正常的体制斥为异常、畸形。在英语世界中,称之为 hermaphroditism、intersexuality 等,华语世界中则有“阴阳人”、“两性畸形”等称呼。笔者选择用“双性人”一语而力避用“两性畸形”这类带有男女二元性别歧视的排他性用语。

(二)性别决定基因的多重作用

20 世纪 70 年代以来,性染色体被广泛地用来作为检测男女性别的指标。随着 20 世纪 90 年代性别决定基因的不断发现,科学家们更加坚信:对性别起作用的不仅是性染色体,还有其他性别因素。在此之前,教授们在讲授生殖学或生理学中论及性别时,可以很有把握地说:由于性染色体的不同,决定了性腺(睾丸或卵巢)的发育;而性腺分泌的性激素的不同(主要是雄性素),导致内外附属生殖器官及大脑的发育,最终形成了性别分化。如今,这种解释随着细胞生物学研究的深入已被推翻。性别决定基因的不断发现,使科学家们认识到性别的基因型与表现型并非完全一致。性染色体上携带着某些隐性基因也共同参与了人体的性别形成。可以确定的有六个基因，它们分别参与了睾丸或卵巢的发育及配子过程。这些基因不仅存在于性染色体（Y 或 X）上，有的还出现在常（体）染色体上。所以，不单是性染色体、而且常染色体也一起参与了性别分化的过程。在促进性或抑制性的男性基因和促进性或抑制性的女性基因中，只要某一基因发生缺失或多了一份，就会造成携带某种性染色体性别的人长出与性染色体性别相反的内、外生殖器。就“双性人”的各项性别指标而言，大多表现为性染色体的性别与相应的第二性征或外性器性别不一致，主要因胚胎发育期性染色体和性激素分化不全所致。

性别决定基因除了对染色体的影响外，还对脑部发生作用。通常情况下，人们对自身性别的认识，即性别认同，与其生理性别的类属相吻合。但有些人，身为男儿却执意认为自己是女人、生为女儿身却固执地认为自己是男性，他/她们总是想着变性甚至做了变性手术。其原因之一，就是性别决定基因对脑部的作用。愈来愈多的科学研究表明，性别决定基因可直接影响脑部的性别分化及其性别认同。

生理性别的多元存在及性别决定基因的复数存在告诉我们：性别不应是一分为二的二元分割，而是多姿多彩的样态呈现。就人类种的意义言，生理性别如光谱式的缤纷多彩、五光十色，无法用教条的、一分为二的方法加以切割、划分；此为性别的多元性存在。尽管各种性别的人数有多有少，但决不因此、也不该因此有优劣上下之分。另从个体的存在模式看，决定人体性别特征的因素是多重交错、相关互动的。没有单一的标准，也不应有“正常”与“异常”之分。性别决定基因对脑的作用表明了性别形成的多重复杂性，难以用简单划一的方法归纳它。

二、“双性儿”的命运：生理性别与社会性别孰重孰轻？

有些胎儿在胚胎发育期因带 XY 的性染色体无法顺利合成一种叫 DHT 的荷尔蒙，却发育成女性或仿真两可的外性器官。有的同时拥有精囊和卵巢；有的内有男性精囊而外有女性阴户；有的则是内有女性卵巢而外有男性阴茎。凡此种种雌雄同体者，俗称“阴阳儿”，术语用“双性儿”（intersex）。在男女二元分割的性别文化霸权下，“双性儿”在婴幼儿期就遭受了“削足适履”性别指派手术，或被摘取性腺，或被割除外性器官。此后，长期服用药物激素，尤其是青春发育期后，性别认同的困扰常令她/他们痛不欲生[①]。20 世纪 90 年代以来，她/他们的生存状态开始受到女性主义者的关注。

（一）跨文化比较：二元性别体制与“第三性别”文化

20 世纪 50 年代末以来，在欧美国家就开始常态性地施行矫治“双性儿”的医疗手术。在欧美主流医学界，被奉为金科玉律的约翰·曼尼(John Money)理论注重外在的文化因素，强调幼儿性别的可塑性，认为性别认同在幼儿 18 个月内可以更改，因而主张尽早对“双性儿”进行性别指派手术，声称这样做能使“双性儿”在日后成长过程中发展出与“被指派的性别角色”(gender assignment)相互协调的性别认同，而不会对指派给他的性别产生异议。据此理论，欧美所谓文明国对“双性儿”大动干戈，用法律和医疗的手段强行将被视为“畸形”、“异常”的“双性儿”纳入非男即女的二元性别体制内。如对性染色体为女性 XX 核型的婴儿、内生殖器(性腺)为卵巢、外性器却呈现为完整健全的男性阴茎(内外生殖器性别不同一)的婴儿，究竟应根据阴茎的完美决定其性别为男？还是截除阴茎造出女性外生殖器？约翰·曼尼(Money)的主张是保留阴茎、摘除卵巢，成为男孩。其理由是：这类婴儿早在母体内就因过量的雄性荷尔蒙而使脑部构造男性化，若当女婴来教养，其脑部结构注定她将发展出“男人婆”(Tomboy)的性格和行径。曼尼(Money)派宁可让幼儿日后成长在性别认同的困惑中，也不愿促成难以被主流社会接纳的“男人婆”的形成。

在性别指派手术上，医疗权威们通常除了考虑其生殖器外观、异性性交能力外，更多的是考虑幼儿日后的性别成长是否能与社会期待的性别角色吻合。他们极力维护的是男女二元的社会性别规范，期望所有的女人“阴柔”，所有的男人“阳刚”。为了避免发展出不符合二元性别规范的性格，他们通过阉割内/外性器来确立生理性别，以铲除不能见容于主流二元体制的所谓“异类”，消除“双性人”可能给二元性别秩序带来的难堪、麻烦、混乱及威胁。当医学满足于用生理解剖、外科整形甚至前卫的科学技术手段让所谓性别界限模糊的“异类”取得在二元

① “双性儿”人数究竟有多少，各国均无明确统计。据《インターセックス(intersex)》一书作者帚木蓬生推测，其比例约占出生婴儿的 1%。东京：集英社，2008 年，第 28 页。

性别体制内的安身之所时，人类生命发展的多元机制被扼杀；当医疗运作知识上的权力和体制内的资源来修补并制造出符合主流社会刻板印象的「性别」时，性别指派手术的主体之感受及其后续情形被忽视了。

其实，接受了性别手术的多数人并非曼尼学派所设想的那样，早做手术就发展出与“被指派的性别角色”相协调的性别认同。他/她们在幼儿时身体任由医生宰割，青春期后却因伴随终生的荷尔蒙治疗及其副作用的困扰而痛苦不堪。有的对指派给自己的性别始终持有怀疑；有的甚至要求重新更换性别；尤其是性别手术后得不到外界认可，没有亲密伙伴的苦恼，令她/他们中的不少人轻生。据美国双性人组织AGGPG(A Gegen Gewaltinder Paediatrieund Gynaekologie)的发言人透露，估计有 60％的双性人试图自杀，约 20％的人已经自杀。还有30％的人没有亲密伙伴关系，60％的人自我认定为同性恋者(例如，变性为女人后爱恋的还是女人)[①]。可见，不单是年幼的“双性儿”遭受二元性别体制的阉割，成年的“双性人”也免不了二元性别体制的压迫！

相比之下，在亚洲、非洲、美洲、大洋洲、澳洲等一些国家和地区，“双性儿”、“双性人”与男女两性一样自然而然、无忧无虑地成长、生活着，无需遭受来自性别指派手术的恐惧与痛苦，也不会遭遇社会的白眼与冷落。印度尼西亚共和国独立(1950 年)前的原住民，将性别分为男性、女性和双性。他们用最文明、最开明的态度给“双性人”特有的地位，让他/她们用智慧和技能作顾问、司仪，或接受人们的咨询，或为人们祈福、祝福[②]。在中美洲多米尼加共和国的三个村落，不少幼时有女性外生殖器的小孩，进入青春期后发育出阴茎和睾丸(俗称“12 岁阴茎现象”)，他/她们被视为“第三性别”得到社会的认可，完全无须为自己模棱两可的性别烦恼。巴布亚新几内亚东方高地上的森巴人也认同“双性人”的存在。在印度，“双性人”作为“第三性”的存在有 2500 年的历史；其中多数人是天生的“双性人”，少数是后天被阉割的。在北美，将近 400 个印第安部落中，有 155 个部落具备超越男女二分的多元社会性别传统；这种文化现象在当代统称为“双灵”(two-spirit)，意指在一个男身或女身中同时存在着男女两种灵魂。双灵者属于男女之外的

---

① 王瑜君：《性别是什么：检视生命科学里的身体、性别政治》，中国论文下载中心，http://www.studa.net/zhexueqita/060120/15284492.html

② 伊藤真：《女の心をもつ「かれら」》(带着女人味的男人)，见松园万龟雄编：《くらしの文化人類学 4：性の文脈》，东京：雄山阁，2003 年，第 226～227 页。

另类社会性别，传统上是受到尊重的社会成员，往往担当医者、宗教师、武士甚至部落领袖等要职。双灵者还可以自由选择与自身生理性别相同或相异的人作为亲密伴侣。此外，许多部落还允许个人在其生命历程中自主选择和改变社会性别身份，而不论其生理性别状况如何。[①]这些曾被视为"落后"、"未开化"的民族，却能用它敞开的胸怀兼容"双性儿"、"双性人"的存在，我们为何不能给"双性儿"、"双性人"提供和谐的生存空间？近年来，随着"跨性别"解放运动的兴起，用医疗手段决定"双性儿"性别的做法遭到欧美社会民间人权组织的反对，性别议题引起广泛的关注。"双性儿"的性别指派手术关涉的不再是单纯的生理性别问题，而是与社会性别及其性别政治紧密相关的人的自然生存权问题。

（二）性别指派手术与性别政治

20世纪70年代西方女性运动和性革命的出现，使性的生殖主义倾向朝性的快乐主义转向。在此思潮下，"女性"的定义不再被局限于生殖功能上。人们不再否定一个没有卵巢、不能生育的人作为女人存在的价值，生殖腺体（卵巢/睾丸）的存在与否也不再被医学专家们用来作为决定"双性儿"性别时的重要依据。当代心理学理论对区别"性别认同"与"性别角色"的重视，将个人对自己性别归属的认定（"性别认同"）与社会文化对所谓"适合"的男女角色的期待严加区分，并以个人的性别认同为重，使个体生命得到了应有的尊重。

目前，我国在对"双性儿"进行性别指派手术时，通常综合考虑如下因素：外生殖器的性别、生殖道和性腺的优势、性染色体的核型，以及患儿的自我认同、家长的意愿和社会融入等等。就我国现有医术水平而言，多数手术为男变女，主要采用双侧性腺切除术和阴道成形术。手术费用的昂贵（据说，2005年时双性人做常规和整形2种手术，花费大约在15000元左右）使常人无法承担。由于经济上的原因，许多"双性儿"免去了性别指派手术之劫。但此并无法保证"双性儿"在日后的成长过程中能够摆脱被社会排斥与歧视的命运。

---

① Jacobs, S.; Thomas, W.; Lang, S. (Eds.): *Two-spirit people: Native American gender identity, sexuality, and spirituality*. Urbana and Chicago: University of Illinois Press, 1997.

2007年度备受关注的阿根廷电影《我是女生，也是男生》(XXY)的导演露西亚(Lucía Puenzo)呼吁：不论是政府或是大众，都应该给这些在性别上被上帝开了大玩笑的人们提供更多关怀、包容与尊重的空间。她希望通过电影让大众看到既有性别文化带给当事人的痛苦与困扰，进而重新思考性别问题：难道除了男女就不能有其他的性别选择？难道与生俱来的生理性别非得手术矫治而不能保持原貌？鉴于两性模式涵盖不了所有性别，近年来，哥伦比亚等国立法维护"双性人"拥有自己的性别和拒绝做性别指派手术的权利。1993年，在北美成立了双性人协会ISNA(Intersex Society of North America，约150名会员)。作为"双性人"的第一个民间团体，它积极地组织"双性人"起来与占据主流文化的二元性别体制抗争，鼓励公开"双性人"身份走进公共领域，学会用集体的力量和社会的舆论来抗拒刻板的二元性别文化的压迫，控诉医疗界对"双性人"身体的暴力操弄，与欧美其他少数性别群体组织共同掀起了"跨性别者的解放运动"。

"双性人"的生理性别虽暧昧不明，但多数人并不因此造成生理功能上的障碍。有暧昧的外阴部并不危害健康，即使不接受任何医疗处理，也能健康地生活。18个月时就被做了性别手术的ISNA协会创办人琦丽尔根据自身的感受确信："大部分的双性人比较希望不做手术。"[①]在跨性别者争取解放的运动中，不断有人提出：难道生命的品质只能在男女二元框架中才能实现？难道"双性人"就不能有自己的生存模式？究竟是"双性人""暧昧难堪"的性别需要进行改造？还是定型于刻板的二元性别体制更需要多元文化的监督和批判？既然生理性别都可通过手术再造，那么用二元性别体制来规范人类、划分性别又有何正当性可言？

三、变性别欲者：灵与肉的分裂？

美国历史学家乔安娜·迈耶罗维茨所著《性别是如何改变的？》一书，从20世纪初在欧洲出现的性别实验，到1952年被媒体首次曝光的变性别者克里斯蒂娜·乔根森的传奇故事，再到今天日益壮大的跨性别运动，引领着读者逐一回顾变性别欲的历史，探讨生理性别、社会性

① 王瑜君：《性别是什么：检视生命科学里的身体、性别政治》。

别和心理性别的交织关系及文化含义。它提供了看待性别问题的新视角，令我们重新思考性别的文化意涵。近年来，互联网上"中国变性第一人"、"安徽变性第一人"、"英国变性第一人"等报道接二连三。媒体争先恐后对变性者个人故事"曝光"，但把变性作为一种生存状态放在较为广阔的背景中加以思考的文章几乎为零。如今，我国大众对变性现象已不陌生。但了解并不意味着理解，更不代表包容。在百度的"变性吧"里，攻击变性别欲者的言论随处可见。有指责他(她)们怯弱，说"要变性的人是思想不坚定"；有直接谩骂其为"一群疯子，不知道怎么想的"，说什么"人不能闲着，闲下来就想那些变态、低级的东西"……硬是将变性与道德情趣挂钩(道德化)。

(一)变更肉身性别的欲望与行动

本稿所指的"变性别欲者"包括通常说的"易性癖"和"变性人"。前者指那些对自身解剖学意义上(内外生殖器)的生理性别不能认同、并强烈地想成为异性或表现出异性行为、但没有施行变性手术的人；后者指那些不认同自己的生理性别而实施了变性手术(即使手术尚不彻底)的人。其他情形的变性者(如因外伤导致性征模糊或先天性别特征不明而施行了变性手术者)不在本论中。由于性染色体的异变或性荷尔蒙分泌的影响，"变性别欲者"的心理性别(性别身份认知)与其解剖学上的生理性别发生冲突，难以认同且拒不接受自己具有的肉身性别。男的自认并渴望自己是窈窕淑女，女的则视自己为并想让自己成为英俊少年。尤其到青春发育期，随着第二性征的成熟与性别认同的冲突日显，内心的困惑、迷茫、焦虑、不安、惶恐、痛苦日增。不少人服用性激素以图改变第二性征，甚至在不能实现性别转换时用暴力伤害自己的外生殖器，有的因此而自杀。

与解剖学上"雌雄同体"的"双性人"(如前所述)不同，"变性别欲者"是心理性别与生理性别发生冲突。其具体表现为下述特征：①深信真正的自己是异性，有强烈的变性愿望；②长期不喜欢自己生物学上的性别，讨厌其性别角色；③因自己所拥有的生理性别而感到痛苦不堪，无法适应社会及职业选择；④希望周围人按其感受到的性别接受自己。因此他/她们力图改变的是其生理性别特征及社会性别角色。变性别欲者因为性别认同始终无法与自身所具有的生理性别相符，为此常年痛苦不堪。据美国《默克诊疗手册》统计，这种被医学命名为"性别同一性障碍"者，在男性中的几率为三万分之一，女性为十万分之一。对其

"障碍"的治疗大多以无效告终,故多数专家认为,既然没有好的治疗办法,倒不如按"病人"的要求改变其肉身性别。在我国大陆,要求做变性别手术的,男女比例约为三比一;在台湾则以女变男为多。据统计,台北荣总医院(获得台湾卫生主管部门认可、具有合法执行变性手术的台湾权威性医院)"从1988年施行第一例变性手术起至1995年12月底,共计实施140例手术,其中女变男共104例,男变女有36例"。[①] 目前,尚不十分清楚我国大陆男性要求变性的人较女子为多的缘由,但可以肯定,女变男之手术难度大(先后要经过切除乳房和内生殖器官、再造阴囊和成形睾丸、然后分两步造人工阴茎等三次以上的大手术)、成功率只有50%左右,是女变男少的重要原因。大陆首例公开自己女变男之身的变性别者耿子,2005—2006年花了近1年时间在厦门中山医院完成了变性手术。为了让更多的人知道变性是不得已、变性本身很痛苦,为了让人们理解变性别欲者,他利用自己的影响力建立了变性人基金会,资助社会上所有的贫困人群。

(二)变性别与社会包容度

在不少国家,如瑞典、德国、意大利、荷兰及土耳其等,均立有专项法规规范变性手术,内容包括手术最低年龄、国籍、亲属法上之身份关系等。还有通过行政命令(如挪威、奥地利及丹麦等),或用司法机关的判决许可(如卢森堡、西班牙、比利时、波兰、葡萄牙及瑞士等)来进行规范。在日本,尽管在法律上没有明文禁止"性转换"(变性)手术,但在"优生保护法"中却禁止切除生殖器官[②],且一直将"性别同一性障碍"作为性倾向问题来看待。其第一例变性手术出现于1998年,变性手术虽已得到某种程度的认可,然议会正式表决和法案通过(允许变性人改变身份证明上的性别记录)是在2004年春[③]。

我国变性手术的实际操作始于20世纪80年代初。据报道人张克

---

① 徐淑婷等:《变性欲症患者变性手术后的身心社会适应》,见何春蕤编:《跨性别》,台北:中央大学性别研究室,2004年,第50页。

② 虎井まさ衛:《ある性転換者の記録》,东京:青弓社,1997年,第160～169页。

③ 井上辉子等:《岩波女性学事典》,东京:岩波书店,2002年,第280页。

莎本人所言，其为我国变性第一人[①]。鉴于当时对变性手术尚无明文规定，其变性之事一直未向外界公开。2009 年 11 月卫生部出台了《变性手术技术管理规范（试行）》[②]，我国始有相关的明文规定。为做好变性手术技术审核和临床应用管理、保障医疗质量和医疗安全，《规范》表现出对申请变性手术者负责的审慎态度，但仍错误地将这类跨性别人群定位在疾病化的层面上。其中，关涉性取向的规定反映了制定者对心理性别多元性的无知或无视，以及异性恋强势思维在我国的根深蒂固。

在我国，变性手术后，公安部门可根据医院的手术成功证明予以变更户籍性别（《公安部三局关于公民实施变性手术后变更户口登记性别项目有关问题的批复》，公治 2002 年第 131 号），即做了变性手术就有可能改变性别身份。国外做法与我国不同。其做法之一是：无论是否手术，均不准改变性别身份，如泰国。另一种做法是：不做手术也可改变性别身份，如西班牙、尼泊尔等（尽管有的只能更改部分证件，有的可以改变性别却不能结婚，有的可申请登记为两种性别）。这两种做法虽然不同，却都不鼓励手术。

变性别欲者有的原本可以选择不做变性手术。尽管他厌恶自己的身体，但未达非手术变性不可的程度。放弃变性对某些人而言是个炼狱般的过程，但考虑到种种因素，不少人还是选择不做手术。她/他们或顾虑家人的感受；或担忧术后的各种后遗症……各种社会的偏见与歧视、以及手术的并发症与后遗症，令她/他们感受到无边的压力与痛苦。在权衡各种压力下，有些人最后还是决定手术变性。某变性人说："其实我可以不做（手术），我在没有手术前过的（已经）完全是女孩子的生活，有一个很爱我的男朋友，他对我的情况早已理解，我已经扔掉以前的户口，托人重新搞了女性的身份证和户口……表面看来，具备了一切女生的条件，但实质的东西没变，一旦把这些条件抛开，我在这个社

---

① "从大陆将军之子到港台酷女"，见林祁：《性别中国》，台北：尔雅出版社，2008 年。

② 《规范》规定申请做变性手术者必须满足以下条件：(1)对变性的要求至少持续 5 年以上且无反复过程；(2)术前接受心理、精神治疗 1 年以上且无效；(3)未在婚姻状态；(4)年龄大于 20 岁，是完全民事行为能力人；……还必须提供有精神科医师开具的"易性癖病"诊断证明，同时证明未见其他精神状态异常；经心理学专家测试，证明其心理上性取向的指向为异性，无其他心理变态等。

会上根本活不下去，所以我还是选择了手术。"[①]然而，压力并非变更肉身性别所能减轻或消除。某报道人谈起自家堂兄，因变性引起社区人们议论纷纷，因而出走他乡。他说：变性者所遭遇到的各种压力以及由此形成的内心痛苦更多地来自社会的无知与歧视。变性后迫于压力而自杀者时有所闻。2007年初，网络热帖议论纷纷的变性艺人刘梦琪的"绝笔书"[②]，是对酷烈冷漠的二元性别制度的血泪控诉。由于社会的不解、不容，这些不惜一切代价寻求变更性别者，在变性之后（不论成功与否）仍遭受到各种非议与排斥。如果说，变性别欲者无法忍受变性之前"灵魂"与"肉体"分裂的折磨；那么，她/他们更承受不了变性之后被"改造"过的身体与性别角色遭社会歧视、拒绝、否定的辛酸与绝望。可见，变性别欲者面临的压力不仅来自其自身的生理性别与心理性别的冲突，而且来自社会性别因素的影响，来自社会性别角色给予变性别欲者的内化作用及性别文化对大众思想的影响。

男性与女性，原本并非截然分割而对立的两级，男性气质与女性气质亦非由生理性别自动地生发而来，且无论是生理性别还是社会性别，都无法决定心理性别即性欲望的形态。心理性别受制于生理性别和社会性别的各种因素之交合作用，其形态千姿百态、因人因事而异，只有差异而无常规态。一个文明和谐的社会不该排斥性别模糊、性别越界的存在。

四、结　语

在性别被分为男性和女性、并以此二元划分来型塑和赋予人们特定的社会性别身份与性别角色的主流文化中，跨性别认同、身为异己的意识以及像异性那样生活的渴望等各种性欲望及性别表达被视为变态、荒唐，性少数人群受到种种非议、偏见、歧视、排斥乃至仇恨，甚至无端的性骚扰，他们遭受到对女性性别和少数性别的双重歧视。"性骚扰从我十几岁到现在就一直没停过，不管同性恋或所谓的正常人都骚扰过我……我想换个城市居住，那里没人知道我是变性人。""我现在是高中二年级的学生，在排位时把我放在五个男生中间，我后面有两个男生

---

① 本稿中引用的变性别欲者的话均出自互联网上的"变性吧"，笔者仅对文字稍作修改。

② 黎明：BLOG，2007-02-06。http://www.cc.ccoo.cn.

天天对我摸来摸去。我制止他们，他们却说，我又不是女生，摸一下又怎么样。”在知识权力与主流价值取向的共同制约下，“跨性别”者被剥夺了享有自然生存与自由选择性别的权利，生存在压抑与孤独中。因此，类似夏世莲网站的相关论坛对之有极大的吸引力。某一变性别欲者说：“记得刚刚看到这个论坛时的兴奋，有一种漂泊很久回到家的感觉……这里都是和自己一样的姐妹兄弟……我再也不用费尽心思压抑自己，再也不会看到异样的目光，再也不要苦苦考虑他人的看法了。这是一件多么舒心的事情！”“跨性别”者渴望“回家”（回归真正的自我），渴望亲情与理解，更渴望自由与公正。这些都提示我们：性少数人群在人口中所占比例虽少，但其享有自由选择性别或作为第三种、第四种性别生存的权利，其选择应该得到重视与尊重。只要不危及他人利益，“跨性别”者应拥有自己的生存方式，可以和多数人一样享有恋爱、结婚的权利，可以向社会公开表明身份而不必担心因此受到伤害。一个健康和谐的社会不应害怕“另类”的存在，一个公平正义的社会应该为开拓更为多元的身份表达作出努力，应该让生命活出自主与多元。

参考文献

Vanessa Baird 著：《性别多样化：彩绘性别光谱》，台北：书林出版社，2003 年。

乔安娜·迈耶罗维茨著，王文卿译：《性别是如何改变的？》，北京：外语教学与研究出版社，2007 年。

电影《双性传奇》，2008 年。

黛安·伍德·米德布鲁克著：《男装扮终生：二十世纪最伟大的性别演员—爵士乐手比利·提普顿的双重人生》，台北：女书文化事业有限公司，2001 年。

何春蕤编：《跨性别》，台北：中央大学性别研究室，2003 年。

朱迪斯·巴特勒著，宋素凤译：《性别麻烦：女性主义与身份的颠覆》，上海：上海三联书店，2009 年。

修女的空间

——文艺复兴时期意大利针对修女们的“空间规训”

黄　鹤

摘　要：文艺复兴时期的意大利，其经济、政治、文化和意识形态相较中世纪都发生了剧变。商业经济的迅猛发展、政治权力的分散、教会的腐败、旧有等级关系的动荡、对宗教观念半信半疑的态度，都让文艺复兴时期的意大利既面临着巨大的机遇，又时刻涌动着不安。当时的教会阶层并没有忽视这些变化的重要意义，于是针对修女们的“规训”便成为当务之急，“空间规训”是这些“规训”中一个比较重要的方面。这种“空间规训”的潜在意义不仅有助于修女们在一个世俗利益和教会的宗旨几乎完全相反的社会中保持自己的特性，还有利于整个社会的福祉——因为修女们的“不轨之举”很容易危及社会公共利益。

文艺复兴时期针对女性的诸多“规训”非常流行，例如阿尔伯蒂的《论家庭》、巴巴罗的《论妻子的责任》以及卡斯提廖内的《廷臣论》等等，这些针对女性的“规训”，其实都是世俗男性精英阶层面对时代变化所做出的反应。与此相适应的，教会阶层也对修女们实施了诸多的规训，包括价值观上的、空间上的、物质上的以及服饰方面的规训等，而针对修女们的“空间规训”则是其中一个比较重要的方面。

可以说，空间对女性的限定为“规训”提供了一个得以贯彻始终的保护区。在社会人类学领域内，对于空间的认识存在着两种见解：一是涂尔干等人主张空间是先验的、不可化约的。涂尔干认为分类是一种社会组织，“这种社会组织自然而然地会在它所处的空间中扩展自身。为了避免发生冲突，社会必须为每个特定群体制定一部分空间：换句话说，就是对一般空间进行划分、区别和安排”。[①] 二是埃文斯—普里查德等人主张的空间是社会的参考框架，不存在外在于社会的参考空间，他认为空间依附于亲属制度。[②] 显而易见，这两种见解是分别针对不同的对象而言的。对于宗教女性来说，空间的限制和社会组织之间存在着较大的关系，而对于世俗女性来说，空间的限制则主要和亲属制度有着密切的关系。

本文中的“规训”这一语词，取自法国著名哲学家福柯的名著《规训与惩罚》。[③] 不过就其背后折射的社会文化语境以及附着在这一语词上的性别视角的偏差，本文使用的“规训”和福柯话语体系里的“规训”又有些不同，但是就其本质以及效用来看却是同构的关系。本文中的“‘规训’既不会等同于一种体制也不会等同于一种机构。它是一种权力类型，一种行使权力的轨道。它包括一系列手段、技术、程序、应用层次、目标。”[④]，它无需过多粗暴的关系就能获得很大的实际效果。古希腊就已经有了针对女性“规训”的雏形，例如色诺芬的《家政学》中，就对妻子的家政管理提出了要求，“一个作为丈夫在家务上好伙伴的女人，在理家这个共同利益上与丈夫同样重要。……当一切都安排妥当，家庭就兴旺；如果管理不善，就会家道败落。”[⑤]这种针对女性的“规训”通常是由许多不同的、价值各异的、既普遍又个别的身体实践所构成的。另外，它的形式具有一定的灵活性，虽然从古希腊到文艺复兴经历了漫长的时段，但是这些针对女性的“规训”却可以根据不同的历史时期和具体情形运用不同的概念来解释其基本要点。在文艺复兴那个价值观念变动不居的时代，为女性的行为提供有目的的引导对于巩固男性自身的统治有着重要的意义。由此可见，“规训”意义下的“空间从来不是

---

① [法]涂尔干著，渠东、汲喆译：《宗教生活的基本形式》，上海：上海人民出版社，1999 年，第 580 页。

② [法]埃文斯-普里查德著，褚建芳译：《努尔人》，北京：华夏出版社，2001 年，第 118 页。

③ [法]米歇尔·福柯著，刘北城等译：《规训与惩罚》，北京：三联书店，2007 年。

④ [法]米歇尔·福柯著，刘北城等译：《规训与惩罚》，北京：三联书店，2007 年，第 241～242 页。

⑤ [希腊]色诺芬：《家政学》，XXI，4-9；III，15。参见 Xenophon，Memorabilia & Oeconomicus & Symposium & Apologia，Trans.，E. C. Marchant & O. J. Todd，Loeb Classical Library，1923.

一个客观、均质、科学意义下的空间，而是充满宇宙图示、伦理关系、权力分配、文化象征系统的空间。”①

一、宗教世俗化的影响

从14、15世纪开始，经济个人主义和基督教社团意识产生了越来越大的矛盾，以及商业对基督教城市空间的占领，使得宗教势力有所萎缩。此时的意大利富裕、多变、讲求实际，人们较之以往更加积极主动地追求尘世利益与世俗乐趣，基督教的禁欲主义和苦行主义到处遭到人们的厌恶，另外，城市中不断出现的各种新事物和新问题也大大冲淡了人们对于彼岸的向往，可以说，在文艺复兴时期，意大利的宗教世俗化的倾向在不断增强。

这种宗教世俗化倾向和“黑死病”在历史逻辑上有着密切的联系。“黑死病”爆发于1348年，这场来势凶猛的“黑死病”几乎席卷了整个欧洲。乔凡尼·薄伽丘曾在《十日谈》中对这次瘟疫的影响作了详细的描绘——“白天也好，黑夜也好，总是有许多人倒毙在路上……城里的人大难当前，丢下一切，只顾寻欢作乐；乡下的农民，自知死期已到，也再不愿意从事劳动，拿到什么就吃什么……”②修女和修士们也同样遭受了巨大的影响，“多米尼克派的圣·雅各波·里波利女修道院里原有修女100名，到1348年时只剩下一名主持和两名三级修女。”③可以说，“黑死病”给至少连续五代的意大利人带来了特殊的恐惧和焦虑，因为它不仅直接体现在人口数量的锐减上，还体现在人们互相离弃、自信崩溃、法制观念淡薄、对宗教信仰产生强烈的怀疑等方面，这就间接地使得政治结构松散涣散、犯罪事件激增等社会问题层出不穷，而朝不保夕的社会现状又促使人们肆无忌惮地超越惯常的道德底线并逐渐沉溺于感官愉悦之中。这场黑死病对宗教权威造成的震动不亚于一次地震，人们开始对中世纪遗留下来的传统价值观产生怀疑，这种宗教怀疑论自然也刮进了修道院之中，虽然作为有组织的宗教群体，修女院中的修

① 林素娟：《空间、身体与礼教规训——探讨秦汉之际的妇女礼仪教育》，台北：学生书局，2007年，第399页。

② 卜伽丘著，方平等译：《十日谈》，上海：上海译文出版社，1981年，第15～16页。

③ 坚尼·布鲁克尔著，朱龙华译：《文艺复兴时期的佛罗伦萨》，北京：三联书店，1985年，第264～265页。

女们能够有效地抵制世俗观念的冲击，但是面对生死问题，修女院的高墙似乎也失去了抵挡的力量。

那么，文艺复兴时期意大利的宗教是否已经完全世俗化了呢？对此，修姆伯特·德·罗曼斯说了这样一个故事，“进入修道院，发现里面有许多魔鬼，但在市场却只看到一个，独自在高柱上。他觉得很奇怪。不过，有人跟他说，这是因为修道院是用来帮助灵魂拥抱上帝，因此需要那么多的魔鬼来引诱教士，让他们走入歧途，然而在市场里，由于每个人都是自己的魔鬼，因此只要派一个魔鬼去就成了。”[①]这一方面说明了文艺复兴时期的人们之所以如此敢于忽略灵魂的状态、如此敢于追求实利，既证明了当时社会文化的多元化与开放性，又证实了宗教文化对社会控制力的逐渐衰微。另一方面也说明了宗教的世俗化和现代化，并不意味着它的“宗教模式”和“存在范式”已经被完全消除。正相反，这些模式和范式在刚产生的世俗化架构里被重新制作、再现、分配。彼得·伯克在其《意大利文艺复兴时期的文化与社会》一书中提出的——“隐蔽的世俗化”(crypto-secularization)对此进行了确证。他认为意大利人之所以这样，“问题在于，文艺复兴时期的人们并没有对神圣与世俗做截然区分(在16世纪晚期特仑特宗教大会之后两者的区分在意大利变成了强制性的)。依后来的标准看，他们仍在继续将世俗事物神圣化和将神圣事物世俗化。”[②]例如“人们随时与神圣产生接触，甚至达到这样一种程度：要在神圣和世俗之间做一个严格区分事实上都是不可思议的，甚至是非宗教的。”[③]而“参加早晨的弥撒和傍晚的祈祷是许多佛罗伦萨人每天必做的例行常事。牧师们在洗礼、婚礼、葬礼时是正式的见证人，她们还往往是临终人作最后遗嘱时的见证。”[④]这种将涂尔干语义系统里的“凡俗”与“神圣”混淆在一起的生活模式使得“神圣事物被一再世俗化”，宗教的“神圣性”也因此一降再降。但是，

---

① 修姆伯特·德·罗曼斯：《讲道》，第XCII页，《论商人》，第562页，引自Bede Jarrett, Social Theories of the MiddleAges 1200—1500, Archivum Press, 2007, p. 164.

② 彼得·伯克著，刘君译：《意大利文艺复兴时期的文化与社会》，北京：东方出版社，2007年，第24页。

③ J. Martin ed., the Renaissance: Italy and Abroad, London, 2003, p. 281.

④ 坚尼·布鲁克尔著，朱龙华译：《文艺复兴时期的佛罗伦萨》，北京：三联书店，1985年，第239页。

“世俗事物的神圣化”却让佛罗伦萨人在意识形态中依然为宗教保留了崇高的地位，例如佛罗伦萨人用一种不进修道院的“俗世人士的虔诚”的宗教实践来表达自身对于宗教的虔诚和热情。这一点还可以由雕塑绘画中所体现的宗教命题，节日庆典里宗教历史故事的展演看出来。因此，宗教仍然保持着一定限度内的权威，而对修女们的“空间规训”则是其中一个非常重要的内容。因为针对修女们的空间限制对于整个社会的“幸福”来说是至关重要的——她们的“不轨之举”很容易危及社会公共利益。另外，这种限制还有助于修女们在一个世俗利益和教会的宗旨几乎相反的社会中保持自己的特性。

二、隔离空间的规训

目前有关修女空间规训的研究至少应考虑两点：一是把修女院作为一个“隔离空间”的设想，二是科瑞格曼森视修女院为一个“女性空间”的概念。① “隔离空间”主要表现在加固加高了的修女院院墙、被封闭了的朝向街道的窗户和门、加了栅栏的会客室以及上锁的各个出口等等，这些设施都鲜明地体现出了“禁锢”二字。这不仅阻拦了修女，更阻止了那些试图进入修女禁锢空间的俗世之人。罗贝塔·里斯特(Roberta Gilchrist)在其《性别和物质文化》一书中对此进行了详细的阐述，他从性别的视角对修女院的建筑进行了研究，他认为修女院之所以会如此修筑主要是为了控制和限制妇女，以便制约她们的经济和社会活动。② 而 1545 年 12 月召开的“特仑特公会”则为这种针对修女的禁锢制定了具体的细节。③ 这种“禁闭法”(Periculoso)的动机是划分

① 斯维亚·伊万格利斯蒂：《妻子、寡妇和基督新娘》，《史学杂志》第 43 卷第 1 期，2000 年，引自孙波：《近代早期意大利城市修女院文化》，《南方论刊》2007 年第 4 期，第 94 页。

② R. Gilchrist, *Gender and Material Culture: the Archaeology of Religious Women*, London, New York, 1994.

③ John W. O' Malley, *Trent and All that: Renaming Catholicism in the Early Modern Era*, Harvard University Press, 2000, pp. 42-77.

正统与边缘，它专门指向教会法认可的唯一的真正的宗教女性——修女。[①]

P. 洛伦泽蒂的那幅《福泽于米尔塔的生活场景》为我们真切地描绘了同世俗世界完全分隔开来的修道院的日常生活。不过，同男修道院相比，女修道院的管理更为严格，清规戒律也更多。例如即便是在封闭的男性空间秩序中，住宿的区域和女性的相应区域相比离大门较近。一般来说，传统的修女住宿之地在修女院中是离大门最远的地方。[②]这种严格的禁锢使得修女们普遍滋生了一种孤独的情绪，不过社会和教会都认为这种情绪不仅有助于她们专心从事宗教事业，还有助于她们将自身奉献给上帝。为了排遣孤独，修女们也和世俗少女一样，随身携带小基督像，这主要是用来代替小孩（或恋人），让她们宣泄被压抑的母性本能。[③]

在这样的空间限制中，修女们日常的事务只能是祷告和劳作。她们不仅为死人祈祷，也为活人祈祷，她们通过祈祷来帮助受苦的灵魂获得净化和救赎，祈祷除了具有宗教层面的意义，还有世俗层面的意义，"受上帝重视的前驱与圣徒……之所以在上帝面前获得崇高的地位以及远播的威望主要是通过忠实者的祈祷——忠实者尤其指那些为亲属祈祷的妇女"[④]，这些妇女主要是指修女们。1478 年的俗人们评价圣·皮耶罗·马尔蒂雷的修女们在祈祷方面的作用"比 2000 匹马还要有用"[⑤]。这些善意的祈祷落实到现实中，主要体现在救助弱者、照顾病

---

① 孙波：《天主教改革和禁闭修女问题研究》，四川大学硕士学位论文，2007 年 5 月，第 19 页。孙波在其论文当中讨论了这一禁闭法的疏漏环节，也就是对第三会女性以及其他准宗教女性模棱两可的解读，使得这一法律的实施效力大打折扣。见上文，第 20～22 页。

② Christine Meek, *Women in Renaissance and Early Modern Europe*, Four Courts Press, 2000, p. 161.

③ 除了小基督像，如果一个女孩从孩提时起就注定要被送进修女院的话，那家里人会让她从小就玩一些和修女有关的玩具。例如吉特罗黛的"孩提时代，家里人送给她的头一批玩具，是一身修女打扮的洋娃娃。之后，就是女圣人的雕像。参见曼佐尼等著，吕同六译：《蒙扎修女的故事》，北京：中国工人出版社，1995 年，第 19 页。

④ Elisabeth Van Houts ed., *Medieval Memories: Men, Women and the Past*, 700－1300, London & New York: Longman, 2001, pp. 25-26.

⑤ Richard C. Trexler, *Dependence in context in Renaissance Florence*, New York: Binghamton, 1994, p. 343.

人等方面。除此之外，修女们还必须通过教授别人读写以及为人誊写手稿来贴补修道院的日常用度，而且，由于大多数修女院有工场作坊[①]，因此修女们还要出于获利的目的织一些丝质的钱包和飘带以及其他小工艺品，并要把它们卖出去以补贴费用。[②] 可见，修女们不仅要饱受被禁锢的孤独，还要忍受劳作的艰辛。当然，任何封闭都不是绝对的，例如1340年佛罗伦萨的工会法中曾经规定妇女有权进入工会并享有权力和责任，于是修女们在某种意义上成为了可以跨越阶级界限又精通刺绣等手工技艺的老师。不过即便如此，由于教会改革以及大多数女修道院与大城市相分离，这就使得修女们所处的空间相对于男性所处的公共领域来说还是具有了更大的封闭性。

由于修女们可以在修道院中继续接受教育，再加上修女大多来自富裕家庭，教育程度颇高，因此她们的日常生活还包括撰写著述。这些著述主要包括诗歌、自传、戏剧等等，但是，由于教会禁止出版她们的书，她们最终只能留下大量的信件。女作家切蕾塔的著作《被欺骗的天真》就是为妇女的自由辩护的，而修女阿·塔拉博蒂在写给一位朋友的信中称，“我不能停止写作……如果没有这项消遣，我也许早就死了。”显而易见，空间的规训潜移默化地影响了针对修女们的文化规训，修女们在文化创作方面的施展只能是一种无奈且有限的发挥。不过，既便如此，修女们仍然没有放弃，例如“将自画像放入一本1453年的《祈祷书》中的马瑞雅·奥曼尼(Maria Ormani)；画家保罗·乌切罗(Paolo Uccello)之女，也是佛罗伦萨加尔默罗会(Carmelite Order)的绘画修女安东尼娅(Antonia)……另外还有画小插图的弗兰切斯卡·德·斐冷翠(Francesca da Firenze)”[③]以及微型画画家卡特里娜·达·波洛尼亚和瓦萨里在《艺苑名人传中》提到了唯一的一名修女画家普兰提拉·奈利 (Plantilla Nelli)和她的祭坛画《最后的晚餐》。虽然这种修道院高墙内的声音得不到当时主流声音的积极回应，但是修女们构造出来

---

① Elissa B. Weaver, *Convent theatre in Early Modern Italy: Spiritual Fun and Learning for Women*, Cambridge University Press, 2002, pp. 26-28.

② Sharon Strocchia, "Learning the Virtues: Convent Schools and Female Culture in Renaissance Florence", In Barbara Whitehead, ed., *Women's Education in Early Modern Europe: A History*, 1500—1800, New York: Forthcoming, 1992.

③ 惠特尼·查德威克著，李美蓉译：《女性，艺术与社会》，台北：远流出版事业股份有限公司，1995年，第69页。

的独特文化却仍然成为世俗大众文化不可或缺的组成部分。[①]

这种隔离的空间规训看似保护了社会的福祉、保持了修女们的清誉，但是却给修女群体自身带来了巨大的痛苦，"在我们的身体里有一把伦理的尺，可以用来判断社会上的规则、权利和特权：这些东西如果越能造成痛苦，就表示我们的身体就越能感觉到它的不正义。"[②]而修女院内那些不可避免的敌对和争端，就更加确切地说明了这一点。理查德·C·特雷斯克勒认为，在文艺复兴时期的佛罗伦萨，女修道院和修女的数量在不断上升，修女们在佛罗伦萨的社会生活中扮演着日渐重要的角色，并成为稳定佛罗伦萨国家的基础团体。[③] 以佛罗伦萨的女修道院数量为例，1470 年有 30 座，1552 年有 45 座，1574 年增至 63 座，比 1470 年翻了一番，1595 年又增加两座，达到 65 座，除了佛罗伦萨，其他城市的修女院数量也呈上升趋势。[④] 修道院数量的增加"带来了新的财政收入，这也刺激了修道院人数的激增。"[⑤]除此之外，15 世纪的意大利还出现了一些开放式的修道院。许多寡妇、未婚女子甚至从良的娼妓也可以加入其中，许多已婚女人和中世纪的处女一样享有了成为圣徒的资格和权利。[⑥]

15、16 世纪修女院数量的猛增和修女人数的增加以及成员身份的复杂化为这种敌对和争端提供了必要的前提——当来自不同地区，拥有不同社会背景的修女们进入修道院以后，在这个"隔离空间"中，争端似乎就不可避免了。对于这一点，早在 12 世纪时，宾根修女院的院长希尔德加德就已经有了先见之明，她为只接受贵族妇女这一做法辩解

---

① Elissa Weaver, "Spiritual Fun: A Study of 16th Century Tuscan Convent Theatre". M. B. Rose ed., *Women in Middle Ages and the Renaissance: Literary and Historical Perspectives*, Syracuse University Press, 1986. p. 173-197.

② 理查德·桑内特：《肉体与石头：西方文明中的身体与城市》，上海：上海译文出版社，2006 年，第 149 页。

③ Richard C. Trexler, "Celibacy in the Renaissance: the Nuns of Florence", *In Dependence in Context in Renaissance Florence*, New York: Binghamton, 1994, pp. 343-372.

④ Elissa B. Weaver, *Convent Theatre in Early Modern Italy: Spiritual Fun and Learning for women*, Cambridge University Press, 2002, p. 11.

⑤ Richard C. Trexler, *Dependence in context in Renaissance Florence*, New York: Binghamton, 1994, pp. 345-346.

⑥ Merry Wiesner, *Women and Gender in Early Modern Europe*, Cambridge University Press, 1993, pp. 183-184.

道："谁能把所有的羊放在一个羊圈里？必须有所区别。硬把贵贱不同的信徒拢在一起会因地位差别导致矛盾。对上帝而言，人们无论在天上还是在尘世都是有区别的。"[①]她的话确实有一定道理，地位不同的修女共处一地，的确会因为彼此阶级地位的差距以及受教育程度的不同产生各种敌对与争端。具体表现有如下两点：

第一，进入修道院的修女们的价值观和修道院的价值观有时会互相抵触。"当修女进入一个女修道院时，她们带来的是根深蒂固的家族团结、政治实用主义和经济实力的观念，这些观念与女修道院里服从和谦卑的信条大相径庭。"[②]不同种类的或者相冲突的标准的传入，导致了不同种类的行为。由于她们带来的或者可能发展的思想会对群体基本信仰产生行挑战，因此每一个成员都是一个潜在的分裂者，这中间总是蕴含着潜在的革命。另外，社会角色与内心角色转换的步骤不相协调也会导致修女们的心中产生激烈的冲突。她们已经远离了原初的生命寄居之所，但是却又好像永远不可能找到归宿，因而只能在看似庄严肃穆的面具下安身立命，只能在扮演无意义的意义中苟活，这是文化环境对人形塑的最好证明。

第二，修女之间不同价值观的激烈碰撞，导致敌对和争端的发生。"女修道院将真正具有宗教使命感的妇女和毫无这种思想的妇女聚集在一起，使这些在财富、教育和年龄水平上相去甚远的妇女在严厉的行为规范之下朝夕相处，除此之外，还在实际上没有离开的可能。"[③]并非个人之间都能够互相接触，也并非任何人都能够与所有其他人发生关系。对目标、标准的理解和关注水平不能保持一致。在涉及每一个人利益的决议和政策制定方面，人们不但不能真正地达到共同理解，而且当更多的成员加入的时候，还会不断增加各式各样的问题。这就使得保持群体认同感出现了问题，所谓的保持群体认同感指的是群体必须发展和保持成员对群体的寄托和认同感。群体需要其成员能够对它保持足够的忠诚和寄托，要求个人具有高度的献身精神，使归属者们获得

---

① C. H. Lawrence, *Medieval Monasticism*, London and New York: Longman, 1996, p. 217.

② 朱迪丝·布朗著，王挺之译：《不轨之举：意大利文艺复兴时期的一位修女》，北京：商务印书馆，1995年，第76页。

③ 朱迪丝·布朗著，王挺之译：《不轨之举：意大利文艺复兴时期的一位修女》，北京：商务印书馆，1995年，第76页。

强烈的同一性，并把他们纳入同一共同体。不能保持对群体的认同感，一个群体就会被带到毁灭的边缘。认同感有利于将同心同德的成员集中起来，创造出超越现世或俗世意义的忠诚。然而在文艺复兴时期的女修道院内，这根本没有能够完全实现的可能。那么，导致这些敌对和争端的根本原因究竟在哪呢？可以说，导致这一争端产生的根本原因就是——群体的精神使命和她们在非精神世界里感受到的那些持续存在的一成不变的困难之间的矛盾不可规避地存在着。①

三、女性空间的规训

那么，科瑞格曼森视修女院为一个"女性空间"的概念②又表现在哪里呢？奥古斯丁曾经在其"禁制令"中对修女们的行为进行了规训，"你们所有的步态、姿势和行为都要避免冒犯别人的目光。你们要好好表现自己，这就像对你们圣洁的要求一样。"③这种规训隐含的社会准则就是如果修女们对自己身体规训的越多，精神获得提升的机会就越大，当然这是以尽力忽略自己身体的自由度为前提的。这种规训使得修女们必须努力把自己嵌入那个贴着"圣洁"标签的行为模式之中，因此，她们必须克制自我的欲望，按照教会对于修女的行为规范来规训自身的行为举止和社交礼仪。为了时刻提醒修女们对自身操守的认识，修女院的教堂、祈祷室、修女个人寝室都挂有圣母、圣徒的画像，佛利涅奥修女院还特别请求洛伦佐·迪·比齐(Lorenzo di Bicci)④在修女院

---

① Christine Meek, *Women in Renaissance and Early Modern Europe*, Four Courts Press, 2000, p. 153.

② 斯维亚·伊万格利斯蒂：《妻子、寡妇和基督新娘》，《史学杂志》2000年第43卷第1期，引自孙波：《近代早期意大利城市修女院文化》，《南方论刊》2007年第4期，第94页。顺序有调整。

③ Cited in W. Simons, "Reading a saint's body: rapture and bodily movement in the vitae of thirteenth-century beguines", In S. Kay and M. Rubin eds., *Framing Medieval Bodies*, Manchester and New York, 1994, pp. 10-23.

④ 瓦萨里在这里所说的洛伦佐·迪·比齐的作品几乎都属于其子比齐·迪·洛伦佐(Bicci di Lorenzo)，参见乔尔乔：《意大利艺苑名人传——中世纪的反叛》，武汉：湖北美术出版社，2003年，第228、259页。

大门上方的墙上，绘制了一幅《圣法兰西斯[①]发誓守贫》。

然而，中世纪后期以降，由于"黑死病"和其他一些社会原因（如前所述），修女的行为开始出现两极分化：一方面，对宗教保持坚贞信仰的修女们秉承禁欲主义和奥古斯丁等人的行为"禁制令"，继续保持禁欲、修身正己的过程。因此，对于这部分修女来说，她们的社交行为主要集中在祈祷，书写虔诚的宗教诗歌，救助社会上的穷人、病人或精神失常者。另一方面，那些本来就不是出于宗教目的而进入修道院的修女们的社交却逐渐越过了禁欲主义和"禁制令"的束缚——这些在圣奥古斯丁"规训"中本应恪守"服从"、"安贫"、"贞洁"三大重誓（这种誓约在教会看来是不能背弃的）的修女们的社交行为和"性"的联系越来越密切，这一点突出地表现在威尼斯的修女院中。1497 年，方济会严守派的修士（the observant friar）提莫泰奥·达·卢卡在威尼斯的圣马可大教堂布道时，指责那些骄傲地展现在威尼斯游客面前的修女院"不是修女院，而是淫窝和公共妓院。"[②]就这样，修女们纯洁的天上之爱由于"性"的介入变成了人间之爱，那是一种充满了危险愉悦的人间之爱，也许，提香·韦切利奥的《天上的爱与人间的爱》也暗示了这一点。当然，并不仅仅是部分修女越过了"女性空间"的束缚，修士们也同样"在劫难逃"，意大利雕刻家切利尼曾在梅毒爆发的时候这样评价修士们，"这类病特别喜欢教士，特别是那些最为富有的教士。"[③]

其实，从中世纪开始，修女院中就已经有了爱情的萌芽，但在禁欲主义的高压下只能以情书的形式表露出来。例如克莱尔沃的贝恩哈德与西笃会的修士之间的情诗足以说明这点——"此生最大的安慰莫过于拥有这样一个人：你可以怀着发自内心的圣洁之爱拥抱他并与他成

---

① 圣法兰西斯出生于中世纪托斯卡纳的一个富裕家庭，为了传道他放弃了优越的生活，进入到普通大众的社会中去。

② Pio Paschini, "I Monasteri Femminili in Italia nel Cinquecento", In Problemi di vita religiosa in Italia nel Cinquecento: Atti del Convegno di Storia Della Chiesa in Italia, Bologna, 2—6 settembre 1958, Italia sacra, 2, Padua: Editrice Antenore, 1960, p. 43. 玛格丽特·金著，刘耀春等译：《文艺复兴时期的妇女》，北京：东方出版社，2008 年，第 107 页。

③ Ralph H. Major, *a History of Medicine*, Oxford University Press, 1954, p. 368.

为一体……”[①]当时异性恋的突出代表是12世纪的女修道院院长爱洛伊丝与本笃会修士阿贝拉尔。[②] 文艺复兴时期修女院作为“女性空间”秉承的禁欲主义原则虽然在表面上依然维持其严肃性，但是其中的一些章法律条已经形同虚设。例如，薄伽丘的《十日谈》里提到的有关修女的故事。虽然其中不乏艺术虚构的成分，但还是从某种程度上揭露了当时修女院的现实状况。例如第九天的第二个故事，女修道院长捉住一个犯有奸情的修女，正要把她严办，不想那修女指出女院长头上戴的不是头巾而是一条男人的短裤。众目睽睽之下，女院长无法掩饰，只好用温和的口气接下去说：“不过，硬要一个人抑制肉欲的冲动，却是比登天还难的事，所以，只要大家注意保守秘密，不妨各自寻欢作乐。”[③]在现实社会里一个比较著名的例子就是佛罗伦萨名画家兼修士菲利波·利比(Filippino Lippi)同修女卢克雷齐娅(Lucretia)的私奔事件。1456年，50岁的利比爱上了21岁的修女卢克雷齐娅，有一天，当她前去参加普拉托一项历史悠久的宗教仪式时，他选择了带她私奔。1457年，卢克雷齐娅为利比生下了一个孩子。1461年，在科西莫·德·美第奇的帮助下，教皇庇护二世颁发敕令特赦了利比和卢克雷齐娅，承认二者是合法夫妻。菲利波·利比的很多画都是以卢克雷齐娅为原型的，例如他的《赞美圣子的圣母》。对于这种爱情，安德烈斯·卡彭拉努斯(Andreas Capellanus)认为，“如果有人不顾及自己以及法律，执意要和修女恋爱，那么他将被任何人鄙视，而且他将成为一个可憎的禽兽让大家避之不及。”[④]对于修女，他则极尽贬损之能事，不仅认为“她们是精

---

① 阿贝拉尔等著，施皮茨莱主编，李承言译：《亲吻神学——中世纪修道院情书选》，北京：三联书店，1998年，第133页。

② 1117年，阿贝拉尔和爱洛伊丝相遇，他时年38岁，正是年轻学者声名鹊起之时；爱洛伊丝作为他的学生，只有17岁，却涉猎广泛，还通晓希伯莱语和希腊语，已算是初露锋芒。他们相爱了，然而却得不到世人，甚至是亲朋的赞同，于是，他们私奔结婚，且育有一子。然而，爱洛伊丝的家人为了报复，阉割了阿贝拉尔。在世俗不容中他们双双避入修道院，保持着书信往来，却终身没再见面。他们共同活了63年，死后合葬在圣灵堂。

③ 卜伽丘著，方平等译：《十日谈》，上海：上海译文出版社，1981年，第596～597页。

④ Andreas Capellanus, *The Art of Courtly Love*, Trans., John Jay Parry ed., Columbia University Press, 1960, p. 143.

神的瘟疫"[①],"她们带来了鼠疫"[②],而且认为如果男人和修女独处的话,"如果修女里的任何一个认为这个地方适合放肆的调情,那么……你将不可能逃脱这最可怕的罪责了。"[③]

除了异性恋问题,当时的修女院还存在着同性恋问题。一般来说,同性恋由一个成年男子和一个未成年男子组成,年长的作为"爱者"(erastes),年轻的则成为"被爱者"(eromenos)。在古希腊和古罗马都曾非常盛行同性恋文化,例如雅典的苏格拉底与亚西比德。虽然中世纪的教会谴责同性恋行为,认为其妨碍了生育这一神圣的目的,是一种罪大恶极—— "人若与男人苟合,像与女人一样,他们二人行了可憎的事,总要把他们治死,罪要归到他们身上。"[④]但是文艺复兴时期随着教会势力的式微,同性恋又重新找到了适合自己的土壤,在意大利尤其是佛罗伦萨甚至达到了繁盛的程度,例如著名的米开朗基罗与卡瓦切里。不过这种传统的同性恋模式及其内涵仅仅局限于以男性为中心的文化逻辑之中,"妇女会被男人所吸引,男人也会被男人所吸引,但是,一个妇女决不会对另一个妇女具有长时间的情欲。因此,在法律上,在医学上,以及在公众的观念中,妇女之间的性关系被忽略了。"[⑤]因此同性恋发生在妇女之间还是令人匪夷所思的,尽管古希腊的萨福早已有例在先。社会历史学家朱迪丝·布朗根据佛罗伦萨国家档案馆里的一些档案撰写的《不轨之举——意大利文艺复兴时期的一位修女》,就让这种隐秘的关系浮出了水面。

16世纪佛罗伦萨佩西亚的泰亚廷修会中的女修道院院长贝内代塔同修女巴尔托洛梅亚·克里韦利之间保持了长达两年的同性恋关系,由于巴尔托洛梅亚感觉这是一种耻辱,她还是选择将此事告知教皇大使的属员们,终将此事大白于天下。教会方面在听取完巴尔托洛梅亚的证词之后,认为贝内代塔犯了数条重罪——古典式的女式鸡奸、选

---

① Andreas Capellanus, *The Art of Courtly Love*, Trans., John Jay Parry ed., Columbia University Press, 1960, p. 143.

② Andreas Capellanus, *The Art of Courtly Love*, Trans., John Jay Parry ed., Columbia University Press, 1960, p. 143.

③ Andreas Capellanus, *The Art of Courtly Love*, Trans., John Jay Parry ed., Columbia University Press, 1960, pp. 143-144.

④ 《利未记》20:13。

⑤ 朱迪丝·布朗著,王挺之译:《不轨之举—意大利文艺复兴时期的一位修女》,北京:商务印书馆,1995年,第3页。

择在祈祷这一庄严时刻发生关系、事后又毫无忏悔地去领圣餐、假扮天使斯普伦迪泰罗和耶稣等等。虽然被囚禁三十五年之后，贝内代塔死于发烧和腹部绞痛。但是等待其他陷入同性恋的修女们的则是更为悲惨的结局——要付出的将是身体的残缺，甚至死亡的代价。这一点在13世纪晚期法兰西法典中已不鲜见——“被证明犯了同性恋罪……的女人犯了这种罪行，每一次都须丧失一个器官，第三次再犯就必须被烧死”，而15、16世纪欧洲各地更是将对女同性恋的惩罚直指火刑。[①]

在分析到底是什么原因促成了这桩不轨之举时，布朗认为很重要的一点在于贝内代塔对爱的渴望(教会的记录表明她也具有这种情感)，“在幼年便被剥夺了双亲，特别是深受她喜爱的父亲，在饱受修道院为了铸造另一种家族纽带和特殊友情而设的各种清规的约束之后，贝内代塔到处寻求爱，并且在巴尔托洛梅亚的怀抱中找到了这种爱。”[②]根据资料记载，修女们通常在“9岁时进入修女院”……这个年龄的修女已经可以宣誓遵从秩序，但是13岁却比较典型。例如弗拉西斯科·德·托马索·乔凡尼(Francesco di Tommaso Giovanni)的女儿舒奥亚·安吉丽卡(Suora Angelica)本来在9岁进入了修道院，但是由于不能宣誓因此直到她13岁才又被送了进来。”[③]。修女初入修女院年龄的偏小和人数的激增，使得修道院里修女们的平均年龄都比较小，例如，“1428年，佛罗伦萨三个修女院的平均年龄只有24，26和27岁。”[④]修女的年轻化使得她们在“生理层面的需求”与“制度层面的压抑”之间形成了一种激烈的对峙，再加上世俗社会对“性”问题的宽松对待，使得修女们一再地铤而走险。

究其根本，同性恋和异性恋行为之所以会遭致惩罚，主要是因为教会害怕这种不良的行为会引发群体连带反应，更因为女修道院的纯洁对于整个社会的“幸福”是至关重要的——修女的“不轨之举”容易危及

---

① 转引自朱迪丝·布朗著，王挺之译：《不轨之举：意大利文艺复兴时期的一位修女》，北京：商务印书馆，1995年，第11～12页。

② 朱迪丝·布朗著，王挺之译：《不轨之举：意大利文艺复兴时期的一位修女》，北京：商务印书馆，1995年，第107页。

③ Richard C. Trexler, *Dependence in context in Renaissance Florence*. New York: Binghamton, 1994, p. 362.

④ Richard C. Trexler, *Dependence in context in Renaissance Florence*. New York: Binghamton, 1994, p. 363.

社会公共利益，诸如婚姻纠纷、通奸行为会逐渐增加，这将严重威胁婚姻家庭关系的稳固。但是，在修女“失贞”问题对社会构成威胁的同时，我们也要看到社会对修女生存空间严格控制的过犹不及才是事件的真正导火索，正如巴罗米奥认为的那样——心灵的健康取决于个人的外部行为，外部行为反过来取决于拥有良好秩序的社会，这就暗合了布迪厄的“特殊主体是如何被生产出来的”这一理论，强调的是一种客观环境的主动状态与修女主体的被动状态。

跨文化的中医

——对法国社会的一次人类学研究尝试

贺 霆

摘 要:本文的正文部分简要介绍了本人于1993年至2003年对法国居民有关中医的行为所进行的人类学研究;引言部分则以此为例,讨论在西方社会进行人类学研究的必要性及方法。

引 言

本文原应北大乐黛云老师之请而作,发表于第20辑《跨文化研究(2007)》。这次只选登在法国的田野工作部分,想借此与人类学界同行探讨西方社会人类学研究有无必要,是否可能以及如何实施。

笔者回国致力于人类学西方社会研究,首先感到是无奈:自己仅仅做过法国社会的田野工作,对经典的少数民族、农民研究无能为力;其次是发觉中国人类学者(不管在国内还是国外)几乎全做有关中国的题目(不管是要解决实际问题还是想"与国际接轨"),于是企图为人类学田野增加一种选择。后来读了一些国内学者(特别是王铭铭)的书,才晓得中国人类学正处于困境,即只是作为国家主义的工具去研究少数民族及农民,像过去的"殖民主义侍女"那样帮助"管理"、"教化"低级社会,而未发展出自己独立的学术人格;才晓得研究西方社会,与真正的他者对话、观照自我,正能够使中国人类学完成由古典的"帝国之眼"向现代的"他者为上"的转变,从而走出困境。[①] 这样的"大任"着实令人

① 参见王铭铭:《非我与我》,福州:福建教育出版社,2000年,第258～383页;《西学"中国化"的历史困境》,桂林:广西师范大学出版社,2005年,第二章。

吃惊。

这样看来，笔者当初无意中在法国进行的一次研究颇有意义：不仅仅让中国中医界了解海外的中医发展，还更广义地使中国居民懂得自己及中国文化是如何被一个西方文化所解读、重构的，可以从一个侧面了解西方社会；另外，以认识者主体的身份，将一个西方社会当做“他者”，是对人类学经典公式（西方研究世界其余部分）的颠倒。当然，认为中国人类学身处“困境”，可能会引起在少数民族及农村社会研究中耗尽心血的学者们的不快。笔者倒无意忽视他们的功绩，也不认为传统的研究无意义或比研究西方社会低下。相反，在可预见的将来，绝大多数的中国人类学家还会继续研究本国的少数民族及农村社会并有所建树。笔者只是想提醒中国的人类学界同行，还有一块本来属于他们却一直无力或无心去开拓的田野，从中取得的经验也许能为传统的研究注入新活力。

人类学西方社会研究是否可能，是否能由非西方人类学家完成，应该无需多费笔墨。从理论上讲，研究时间、空间轴上所有的人类社会及文化，是人类学的本分；而由“他者”观念推论，西方社会研究还必须主要依靠非西方人类学家。在实践上，虽然尝试不多，但笔者在法国的田野工作，以及其他成功范例（喀麦隆 Ndonko1998 年对德国的研究[①]，北大王铭铭 2002 年对法国的研究[②]，以及北大高丙中的团队从 2005 年起对美国、澳洲、英国、德国、法国的研究[③]）即是可行性证明。

研究西方社会的具体方法，由于实践机会少，还有待摸索。但有一点可以肯定：人类学的看家本领即所谓“参与性观察”及“深入访谈”当然仍是主要方法；在长期的田野工作中学习用“他者的眼光”看待原来怪诞、非理性、不道德的事物，将其“合理化”，也还会是基本策略。另外，尽管人类学理论几乎全部来自对非西方社会的研究，但由于其一定的普世性，其中大多数应该能够用来解释同属“人类”的西方社会居民的行为（就像笔者借用的是经典的“文化弧”模式及文化传播派的理

---

① 周歆红：《中国海外民族志研究的“他山之石”——透视“人类学德国研究”》，《思想战线》2008 年第 34 卷第 1 期。

② 王铭铭：《人类学是什么?》，北京：北京大学出版社，2002 年，第 135～177 页。

③ 高丙中：《人类学国外民族志与中国社会科学的发展》，《中山大学学报（社会科学版）》2006 年第 2 期，第 17～20 页。

论)。不过,对于非西方(包括中国)人类学家,用现代人类学的旨趣“他者为上”来指导自己的西方社会研究,倒有些无的放矢。因为“他者为上”本来是西方人类学反思、纠正古典人类学以“帝国之眼”审视“世界其余地区”时的西方中心主义的;而非西方的人类学家,由于自己的社会、文化被边缘化,从来未曾拥有或早已丧失了“帝国之眼”,对西方社会“为上”已经习惯,根本用不着再努力追求。他们在西方社会做田野时最需要克服的,恐怕不是文化优越感,而是胆怯:不敢充分利用自己的惊奇、厌恶或不理解等感觉来发现那些有价值的人类学现象,进而决定自己的研究方向。这种“文化去势”在非西方社会应该是普遍的,而在人类学西方社会研究中会更严重:习惯上的被研究者突然要去观察、调查研究者,要将一直作为“正常”标准的行为当做“怪诞”的、需要被理解的,这的确是一件困难的事。这才是非西方人类学家首先要努力做到的,就像笔者面对法国针灸医生对待电针仪的态度时,如果不坚持将此当做“怪诞”的现象,就会错过这个理想的人类学研究课题。所以,笔者以为,在将西方社会“为上”之前,非西方人类学家须先补上“帝国之眼”这一课,即学会敢于用自己的眼睛去发现西方社会中的怪诞之处,就像王铭铭老师能对美国社会里司空见惯的社会保险号码独具慧眼一样。[①]

由于西方社会的规模及复杂性,我们不可能像对“简单、原始社会”所进行的研究那样去观察全体居民、全部行为;也不可能仅以几个普遍规则(如亲属关系、民间信仰等)来解释整个社会。王铭铭老师的方法是集中研究某个地区、某个主题(法国圣安德烈山区一村庄居民的宗教信仰类型,并与中国祖先崇拜作比较)。[②] 笔者的方法是:先通过散漫的田野观察发现法国居民对某一事物的一致性的行为(如对电针仪的拒绝),再以大规模问卷确定此现象的普遍意义及可能的文化规则,最后做长期、定向的田野工作深描此现象及明确其背后的文化规则。看来后一种方法能避免将西方社会进行分割,结论更具普遍意义。比如法国居民对待中医的态度与行为,以及心目中的中国印象,不会由于地区、年龄或职业等有太大区别,这种一致性在与中国居民同类行为相比

---

① 王铭铭:《没有后门的教室——人类学随谈录》,北京:中国人民大学出版社,2006年,第216页。

② 王铭铭:《人类学是什么?》,北京:北京大学出版社,2002年,第135～177页。

较时就更明显。[①] 当然，这种对居民一致性行为的观察与研究，其结论不能应用于与其他事物相关的行为。比如正文中的“相似受惩—相异受奖”规则，只适宜解释法国居民对待中医以及带有“中国标签”事物时的态度与行为；而对待其他事物，法国居民又会受另外的文化规则而“奖”或“惩”，甚至未必会表现出笔者观察到的一致性。所以，研究西方社会要比“简单原始社会”复杂困难得多，结论的适用范围也小得多；原因很简单：工业或后工业社会的居民，其行为不会只受少数几个普遍文化规则的控制，更可能的是，他们会在不同的场合、时间，根据不同的对象，而受到某个特殊的文化规则影响。因此，人类学家要吃得起低回报率的“亏”，还要有足够的耐性：将有一致性的行为分别逐个研究，找出相应的特殊规则。同时，还必须更谦逊：不超出这些特殊规则的适用范围，就像每个盲人都明白自己摸到的只是大象的一部分，只有与其他盲人的工作综合起来，才能最终了解大象。

由于西方社会并不像“简单原始社会”那样处于失语状态，特别是已有发达的人类学界，非西方人类学者有可能将自己的研究呈献，并与当地居民(包括当地人类学家)对话。就像笔者在法国的论文一样，从“我们谈论他们”变成了“我谈论你们”。这种文体也许有助于彻底消除人类学研究中的“管理”、“教化”等殖民主义话语，也能让被研究者变主动，并共享研究成果；这些善良的西方人类学家一直追求的理想(以消除自己的罪恶感)，可能更容易在非西方人类学家的工作中实现。

综上所述，人类学西方社会研究不但必要、可行，其难点也有解决方法。当然，在目前以及今后相当长的时间内，由于国际国内已形成的学术格局，西方社会研究边缘化的状态并不会被改变，科研资金会很缺乏，研究成果会受冷落，有志参加人类学西方社会研究的学者必须付出比其他同行更多的辛苦。但我们高兴地看到，这一研究方向的前景越来越明朗，理解者、实践者越来越多。希望更多的同行加入我们，给我们提出建设性意见，将人类学西方社会研究真正开展起来。

在中西文化交流中，当前的中医西传可算是个异数。其“怪异”首

---

① 贺霆：La Médecine Chinoise en France Observée par un Chinois entre 1993 et 2003—Essai anthropologique sur ses aspects traditionnels en rapport avec l'image de la Chine en Occident(《中医在法国社会中的文化变迁：传统化定式与西方中国印象》)，法国高等社会学学院(EHESS)社会人类学博士学位论文，2004年，第78～233页。

先当然是因为它逆全球西化大潮而动,另外它传播的时机及地域亦不合常理:具有临床意义的西传(主要是针灸)发生于它最衰败的清末民初,又在它最畸变的文革中成为西方世界的明星(针刺麻醉);作为防病治病的手段,它却在医疗条件完善的欧洲、北美获得了比在非洲、南美等地区大得多的成功,尽管中医为西方过度的化学药物治疗提供了另一种选择,但它的成功显然与其在当地健康系统中的实际作用不成比例。因而可以肯定中医西传中的文化动力大于其临床需求。倘将其与西医中传做一比较,则中医主要由西方主动"拿来"而非由中国"送出"。

于是除了它的医学意义之外,中医在西方的形态更是一个"跨文化"研究的理想标本,来反映西方社会如何重组中国文化,以及后者在此中西"文化间际"(跨文化的另一种译法)中显示出的"间性特征",即能与当今西方文化发生关联,且引起对方兴趣的部分。[①]

另外,目前在西方的中医与在西方的其他中国"产品"有所不同,它不仅仅是些书本上的描述与观念,也未被凝固在博物馆中,或只是局限于剧场、电影院及某个节日期间。中医是西方社会内部一个现有的职业,方兴未艾,由看得见、摸得着的器物、行为组成。特别是它的执业者大多是当地社会的"原住民",服务对象更是如此;这点与西方社会里一些主要由中国(亚洲)移民操持的行业(如中餐饮业)不同,也与一些基本对外封闭的移民社团(如地方音乐爱好者协会)不同。这些都使得西方中医现象能够反映出一定的西方文化,也使得人类学方法成为研究此现象的利器,因为其长处正是从不同文化的视角,通过对细节的观察来揭示研究对象行为背后的文化规则。笔者在法国20余年的学习、生活中,不经意地扮演了这一研究者的角色。

本文想通过笔者对法国中医形态的观察,同时对等比较笔者在中国国内的感受,向中国读者介绍法国居民重组中医及中国文化的行为与规则。将其与笔者的"中国经验"相比较,不单为使法国的中医更具有"异国情调"来迎合人类学研究的手段,更为了了解笔者自己及所属社会的居民的相关行为与规则(人类学的目的之一)。因为自上世纪初中国社会变迁后,中国传统文化(包括中医)在自己的发源地也面临着被重组与被解读。所以,中医的"跨文化"可以是地域上的——比如从

---

① 王才勇:《中西语境中的文化述微》,上海:上海人民出版社,2004年,第231页。

中国到西方，也可以是时间上的，即从中国传统社会到现代社会。

在这次“跨文化”的时空旅行之前，先来对我们的研究对象作一番“静态”了解。

（一）中医，其发源地及传播地，文化传播理论

一提起中医，现代人（不管是西方人还是中国人）都会觉得它是一种很“特别”的医学，证据是即使在其发源地，它也必须被加上修饰词来与西医相区别（不同时期，称呼各异，如“旧医”、“国医”、“中医”）。而后者在如今包括中国在内的世界各地则成了直截了当的、具有普遍意义的“医”（想一想“医院”、“医学院”等字眼在我们心目中的意义与形象就清楚了）。其实，就方法论来说，中医根据经验寻找直观临床表现与其治疗方法之间的对应关系，并将此关系通过哲学思辩编织成合理的知识系统，这些与历史上存在过的大多数医学相同。而现代西方医学选择以生物学知识为基础的实证方法论，并以此作为临床探索及知识构架的根本，这倒是医学史上的特例。只不过，在全球（西）化的今天，实证的客观知识结构显然已占主导地位，西医对人体、疾病以及医理的解释均与此一致，所以成为在世界范围内“真正的”、“正常的”医学。与此同时，原本在中国完全“正统”的中医，却由于被边缘化而“古怪”起来，这与各非西方社会传统文化的现代化遭遇相同。

细想起来，中医的古怪首先在它的理（“不讲理”的偏方、秘方当然也有怪的，比如生吞癞蛤蟆等；但由于这部分在中医西传中不重要，故略去）。它是以道家元理论如气、阴阳五行等为经纬，通过“天人合一”的观外知内方法以及“常识性合理”原则所编织起来的有关人体、疾病、药物的知识（如“肝开窍于目”、“湿热相交如油入面”，“咸能软坚”），以及对治病原理的解释（如“补虚不先祛邪则关门留寇”），与现代科学、生物医学知识不同甚至相反。这就是为何中国新文化运动主将们无一例外地对中医进行鞭挞嘲讽，为何民国政府试图“废医存药”，也就是为何后来中医在中国内地始终要被“改造”，用“科学化”去掉这些古怪的“糟粕”传统。[①]

---

① 其实，中医知识系统只为临床使用而建，“科学”与否无关紧要。有关笔者对医学与科学的看法，见拙文“Modernisation of Chinese Medicine: An Anthropologist's View”, in A Comprehensive Guide to Chinese Medicine, Ping-Chung Leung et, World Scientific, Singapore, 2003.

中医的第二个古怪之处在于它前工业式的诊疗技术、器具及产品。不管是难以量化的望诊、脉诊，简陋的针具、艾条及它们的手工操作，还是药物的采集、炮制及服用方式，都与现代医学临床活动以及工业化了的日常生活相去甚远，变成了现代人眼中“旧的”、“落后的”事物。于是在中国内地，中医总是需要被“现代化”来与社会生活的其他已经比较“现代化”的部分同步。

传统中医还有另外一些“古怪”的文化品味，不管是医籍中的文字插图、传奇故事、大夫的装束、诊室的布置、药品的包装，都显得“古色古香”，与现代生活特别是与西医的品味迥异。我们今天在中国内地所见到的中医无疑比过去“西化”了许多，一个极端的例子就是中医院校毕业典礼上的学士、硕士或博士们模仿西医同行而穿戴的帽子、袍子。

以人类学文化传播的经典理论来看，中医在中国内地的这些变迁—不管是知识系统的“科学化”，还是诊疗技术的“现代化”，甚至文化品味的“西洋化”—— 都很正常。因为，“一个外来的物件（产品也好，观念也好）必须受到当地文化规则的检验。与后者相容便被接受，否则就要被修改，乃至被摒弃。”[①]中国内地的中医当然不是一个“外来的物件”，不过其目前生存的社会已不同于它产生于斯的传统社会，主流文化早已倾向于“科学化”、“现代化”、“西洋化”，中医也很自然地象社会其他部分一样受其规则的检验、修改、扬弃。其结果是中医接近内地居民的现代日常生活，接近“正常”的西医，变得不那么“古怪”了。这是中医在中国内地沿时间轴“跨文化”时其形态发生变化的大体规律。

那么，当中医沿着地理轴向西方“跨文化”传播时，其形态发生了哪些变化？受什么样的文化规则支配？这就是笔者在法国所要了解的。

（二）法国中医概况

法国是欧洲最早使用中医的国家之一，具有临床意义的针灸始于20世纪30年代，发展至今，有案可稽的注册针灸医生稳定在1200名左右，而非医生从业人员的人数估计是其三到四倍（法国人口六千万强），在西方可算得上是“针灸大国”。近15年来，中医中药、推拿、气功亦渐为当地居民所熟知。中医发展的具体标志有：各类中医学校、气

---

① Murphy R. F., *Cultural and Social Anthropology*, New Jersey, Ed. Prentice-Hall, Inc. Enlewood Cliffs, 1986, p. 203.

功/太极班的数量增加，招收人数上升；中医在媒体上的曝光度增加，且几乎都是正面报道；每年的另类医疗大型展销会（如“软医学沙龙”）上，中医展台、讲座的比例逐年上升。此“中医热”现象，与欧洲其他各国相似。其特点为：

1. 法国的中医从业人员大多数是本地人，服务对象也是如此。这与英国唐人街的中国移民诊所相异，也与瑞士、德国等自中国内地招聘来的针灸、推拿师不同。

2. 法国医师公会于 1956 年即接纳针灸，并在 1989 年为其在医学院开设专科文凭，也正因此禁止非西医师使用针灸。但法国政府对非医师针灸从业人员极少处罚或处罚甚轻，使得“非法行医”反成了针灸业的主流。这与意大利针灸业的西医针灸师一统天下及德国针灸业由西医控制下的针灸辅助医疗人员组成均不同。

3. 与对针灸非法行医极为宽容相反，法国对销售中药之控制较周边国家严格，致使业者往荷兰、安道尔、比利时等地邮购。

与中国内地相比，法国中医业亦有其特点：

1. 几乎所有中医从业者均为个体行医，除 6 所医学院设针灸专业课外，中医教育大多由民办学校完成。

2. 中医诊所集中在城市、富裕地区，正是西医“过剩”之处。如果说，长期以来中医在中国内地作为西医的“地域性”补充，即主要为边远农村缺医少药的地区服务的话，中医在法国则更是西医的“功能性”补充，即针对西医不能或不擅长治疗的疾病，如心身疾病等。

3. 与目前中国内地西医、中医、中西医结合三足鼎立不同，中医在法国整个医疗服务中属于弱小的“替代医学”，与正统西医分界清楚，而与同属的、在中国内地从未见闻的各种“替代性”诊疗技术（象顺势疗法、正骨疗法、运动疗法等）亲和力很高。即当地中医业者往往同时会几门其他“替代医学”，而某一门“替代医学”的业者，常常也顺带给顾客扎上针。

4. 由于诊费、药价居高不下且大部分无法由社会保险报销，中医在法国几乎成了一种“奢侈品”，不再是中国内地习惯上的“简廉”医疗。

综上所述，中医已在法国已持续发展了近 80 年，传播方式基本上属于法国“拿来”而非中国主动输入，且主要由私人诊所、民办学校服务于公众，后者的喜恶直接决定前者的行医、教学方式。可以认为中医今日在法国的形态，能够反映出法国本地文化对此外来事物之作用方式。

（三）电针仪及其所揭示的文化规则

笔者在法最觉诧异者，不过于针灸从业者及顾客对电针技术的态度。

电针仪的广泛使用应起于20世纪60—70年代的中国内地，据说得灵感于一次针刺麻醉手术中电动捻针机的漏电事故。时至今日，针麻已式微而电针技术及其衍生物（激光、红外线、微波、穴位注射、电离子导入等）则在内地各医院中普遍使用，显示当地针灸与现代高新技术之“亲和力”极高。

而在电针技术历史上的发源地法国，据笔者1996年对300名针灸医生的问卷调查，经常使用电针仪者不到5%，其他高新技术产品使用得更少，这与笔者的实地观察一致。笔者就此在论文中作过详细分析，排除生理、疗效、经济、行政等因素，认为法国针灸界对现代技术的这种“疏远”，基本属于文化现象，且不能完全用“回归自然”、“崇尚传统”等西方时尚来解释，而有其更深层、稳固的文化基础。[①]

要了解电针术的文化意义，我们可以从观察内地的各类电针仪开始。它们的外观、材料、原理、操作及声光显示都与居民日常生活中的现代家电产品一致，亦与西医习惯使用的各类诊断治疗仪相似。其产品的更新也是力图更符合自动化、直观化、精确化等现代工业理念。与此相比，传统针灸采用各种人工手法，凭借施术者与受术者的个人感觉来“得气”，并加以“补”、“泻”；这些原本在中国传统社会中自然产生、发展的理念、方法，与现今生活特别是与现代医疗活动格格不入，变得很“怪异”，对法国居民来说更是如此。电针仪的应用则将现代元素导入传统针灸术，而使其“怪异度”减小。

从上面提到的电针仪在中国与法国的应用程度看来，中国居民中试图减小针灸怪异度的行为得到当地文化规则的“奖励”，也就是说在居民们看来，传统针灸术向日常生活及现代医学的靠近提高了它的威望，笔者称之为“相似得奖”。而在法国居民中同样的尝试则遭到“惩罚”（相似受惩）。如果这是一条具有普遍意义的文化规则，那么中医在法国的整个形态都应被其修正，而且其作用应是双向的，即“相异得

---

① 贺霆：《中医在法国社会中的文化变迁：传统化定式思维与西方中国印象》（法文），法国高等社会学学院社会人类学博士学位论文，2004年，第4章。

奖—相似受惩(奖异惩同)”。结果法国中医的形态会尽量偏离公众在日常生活(特别是在西医的诊疗过程)中所熟悉的理念、器物,这种偏离在与中国中医形态的对比时,应更为明显:因为从对电针技术的态度来看,在中国内地,文化规则对居民行为的作用正相反(奖同惩异)。

笔者于是观察了法国中医的临床、教学及在媒体中的形象,并与中国内地的中医有关部分,作了相对应的比较。现择数例,以飨同好。

(四)田野调查及分析

1. 消毒术临床针灸的应用

这是“相似受惩”文化规则的绝佳案例。消毒术是西医引以为豪的外科手术之基石之一,其原理、方法、器具均出自现代科学理念及技术,是西医的主要标识。针灸术由于涉及器具创伤性进入人体,故与外科手术有些相似,事实上法国医疗保险部门直接把针灸术列入“小手术”类。作为西医发源地之一及外科手术发达的法国,当地针灸从业者严格遵守消毒规章应在情理之中,但笔者观察到的正相反:(1) 从业者无特别施术装备(外套、口罩、帽子、手套等);(2) 大多数从业者对自己双手及病人针刺部位的消毒草率或缺乏。

而中国内地针灸师则很乐意通过消毒器具、技术来与西医外科医生的形象接近。笔者在内地一家中医院针灸科作调查时,就曾因未戴帽子而受到院长的批评:当时正值“三甲”医院的评比,中医院标准与西医院相同。内地出版物上中医师/针灸师的形象更是“全副武装”,甚至在研究人体经络模型时也戴着口罩、帽子,让人忍俊不禁。笔者也曾在某针灸科见到主任助手用血管钳取针,“无菌”意识很强,尽管到头来针具还是被主任触摸过十几位病人的双手所“污染”。

不管这些行为的临床意义如何,它们传递的文化信息是明确的,即:消毒术理念、方法、器具拉近了针灸术与西医外科的距离,其与针灸术的结合在中国内地受到了鼓励;而同样的结合在法国不受欢迎:由于文化规则的“相似受惩”作用,在从业者和他们的病人看来,与西医相似的器具、举动会降低而不是提高针灸术的威望。因此从业者有意或无意地“忘掉”了自己本来熟悉的消毒术。

2. 一次性针具的使用

其实,在不存在与西医形象相似危险时,法国针灸从业者们会记得消毒理念。比如为杜绝病人之间交叉感染的一次性针具,其在法国的使用就比在中国内地普遍得多。但就在这看似消毒/无菌意识极强的一次性针具的使用中，法国从业者的一个小发明透露出其仍然受"相似受惩/相异得奖"的文化规则所左右。

为了减少一次性针具的消耗，许多法国从业者把每位病人使用过的针保存在一个玻璃管或信封内，供他下次再用。这看来机巧的发明，其实犯了消毒理念的大忌：对一位外科医生来说，手术器械别说使用过，就是打开消毒包，即被"污染"。这与手术的规模无关，比如给糖尿病患者反复使用同一针头注射胰岛素，不管在法国还是在中国都是不可想象的。而同样在法国，却能容忍针灸界给病人在一个疗程(通常可达 10 周)中使用同一套不经每次消毒的针具。"储针小发明"的流行，说明在法国，针灸从业者及病人眼中的针灸针完全不同于他们所熟悉的事物如注射针头，不必受他们熟悉的理念如消毒术的制约。于是这种"匪夷所思"的小发明，却因其怪异反倒能受到文化规则的鼓励(相异得奖)。

3. 新穴位的发现与命名

这里讲的是经外奇穴。中国内地自成为现代社会后，针灸从业者发现了不少经外奇穴，特别是在"文化大革命"中，其数量甚至一度超过了经穴。这些新穴的命名与传统穴名不同，除带政治色彩外，其中不少借用解剖、西医术语，如"兴奋穴"、"安眠穴"、"扁桃体穴"、"三角肌穴"等。[①]

法国针灸界也有自己发现的新穴位，但却从来没有将其与自己所熟悉的现代知识或西医相联系，也不按自己所熟悉的西方科学惯例，即以发现人的姓氏命名医学发现(如 MC Burney 氏点)，而仍旧依附于原传统穴位，如神门(甲)、百会 1、百会 2 等等(当然中文穴名对非中文地区的居民来说是件很头痛的事，他们习惯用脏腑经络名称按顺序排号来称某穴。比如神门在法国被称为"心经第七穴"，新穴则在原名后面加上个 bis)。

如果说在新穴位发现上法国针灸界不似中国内地勇猛的话，他们偶尔也会有些惊人之举。比如某牙医针灸师所发现的按牙齿排列的一整套新经络。对如此革命性的发明，该牙医却未以自己的姓氏或口腔科专业术语来命名，也不仿效耳针、足底按摩等神经反射疗法思路，而

① 上海中医学院等：《赤脚医生手册》，上海：上海科技出版社，1969，第 65～66 页。

是将它们按中国传统的脏腑、阴阳、表里排列，即每颗牙都有其相对应的“心”、“肝”、“肾”等。

看来，不能简单地认为法国针灸界/中医界保守或传统，他们创新的意识和能力或许与中国内地中医界不相上下。但对新发现的命名上，由于文化规则的支配，他们会有意或无意地趋向于与自己本土文化理念、事物区别巨大的中国传统方法，避免使用自己生活中所熟悉的或西医习惯的方法和术语，这样才能维持新发现的权威性和可信度。而中国内地文化规则的作用正好相反：必须远离已经在现代人眼中显得怪异的传统命名法，采用目前大家熟悉的现代科学知识或西医术语，新发现才容易被接受。中法针灸界对新穴位的不同命名看起来是对传统与现代喜好的差别，其实反映出的是该命名与当地社会其他部分比较时其“怪异度”增加或是减少，以及受当地文化规则的鼓励或是惩罚。

4.“幸福宝宝穴”

笔者在法国不时看到有孕妇到诊所定期针疗，所针刺穴位只是双小腿处“筑宾”一穴，细问方知此法在法国颇为流行。各从业者方法略有不同(有在孕程的 3、6、9 月施术，有的 3、4、6 月)，但效果一致且奇特：据说除安胎、顺产外，还可使婴孩阴阳平衡，身心健康，进而一生快乐。故被称为“幸福宝宝穴”，术者及顾客都深信此乃中国传统针术所传。笔者经查证实，此乃法国针灸界自己的一项发明；这里不讨论其实际临床效果，只看它是增加还是减小了针灸的怪异度。

针灸能影响孕妇、胎儿，这在中国传统医学中确有记载、应用，比如因为能“滑胎”而被列为孕妇“慎用”或“禁用”的穴位就不少，其中一些还被用来治疗滞产；胎位不正也能灸治；针灸还常常被应用于产后恢复——尽管这些都不是针刺“筑宾”穴的作用，而是另一些能调整孕妇气血或子宫状态的穴位。增加或减小子宫的收缩，可实际观察，不能算怪异；调节人体气血在现代人看来当然很玄，但作为针灸的基本理论，也并未增加其原有的怪异度。“幸福宝宝穴”的特异之处是刺母体穴位来调节胎儿之气血，而且于孕程之某些时刻；一旦达到目的，其对婴孩体质、情感的作用可维持一生。这些却是连中国古人也未曾想过的，使得传统针灸术显得更加神奇，与法国社会居民的日常知识距离增大，于是这项发明受到前面提到的文化规则的鼓励而得以流行。而类似的行为，在今日的中国内地恐怕是要被冠以“迷信”之名加以剪除的罢。

5.“无病付酬制”

在法国，笔者听得最多的对中医的赞美之一就是：中医好，中医医生的职责是保证村民不生病；要是一年之中村里有人生病了，那他年底就拿不到报酬了。结论：中医与只顾治疗的西医不同，是预防性医学。同样的故事在当地的电视节目中、报刊杂志上屡屡出现，广为流传。

笔者查证，此又为法国居民对中医的一项发明。诚然，“治未病”的理想一直是中医的追求，但即使在传统叙事中，治未病的上工也根本当不上医生，只是名不出户的平凡人；而“只会”治大病、重病的下工，才会成为像扁鹊那样的名医。至于医术与酬金挂钩，在古训中也只限于“治不好病，分文不取”；境界最高者如董奉，也还是以治愈为标准种树，而且小病治好种两株，大病治好种三株。可见，医生主要管治病，病越重收酬越高，不管在古今中外都是常理。

而法国盛传的“无病付酬”的中医传奇，却与此理相悖。也正因如此，使得中医显得更加怪异而可信。这又是一个例证，显示出法国居民有关中医的思想、行为，会受“相异得奖”的文化规则修正。

反观中国内地，有关中医的这类新的怪异故事就难以产生、流行。即便是存在于中国传统文化中有关中医的一些传奇，如扁鹊得异人禁方而能透视人体五脏等故事，也会被“集体遗忘”。这表明在中国，将中医远离生活常识的行为会受到文化规则的惩罚——“相异受罚”，与法国文化规则的“奖异”作用正相反。

在法国，像当地居民这样与中医有关的行为受到“奖异惩同”文化规则左右的例证还有很多，如对传统中医理论的发挥、脉诊的学习与应用、中医书籍的装潢及插图、中医学校的命名……这些细微的人类学证据清楚地表明上述文化规则的作用在法国地区中医的各方面都有所表现，是一个普遍且基本的文化规则。在此规则作用下，前文描述的传统中医的三个古怪之处(观念、操作及文化品味)在当今法国不但被保留甚至还得到发挥。当然，该文化规则的作用有所侧重，比如对“显性行为”象上述针的具选择、新穴命名等，“奖异惩同”作用就很强；而对“隐性行为”象就诊方式等，作用就弱。中医在法国的形态也受当地政治、经济、风俗等其他因素的影响。不过，同中国内地的中医变迁相比，法国地区中医的独特之处正是由当地这种文化规则对居民有关行为的修正所致的。而该规则来源于根深蒂固的西方“中国印象”。

(五)对内地中医的启示

笔者认为不应该把这些我们中国人眼中的“奇风异俗”仅仅看作是法国居民对中医无知或狂热的表现(尽管笔者自己不能完全做到)。中医在法国的形态，其实是法国文化的一个产品，不必苛求其与我们所习惯的中医一致。更进一步，我们应该能从中医在中法两国不同形态的对比中，看到自己心目中中医形态后面的文化规则，从而在作出评判、决定时知己知彼，不掉入先入为主的误区。

以上对法国中医形态的研究至少能给我们这样几点启示：

1. 今日各地区中医之形态，无时无刻不受到当地文化规则的影响，即后者对当地居民与中医有关的思想、行为的"奖/惩"作用。应该说，中国内地尽量将在今日显得怪异的中医向日常生活及现代科学技术靠拢的文化规则，这与整个传统社会变革后的总文化规则一致，中医的变化也同人们日常生活的变化一致，这在文化传播学上应属于"正常"现象。然而，通过对法国中医的观察研究，我们知道这种"正常"的现代中医并不是中医发展的唯一形态，也不会自然地就比其他形态更"高级"、更"正确"。

2. 在中医的国际交往中，应宽容得体：各个社会的文化规则不同，中医形态就各异。中医在他国的形态并不完全代表中国文化，而更是当地居民根据自己的需要、自己的习惯对中国文化及中医的解读，对此不必惊诧反感。同时也不必曲就逢迎：中医最引起他国（特别是西方）居民感兴趣的部分，未必适合中医在中国的发展。

3. 了解自己社会中支配中医的文化规则，可避免仅以文化口味来评判中医。中医在原传统社会中产生、发展，除带有当时当地的文化色彩外，它首先是一种医学，即对疾病及其治疗手段的规律的探索；不管何时何地，它的价值主要体现在疗效上。评判中医今日之形态乃至规划其将来之发展，应看这样的形态能否继续或更有效地利用原有临床成果，能否继续或更有效地获得临床新发现；而不应拘泥于"传统—现代"之争，或"正统—异端"之争。

今日谈论中医的现代化，应该能够跳出工业理念、科学主义等框框，让其在最有活力的临床实践中，自然形成与当时当地社会相适合的形态。从这个观点看，多样化是中医在现代社会发展的一个趋势，而营造宽松环境来促成中医的多种形态则应该是发挥中医现代活力的基本策略之一。

闽南“老人会”的社会位置和社会功能

——以田岱镇思靖村为例兼与川西农村比较

杨晋涛

摘　要：以闽南田岱社区为例探讨了当地“老人会”或老年协会的社会位置和社会功能。田岱老人会位于国家行政管理体系与村落社会传统宗族势力的交接点上，与两者都保持着密切的联系。这既决定了它的权力来自于两个方面的正式或非正式认可，也决定了它的社会功能也具有两方面都要负责的特点。在与川西汤村老年协会的比较中可以看到，地方经济水平对老年协会掌握的资源具有重大影响，虽然如此，田岱老人会形成现在的权力和组织模式仍然有地方文化，特别是宗族文化的原因。

如今遍布全国城乡的各级“老年协会”，是20世纪80年代开始在各地建立起来的一种以维护老年人合法权益和丰富老年人闲暇生活为己任的基层设置，是国家基层建设的一部分。对于这种具有中国特色的基层建制的基本性质，可以从中国传统孝道和反馈式养老模式来建立理解。费孝通认为，孝道是传统养老的反馈模式在意识形态上的保证，而这种反馈模式如今又被国法所认可[①]，可见，家庭赡养方式的法制化本身就是传统孝道在现代中国被制度化，是传统的延续和发展。[②]同样，对于老年协会的基本性质，我们也可以作同样的理解。也就是说它可以被看成是孝道和敬老意识在社会制度层面的投影。由于全国不同地区社会、经济、文化和历史的差异，各地老年协会发展到今天，也在

① 《中华人民共和国老年人权益保障法》第十一条：赡养人是指老年人的子女以及其他依法负有赡养义务的人。

② 费孝通：《家庭结构变迁中的老年赡养问题——再论中国家庭结构的变化》(1983)，见《费孝通选集》，天津：天津人民出版社，1988年。

不同的空间上表现出不同的特征，比如我最近调查的福建闽南地区的老年协会，和前几年调查的川西农村的老年协会，在社会位置和社会功能方面就有相当大的差异。“老人会”是闽南民间对老年协会的民俗称谓。本文主要对闽南“老人会”的社会位置和社会功能做出描述和分析，并通过将其和川西农村的情况作比较，以凸现其特点。

虽然现在老年协会已经是随处可见的现象，但主要针对它的学术研究，却相对较少，大多数学术论文都只是在讨论基层建设、城乡社会问题的时候捎带提到。对于正在进入老龄化社会，同时又具有悠久的孝道、尊老习俗的中国来说，老年协会应该得到的学术关注和它已经得到的相比还有相当的差距。潘宏立对福建石狮灵秀镇容卿村“老人会”的调查研究为我们继续关注这一课题提供了一个人类学研究的范本。① 他从“老人会”与当地宗族复兴的社会事实的关系入手，突出“老人会”作为国家与社会之间的连接和中介的社会角色，涉及对其社会位置和社会功能的论述，这些对本文的写作均具有启发性。

潘宏立在“容卿研究”中用到“社会位置”这个概念，我理解这和通常所说的社会地位既相关又有不同，相关性表现在它和社会地位一样必须和社会角色和在社会结构中的功能联系起来讨论，不同表现在，当我们说到社会地位的时候，主要是用主体的权利和义务来限定和描述它；而当我们说到社会位置的时候，强调描述具体对象处于社会权力网络中的哪一节、哪一点，依凭何种社会资源，体现何种社会权力，又受到何种权力主体的约束、如何约束等等。社会功能指的是对象在特定的社会位置上，透过其能利用的社会资源，能对何种社会事务施加何种影响。

一、田岱镇及思靖村“老人会”的基本情况

田岱镇隶属福建省晋江市，全镇人口 78000 余，其中回族人口 22000 左右，主要姓丁②，是闽南一个回族社区，不过这里的回族汉化程度较高，除了每年的伊斯兰教庆典如开斋节等有宰牲、礼拜等活动，以

---

① 潘宏立：《当代闽南农村宗族的复兴与老人会》，见邓晓华、林美治主编《中国人类学的理论与实践》，香港：华星出版社，2002 年。

② 丁显操：《陈埭回族社区历史沿革与社会发展史》，陈埭回族事务委员会自印本。

及田岱清真寺外,外来者几乎无法看出这是一个回族聚居地。田岱的回族民众主要集中在围绕田岱镇的七个行政村[①]中,思靖就是其中一个。整个田岱镇60岁以上的老人有2200多,各级"老人会"的会员有2300多。[②] 田岱有老年协会总会,上受晋江市老龄委管理,下辖四个片的老年协会,名称上仍叫总会,思靖村"老人会"属于田岱片总会管辖。

思靖村(居委会)是田岱镇所在地,这里有60岁以上老人380多个,参加"老人会"的会员有480个左右,现任会长丁火,男性,60岁,已任三届,还是上一届田岱片总会会长,2004年6月改选后任田岱片总会的副会长,是我做实地调查时的主要报告人。

田岱近20年来地方经济有长足的发展,当前本地居民大多从事服装及鞋帽加工产业,2002年田岱工农业总产值为38.15亿元,人均收入9880元,是相当富裕的地区。当地经济的长足发展对于"老人会"的发展具有显然的推动作用,这在后面的分析中将会提到。

二、"老人会"的社会位置

潘宏立在他对容卿村"老人会"的研究中提出:"老人会在国家和社会之间所处的位置及其所发挥的作用如下:如果将属于现代社会组织的"村两委"设定为"国家"一方,而将属于传统社会组织的宗族设定为地方社会,那么,老人会显然处于两者之间的位置上,同两者都保持着密切的关系。……老人会无法完全进入国家的范畴,也不是完全的宗族组织,但老人会又和两者有着一定的重叠关系。从这一角度来看,老人会显然位于现代的国家行政与村落社会宗族等传统势力的交接点上。"

田岱思靖的情况大致和容卿相似,当然也有自己的地方性特色。

---

① 思靖村其实从1985年前后已经改为居委会,但是居民大多还是农村户口,他们,特别是上了年纪的人,口中还是称思靖为村,甚至仍然把居委会称为村委会。本文沿用当地人的叫法。

② 数字的出入主要是因为:国家规定60岁以上算人口统计上的老年人,但是地方实际采用公务人员退休的年龄作为纳入老年会新会员的标准,即男性上了60岁,女性上了55岁就有了加入老年协会的资格。这在川西农村也是一样。另外,有些在外工作人员或华侨,年老后回田岱定居,加入了当地老人会,但是户口并没有随着迁入。

据丁火的说法，在行政关系上，田岱片老人总会一方面接受田岱老年协会总会的领导，同时还要接受田岱镇回族事务委员会的领导，这是田岱片老人总会和其他片总会不同的地方，田岱片下辖七个村均为回族村，因此"老人会"的管理中就会有此特色。各个村的"老人会"，一方面在纵向上要接受上级老年协会的领导，同时也要在横向上接受村委会的领导。因此，在"老人会"的工作中，有宣讲当前国家和各级政府政策、规章制度的任务，还有在老年人中推行"移风易俗"的任务，包括在老年人当中宣传和动员"迁坟"、"火葬"和"丧事简办"等等。

而在与地方社会的关系上，田岱"老人会"与宗族的关系虽然不如容卿村那么明显，但仍然有迹可寻，特别在老年会理事的选举中有所表现。按照丁火的说法，"老人会"三年换届一次，思靖换届的程序是：先由上一届理事会推出候选人名单，然后由全部会员投票进行差额选举。"老人会"和宗族的关系主要体现在候选人名单的推出过程中，因为这份名单不仅要考虑各自然村老年人的比例，重要的是，还要考虑各宗支的要求，换句话说，各候选理事在相当程度上是由各宗支提名的，至少上一届理事会在提出一份名单的时候，必须平衡各个宗支的利益，否则就会遭到来自宗支的杯葛。由于提出候选人名单是事前考虑宗支要求，可以推测这是在多年实践中锤炼成熟的做法，已经达成各方的默契。2004 年思靖村的换届选举，提出了 20 位候选人，实际选出了 13 位理事，得票最高的丁火连任会长。田岱片老人总会的换届选举程序是由来自七个村的所有理事推举总会理事，包括总会长和副总会长。

田岱地方"老人会"的选举，也属于基层选举的一部分，我们已经看到，这个选举过程至少在形式上是相当成熟的。就我们关心的"老人会"的社会位置而言，完全可以用潘宏立概括容卿村"老人会"的口吻来概括田岱思靖"老人会"的情况：一方面，它得到国家行政力量的认可并赋予一定的权威性，同时又不能看成是事本主义的科层系统的一部分，而必须大量依靠地方草根性质的血缘和地缘关系进行运作，几近于一个民间社团；另一方面，它依靠来自地方宗族的支持，并基本上要扎根于地方社区，但同时它又不是民间自发的组织形态。用潘宏立的话来说，"老人会"位于现代国家行政和地方宗族社会两者之间的位置上，同两者都保持着密切的联系。

三、"老人会"的社会功能

"老人会"的社会功能和它的社会位置不可能分开来看，它在地方社会起到什么作用、如何起作用，这些都和它在社会权力网络中的实际位置密切相关。我们不难发现，老年会具体功能的实现，一方面要依靠国家行政力量的授权和认可，具有正式性，另一方面也会利用地方社会的资源，具有非正式性，同时，在行政意图与地方习俗有矛盾的时候，相互也会有拮抗。

丁火向我罗列的"老人会"的基本工作包括以下几个方面：

首先，丁火阐述为配合各级领导及合当前的中心工作开展与老人有关的宣传工作，包括"迁坟"、"丧事简办"、"火葬"等。实际上就是行政力量要求开展的"移风易俗"工作，由于这些事务都与老年人有关，因此成为各级"老人会"的一项重要的日常工作，按照丁火的说法："这些事本身就是老人的事情，老人的思想通了，儿孙们的思想就容易通。"由于这类工作多与某些民间习俗相抵触（比如回族传统的土葬习俗），所以"老人会"通常也只是以软性方式进行宣讲、说服和协调。在我想进一步了解开展这些工作的过程中是否出现抵触情况时，丁火回避了这个问题，并说：

> 老人会开展了这么多活动，群众对老人都非常关心爱护，村里的干部这样讲，要把老人当成他家里的长辈，所以我们长辈也会配合自己的儿子工作，这样大家就互相喜欢。

这段话一方概括了"老人会"和村委会之间的关系，另一方面也表明"老人会"在这类工作上面确实没有硬性的手段，所谓"配合"村委会这方面的工作，是作为对村委会支持"老人会"工作的回报，带有某种被动性。

不过，丁火对于矛盾相对而言不那么突出的"丧事简办"一项倒是比较津津乐道。他说，由于在群众中大力宣传"丧事简办"，最近几年当地出现了一些新的现象，就是一些当地有经济实力的企业家，办理家中老人丧事时也从简，把节约出来的钱以老人的名义捐给"老人会"或其他机构。思靖曾有企业家为此捐献了 10 万，溪边村有个企业家捐献了 22 万。在我去田岱前不久，岸兜村某大型运动鞋企业董事长的老母亲去世，董事长以母亲的名义捐献 50 万给小学，50 万给"老人会"作为开展活动和救助贫困老人的基金，10 万给晋江市慈善总会。做寿也有类似的情况，田岱讲究做 70、80、90、100 等大寿，现在也提倡简办，节约下来的钱就捐献给“老人会”，2 万、3 万不等。

其次，组织老年人的体育娱乐活动。老年是有较多闲暇的人生阶段，让老年人日常生活充实，老有所乐，同时让老人走出家庭小圈子，参加更广泛的社区活动，也有助于减少家庭矛盾。丁火认为，开展各种娱乐体育活动是“老人会”最重要的工作。思靖的老年人除了平常在“老人会”的活动中心打扑克、麻将外，“老人会”还组织太极拳比赛、歌舞比赛、棋类比赛等活动，以及组织老年民族鼓乐队。

第三，组织老年人的学习活动。每个村的“老人会”都定期（一般是一个月两次）开办“老年学校”，由于老年人的文化水平参差不齐，学习内容主要以老年人感兴趣的老年保健、健身等为主，当然也有一些时政内容，比如丁火提到的“揭露法轮功邪教本质”的学习活动，以及学习“老年人权益保障法”等等。

第四，维护老年人的合法权益。当地比较富裕，老年人很少有儿子但失赡的情况，不过家庭纠纷还是在所难免，据丁火的看法，这主要是因为社会变迁导致两代人之间生活方式和观念有了很大的不同，会产生互相“看不惯”的情况。对于这些“家务事”，“老人会”主要是以调解的方式介入。不过也有一些很有趣的举措，比如思靖村几年前在“老人会”专门为在家“受气”的老年人提供了两间房子，以供他们在和家人闹别扭后居住。丁火说曾有两个老人采取到这两间屋子居住的方式表达自己对儿子媳妇的不满，结果此举让老人的儿子感到前所未有的舆论压力，因为社区中议论纷纷，说儿子赶走了自己的父亲。这种情况下，儿子只好主动到“老人会”与父亲讲和。丁火在讲述其中一个丁姓老人的例子时说，现在这个老人的儿子专门给父亲装修了房间，父亲想自己开火做饭，儿子就每个月供给两千块钱，“他钱拿得出，怕的是名声不好听。”这个“两间房子”的举措是思靖村特有的，在丁火看来，这为解决两代人之间的紧张关系，提升村民的孝敬意识起到了格外好的作用，因为近年来儿子媳妇们都怕自己的父母跑到“两间房子”住，使自己脸上无光，因此不轻易和父母争吵，实际上，这“两间房子”已经空置相当久了。“两间房子”之所以会比一般的调解更有效，原因在于这样能把家庭争执引向公共空间，更大程度地调动社区舆论的力量。舆论并不对家庭争执的是非做出判定，而是把重点放在对老年人离家这一结果的评价上，在素讲孝道的中国基层社会，背上“赶自家老人出门”的恶名是大多数人无法承受的,舆论压力当然对儿子更不利,也就促使他们提升自己对孝敬的敏感性。

第五,维护邻里、村际关系的和谐。"农业学大寨,打架学田岱",丁火引用当地这句俗谚来说明田岱地方民众的好争善斗。解决邻里和村际的纠纷通常应该是村委会等组织的工作,然而村委会通常会委托"老人会"介入纠纷解决,因为"老人会"的主事者通常在当地民众中具有一定的威望,又通常在宗支、自然村等关系范围中有一定的代表性,说话会有人听,"老人会"出面会使这些纠纷更容易得到解决。解决纠纷的过程主要是责任和相关得到赔偿的判定,有时候,"老人会"也需要配合派出所的工作。

第六,社区救济。虽然当地相当富裕,但是仍然会有因为残疾、失祜等原因陷于贫困的老年人,对这些人进行救助,也是"老人会"的责任之一。一般的贫困家庭,主要由村委会救助,而"老人会"主要救助贫困的老年人。

以上罗列的这些"老人会"的社会功能,反映出其功能和它的社会位置是相互协调的,一个基层社区的"老人会",既是国家基层行政建设的一部分,要在自己的"施政"中做到上情下达,多少体现国家的意志;另一方面,它又是社区娱乐中心、社区协调手段和社区救助渠道,而这个方面充分体现了"老人会""植根社区"和"面向社区"的特性。

四、经济成长、宗族力量和"老人会":川西和闽南的比较

20 世纪 80 年代后我国城乡普遍开始建设基层的老年协会组织,然而由于各地所能利用的地方性资源不同,老年协会在不同地方也就表现出不同的形貌,这里把川西农村的老年协会和闽南地方的"老人会"做一比较,目的是要凸现闽南地方"老人会"的特点,即它和宗族密不可分的联系。

2001 年我曾在四川省金堂县竹镇汤村做实地调查。当地处于四川盆地中部丘陵地带,从 20 世纪 90 年代起有大量青壮劳动力外出打工,留下自己老年或接近老年的父母在家种田带孩子。按照一般的想法,这里常住人口多为老年人,和老年有关的组织应该比较发达,但事实并非如此。汤村也有老年协会,但是非常奇特地分为两种,一种是从

属于村委会的村老年协会，只设了一个老年协会主任。和其他村干部不一样，这个主任不是选举产生的，而是由村委会班子在年纪较大的“老干部”中指定的，这个村老年协会当然也有协助村委会解决和老年人有关的纠纷以及宣传和促进老年人合法权益等责任，但是由于这是个有职无权也无钱的虚职，在村财政中也没有相关预算，几乎无人肯自愿担任。另一种也叫老年协会，但实际上却只是由私人承办的供人打牌娱乐的小茶馆。本来这种名叫老年协会的茶馆和镇老年协会有名义上的从属关系，但是这种关系也只是体现在每年由各个茶馆向镇老年协会缴纳一定的“管理费”后，可以免除缴纳工商管理费用，这对小茶馆的经营者来说无疑具有一定的吸引力，据说有些经营者要通过走关系才能获得这一资格。不过在 1999 年之后，镇上取消了镇老年协会对各村这类茶馆的管辖权，各茶馆仍然要向工商部门缴费，这样，这种小茶馆就完全成了一种经营性机构，但是“老年协会”这个公益性的名称依然保留下来。

和闽南的“老年人”比较，川西这种“两张皮”的老年协会如果运作良好，似乎也不会有功能缺失，只是功能分开了：“村老年协会”执行社区协调和社区救助等功能，而“茶馆老年协会”执行社区娱乐的功能。但其实并不是这么简单，问题在于这样的老年协会是否有可能“运作良好”。和田岱相比，川西汤村的老年协会无论从预算、权力权威的正式性、运作能力和规模、长期运作的成熟程度等各方面来说都无法相提并论的。从权力、权威和声望来说也是如此，汤村如果发生邻里矛盾，村干部或许会想到动员某位有声望的长者帮助协调，但村老年协会却没有这项常设性的功能。

从两地地方经济成长的程度来解释这种巨大的落差可能是最容易想到也最方便的方案。的确，竹镇的人均收入刚过 2000 元，无法和田岱的 9880 元相比；思靖村“老人会”的经费来源有三个，一是会员的会费，[①]二是村委会的拨款，三是民间捐款，常年管理的经费在每年 100 万元左右。思靖“老人会”每年要给会员发 1200～1500 元，光是这笔费用就要花去 576000～720000 元，这些数字是汤村老年人根本无法想象的。有钱便长袖善舞，为老年人提供像样的娱乐场所、组织各种活动、

① 思靖老人会的会费是每人每年 300 元，据丁火说，各村老人会要求的会费和缴纳方式不一样，比如有些村是每月交 20～50 元。

开展各类学习也就不在话下，也会有更多的企业家通过向老人会捐款获取社会声望。可以说，田岱的经济增长和"老人会"的发展者之间实现了良性的互动，"蛋糕"做大之后，不同年龄群体享受经济成果的再分配，也就游刃有余。

经济发展程度的确可以为川西和闽南老年协会的差异给出一个合理的解释，不过这是不是唯一的解释呢？我们可以追问这样一个问题：如果汤村的经济水平达到或接近思靖的水平，那里是否会发展出和思靖一样或类似的"老人会"呢？我认为答案并不肯定。在前文中，我们从"老人会"理事选举的角度管窥了田岱地方"老人会"和宗亲组织之间千丝万缕的关系，潘宏立的"容卿研究"也强调了这一点，也正是这一点使我相信对上面问题的答案并不肯定，因为在川西的汤村，根本就缺乏如闽南地区这样丰厚的宗族土壤。汤村大体上可以看做是以三个姓为主的杂姓村，在解放前的确还是存在宗族组织的，另外也还有袍哥组织等民间社团，不过这些组织无论从形态上还是从结构上都已经基本消失殆尽，当然这并不是说汤村没有草根性力量，除了村级干部外，汤村的草根力量主要表现在个人的地方性声望上，核心家庭和大体上不出三代的联合家庭单元性较强，基本上没有可观察性如闽南地区这么明显的宗族组织。宗族组织和长者权力、孝道尊老原则有着天然的联系。思靖的村委会要依靠老年会解决家庭纠纷、邻里纠纷乃至村际纠纷，就是因为这些被各宗支选出来的长者享有一定的声望，即便不具有强制性的处置权力，也会有当事人不得不给的面子。汤村并不是没有有声望的老人，但是他们既未被落实国家行政力量赋予的权力，更缺乏来自民间自治性实体的稳定支持，因而无法在国家与地方社会的权力博弈中，将其权威和声望提升到正式化的层面。

也许，在国家落实村级自治权力的过程中，象汤村那样的地方也会逐渐发展出类似宗族那样的民间自治性实体，并以此为根基发展起类似闽南地区那样更具有权威性和正式性的老年协会。但是另外一种可能也是存在的，即村落社区仍会建立在以单元性家庭地缘结合的基础上，那么，未来汤村的老年协会无论在社区参与广度还是在社区事务介入深度上，不说是否能达到闽南地区这样的程度，也会具有相当不同的特征。

全球化与中国海外移民

曾少聪

摘　要：全球化是当今世界发展的客观进程，是现代经济和高科技发展国际化的历史新阶段。国际移民是全球化的重要因素，它改变了世界的民族分布，引发了不同民族之间的冲突，也促进了不同民族之间的融合。自明中叶以后，中国人开始较大规模地移居海外，它是国际移民的重要组成部分。中国海外移民的族群关系，充分反映了全球化所引发的一些民族问题。

全球化是当今世界发展的客观进程，是现代经济和高科技发展国际化的历史新阶段，国际移民是全球化的一个重要特征。中国的海外移民是中国走向世界的先锋，他们遍布全世界，其本身既为全球化的参与者、贡献者，也是全球化过程的产物。中国已加入 WTO，中国的经济发展与国际接轨。今后，不仅有更多的中国人要走出国门，而且还有大批的外国人要到中国来。因此，全球化与中国海外移民的许多问题值得深入探讨。全球化与中国海外移民所涉及的内容非常得广泛，笔者不能对这一问题进行全面地考察，本文只就全球化与国际移民的关系、中国海外移民在国际移民中的地位以及中国海外移民呈现的民族问题进行讨论。

一、全球化与国际移民

据学者考证，全球化一词是 1985 年莱维特（Theodore Levitt）在其

《市场全球化》一书中首先提出来的[①]，该词很快在学术界和政界传开，现在已经成为人们非常熟悉的一个词汇。全球化的内容涉及政治、经济、社会、文化、价值观、民主、人权等领域。一般的观点认为，全球化是自然形成的，是不可抗拒的进程。有关全球化的理论，国内外学者已经做了广泛的讨论。[②]

全球化作为一种历史现象在广义上可以溯源到人类在地球上出现的时候，而在狭义上是指16世纪以来的事情。[③] 从总体上来讲，学者采取的是广义的历史分期，但是在具体分析中又把狭义的历史分期作为重点。全球化分为前现代（1500年以前）、现代早期（1500—1850年）、现代（1850—1945年）以及当代（1945年以来）四个阶段。[④] 而19世纪和20世纪早期是集中的全球大规模迁移阶段。移民作为全球化进程中的一个重要因素是自16世纪前后资本主义世界市场开始到现在的一种形式[⑤]，并且是全球化的一种主要形式，这种形式比其他任何全球化形式都更为普遍。这里说的人口迁移主要是指人口的国际迁移，也就是国际移民。

---

① 江学时：《全球化与拉丁美洲经济》，《拉丁美洲研究》1997年第4期。

② 有关全球化的问题，国外学者作了比较广泛的讨论，例如：[英]戴维·赫尔德等著，杨雪冬等译：《全球大变革：全球化时代的政治、经济与文化》，北京：社会科学文献出版社，2001年；[英]罗宾·科恩、保罗·肯尼迪著，文军等译：《全球社会学》，社会科学文献出版社，2001年版；[法]雅克·阿达著：《经济全球化》，北京：中央编译出版社，1998年；等等。中国学者也积极地探讨全球化问题，例如李慎之：《全球化与中国文化》，李慎之、何家栋著：《中国的道路》，广州：南方日报出版社，2000年，等等。

③ 有人把全球化定义为："一个（或者一组）体现了社会关系和交易的空间组织变革的过程——可以根据它们的广度、强度、速度以及影响来加以衡量——产生了跨大陆或者区域间的流动以及活动、交往和权利实施的网络。在这里，流动指的是物质产品、人口、标志、符号以及信息的跨空间和时间的运动，而网络指的是独立的能动者之间有规则的或者模式化的交往、活动的接点（nodes）或者权利的地点。"[英]戴维·赫尔德等著，杨雪冬等译：《全球大变革：全球化时代的政治、经济与文化》，北京：社会科学文献出版社，2001年，第8页。

④ [英]戴维·赫尔德等著，杨雪冬等译：《全球大变革：全球化时代的政治、经济与文化》，北京：社会科学文献出版社，2001年，第8页。

⑤ Stephen Castles, *Migration and Community Formation under Conditions of Globalisation*. Conference: Reinventing Society in the New Economy. University of Toronto, 9－10 March 2001.

自15世纪末以来，大规模的国际移民有三次，第一次是15世纪末至19世纪中叶；第二次是19世纪中叶至20世纪中叶；第三次是二战后至今。① 第三次国际移民主要有三种类型：持续的殖民地移民、临时性的劳工移民和难民。这些移民类型中的任何一种通常都导致家庭的团聚，它成为最大的移民活动。过去20年的移民类型朝着多样化、扩散和内部混合的方向发展。② 二战以后，难民在国际移民中所占的比例很大。难民包括受政治迫害、因战争或自然灾害而造成的国际移民。③当代国际移民总的趋势是发展中国家向发达国家移民。中国的海外移民虽然发端于古代，但是，较大规模的海外移民却肇始于明中叶，也就是在世界的国际移民时代，中国的海外移民是国际移民的重要组成部分。

移民是人类学、人口学、经济学、历史学、法学、政治学和社会学等学科共同关注的课题，不同学科研究的重点不同，例如人类学主要讨论移民文化变迁和族群认同，人口学主要讨论移民人口的变化，经济学主要解释移民的动因和影响，历史学关注的是如何理解移民的经历，法学讨论法律怎样影响移民，政治学讨论不同国家对移民的控制，社会学主要解释移民社会的构成等。④ 有关移民的理论，西方学者做了比较深

---

① 参见丘立本：《经济全球化与中国人口的国际迁移》，“经济全球化与华侨华人研究”学术研讨会论文，2001年，第2页。

② Stephen Castles, *Migration and Community Formation under Conditions of Globalisation*. Conference: Reinventing Society in the New Economy. University of Toronto, 9—10 March 2001.

③ 为建立国家而发动的战争以及在南非等国家和地区发生的种族冲突，使得非洲四分五裂，出现了大批的难民。据联合国难民事务高级专员署1990年的数字表明，在非洲大陆有200万难民。在90年代早期，全世界1500万～2000万难民中有近一半在亚洲，这些难民的产生主要是由于印支战争、区域性革命、国内战争以及1979年苏联对阿富汗的入侵造成的。1989年，360万阿富汗人逃往巴基斯坦，200多万人逃往伊朗。参见［英］戴维·赫尔德等著，杨雪冬等译：《全球大变革：全球化时代的政治、经济与文化》，北京：社会科学文献出版社，2001年，第418～419页。

④ Edited by Caroline B. Brettell & James F. Hollifield, *Migration Theory: Talking across Disciplines*. New York: Routledge, 2000, p. 3.

入的研究[①],国内学者也积极地参与移民的讨论,葛剑雄等对中国历代移民作了考察,主要研究中国境内的移民。[②] 朱国宏根据“推拉理论”,对中国的海外移民作了考察。[③] 杨国桢等从中国海洋社会经济史的角度考察明清中国沿海社会与海外移民的关系。[④] 丘立本提出从世界史的角度出发研究海外移民。[⑤] 陈孔立根据中国移民的特点,结合世界移民的现象,对移民的定义、动因、类型、特点以及移民社会的结构、内外关系、转型等理论作了详细的介绍。[⑥] 李明欢比较全面地介绍了 20 世纪国际移民的理论。从国际移民的动因来看,有推拉论、新古典主义经济理论、新经济移民理论、劳动市场分割理论和世界体系理论等;从国际移民的延续来看,有网络说、连锁因果说(或称“惯习说”)和移民文化说等;从国际移民的社会适应看,有“熔炉论”、“同化论”和“多元文化政策”等。[⑦]

以往的学者对移民现象和理论的研究,已取得令人瞩目的成就。不过,西方学者主要关注移民对移入国社会的影响,较少涉及移民对移出国社会的影响。国内学者对中国海外移民的研究,很少顾及中国海外移民在移居地展现的民族问题。中国的海外移民,说到底是中华民族在海外的延续和发展,无论过去、现在还是将来,不同学科、不同范式的海外移民研究,都不能无视这一历史渊源。本人曾从事东洋航路移

---

① 参见 Edited by Caroline B. Brettell & James F. Hollifield, *Migration Theory: Talking across Disciplines*. New York: Routledge, 2000. Edited by Biko Agozino, *Theoretical and Methodological Issues in Migration Research: Interdisciplinary, intergenerational and international Perspectives*. Aldershot: Ashgate Publishing Ltd, 2000. 等。

② 葛剑雄、曹树基、吴松弟:《简明中国移民史》,福州:福建人民出版社,1993年。

③ 朱国宏:《中国的海外移民——一项国际迁移的历史研究》,上海:复旦大学出版社,1994 年。

④ 杨国桢等:《明清中国沿海社会与海外移民》,北京:高等教育出版社,1997年。

⑤ 丘立本著:《从世界看华人》,香港:南岛出版社,2000 年。

⑥ 陈孔立:《有关移民与移民社会的理论问题》,《厦门大学学报(哲学社会科学版)》2000 年第 2 期,第 48～56 页。

⑦ 李明欢:《20 世纪西方国际移民理论》,《厦门大学学报(哲学社会科学版)》2000 年第 4 期,第 12～18 页。

民即明清时期移民台湾与移民菲律宾的研究，比较国内移民与国外移民的异同。[①] 近年来，笔者从事东南亚华人族群关系的研究。[②] 笔者深信，要想深入地探讨中国海外移民的问题，就必须把它放在全球化过程中，在国际移民的背景下进行考察，这样才能对中国海外移民有个比较全面的认识。

二、中国的海外移民是国际移民的重要组成部分

中国人大规模地迁移海外是在明中叶以后，也就是在地理大发现之后。“据一般估计，从1840年鸦片战争至1941年太平洋战争爆发前夕，中国人出国累积超过1000万，平均每年在10万人以上。……而人数也仅占全球国际移民人数的10%左右。”[③]不过，如果把中国的海外移民放在世界国际移民的背景下来看，中国的海外移民比全球性的国际移民来得迟，近现代中国的海外移民主要前往在东南亚国家和地区，这一区域属于中国的周边，处于世界经济体系的边缘地带，而在世界经济体系的中心地带，中国海外移民则很少。由此看来，大规模国际人口迁移乃是近现代世界史上的一种普遍现象和趋势，非中国所特有。近现代中国两次大规模国际移民只不过是世界性大规模移民潮的一个组成部分。

据美国移民部门估计，二战后至20世纪90年代初，世界移民数量至少在3500万以上，而战后迄今的华人移民不会超过400万，仅占世界移民数的12%。中国人口占世界人口的20%以上，从大陆出国者则不会超过200万。[④] 由此可见，中国不是典型的向外移民的国家。二战以后，各国的移民政策不同，接受移民的人数也不一样。大体上，北美是华人移民的首选去处，其次是澳大利亚和西欧，再次为东南亚国

---

① 曾少聪著：《东洋航路移民——明清海洋移民台湾与菲律宾的比较研究》，南昌：江西高校出版社，1998年。

② 曾少聪：《当代东南亚华人族群关系研究》（打印稿），2002年。

③ 丘立本：《从世界看华人》，香港：南岛出版社，2000年，第2页。

④ 庄国土：《华侨华人与中国的关系》，广州：广东高等教育出版社，2001年，第352页。

家，也有少量华人移居拉丁美洲和非洲。[①]

通过正常渠道移居海外的人数比较好统计。以中国留学生为例，据《中国教育报》报道，“目前，我国出国留学人数总计超过30万人，每年出国留学的学生达到2.5万多人，成为世界上最大的留学派出国。据联合国教科文组织的一项调查显示，到2000年年底，全球留学生总数达到160多万，其中接受外国留学生的国家和地区有108个，中国的38万留学生分布在世界103个国家。在日本和美国，中国留学生已经成为这两个国家最大的生源国；在英国，中国留学生在3年内增长了近4倍，总数突破了1万人。目前，位居中国学生出国留学排名前几位的国家是：美国、英国、澳大利亚、加拿大、德国、法国和日本。据悉，中国学生出国留学的层次以大学本科和研究生为主，其中自费生占绝大多数。据了解，中国是世界上少数几个拥有公派留学的国家，目前每年派出的公派留学人员大约2000人左右。有关人士认为，中国留学生增加的主要原因是，中国经济持续增长，各国看好中国的留学市场，纷纷推出招揽中国学生的优惠政策。此外，中国现有的高等教育未能满足社会的需要，也是中国留学生人数不断增长的一个重要原因。”[②]

非法移民是相对于合法移民而言的。近10年来，时常看到国内外报刊披露中国非法移民的文章，例如前两年在英国多佛港发现的非法移民集体死亡事件最为触目惊心。总共60名来自中国的非法移民，藏匿在一辆运货卡车里，然后从比利时的布鲁日港口被偷运到英国。由于车厢完全密封，58人在途中被活活闷死，只有两人侥幸存活。这起骇人听闻的悲惨事件引起了欧盟和世界各国的高度关注，同时也使日益猖獗的人口偷运问题再次暴露于国际社会的聚焦之下。[③] 中国究竟有多少的非法移民，要准确地估计其数量很不容易。笔者曾访问过福建省沿海的河口镇[④]，该镇为福建沿海的一个著名侨乡，自清末开始，乡民就陆续地移居海外，移居地主要是东南亚的印尼、马来西亚和新加坡。该镇现有人口约8万人，移居海外的乡民及其后裔约有13万人。

---

① 关于非洲的华人移民，参见李安山著：《非洲华侨华人史》，北京：中国华侨出版社，2000年。葛公尚：《非洲华人研究的若干问题》，《世界民族》1999年第1期，第52～53页。

② http://www.sina.com.cn，《北京青年报》，2002年。

③ 《联合早报社论：玫瑰幻境里的陷阱》。

④ 由于偷渡移民问题比较敏感，按人类学田野调查的惯例，笔者将该镇取名为河口镇。

自20世纪80年代开始至2001年为止，乡民通过各种途径移居海外，仅通过非法途径移居国外的人数就约1.5万人。还有一些是通过劳务输出到澳门、香港和新加坡，主要从事建筑业，每年约有1000名，其中有三分之一的劳工到期后仍滞留在澳门、香港和新加坡。像河口镇乡民这样以非法移民的方式移居国外，他们只要不被抓到，就不会被官方统计。

中国的非法移民在国际中的比例怎样？据英国内政部2000年公布的数据，每年约有50万非法移民试图进入欧盟国家，大约有300万至500万"无证移民"住在欧盟国家。在美国，非法移民则高达700万[①]，而来自中国的非法移民主要是福建长乐的非法移民，他们只有20万。[②] 中国是世界上人口最大的国家，几乎占世界人口的1/5，中国的非法移民在世界非法移民中所占的比例是很小的。如何看待中国的非法移民问题呢？首先，非法移民是全世界长期延续的问题，中国的非法移民在世界非法移民的中比例不大。即便如此，我们也不支持和不鼓励非法移民的活动。其次，非法移民牵涉到移出国与移入国双方，单从一方加以打击和禁止是杜绝不了非法移民的。移入国移民的政策导向比移出国政府对移民的影响更为重要。西方一些国家在对待移民的政策上是矛盾的。一方面为了制止非法移民，一再强调当非法移民一旦被发现或抓到，必须被遣送回国，雇佣非法劳工者将被重罚；另一方面，有关国家却一次次地对已入境的非法移民实施"大赦"，使之从"非法居留、非法打工"转为合法居留、合法打工。[③] 这种政策，不仅存在于西方国家，在东南亚国家也同时存在，例如1975年，菲律宾总统马科斯就让华人集体入籍。因为移入国政府的移民政策，使得非法移民存有希望或幻想，所以他们才会冒险前往。其三，只有当普通老百姓真正认识西方世界的实际情况，抛弃不切合实际的幻想，才能从根本上铲除偷渡形成的社会根基。纵观中国海外华人，不乏巨贾大亨，但是在移居地能够成为大亨的毕竟是少数，回国投资或我们媒体宣传的华侨华人，主要是

---

① 李明欢：《欧盟国家移民政策与中国新移民》，《厦门大学学报》2001年第4期，第111页。

② [美]彼得·邝著，王冰等译：《黑者：在美国的中国非法移民》，北京：世界知识出版社，第10页。

③ 关于这方面的内容，西欧方面参看李明欢：《欧盟国家移民政策与中国新移民》，《厦门大学学报》2001年第4期，第106～107页。

成功的华侨华人，这往往给人造成一种错觉，以为海外华人大多能发财致富。

中国新移民与老移民相比，有那些特点呢？首先，从新移民的移出地看，北京、上海和武汉等大中城市以知识分子和技术移民为主；广东出现有组织的移民，他们事先对劳工进行培训，然后再组织他们移居国外，广东江门许多人移居国外就是属于有序的、有组织的、合法的移民；非法移民的现象依然存在，福建非法移民比较多；浙江温州人主要移居欧洲；广西人主要移居东南亚。可见，新移民的移出地主要还是集中在沿海几个省份。其次，新移民与老移民最大的差异在于以前的老移民主要以苦力劳工为主，而新移民除了劳工之外，还有留学生（包括公派和自费）、专业技术移民和投资移民等。此外，还有大量女性新移民移居海外，例如目前在柬埔寨的中国劳工有五六千人，其中绝大部分是女工。他们主要集中在金边及其周围的180多家大小制衣厂担任技术工或管理人员。[①] 其三，中国新移民的流向除了主要向西方发达国家迁移之外，还向世界其他地方迁移，包括发展中国家。

三、中国海外移民的族群问题

卡斯特（Stephen Castles）和米勒（Mark J. Miller）指出：20世纪后半叶的移民在许多国家已经导致了文化多样性的增强和新族群的形成。[②] 当今全球性迁移和区域迁移对民族国家的自主和主权意味着什么？人们着力探讨全球性迁移模式对发达资本主义国家决策、制度、分配和结构的影响。戴维·赫尔德（D. Held）等从以下四个方面探讨了全球化、迁移与民族国家的问题。(1)决策上的影响：边境控制与监督；(2)制度上的影响：国际合作与管制跨越国境的迁移；(3)分配上的影响：就业与繁荣的不同模式；(4)结构上的影响：民族认同和国民身份。[③] 从中国海外移民的角度来看，其族群问题主要表现在以下几个方面。

---

① 雷柏松等：《中国劳工受骗柬埔寨》，《参考消息》2002年8月29日。

② Stephen Castles & Mark J. Miller, *The age of Migration: International Population Movement in the Modern World*. New York: The Guilford Press, 1998, p. 212.

③ ［英］戴维·赫尔德等著，杨雪冬等译：《全球大变革：全球化时代的政治、经济与文化》，北京：社会科学文献出版社，2001年，第448～455页。

（一）国家政策对海外移民的影响

国际移民涉及移出地和移入地两个方面，移出国和移入国制定的移民政策，对国际移民的影响很大。明清时代中国曾实行“海禁”和“迁界”政策，这不仅制约了中国的海洋发展，而且限制了中国的海外移民。新中国成立至改革开放之前，中国的海外移民也基本终止，这与中国当时的政策有很大的关系。从移入国来看，1882 年，美国通过了一项针对中国人的《排外法令》，限制中国的移民人数。美国不仅在本土限制华人的移入，而且在其殖民地菲律宾（美统时期：1898 年—1946 年）也实施排华法案，排斥华工，禁止华工入境。美国开始在菲律宾实施排华法案或把本在美国本土实施的排华法案延伸到菲律宾，这些是从 1902 年 4 月 29 日美国国会正式批准并由美国总统签署开始的。1943 年，美国在菲律宾废除排华法案。根据菲律宾人口统计记录，在美统以前，从 1889 年至 1893 年的五年中，入境和出境的华人人数，净增加了 36250 人。但在美统的前五年，即从 1899 年至 1903 年，入境者超过离境者仅 8624 人，而且是在前三年出现的。在后两年，是离境者超过入境者 122 人。[①] 美国在菲律宾实施排华法案的结果和影响是深远的，主要表现在以下三点：一是菲律宾华人人数的锐减，菲律宾的华人不仅在东南亚各国中属于人数少的，而且在人口比例中也比较低。二是禁止华人劳工进入菲律宾，导致菲律宾华人在东南亚国家中的商人比例比较高。三是美统时期允许原本在菲律宾的华人的妻子和子女赴菲，一些闽南人在不能以其他合法身份进入菲律宾的情况下，只好买他人“大字”，充当别人的妻子或子女进入菲律宾。因此，出现了许多菲律宾华人英文姓氏与华文姓氏不同的现象。[②] 20 世纪 60 年代以后，美国放宽华人入境，接着加拿大、澳大利亚和新西兰等国也放宽华人入境，华人新移民才能大批地移居上述国家。因此，移出国和移入国的政策对国际人口迁移的影响是巨大的，而移入国的政策对移民的影响往往大于移出国的政策。

---

① 吴文焕、王源培编：《纪念排华法一百周年》，马尼拉：菲律宾华裔青年联合会出版，2002 年，第 5 页。

② 吴文焕、王源培编：《纪念排华法一百周年》，马尼拉：菲律宾华裔青年联合会出版，2002 年，第 5～6 页。

（二）族群关系

华人来到移居地，他们必须在不同的生态环境与社会文化背景下生活，特别是在不同的政治环境中生活；此外，他们还得与当地民族和来自不同源流的其他族群接触。例如在菲律宾、马来西亚和新加坡，他们不仅要跟当地土著民族接触，而且还要与西方殖民者发生联系。在不同时期，菲律宾和马来西亚的西方殖民者不同，在殖民者更替之际，华人适应当地社会的难度就更大。在西方列强殖民时代，华人族群与殖民者的接触是属于统治与被统治的关系，华人比西方殖民者还早到东南亚，移居的人数也比西方殖民者多，倘若华人不去主宰当地的政治经济事务，至少也应该掌握住自己的命运。然而事实恰恰相反，华人在东南亚的发展受到西方殖民者的种种限制，甚至惨遭西方殖民者的屠杀和驱逐，他们完全不能掌握自己的命运。华人在菲律宾惨遭西班牙殖民者的六次屠杀和五次驱逐，在六次屠杀中华人死在殖民者屠刀之下者，前后达 10 万人。[①] 二战以后东南亚掀起反对殖民统治的浪潮，华人与当地的土著民族并肩浴血奋战，迎来民族国家的独立，正如马来西亚前总理东姑所说："没有华人、印度人的支持，马来人无法向英国人争得独立。因此马来人应该感激华人、印度人的合作。"[②]可是，当东南亚民族国家纷纷独立之后，东南亚国家民族主义高涨，他们对本国的人民采用"土著与非土著"二分法，他们认为土著是这块土地上的主人，把华人族群和其他外来族群当作"外来移民"，采取种族主义的政策，在政治、经济和文化各个层面上保护土著民族的利益，打压华人族群的发展，并通过修订宪法使之法制化。中国海外移民与其他民族的接触，既有冲突的一面，也有融合的一面；融合是主流[③]，冲突主要是因为争夺经济与资源而引起的。

海外华人族群的内部关系也是海外华人族群关系的重要内容。例如东南亚各国华人族群并非铁板一块，由于他们来自不同的地域以及

---

① 高祖儒：《华商拓殖菲岛史略》，第 17 页。

② 《国会议事录》有关 1967 年国语法案的辩论，第 6213～6214 页。转引自华社资料研究中心编著：《马来西亚种族两极化之根源》，吉隆坡：华社资料研究中心，1987 年，第 61 页。

③ 参看曾少聪：《菲律宾和马来西亚华人与土著民族的关系》，《世界民族》2002 年第 2 期，第 35～45 页。

操不同的方言等原因，华人族群内部往往分为若干社群，不同社群之间既冲突又联合。此外，华人新移民的不断增加，构成了东南亚华人族群内部一个新的关系。区分华人不同社群的主要法则是地域和方言，但是，闽粤沿海社群的组织有自己的特点，如海盗集团、海商集团和船队，他们的地域不是按严格的行政区域，而是以港口或海湾作为划分区域；海洋社群与大陆传统农耕社群在生产方式、生活方式和价值观方面都存在着一定的差异，这些直接影响到东南亚华人社群的分类和组合。因此，探讨东南亚华人族群的分类，不能仅仅依照中国大陆传统的族群分类法则，而应陆海对视，注意船上社群的分类法则。华人族群内部的不同社群之间既冲突又联合，不同族群的冲突有的是因为殖民者一手造成的，有的是则因为争夺利益而引起的。在面临其他族群的威胁时，不同的华人社群就会团结起来一致对外。而在新加坡却是一个例外，新加坡是个多元种族社会，政府推行多元文化和多元种族和睦相处的政策，实施一系列社会改造政策，试图将不同种族和不同社群整合起来，改造成为全新的新加坡人。由于新加坡推行的社会改造政策，原来相对隔离的华人不同社群也逐渐地被整合起来。例如华人使用华语的人数越来越多，而使用方言的人数逐渐下降，方言使用人数的下降，必将弱化华人社群的认同，有利于华人族群的整合。

（三）政治认同与文化认同

二战以前中国的海外移民绝大多数已取得居住国的国籍，他们政治上认同所在国，文化上认同中华文化。至于新移民（包括非法移民），他们中有些人已获得居住国的国籍，有些人还属于中国公民，他们在文化上基本认同中华文化。中国的海外移民与中国一直保持着密切的联系。二战以前，大部分海外华人效忠祖国，积极地支持或参加中国的辛亥革命、北伐战争和抗日战争。在经济上，海外移民的经济属于移居国经济的重要组成部分，但是，移民与中国特别是祖籍地保持着密切的联系。二战以前的海外移民，大都希望能衣锦还乡，所以他们大多把钱汇回中国。二战以后，由于意识形态的差异，世界开始了长达半个世纪的冷战，社会主义阵营与资本主义阵营发生对峙，中国的海外移民主要在东南亚、欧洲和北美，这些国家大多属于资本主义国家，新中国成立以后，在很长一段时间里，中国与那些国家没有外交关系，大多数海外移民与中国失去联系。因此他们纷纷加入其居住国的国籍，政治上认同其所在国。笔者曾对菲律宾华人认同的变迁进行考察，指出二战后菲律宾华人认同的变迁主要有以下三个原因。第一,新移民人数的减少,菲律宾华人社会失去认同中国社会和文化的新鲜血液的补充。第二,战后菲律宾政府制定的华人政策,迫使华人认同菲律宾社会。第三,1978 年以前,中国政治、社会和经济的状况,客观上促使许多华人在当地落地生根。[①]

在文化上,由于海外移民居住的区域不同,其文化认同也有很大的差别。海外华人文化的根是中国传统文化。人类学界把文化分为大传统与小传统,大传统属于士大夫的文化,小传统属于庶民文化,按上述的划分,老移民的文化传统属于庶民文化,主要来自于移出地的民间文化。新移民的成分比较复杂,除了劳工移民以外,有的是专业技术移民,有的是投资移民,有的是留学生学成之后滞留不归,因此,从总体上看,新移民的文化水平比老移民的文化水平高。此外,大陆、台湾和港澳的新移民,由于他们来自不同的区域,其文化认同也将存在地区性的差异,因为移民的文化认同主要来自于其出生地,中国幅员辽阔,不同区域的文化各有自己的一些特点。台港澳三地曾受殖民统治,这在文化上势必会留下痕迹。

至于海外移民的文化适应,李亦园从客观环境分类的立场,再加上时间的因素探讨海外移民适应的问题,把海外移殖分为弱势客地文化与优势客地文化两种类型,又将弱势客地文化里分为殖民地时代与独立时代两个时期。[②] 对中国海外移民而言,欧美等地的西方国家属于客地优势文化,而东南亚则属于弱势客地文化,在优势的客地文化里,当地社会虽然比较民主和宽容,但华人移民为了生存和发展,受当地文化的影响更大,而在弱势客地文化的东南亚,华人则可以更好地传承中华文化。此外,华人的发展道路也有差异,在西方发达国家,比较成功的华人移民主要是在科技界等技术领域,而在东南亚,华人在经济领域游刃自如,在经济方面有较大的建树。同是在弱势客地文化里,殖民时期与独立时期的移民文化认同也是不一样的。在殖民时期,殖民者对华人移民的文化比较宽容,华人可以较好地保持和传承中华文化。特

---

① 参见曾少聪:《菲律宾华人认同的变迁:从移民社会向定居社会转变》,王秋贵、庄英章、陈中民主编《社会、民族与文化展演国际研讨会论文集》(下册),台湾汉学研究中心印行,2001 年,第 587～608 页。

② 中国海洋发展史论文集编辑委员会主编:《中国海洋发展史论文集·序言》,台北:"中央研究院"三民主义研究所,1984 年,第 1～7 页。

别是辛亥革命前后，中国一些知识分子到南洋宣传民族主义和爱国主义，华文学校、华文报纸和华人社团纷纷成立。二战以后，东南亚纷纷建立独立的民族国家，一些国家推行种族歧视的政策，如印尼曾实行强迫华人同化的政策、菲律宾和马来西亚都曾限制华文学校的发展，马来西亚至今还把华文中学限制在 60 所之内，这些都直接影响到华人移民对中华文化的认同。我们并不反对海外华人融入当地的主流社会，包括文化方面。但是融合是一个自然和长期的过程，是一种发展趋势，而不应该是跳跃两。有的学者提出政治认同其所在国和文化认同祖籍国可以相形不悖。[①] 这一观点是否成立，可以讨论，但是它反映出大部分海外移民政治认同与文化认同的事实。

（四）新老移民的关系

中国新移民是相对于老移民而言的。中国大陆关于新移民的概念，比较有代表性的定义是："改革开放以后移居国外的我国公民。"[②]或"改革开放以来，从中国大陆移居国外者。"[③]上述的定义对中国大陆而言是符合事实的，因为 1949 年新中国成立至 1978 年中国改革开放这段时间，中国大陆的国际移民基本终止。1978 年以后，中国出现大批公派留学生，还有自费留学生以及其他合法和非法的海外移民。但是，对台湾、香港、澳门的海外移民以及东南亚华人的再移民而言，把新移民定在改革开放以后就不符合事实。台湾自 20 世纪 50 年代开始就派出大批的留学生，许多留学生学成以后滞留在所在国，成为新移民。二战以后，东南亚一些国家推行扶植土著民族的政策，限制和排挤华人的发展，有些国家甚至掀起反华排华的浪潮，许多东南亚华人被迫外逃，移民到西方国家，也有一部分人回到中国。对移民到西方国家的东南亚华人，我们也应该把他们放在新移民之列。有的学者把"华人新移民"界定为："20 世纪 50 年代开始跨国移居的华人，他们具有华人血统

---

① 邵建寅：《政治认同与文化认同》，《商报：1919—2001 创办八十二周年暨复刊十五周年纪念特刊》，马尼拉：商报出版，2001 年，第 106 页。

② 《改革开放以来我国公民移居海外情况的调查报告》，全国政协办公厅 1996 年 51 号文件，第 3 页。

③ 《重视对新移民的工作》，《侨务工作研究》1996 年第 1 期。

又认同中华文化。"①这一定义比较准确。

新移民在移居地不仅要与其他民族接触，而且要与老的华人移民发生联系。在华人社会里，形成了新老移民群体。他们之间的关系又怎样呢？对于家庭团聚的新移民来说，他们自然会得到家人和亲友的关照。至于投资移民，他们是携着资本到移居地办工厂、开商店等，他们在移民之前大多已在移居地购买了房子和厂房，由于他们有比较雄厚的资本，所以也容易被当地的华人社群所接纳。再说，虽然投资移民是以台湾、香港和澳门人为主，然而，台港澳的华人先民和东南亚华人的先民大多来自闽粤两省，例如台湾和菲律宾的汉人80%均来自福建的闽南地区，他们通常可以找到自己的亲人和宗亲，只要他们需要就很容易得到当地华人社群的帮助。至于偷渡移民，他们刚到东南亚国家和地区生活时是比较困难的，如果有亲友就投靠亲友，假如没有亲友的，他们通常也在华人社区生活。例如在华人开的工厂、商店打工，或在华文学校教书，或在华文报社、宗亲会打工，先找一份工作糊口，再求发展。这些人通常也会得到华社的关照。菲律宾移民局官员和警察经常到华人开设的工厂、报社等单位搜查非法移民，有时非法移民来不及躲藏，就被抓到移民局关起来。这时老板将会酌情拿钱疏通关系，通常在2～3天之后，被关押的非法移民又会被保释出来。

不过，新老移民的关系并不总是融洽的，他们之间也存在着隔阂，甚至冲突。在东南亚一些国家，老移民与新移民的矛盾主要表现在对新移民的歧视和排斥上。老移民由于较早来到国外，经济条件相对比较好，有的人就不起刚来的身分文的新移民，有的华人社团不让一些新移民加入。特别是一些新移民到东南亚后进行非法的贩毒活动，或参与抢劫绑架华人的活动，再加上带有种族歧视的媒体炒作，当地的老移民对新移民带有偏见。老移民认为他们以前都是循规蹈矩、勤劳致富，而现在有些新移民想不劳而获，或干些非法的活动暴发，他们鄙视这些新移民，所以宗亲会和同乡会不让他们参加，甚至把他们排斥于华人社群之外。不可否认，新移民中有害群之马，他们损害了新移民和华人的形象。还有一些华人华裔的第二三代，他们对中国大陆不大了解，对中国的印象是其祖父母留给他们的，认为中国人贫穷落后，因此他们对华人新移民就带有偏见，甚至存在抵触的心理，从内心底就瞧不起从大陆

---

① 庄国土：《华侨华人与中国的关系》，广州：广东高等教育出版社，2001年，第351页。

来的新移民。例如菲律宾有个华文报社，它聘请了大陆去的新移民，不论是翻译、编辑还是打字，虽然大陆新移民和当地华人做的工作相同，但是报酬却相差很大。其实许多新移民与早期的移民一样，他们抱着到菲律宾发财致富的宏愿，只要条件许可，他们也有可能像现在取得成就的华侨华人那样，获得经济上的成功。当地华人社会也注意到新移民的困境，他们主动提出："我们还应当帮助所有来自大陆的新移民。我们永远不要因为许多新移民不会说英语、菲语、闽南话，或者仅仅因为他们是小商小贩，就歧视他们。我们自己的父母和先祖是从哪儿来的？我们怎么能忘记我们自己的祖先移民者，他们中的许多人甚至是我们自己华语的文盲，不像现在新移民，他们多能读写华文。我们为什么要陷进菲律宾传媒的种族主义陷阱中，这些传媒总是强调新移民中的坏人或毒贩，而不报道很多人的努力工作和好品质？我们应当帮助贫穷和处境不利的华人。"①

四、结　论

人口迁移是全球化的重要因素。在全球化进程中，任何国家和民族，不管是否愿意都会被卷进去。当 1840 年英国的炮舰打开了中国的大门之后，大批的中国人背井离乡，移居海外，这就是很好的例证。这些移民大多是苦力劳工，许多人被卖猪仔来到国外。当代中国海外移民与近、现代中国海外移民相比，移民结构发生了很大的变化，以前以劳工为主，而现在大致可以分为三类：一是劳工移民，二是专业人才的移民，三是投资移民。在劳工移民中，非法移民占有一定的比例。作为新移民，他们有自己的一些特点，第一，新移民的流动性比较大，许多新移民先到东欧或东南亚，然后再寻求机会到美国或加拿大；如果他们认为在北美生活得不好，很可能再跑到新加坡等地，寻找更适合他们生存和发展的地方。第二，移民与种族没有多大的联系，在美国及其他地方的海外华人他们不会说自己是黄种人，而称自己是华人或中国人，实际上移民是与民族国家联系在一起的。在全球化进程中，跨国流动的现象越来越明显，跨国活动可能淡化民族国家的意识，这一趋势是国际移

---

① 李天荣：《种族危机：加强菲华社会的历史性挑战》，菲律宾《世界日报》，2000 年 2 月 15 日。转引自《华侨华人资料》2000 年第 2 期，第 40 页。

民的普遍现象,中国的海外移民也不例外。

关于中国海外移民的特点,笔者曾在《东洋航路移民》一书中指出:中国海外移民最显著的特点是民间自发的移民活动,走和平相处共同发展的道路,而不是走帝国主义的道路,在海外建立殖民地。[①] 中国海外移民之所以走民间自发的移民道路,这与中国的传统文化有一定的关系,更重要的是中国的海外移民与官方几乎没有联系,这一特征决定了中国的海外移民只能走民间自发的移民道路。中国历史上有组织的海外移民如明代林风集团移居吕宋(菲律宾)就属于民间自发组织的,他们被朝廷当作海寇追捕。由于中国的海外移民与中国的政府没有联系,他们得不到官方的支持和帮助,所以他们在国外时常惨遭殖民者或所在国主体民族的屠杀和驱逐。又由于中国海外移民以劳工为主,缺少精英阶层,因此他们只能沿袭中国的民间文化,特别是闽粤民间的传统文化,按血缘、地缘、秘密会社等组织原则组建华人社会,这造成华人社会不够团结,影响了华人在移居地社会的发展。随着中国综合国力的增强,国际地位的提高,海外华人受歧视的现象也会逐渐得到缓解。

由于舆论的宣传,特别是西方媒体的渲染,社会上普遍存在两种错误的倾向:一是海外华人很富有,海外华人控制了东南亚的经济命脉。其实,海外华人的经济只是所在国国民经济的一个组成部分,海外华人在东南亚所占的经济比重也没有像媒体所渲染的那么高。海外华人到中国投资、捐款等,这只是海外华人中的很少一部分,大多数海外华人属于中产阶层,而生活在底层的海外华人往往被忽视,东南亚就有许多华人到台湾等地打工,由此可见一斑。其次是中国的非法移民问题,改革开放以后,中国出现一些非法移民,但与世界其他国家如墨西哥等国相比,我国非法移民的比例不大,如果按中国 14 亿人口的比例来看就更少,但西方媒体却极力渲染中国的非法移民。其实非法移民是世界移民的一种普遍现象,而不是中国所特有的。国际上之所以会有非法移民,那是因为这个世界具有非法移民存在的空间,也就是说发达国家需要劳工,如果没有需要,就没有非法移民活动的空间。因此,在限制或打击非法移民的时候,应该关注移出国与移入国两个方面,而不能把责任全部推到移出国上,移入国的作用比移出国更为重要。

---

① 曾少聪著:《东洋航路移民:明清海洋移民台湾与菲律宾的比较研究》,南昌:江西高校出版社,1998 年。

中国已加入 WTO，中国的经济发展已与国际接轨。今后，不仅有更多的中国人要走出国门，而且还有大批的外国人要到中国来。这是中国改革开放、世界经济一体化的必然结果。中国是人口大国，有大批的专业人才和劳工，西方发达国家也需要一些外国劳工来补充国内劳动力的不足，因此我国有必要制定有效的移民政策，加强国际间的合作，提高市场急需人才的流动，实现供需双赢，共同推动世界经济的发展，积极融入全球化进程中。

文化民族主义与地方文化:家乡想象与朝圣行为

宋　平

摘　要:在全球化的背景中,在现代闽南成为跨越地域的"地方"的生产中,东南亚华人扮演了及其重要的角色。在东南亚华人与家乡的长期互动中,地方被重新想象和重新生产为一种新的文化形态,一种没有实体的族群,一个从第三世界的乡村扩展到世界城市的"外国家园"。如果说这是"另一种公共空间"(Gilroy,1987;Clifford,1997)的话,本文想要探讨关于故乡的想象在此空间的重要地位并由此引发的跨国社会实践在地方的生产中的"能动性,社会性,再生产性",以及华人移民是如何看待其跨越地域的社会实践所带来的人生意义的。

现代社会是理性的,也是功利的。西方自启蒙时代以来占据主流地位的认识论影响了中国整整一个世纪,并继续挟全球化的气势输出观念。其中韦伯所指出的工具理性(instrumental rationality)毫无疑问依然是现代世界重要的行为准则。中国正在变成一个吸引各方经济利益寻求者的强大磁场。因此不难理解,在与中国有关的跨国现象研究中,经济社会行为正成为人们关注的重点。当学者们研究华人跨国主义时,海外华人的商业网络或者企业家群体(EAAU,1995;Lever-Tracy,David Ip and Noel Tracy,1996)往往成为其考察的主要对象。类似企业家的群体也引起人们的兴趣,例如乘坐跨太平洋班机往返于香港和北美西海岸之间的职业经理人和各种专业人士(Aihwa Ong,1999)。但是,追求利益的商业活动应该被视为当代华人跨国主义的唯一主题吗?另一个可供对比的认识倾向是将海外华人看作是中国政治民族主义的表达主体。海外华人学者颜清湟曾指出海外华人民族主义的主要特征是他们对于中国命运的强烈关注(颜清湟,1982)。王赓武则更明确地认为在1920年至1950年间海外华人表达了最强烈的爱国主义（王赓武，1989）。这些观点点出了 20 世纪上半叶海外华人与中国关系的实质。问题在于将近半个世纪后的今天，国内代表性的观点地忽视已全然不同的时代背景，依然用爱国爱乡论一厢情愿地解读当代华人移民的跨国社会实践。

在本尼迪克特·安德森看来，民族主义表示了一个复杂的文化现象，而不是一个纯粹的政治现象（安德森，2005）。杜维明建议以"文化中国"作为一个概念来讨论海外华人和中国大陆的关系①。在他对文化中国三个层次的区分中，当中心地区的文化传统自 20 世纪初的"新文化运动"以来被政治中国废除时，位于核心中国之外的边缘位置的海外华人社会实际上保留了中国文化传统和文化精神（杜，1993）。在我看来，尽管文化中国的概念蕴涵着均质化中国多民族和多文化的倾向，它依然可以作为一个出发点来理解一个正在海外华人和中国之间迅速发展的文化认同现象。这里略举一二。例如，在过去三十年中，南方的民间社会见证了海外华人的朝圣行为将民间地方信仰转化为大众信仰的过程。妈祖，关公和保生大帝等等正在变成华人世界大众信奉的主要神祇。在流行文化方面，华语通俗歌曲和华语电影的竞赛奖项在跨越国界的华人世界的举行也展示了一个新的华人认同（Chineseness）的形成过程。

基本概念决定讨论问题的角度。当我们使用华人移民，海外华人或是东南亚华人这样的词汇时，跨国现象中的人类学意蕴并不能得到充分的表达。华侨一词更不符合大多数海外华人的生存状态。在研究希腊人、犹太人和亚美尼亚人世界性散居群体中出现的散居（Diasporas）一词似乎也适用于在跨国领域中人类学的讨论，散居是一个与人们的认同有关的术语。根据新牛津英语词典，散居指的是任何离开故里移居在外的人群。其中包含的两个基本元素在我们的讨论中是很重要的，一是一个散居的人群保持着某些共同身份的意识，这源自他们共享的起源观与共同的经历以及相似的经验；二是散居的人对故

---

① In his hypothesis so called cultural China, he divides three layers of "China" which composed by three symbolic universes: the first layer is the core region of "Cultural China", consisting of mainland China, Hong Kong, Macao and Taiwan as well Singapore; the second layer is the overseas Chinese communities in Southeast Asia, Eastern Asia, Europe and America; the third one covers all overseas intellectuals who are related with China study.

里的认同。这种文化形式维持和连接着散居在外的人群。

威廉姆·沙弗列在国际学界重要刊物 *Diaspora* 第 1 期中所列出的关于散居群体的几个主要特征也突出了此术语所强调的与人群自我意识有关的方面。詹姆斯·克利福特在他的《路程：20 世纪晚期的旅行和跨国》一书中，将其归纳为如下几点：分布在外的历史，关于故乡的神话和记忆，对于居住国的疏离感，最终回乡的愿望，正在进行中的对家乡的支持，以及由此关系所决定的集体性认同。(P247)

安德森认为"民族"的想象能在人们心中召唤出一种强烈的历史宿命感，因为在此想象中包含着种种个人无法选择的因素如出生地，肤色等，因而"民族"在人们心中能激发出强烈的依恋之情。① 同样，阿布杜莱也认为故乡是一个想象的世界。[2]当然，所有共同体都依赖于共享的想象。然而，与关于"民族"的想象相比，关于故乡的想象，应该说承载了更丰富的具像的元素，例如家族、宗亲、乡音等等。这意味着故乡作为一种 "自然"的力量既是想象的，也是具体的，它能够生动地回应人们对"归属感"的需求。然而，散居社群的自我意识并不仅仅建立在关于根源的观念，或者说起源观 (root)上，移民者的共同经历和类似经验 (routes)与前者相交融，方能形成散居社群的话语

但是，海外华人散居社群的历史经验与犹太人和全球的非裔族群的并不相同。犹太人在历史上曾被强迫放逐出家园，而非洲黑人自十五世纪以来就不断有人被西方殖民者绑架、强行贩卖到美洲。犹太人四处漂泊的历史遭遇是其重返家园的强烈诉求的历史积淀。而非裔族群被奴役被贩卖的历史命运促使其通过音乐、文学及宗教仪式将表达为非裔学者吉尔洛伊(Paul Gilroy)所称的 "对抗现代论述"(counter modern discourse) (Gilroy，1993)。而华人移民，根据王赓武的看法，具有多种选择的能力，以及不同程度的行动自由。以马来西亚华人社会为例，王赓武将华人移民分为四种类型，即华商、华工、华侨和华裔。他认为，在过去两百年中华商是最基本的类型 (王赓武，1984)，这个群体代表了讲求实际和倾向于以从事贸易为谋生方式的海外华人的大多数。华商群体对中国的民族认同并不是自发的，而是由来自中国的民族主义激发的。在 20 世纪上半叶中国民族主义风云激荡的背景之下，

---

① [英]本尼迪克特·安德森著，吴叡人译：《想象的共同体：民族主义的起源与散布》，上海：上海人民出版社，2011 年，第 14 页。

作为意识形态的华侨形态达到了高潮，表达了前所未有的海外华人对中国民族和国家的强烈忠诚（王赓武，1987）。与王的思路相同，杜赞奇认为对于海外华人来说，Chineseness 本身的意义决不是清晰的。他着重分析了 20 世纪上半叶大陆不同的民族主义派别如何利用文化手段动员海外华人参加民族事业。[①] 中国民族主义者们试图将华商流动不定的认同转变成华人认同，这意味着在一方面，弱化华人内部分界，另一方面，强化华人与非华人的界线（Duara，1997）。

就今天的地理分布来说，海外华人散居群体分布于三类地区。其中的大多数（80%）居住在邻近中国的地域里（东南亚、朝鲜、日本）；第二类华人散居于发展中国家；第三类华人移居到西方发达国家（王赓武，1998）. 20 世纪下半叶以来，居住于第一类地区尤其是东南亚的华人社会经历了根本性的区域政治、经济和社会变化。首先，在战后当地新兴民族国家的建立过程中，华人重塑了政治认同和民族认同. 第二，华人在东南亚地区已发展成一支重要的跨国资本主义经济力量，甚至被称为代表了另一类的现代性（alternative modernity）（Nonini and Ong，1997）；第三，这个区域邻近中国，华人历来是连接东南亚与中国的贸易网络组织者，并保持着对传统中国文化的认同，中国的崛起激发了东南亚华人的华人意识.

如果说犹太人和非裔散居群体的集体意识聚焦于争取政治和文化公民权（political and cultural memberships）的话，那么华人散居群体的自我意识，即华人属性（Chinesesness）是建立在什么基础之上的？更进一步的问题是今天的海外华人散居群体与中国的关系的基本层面是如何表达的？

如果说作为历史上海外华人的基本群体，华商群体的华人认同（Chineseness）是相对开放的（Duara，1997），那么今天当我们用跨国华人资本主义的概念代替华商的概念时，是否应该仅仅强调其工具主义的态度、资本积累的战略方针、以及其视四海如家的生活方式（Ong，

---

① They are "empire nationalism" of Qing government who gradually recognized the necessarity of protecting its sovereignty and its subjects; "reform nationalism" from the reformers' group represented by 康有为 and 梁启超 who tried to combine capitalism and Confucian idea; And "revolutionary nationalism" led by Sun Yat-sen who both fought with foreign imperialism and the inner "foreign ruler".

1997)?与资本主义经济行为相伴的华人跨国社会和文化实践是否展示了一个认同形成的动态过程?海外华人在跨国空间重构文化传统的过程中是否因此加强了其华人属性的认同感?

本文所要探讨的是一个典型的华人散居群体。他们曾是贫穷农民,19 世纪晚期至 20 世纪上半叶从南部福建农村移往马来半岛,长期从事橡胶业种植和贸易、矿业、杂货商行业,部分成员成为成功商人。20 世纪中叶以后,这个群体从移民社群转变为定居社群.大陆中国三十年左倾闭关锁国政策和马来西亚排斥华人政策阻滞了这个社群与大陆家乡历史性形成的密切关系。中国实施改革开放以来,马来西亚华人重新恢复了与家乡的纽带联系,其活跃的跨国社会实践重新建构了历史上曾出现的一个跨国社会空间:即以闽南为一端,沿着南中国海,经过香港,以东南亚为另一端的一个想象的社会空间。如果在这里应用阿布杜莱关于地方的概念,即把地方看成关系性的和情景性的,而不是阶梯状或空间性的(Appadurai,1996:178),那么在全球化的背景中,在现代闽南成为跨越地域的地方的生产中,东南亚华人扮演了及其重要的角色。在东南亚华人与家乡的长期互动中,地方被重新想象和重新生产为一种新的文化形态,一种没有实体的族群,一个从第三世界的乡村扩展到世界城市的"外国家园"。

如果说这是"另一种公共空间"(Gilroy,1987;Clifford,1997)的话,本文想要探讨的是关于故乡的想象在此空间的重要地位并由此引发的社会实践在地方的生产中的"能动性,社会性,再生产性."(Appadurai 1996),以及散居者是如何看待其跨越地域的社会实践所带来的人生意义的。

本研究依托于跨国人类学的方法,跟踪闽南永春鹏翔郑氏宗族的足迹,在永春县,香港,马来西亚作了深入的田野调查。本文以郑氏一宗族成员为个案来讨论上述基本问题。

一、关于郑文尧

在海外华人的跨国社会实践里,参与家乡公益事业是一个突出的现象。对捐赠者的行为有两种基本的解释。从理性主义者[①]的角度看,捐赠者的动机在逻辑上不可避免地与对经济利益的追求联系在一起。换言之,捐赠者的目的是为了获取更大的经济回报。另一种解释认为捐赠者是纯粹的慈善家,因为爱国爱乡所以无偿奉献。两种观点都没有考虑到海外华人捐献行为所处于的社会背景,即在连接侨乡和东南亚华人社会的跨国社会空间中历史地形成的集体意识、价值观念和文化逻辑,因而将复杂的现象和动机简单化了。

在闽南永春县和海外永春移民中,郑文尧被称为"永春陈嘉庚"。陈嘉庚在现代中国尤其在海外华人社会中是个旗帜型的公众人物,被称为当地的陈嘉庚,意味着该行为主体在当地社会话语中获得了最高赞誉。但根据马来西亚永春籍华人的财富标准,郑文尧只是一个中等富裕的商人。[②] 与他的财力相比,他对家乡教育事业的激情和捐赠行为相当引人注目。他不断投资家乡的教育事业,最终为永春建立了一所前所未有的高等学校——永春师范学校。以往流行的经济利益动机论或爱国爱乡情怀论都难以解释使他持续性地建设家乡教育事业的动因。本文将此行为主体放在其所置身的跨越地域的社会空间,并以此考察他的行为形成的历史过程,其行为的基础——关于故乡的想象和此空间历史地形成的和正在形成的文化逻辑和语境。

郑文尧的故事充满了传奇色彩。他的青少年时期是在往返于闽南永春和马来半岛之间寻求谋生手段中度过的。他长时间在社会底层挣扎,当过屠户的助手、割胶人、小商贩,埋头苦干却衣食无着。但他从不停止寻找机会。在一次似乎偶然的运气中,他挖到了第一桶金。从那时起,他成立了自己的家族企业。他的密友、商业助手、族人的叙述形成如下郑文尧的发家故事。

郑文尧出生于1917年,在他十二岁那年,他首次前往马来半岛去投奔他的叔叔。他叔叔是一个屠户,文尧成了他的助手。在他叔叔操刀屠宰时协助他抓住猪尾巴。据回忆[③],他所谓的住处只是一个茅草

---

① 理性主义是经济学、社会学及政治学中最有影响的学派之一。在人类学中,其代表人物为巴恩斯、贝里及布瓦塞万等。

② 马来西亚永春籍华人有为数不少的亿万富翁,如李延年、李深静、郑景新、郑福成等。

③ 郑文尧的个人经历及事业史的资料源于与其密友、亲戚、儿子、女婿及族人的访谈,尤其是与他有二十年密切交往的朋友。

屋,屋内只有一个肥皂箱当桌子。他省吃俭用,最后攒了一小笔钱,在昔加末买了五亩橡胶园。在等待他的橡胶树成熟时,他靠割橡胶谋生。割胶者是按日计酬的,因此逢雨天,他便面临两难选择,去还是不去,不去意味着零收入,他无隔宿之粮,没有收入,就没有食物。他的劳作时间非常长,始于拂晓,因为在清晨的冷空气里,胶液畅流,一旦日到中天,胶液就会干滞。而后他必须回到每棵割过的橡胶树上,去收集系在树上的小罐中的乳胶。一座中型的橡胶园约有150英亩,橡胶树种得很密,割胶人只能行走其中割胶、采胶。工作完毕,已近黄昏。晚上,他在一位族人的咖啡馆里打另一份工,直到凌晨咖啡馆打烊,他就睡在店里的凳子上。

1935年,十八岁的郑文尧回到永春家乡和他的童养媳成婚。生活在贫困中的他怀有强烈的愿望,要从艰难的生活中摆脱出来。1948年春节前,他以0.02两的利息借了一两(50克)金子,步行去仙游——永春的邻县——收购野金橘(一种金皮桔子)并运回永春制成半干的金橘蜜饯(这是永春人在喝茶时吃的一种甜点)。他制成了几担(一担等于50公斤)金橘蜜饯,打算运到新加坡和马来西亚出售。他从厦门搭船去新加坡。十天后抵达目的地时,全部金橘蜜饯已发霉。这样,他丧失了借来的资金,无钱回国。他非常懊恼,因为这意味着他不能遵守向他母亲许下的诺言。起程前,郑文尧告诉他母亲他一定会在正月初九前回家,一同分享其母为其准备的年糕。他根本无意滞留在马来半岛。他的梦想是赚一笔钱,然后返乡继续经营他的零售米店,并代理陶具,闲暇时吹吹唢呐。现在,由于他第一个小型冒险事业的失败,他回不去了。

文尧的姐夫在昔加末养猪,他借了一小笔卖猪款给文尧。他的另一叔叔向他提供了一份在本地橡胶商号中的工作,负责收集未加工的乳胶而后售给大商号。

这份工作使他能够常去大种植园中四处逛逛。一次在马口(Bahau)英国人的橡胶种植园朗洛公司(lunglob Estate, Negri Sembilan Darul Khusus)时,他偶然跳过一条沟,感到地面有些异样。事实上,地面有些弹性。出于好奇,他向一个工头查询,工头告知以下故事。

二战时,日本入侵马来半岛,并在相当长一段时间内节节胜利。许多英国公司决定撤离,撤离之前,这家种植园经理命令工人将满装新鲜纯乳胶的大容器打破,这些优质乳胶是准备运往伦敦,用以制造飞机轮胎和橡胶手套的，让乳胶流入沟中。时过境迁，一层厚厚的腐土覆盖在沟上，上面长满深深的野草。英国公司已经忘记这件事了。但是现在由于这条沟比四周地面高，当下大雨时，积水不能顺利排出，经理要求把沟清理干净，然而由于土壤下面的橡胶具有弹性，这是件困难而辛苦的工作。

郑文尧从其经验知道，橡胶经过约百年时间才会变质，因此沟中的乳胶仍然是好的。他求人将自己引见给英国经理，表示愿意承担挖沟工程。郑文尧免费提供劳力挖沟并把土运走；作为回报，他得以以每磅五便士的价格购买埋在沟里的旧乳胶。新来的英国经理对此情况并不熟悉，因此接受了此项建议并与之签订了一份合同。为顺利签约，文尧借了600马元为英国经理的夫人买了一枚戒指。他雇的工人挖开了泥土，见到了凝固成块的乳胶。乳胶的纯度未受影响，仍可用于制造质量上佳的橡胶布。从这笔交易中，文尧赚了约70000马元。

以这第一桶金作为风险资本，郑文尧在芙蓉班底谷(Pantai, Seremban)开了一家橡胶贸易行。富有企业家精神的他在已与之建立了良好关系的朗洛公司的支持下，其业绩很快就超过了其他老资格的商人。他成为该公司的一个中间代理商，这家公司在当时是最大和最有影响的英国跨国公司之一[①]。作为其中介代理商，他可以向该公司出售其收集的液体乳胶，并向后者购买次品乳胶而后卖给其他华人橡胶行。他与朗洛公司的关系持续了四十年。

永春有句俗语：(稻田里)一个脚坑养不出大草鲤。郑文尧的事业已超出小地方的范围。当其他华人只能经营次等的干胶丝贸易时，他与英国大公司的合同给了他买卖液体乳胶的机会。他的下一步骤是向外扩展。由于在北方的马来亚首府吉隆坡已有一位在橡胶贸易行业建立了牢固根基的族人，他决定移往南方的港口城市马六甲，部分原因也因为朗洛公司的总部位于此地。

在马六甲，郑文尧于1959年建立了一所名为海源的中等规模的橡胶加工厂，月处理乳胶180吨，直到1981年该厂卖给另一家公司。

迁到马六甲后不久，他认识了一位经营交通公司的海南人詹姓老板。詹钦佩福建人天生的商业敏锐及吃苦耐劳，要求与郑文尧合作经

① 当铁路干线修经彭亨时，Lunglob公司可以要求修一条支线到其种植园，可见该公司的能量。

营一家橡胶种植园。在充分调查后，他们选择了昔加末。两人斥资240万马元从一个欲离开马来亚的英国人手里购买了一座3500英亩的橡胶种植园。1966年，他们为新公司起名为星海（取各自公司的第一个汉字）。与其他永春籍商人不同，郑文尧倾向于依靠银行贷款。他们从马六甲华侨银行贷了200万马元，詹姓商人的星联公司不仅为新公司提供担保，也投入了部分资本。在联合企业里，詹持有40%的股份，文尧持30%的股份。到1990年代中期，文尧在星海的股份已达到了60%。①

当星海开始盈利时，文尧用这些利润来购买詹姓商人公司——星联公交公司——的股份。他个人持有星联股份的38%，星海公司持12%，另外一个公司——他后来和一些朋友成立的——也持有一些股份。因此，文尧与詹的合伙关系变得错综复杂，冲突在他们之间产生并最终激化起来。

昔加末的郑氏族人们认为，导致此二人冲突的原因是，当星海开始盈利时，文尧拒绝把利润作为红利分给股东。詹非常恼怒，以至于他将文尧告到国内税收处，后者因此介入对这件事的调查。两人之间的矛盾因而激化。詹被一个职业杀手刺杀，但他活了下来。然而文尧在1995年被一名刺客枪杀于自家门前，当时他刚刚从他的防弹轿车中下来。当地报纸和郑氏族群怀疑谋杀可能和文尧与詹两人之间的关系恶化有关。但没有足够的证据来证实这种怀疑，而且双方都没有提起诉讼。

文尧被谋杀时，其全部资产包括星联公司38%的股份，星海种植和贸易公司60%的股份，吴美公司12%的持有权，以及从马六甲关闭的橡胶加工厂中留下的8英亩地。总值约1000万马元。其家人打算据此转向房地产行业。

郑文尧的个人历史是个典型的例子。与大部分华人移民一样，在取得事业成功之前，他在社会底层奋斗了相当长的一段时间。他的成就尤其归因于他坚强的毫不动摇的、设法改变贫苦生活状态以及出人头地的愿望。

了解他为改变其命运而不屈不挠的努力有助于我们理解其向家乡

---

① 几年后，一家公司愿以1000万马元的价格收购星海，并愿付10%的保证金。尽管这笔交易由于东南亚经济危机而未能完成，但也反映了它的价值。

大规模捐献一举对他意味着什么。我们不能想当然地认为华人移民斥巨资捐助家乡，仅仅由于对家乡心存感情。经历过艰苦奋斗的海外华人不会轻易舍弃自己辛苦积累起来的财富。

二、多侧面的社会形象

昔加末是郑氏族人聚居地之一，郑文尧在此居住了很长时间，尽管如此，他和郑氏宗亲之间并没有多少感情。在其族人眼里，文尧是无情和吝啬的，他从来不出席任何宗亲社交场合如婚庆丧礼等，更不用说和族人间的个人联系了。下面是文尧有悖常理地对待他的两个同宗恩人的故事。

第一位是文尧的族叔，当文尧初达马来半岛尝试金橘蜜栈生意失败后，正是他给文尧提供了一份在他的橡胶商号中的工作。

另一位是在市场卖小吃的小贩。当文尧在日占期间被日本人逮捕时，是这位宗亲前去探望并送食物给他。文尧被释放后，想以贩卖猪肉为生，这位族亲再一次伸出援助之手，借文尧一笔钱作为资本。但当文尧把钱拿去抽鸦片后，他们的友谊变味了。

文尧发家后并没有报答这两位曾在他极度困顿时站在他身边的族亲。

而让昔加末郑氏宗亲族群最为抱怨的是，当他们去马六甲就郑氏宗亲学校——永春鹏翔学校——向文尧募捐时，被直接拒绝了。几乎与此同时，当昔加末永春同乡会想雇一个军乐队来庆祝节日时，文尧立刻掏钱捐款。

另一为郑氏族人们引用来支持他们观点的事是关于当地华人社区桃园俱乐部（永春籍华人的一个社会团体）主席位置的争夺。郑文尧耗费了数千元来为他自己获得这一位置。

族亲们因此下结论道：文尧缺乏应有的宗亲情感，只想出人头地。族人们推测文尧的被人谋杀与其吝啬的性格应有某些关联。

从上述形象来看，郑文尧并不适于扮演慈善家的角色。他对本宗族——无论在马来西亚还是在家乡——的事务都并不感兴趣。因此，对于他在永春县捐款的愿望需要做一个仔细的考查。

与以上描述完全不同的是郑继石关于郑文尧的叙述。前者不仅是后者一生中朋友，而且深深地介入了后者所有捐献家乡的工程。事实上，如果没有郑继石的参与，那些持续且数额巨大的捐赠难以发生。考

虑到这种关系,有必要引述郑继石对文尧的评价。以下是郑继石对故事的另一面的讲述:

文尧对昔加末郑氏族群的冷漠源于他在日本人手里的痛苦经历。日本集中营的囚犯生活很恐怖,在每天的受刑、饥饿和强制劳动下,人人为生存而痛苦挣扎。日本监狱的食物没有盐,囚犯的双腿变成透明浮肿。为求得一线生机,文尧自愿参加了葬尸队,其主要工作是把尸体抬出去埋掉或烧掉。利用走出监狱之机,他可向路人乞讨些零钱买盐和卷烟。

一次外出时,文尧向昔加末的族亲求助,希望有人能替他支付350日元的保释金。他愿意以他的全部财产,即5英亩橡胶园作为报答,但无人应承。

即使在他出狱后,由于被日本人逮捕过,族亲们视其如同麻疯病人,没人愿意接触他。郑继石下论断道:这个世界非常现实,当你处境好时,别人就来奉承你,而当你沦落时,绝不会有人接近你。

郑继石的叙述给文尧形象增添了更微妙的人性色彩。他坚持认为文尧知道何时和如何报答那些曾对他施以援手的人。例子如下:

当文尧还是拿日工资的割胶人时,一天,他口袋里只剩下三分钱。他在市场门口犹豫徘徊。他很饿,但他不敢花掉这最后三分钱,因为他不确定明天是否会下雨。一旦下雨,他就没有收入了,这三分钱要撑到后天。市场里一个卖芋饭的永春小贩察觉到文尧的困境,招呼文尧说:"你先吃,等有钱的时候再来还我。"文尧因此吃了一顿饱饭,他没有忘记这件事。当他发达之后,文尧资助这位小贩成了家并为他修建房子。他甚至让这位小贩在他的橡胶园里占了一份股份。

另一例子表明了郑文尧知道如何投桃报李。文尧和Lunglob公司的人员,上至经理下至工人都保持了良好的个人关系。当经理退休准备回英国时,文尧斥资6000马元为他买了一辆新车作为送别礼物,而后继续保持联系。每年正月初一,文尧从不待在家里,他要郑继石陪着他去Lunglob种植园向工人们分发利市红包。

在对文尧的人际网络进行检视后,我们发现血缘关系仍是其最要的人际关系。以郑继石为例,他和文尧是在1970年代末成为朋友的。友谊背后存在着几个因素。首先,郑继石是文尧的族侄;住在马六甲;供职于文尧处理其财政事务的本地唯一一个华侨银行;受过教育。文尧自己在十二岁到马来半岛投奔其叔叔后就不曾读书了。其次,郑继石帮助他竞争马六甲永春同乡会的领导职位,他还是文尧的发言人及代表，处理文尧在马六甲和永春所有的捐赠项目，文尧信任他的意见和友谊。而郑继石对文尧的尊重还在其好友去世后延伸到他的子女们身上。

文尧和郑棣也保持了很好的关系，后者是郑氏族人在马来西亚最成功的商人之一，曾担任马来西亚郑氏宗亲会主席达三十年之久。他们在橡胶贸易中有着业务联系，当文尧需要资金时，他可以向郑棣借贷。在宗亲会里，郑迪是主席，文尧是副主席，他们互相支持，合作得很好。

郑文尧的社会形象是复杂的。他的至友认为，他对曾帮过他的人心存感激并寻求报答。而他的马来西亚宗亲却指责他是一个吝啬和无情的人，对其族人缺乏爱心，并对他应该承担的家族公共责任毫无兴趣。他的多面的社会性格无疑与其早期生活的艰难困顿有关。但更重要的是，这些为理解文尧突出的捐赠行为背后的复杂动机提供了线索。

三、大规模的捐赠

尽管郑文尧只是一个中等企业家，并且在马来西亚郑氏族群眼中他的公众形象颇具争议性，但三十年来他却在其家乡永春被称为最慷慨的慈善家。他的热情从何而来？他作了何种捐赠？他的主要项目是如何运作的？以下是有关细节。

在马来西亚华人社会与永春中断联系达三十年之久后，1980 年，马六甲桃园俱乐部收到了一份来自永春的乡讯和一份邀请函。这是永春第一高级中学发给海外永春人的第一份通讯。学校盛邀其校友回乡参加该校 80 年校庆。一中也向校友们募捐以盖一座新礼堂。预计所需款项为人民币 20 至 25 万元。作为感谢，任何一个捐资超过 5000 元的校友，其名字将被镌刻在大厅的墙上。一些校友评论道："为什么不呢？流芳百世仅需 5000 元。"郑文尧悄悄把这份通讯带回家并咨询郑继石，后者告知，一中是永春教育水平最好的学校。事实上郑继石本人也是该校的校友。郑文尧的热情被这次可以流芳百世的机会激发了。

文尧念念不忘此事，他会与郑继石坐下来就这件事谈上好几个小时。他决定支付建造礼堂的全部费用，以确保只有一个名字——他父亲的名字被镌刻在大厅门楣上。以捐赠者父母的名字来命名建筑物在海外华人中并不鲜见。但是，考虑到中国刚从文革和"极左"运动中摆脱出来，除了国父孙中山，不可能让普通人以纪念之名命名公共空间。

文尧必须寻找一个可被接受的理由，让这座大厅以他父亲——一位普通农民——的名字来命名。

这时，恰好有一位马来西亚华人学校退休教师欲回永春。他受委托向永春县政府传递了郑文尧准备出资建造一中礼堂的意图。不用说，作为带来好消息的人，他受到了当地政府的热情接待。[①]

两年后，即1982年底，当郑继石在移民多年后第一次回永春看望他的父亲时，文尧委以实现其计划的重任。途经香港时，继石惊讶地发现他受到了香港永春同乡会情绪高昂的热情款待，因为后者已经获悉了他此行的使命。

因此当他抵达永春时，当地政府已整装待迎。他觉得一夜之间自己变成了一个重要人物，随处都有当地领导陪同。出席欢迎会的均是当地最高领导，县委书记、县长、侨联主席及其他官员和政要。郑继石回忆说他被这一幕深深打动了，“那是在1949年共产党取得统治后我第一次回永春。实际上我感到非常紧张，当我姐姐从人群中伸出双臂来拥抱我时我竟然没有认出她。”

在欢迎会后，郑继石马上被带去看关于一中礼堂的设计。在他逗留永春的三个月时间里，郑继石是永春县的贵宾，他下榻在侨联的招待所里，有专门的司机接送。在礼堂的设计过程中，他的意见被给予了极大的尊重。

关于这个礼堂，文尧和郑继石强调两点：一是要建一个大型礼堂；二是姓名匾额须被置于大厅的门楣上方。新礼堂占地约2400平方米，可容纳2200名学生。为了使它更令人满意，文尧主动将捐款从25万元增加到40万元，提供礼堂的充分装修。现在命名的议题被摆上了桌面。郑氏富有名望的一位族人去见永春县领导时转达了郑文尧的要求：以他父亲的名字来命名礼堂。尽管文尧的捐赠非常有吸引力，但当地领导不敢应允这从无先例的要求。凑巧的是，泉州地区的一名官员（永春归泉州管辖）刚好在场，他说：“为什么不呢？”获得上级的认可后，县领导同意了这一条件。于是一块醒目的匾额“郑信顺纪念堂”以每个字2平方米的规格高悬在永春一中的校礼堂大门上方。

最后一件困扰着文尧的事是学校大门的位置。它开在学校大礼堂

---

① 许多人认为他们能在参与捐赠工程中赢得声望。这促使他们成为跨国联系建立过程中的一种中介人。关于此情形另有篇章讨论。

外围墙的边上而不是正对着礼堂那宏伟的入口，所以过路人并不能一瞥大礼堂的风光。文尧想要最好的效果，因此他再捐资30万港币将原学校大门拆除，并为新大门修了一个宏伟壮观的拱顶和一条车道。新大门面临马路，正对着大礼堂正门，这样任何一个经过一中校门的人都不会忽略郑信顺纪念堂。

郑继石在永春逗留了三个月以决定最后的设计方案。而后，由永春前教育局长，时任副县长定期向马来西亚的文尧提交建筑进度报告。郑继石回忆道，直至礼堂项目彻底完工，他每天早上去文尧家，就经典的闽南人简单早餐：稀饭配炒青菜和肉松，讨论工程进度。每天文尧兴致勃勃地仔细审视每一细节。永春县为此特地成立了筹建委员会，文尧要求县政府一把手担当委员会主席并委任县长担任此职。他并不了解中国的政治制度：在政府体系的任何一级中，党委书记要比政府一把手地位高。

为感谢文尧所作的贡献，福建省政府授予他银制奖章。永春县刘副县长录下了典礼过程并在他再次访问新加坡时，专程向郑文尧汇报。双方在前印尼驻新加坡大使住宅——已为文尧购进——里会面。文尧十分满意已竣工的工程，说道："花48万是非常值得的。如果我和郑棣一样有钱，我会捐献更多。"

文尧捐献家乡的热情有了新的动力。他决定在永春开始一项开拓性的工程，以他母亲的名义在永春一中设立适用于永春籍从中学到大学的所有学生。其筹备过程显示了文尧是如何重视这件事的。他为这事平生第一次去了香港，带着他的儿子和郑继石，专程去同郑登玉，香港永春同乡会的创始人以及知名永春籍教育家梁披云讨论此事。在梁披云的指导下，制定了基金会的一整套规章制度。文尧如此谨慎是因为他曾见证了20世纪上半期的许多例子，许多海外捐赠从来都不能到达属意的接受者手里。所以他极为重视基金会组织的持久性、稳定性及有效性并坚决要求把两种制衡方法写进基金会的规章里。

基金会的主席应由永春县县长担任，当地教育局、侨联及一中的领导任副主席。基金会共有十一个席位，由各部门领导充任。这样当地人大、政协、宣传、文化等主要部门均被包括在内，最后一个席位由郑文尧代表其家庭充任。

每一席位有一投票权，因此当各部们的领导人更换时，执行投票权的是现任领导。这样，委员会就具备了稳定性。

在文尧看来，个人会改变，但政府的职能(其执行力)不会变。通过这种制衡机制,他希望委员们能在评估、奖励、支付和基金会的运作上进行公正投票,以确保基金会的连续性。

为使基金会有个稳定的财政来源,文尧在新加坡一个银行里存了500万,每年11月份他会亲自去新加坡一趟把利息汇给永春。他拒绝了在永春企业投资的建议,尽管由于中国政府提供的优惠条件也许能带给他50%的利润回报。由于害怕人民币贬值,他也坚持把钱以新加坡币的形式存在银行,而不是换成人民币存在永春以获得高额利息。

郑信顺夫人奖学基金会已成为永春的典型范例。仿照其运作机制、组织结构和基本规章,一百多个基金会由其他捐赠人先后设立。

文尧捐赠行为的特点引人注目。他并不是简单地给出一笔钱,而是对指导和控制这些计划的设立和运作有着强烈的愿望。为此,他采用了现代管理模式,建立一整套规章制度,设计有效结构以确保基金会的持续运作。海外捐资者充分和强有力地介入在他遥远家乡实行的捐献工程是新现象。它强调了移民在此社会空间的权力。

文尧的渴望和理想在他的第三个计划中体现得淋漓尽致。1984年,随着纪念堂的顺利完工,文尧表达了他想在永春建立一所大学的愿望。这一信息被县领导及时地传递给省政府。时任的福建省高教局领导,在省侨联永春籍领导人的陪同下,于1984年7月25日前往香港和郑文尧会面,东道主仍是香港永春同乡会。省领导建议成立一所经济学院,因为福建省缺乏经济方面的人才。提交给郑文尧的是一份引人注目的规划书,承诺省政府将给予的合作与支持,并有一个壮观的建筑模型。以下是郑继石的描述:

那个模型如乒乓球桌那么大,展现了完整的经济学院规模。我们需要好几个人把它抬回永春族人的家中。整个工程预算高达1200万港元。其差额由省政府方面补齐,并且该工程被列为省级工程。

1200万港币正是文尧在其新加坡银行账户中所存的数目。我告诉他这笔钱肯定不够用。如果你不留备用,全部捐出的话,那么当你被告知需更多的资金时该怎么办?他的个人财产是一座400英亩的棕榈树种植园。其余的属于家族公司。即使他能另辟财源,这笔钱也不能从马来西亚汇往中国,因为两国的外交关系直到1990年才实现。最重要的是,外汇只能在香港中国银行以一个控制价格进行买卖。

存在新加坡的那笔钱是经过多年苦心积累积攒下来的。无论郑文尧何时去新加坡,他总要带一些银行汇票和现金存进这个账户里。许多马来西亚华人把钱存在新加坡银行,因为新加坡是亚洲的金融中心,货币可自由流出流进以方便国外投资。但与他们不同，文尧在新加坡设立账户的目的只是为了向家乡捐款。

郑继石继续评价文尧说，他是一个性子急躁的人，不喜虚饰与形式。当需下决定时，他能在几秒钟内洞悉事情的核心，而其他人则可能需要几个月。因此郑继石担心一旦文尧发现捐赠工程出现亏空时，他会焦虑过度。

在文尧和郑继石之间，经济学院的计划被简称为"7·25"计划。郑继石再一次受命去永春调查它的可行性。他给文尧的报告显示，全县共有二十二所中学，其中有十五所是完整意义上的中学(包括高中)。他告诫道，由于"7·25"计划是属于省政府管辖的，永春县政府既不能插手其运作，也没有足够的财政能力来对它负责。

看过这份报告之后，文尧担心经济学院可能变成另一所高中，他的抱负是建立一所高等院校。他对郑继石说："如果经济学院的前景是被设定为一所普通中学的话，我全部的希望都破灭了。"因此"7·25"计划被搁置起来了。

在离开家乡半个世纪后，1993 年 3 月，郑文尧在他 76 岁时终于在其有生之年第一次也是最后一次回到了永春。为准备这次回乡，文尧请他在家乡的侄子买了一个保险箱放在他要住的房间里。他注销了在新加坡的存款账户，把全部 1500 万港币带在身上。他把五百万存到永春的银行里以其高额利息用作郑信顺夫人基金会的奖学金。尽管文尧对如何使用手中的 1000 万元没有明确的意图，然而将全部积蓄带回家乡这一行为比任何口头或书面上的信息都要更清楚地表明他要实现一生的愿望——在他的家乡卧龙村度过余生并最终埋葬于此。

郑文尧不喜讲排场。他的家人和当地政府都不知道他返乡的具体日期。只是在他们启程前，郑继石打电话给郑金树，另一族人，时任泉州地区侨联副主席，请他安排一辆奔驰到厦门接郑文尧。[①] 金树建议带几位县领导到机场迎接，郑继石转头与文尧商量，文尧接过电话告诉金树："如果是那样的话，你也不用来了！"这样，郑金树从上级那里借了辆奔驰，独自去了厦门悄悄地等待郑文尧一行。

---

① 厦门是闽南地区的首要城市和港口，设有国际机场。海外闽南人回乡时，一般都飞抵厦门，然后再转车返回各自家乡，或沿海地区或山区。永春距厦门约 130 公里。

永春方面，在接到郑文尧借这次回乡之际想在卧龙村买地用于建别墅和坟茔的口信后，当地政府召开了一系列会议，旨在拟建一个能争取文尧巨额捐款的项目计划。他们吸取了“7·25”计划失败的教训，拟订了符合下列条件的项目计划：首先，由于文尧热衷于投资教育，它必须是学校；其次，该学校必须在高中水平之上，其学习期限应从三年延长到五年，以便于以后可以升级为正式的本科大学。

当地政府决定下好这一盘棋，尽可能地创造符合郑文尧要求的条件，甚至为此打碎原有的县教育格局，重新布局。最后决定建一所今后可以升级为大学的师范学校，地点位于卧龙村，在郑文尧准备买地的那座山的山脚下，因为文尧心仪卧龙山作为终老之地。

文尧到达后，刘姓永春副县长代表政府拜访了他。刘副县长主管教育和宣传事务达二十年之久。他的经历加上他经常出访东南亚华人社会，使得他成为海外永春人社会中的知名人物。刘本身也是永春籍马来西亚华人的后裔，因此熟悉和理解许多海外华人的想法。他是当地政府一个能与文尧沟通的合适人选。

在永春逗留期间，郑文尧被领去卧龙山察看了他未来别墅和坟茔的计划用地，当地政府已将卧龙山顶封闭起来了，他当然还被领去看了山脚下那个计划中的师范学院选址。该学院在福建省的教育格局中将为三个内陆县份永春、德化和安溪培养教师。因此，三个县都争相想将该学院办在自己县内。其实，选址卧龙山下作为建校地点是永春县为了争取文尧而做出的决定，这个决定的实施经历了相当艰难的过程，因为建校要动迁许多卧龙山下的坟墓，而要满足拥有坟墓的家家户户的要求极其不容易。

但是文尧不是个轻信的人。当他询问工程预算时，刘告知需要1000万元。对此，文尧不客气地指出，由于中国的预算经常做得粗糙和不完全，实际花费可能会达到这个数目的两倍。这个预算中并不包括如地质调查、填地和进校通道等可能的花费。因此，捐赠者有可能被置于一个尴尬的位置。他坦率地说：“现在你说一千万足够用，但我恐怕到最后得付两千万。”他没有开口作任何允满。

除了在县一中查看了自己捐赠的大礼堂和郑信顺夫人基金会外，文尧也四处参观了由其他马来西亚永春人捐赠的项目，如郑棣捐赠的县文化中心。

文尧对故乡的感情是多层次的。一方面，他探访了自己的祖屋，并旧地重游少年时去卧龙山割草常走的那条小径。另一方面，他雇请警卫阻挡了那些他不想见的村民们。他的大多数来访者是当地领导人物，但是他拒绝了所有来自各权威部门的宴会邀请。为表达对每位支持他在家乡捐赠项目的人的谢意，文尧宴请了一顿正式的午餐。

两周后文尧离开了永春。他说在处理完生意后秋天会再回来长住。刘作为政府代表为文尧和郑继石送行。在厦门停留的那个晚上，刘作了最后的努力，试图说服郑继石支持永春的师范学院建造计划，谈话持续到午夜过后。半个世纪以来文尧好容易重返家乡却没有松口答应实施他最为雄心勃勃的计划的焦点在于地方政府不能保证要他投资的师范学校会是所高等院校而不是普通中专，对此，刘极力向郑继石保证学校的学习期限将为 5 年。

回到马来西亚，继石说服了文尧，其理由是 5 年的学习年限证明县政府要建一所高等学院。一旦决定，文尧即刻要继石打电话给永春陈县长表示他要支持这个项目。前提条件是：第一，校址必须定在卧龙村。此项指定源自于这样的想象——将来他可以住在卧龙山上的别墅里看着那些富有活力的学生进进出出。更实际的考虑来自于他的生活实践，学院设置在卧龙村，给他的同村人增加了新的收入来源，这胜于仅仅靠天吃饭的田地收入。其二，村民们应予免除每年的田粮税约45000公斤。在海外移民的记忆中，田粮税对农民来说是个重负。

陈县长立刻同意这些条件，显然，郑文尧正在追随陈嘉庚的脚印，后者在他的家乡建立了闻名的集美学校。和集美的例子一样，县里承担了田粮税，其他应上交国家的税收照旧实行。郑继石另提了一项要求，即在学院的广场上竖座郑文尧的铜像。

郑继石永远也不能忘记 1993 年 6 月 11 日那次漫长的电话谈判协商，不是因为它的长度，而是因为随后发生的事。那时是晚上 11 点，在达成口头协议后，文尧回家去了。当他迈出车门时，被人枪杀于自己家门口。

四、个人经历和浪漫的想象

很显然，我们很难从郑文尧的跨国实践中发现任何追求经济利益的动机。但是，这并不意味着他的行为纯粹是慈善行为。“乡土观念”或者对家乡的归宿感和怀旧感是中国学者研究海外华人与家乡的关系时常用的一个普遍概念。（Liu，1993：280-342；Wu，1996：173-270；Chen，1989：21-29）由于这种解释同爱国主义相纠缠，因此它传递了一种浓重的政治宣传意味。郑文尧的个案很恰当地揭示了海外华人跨国行为背后的复杂动机。毫无疑问，他决定尽力使永春的教育事业获益，但在与当地政府谈判时，他又是强硬的和不可妥协的。理解行为主体的恰当方法是将其置于其所在的环境中，因此我们可以看到，历史的、社会的和文化的逻辑是如何在一个人的认同和行为取向的形成过程中起作用的。以下三个部分将进一步探讨这些因素是如何影响文尧的。

（一）童年的家乡经历

郑文尧的童年充满艰辛。他出身于贫穷的农民家庭，三代人住在一间屋子里。十岁时，一场灾难降临。他的祖父病了，他父亲没钱请巫师到家里来跳神驱病。20 世纪初期，巫师是乡村唯一的医生。因此文尧的父亲决定自己让阴魂附体来替他父亲治病。在经过连续几日不眠不休的精神恍惚的舞动后，他父亲力竭而死，其祖父也随即过世。对这个贫困如洗的家庭而言，在短时间内接连失去主要劳动力和家庭长者，是致命的打击。作为兄弟三个中的老大，文尧不得不在其十二岁那年前往马来西亚投奔其族叔。

移民东南亚并没有改善他的生活。因此，当文尧十八岁那年回家成婚时，决定留在家乡。随后的十三年他的生活依然如故。事实上生活愈加贫困，现在他必须养活他的妻子、寡母和两个年幼的弟弟。一有空闲，他就在村里四处闲逛以寻找机会增加收入。他最主要的生存手段就是上卧龙山去割草来卖。后来，他在村里找了一块空地零售大米，他妻子则背负陶器到更远的地方去卖。这样他挣扎到了 1948 年，该年文尧带着他的第一批自制土蜜饯去新加坡出售。生意失败后，他不得不留在了马来半岛，对此他毫无心理准备。这一次他滞留了五十年。

在朋友和族人们的记忆里，文尧显得很独特，因为他从不安分于既定局面，总是试图寻找出路。贫困交加的童年使得他强烈地渴望改变命运。在取得事业的成功后，他保持着低调简朴的生活方式，但其要出人头地的愿望却使他在家乡公共事业中十分高调。这种建功立业的愿望深深根植于他在家乡的童年经历中。当与好友聊天时，文尧经常回忆起他的家乡生活。

第一个故事与村庙有关。与其他地方庙宇（大门朝外开启）不同，卧龙村的村庙大门向内开启，背对着庙后的山。文尧回忆他曾经被当地巫师告知，这个庙门朝山的特征叫做鲤鱼跃龙门，预示着这个村庄将会出现一位杰出人物。这种说法给文尧留下了深刻的印象，他相信有一天他会成为一位富有影响力的家喻户晓的公众人物。当好友郑继石第一次回永春时，文尧还特意嘱咐他去看一看这座村庙。

另一件文尧经常提及的事是在他十岁那年，他被卧龙村选中在一个佛教仪式上扮演状元公。仪式的核心部分是历经永春县城主要街道的游行，以到达村庙为终点。他被饰以豪华的状元公长袍，坐在一顶八抬大轿中。这象征着一个人可能获取的最高荣耀，因为在中国前现代社会下，取得状元头衔意味着人生最大的成就。文尧所在的村子有四大姓，郑姓只是其中一姓。要获得村民的赞成，被挑上的儿童应该是很聪明并且是很有前途的。文尧相信自从开始他就被村民们视为与普通人有所不同的人。

（二）遥远的想象

作为一个移民，长期与其家乡分离的经历可能会使其关于家乡的想象浪漫化。这种想象建立在其早期经验的记忆中。在文尧的想象中，理想的生活方式与家乡相连。在他成功前的，相当长一段时间里关于惬意生活的梦想是回到家乡经营那个小零售米店。他最喜欢的娱乐是坐在两座房子中的一条小巷里，一座是他的祖祠有功堂，另一座是他的祖屋联心堂，童年时他常背靠一面墙坐着，伸出双腿抵住另一面墙，吹奏南音自娱自乐。

于是当他的好友郑继石在中国重新开放国门后准备回永春看看时，文尧交待的第一件事就是帮他查看一下铭刻在他记忆深处的三个重要建筑：村庙、祖祠和祖屋。他急切地想出钱维护它们。当他捐款给村子时，他一再要求要保持建筑原貌。例如，有两户人家现在住在文尧的祖屋——他的原配妻子和他的弟弟。为了方便，他的弟弟开了一个边门。当文尧查看祖屋照片时，他注意到了这个新门的存在。他马上捎信给弟弟，让他把墙重新封起来，一如他祖母当年建造的那样。

在其晚年，文尧打算以一个似乎更理想的方式来实现他那长久以来的梦想。他在卧龙山顶上买地建造别墅和坟茔。他想靠近他的祖祠、在卧龙村安度余生，并埋骨于此，而不是在他度过大半生的马六甲。文尧捐赠的永春师范学院正位于卧龙山脚下。想象一下这会是多么令人满意的愉悦画面：每天充斥于耳的是学生们的笑声和朗读声，视野所及的是校园那处处充满活力的身影！

镌刻在文尧关于家乡记忆中的另一个印象深刻的画面是有关地方社群的。每逢新年，文尧总是看见郑奕玉，马来西亚兴德顺的老板，挎着一个漂亮的永春漆篮，盛着满篮的银元，给每家乡亲拜年，每户分派两个银元。郑奕玉持续的善行使其深得乡民人心，关于他的故事口口相传。

郑奕玉对乡民的慷慨还体现在另一件轶事上。他在他家房子前种了大片蔬菜。有时晚上，狗不住地吠叫，郑奕玉打开屋门，看见有人在偷菜，他什么也不会说，而是回转身关上门。这种对待贫穷邻居的宽容态度令少年文尧十分惊讶。

郑奕玉在永春郑氏宗亲的想象中代表着一种令人崇拜的“公共人物”。他的形象在口头流传过程中被渲染得多姿多彩，因此成为郑氏移民跨国社会空间中的一个文化象征。他为郑氏族人树立了道德价值标准。当郑文尧在 1970 年代开始变得富有时，他立刻想效法郑奕玉的行为。

文尧的第一笔捐赠是 6000 马元。他书面嘱托他弟弟把这笔钱作为新年红包分给全村人，红包上写着“新春快乐”的字样。他同时也嘱托弟弟在村民们接受礼物时拍照留念。但令他失望的是，他弟弟回信说他把这笔钱存到了银行，因为在那个年代，中国正处于文革后期，“极左”思想仍有一定影响。因此任何做善事的动机都有可能被曲解。郑文尧不相信这种解释，并从那时起不再信任他弟弟。此后多年，每次收到他弟弟的来信都撕毁不看。

（三）教育情结

马来西亚的永春人认为郑文尧的家族生意属于中等规模。在族人眼中，他并不算十分富有。但是，就其对永春所作捐献占其总资产的比例以及对教育事业的奉献精神来说，他要远远超过其他人。

郑文尧的行为似乎与现代社会的理性逻辑相背。然而从长时段的闽南社会文化价值体系来考察，他对办教育的热情有其文化逻辑。办教育是历史上闽南地方社会最为关注的一件事。自唐以降，历经宋、元、明、清各朝，直到今天，教育事业在福建逐渐兴盛。无论数量还是质量，其整体处于全国较为领先的水平。数百年间，北方战乱，大批文人及官员陆续南下。许多族谱显示在宗族的社会价值取向上教育具有绝对的优先权。金钱财产易耗，土地财产易损，唯有教育能使子孙后代真正获益。通过教育，成功之子获得社会身份与官衔，并因此给本宗族赢得社会地位。在科举考试中获取名次之人更给地方带来荣耀，他的成就证明地方教育水平的优越。这就是为什么从宗族组织到地方政府，都倾向于动员社会资源来支持教育事业的原因。

海外福建人向家乡学校捐款的历史最早可上溯至1827年。那年惠安的一位海外福建人及其儿子在当地捐款2000银元用以建立一所书院。这一举动赢得了皇帝的赞扬,并被授予头衔,这开了一个先例。到1911年为止,海外福建人在永春及其邻近地区如晋江、南安、同安等地捐资兴建了二十余所中小学校。这一办学趋势又被由于日本人入侵而引发的高涨的民族主义所推动。教育救国是20世纪海外华人社会广为流行的一个理念。在身体力行这一理念方面,东南亚福建社群尤显突出,其中最著名人物当数陈嘉庚。他变卖了几乎所有家产建立了集美学村和闽南地区第一所高等学府——厦门大学。陈嘉庚因此被毛泽东誉为"华侨旗帜,民族光辉"。受此公共人物的影响,由海外福建人创办和捐赠的学校如雨后春笋般在福建各地出现。据不完全统计,自1915年到1949年,福建省由海外华人捐资的学校一共有小学967所,中学48所,其中大部分位于闽南地区。1949年后,在政策的影响下,捐赠行为剧减并在文革中彻底停止。改革开放后海外福建人办学热情重燃。仅以自1979年至1990年的数据来说,海外移民在福建捐赠教育事业的金额就达5亿人民币,兴建学校面积约为200万平方米,新成立学校1 732所,大部分还是位于闽南地区。①

福建海外华人跨国社会实践锻造了教育在闽南文化意义之网中的分量。当地政府通过各种方式来鼓励推崇这种风气。各种公共传播媒介被用来褒扬富有贡献精神的海外华人,纪念堂、建筑物命名,以及在公共场所竖立的人物雕像被用以塑造闽南社会中的公共人物。这是一种集体价值观形成的过程。闽南文化中的价值取向、公共人物的榜样,无疑是解释郑文尧行为的逻辑。

从个体的角度来看,倾注热情于教育事业也许体现了一个人的梦想。郑文尧崇尚教育,但他本人仅仅受过极其有限的教育,他希望通过创办高等教育来补偿他的无法实现的人生理想。他的经历显示,在企业家的敏锐感觉之外,他也是具有浪漫主义情怀的。他组织了一个南音(福建的一种本地戏剧)俱乐部,每当闲暇,几位同道自娱自乐。如同其他地方戏剧一样,南音也是一种传递儒家文化的载体,衣锦还乡、恩

① 参见《福建教育史料汇编》,福建教育史志编纂委员会、福建教育学院编,1992年。

泽乡里、仁义道德,无一不为南音乐于表达的主题。如果我们认为企业家的行为是理性的话,那么办教育这种非利益寻求行为也许在一定程度上可称之为其他理性动机如寻求社会认可、地位与名望交织的富有诗意的行为。

1990 年代,在文尧第一次也是唯一一次回故乡时,他飞抵厦门,但并没有急于马上回到永春。由于被称为“永春的陈嘉庚”,他想拜访陈嘉庚位于厦门郊区集美的墓地。那天晚上,他与同伴游览厦门,感叹自他上一次离开这个港口后的惊人变化。第二天一早,同人发现他站在陈嘉庚的墓前默默出神。专程到厦门迎接他的族人评论说,不知他是否正在思考为自己的坟墓选择同一个样式,抑或是正在真诚地景仰陈嘉庚。有一件事是显然的,陈是影响文尧一生的少数几个人之一。

事实上,永春当地社会和政府视郑文尧为陈嘉庚的传人。当他的第一个捐赠计划——为永春一中捐建大礼堂——于 1983 年完工时,当地政府邀请时任的福建省长作为嘉宾出席剪彩典礼。正是在这次庆典上,梁披云——永春籍知名教育家——建议称郑文尧为“永春陈嘉庚”。

那些见证过文尧生活方式的永春移民认为他拥有与陈嘉庚类似的奉献与牺牲精神。与其居住于马六甲的邻居们相比,文尧住房相当简朴。他仍睡在半个世纪前他第一次到马来半岛时的那张床上;他的桌子由于桌腿不齐而摇晃,为了维持平衡在桌腿之下垫了两块砖。

他的族人郑继石对一件小事念念不忘。文尧和他第一次去香港和永春同乡会的头领讨论建立永春高校的意向时,主人买票请他们这些来自马来西亚的客人去看海底世界,文尧拒绝进去,因为他认为票价贵得不合情理。主人遂带其他人进去,但为礼貌起见留了一个同乡人在门外陪文尧。当其他人结束游玩出来时,郑继石看见文尧仍在和陪同的人认真地商讨永春需要建什么学校的问题。他结合吝啬和慷慨两种矛盾的特点于一身。

文尧于 1993 年 6 月 11 日晚上 11 时被谋杀,一小时后,晚上 12 点,家乡县政府获悉噩耗。依据郑文尧的遗愿,逝后他要被葬在永春,因此他的家人向当地政府求助,要求空运文尧的遗体回乡。当地政府立即召开了紧急会议,决定为文尧举行一个盛大的葬礼。在马来西亚方面,中国驻马来西亚大使向其家属表达了哀悼,并帮助将文尧的棺柩空运回中国。时任刘副县长回忆说:“由政府领导和来自永春各行各业的人士组成了一个特别委员会。党委书记任主席,六位县其他最高领导如县长、副县长任委员。上级政府——泉州市政府——派出两辆警车到厦门机场去接棺柩，这种待遇仅应用于副省级以上的领导人。”

三个月前刚刚在厦门见过郑文尧的刘副县长，现在则领着一大群县级各机关领导到机场接棺。

尽管文尧的遗体抵达永春时天已快黑了，但仍有成千上万的人站在路边目睹他的最后归来。几天后，县政府在卧龙学校的礼堂里为文尧举行了隆重的追悼会。福建省政府、泉州市政府及县政府均敬献了花圈。悼词由永春县县长为数以万计参加葬礼的人宣读。梁披云，本地出生的 87 岁高龄的国内知名教育家，澳门归侨总会主席，为他写了一幅挽联，作为文尧一生的写照：

汗流海峡，血流海峡；
生爱家乡，死爱家乡。

五、结　论

政治民族主义的概念只能说明 20 世纪上半叶海外华人社群与中国的关系性质。而与华人属性问题相关的文化民族主义的概念提供了一个探讨今天海外散居社群认同的框架。在全球化急剧加速的背景之下，一些新的影响亚洲地区认同的富有动力的因素正在形成。正在崛起的中国急欲提升其软实力，体现为文化力量的软实力已被看作是中华民族复兴的重要基础。这意味着在长达一个世纪的否定自身的文化传统之后，中国正渴望重建民族自信心。这种均质化中国不同文化性质的意识形态恰好与海外华人在跨国社会实践中所形成的对文化认同的取向相吻合。因为后者持有对传统文化和价值的浓厚兴趣。

在这里我们看到了两方面兴趣的交接点。一方面，当中国传统文化在社会上层几近废墟一片时，在民间草根层面，传统价值观念、民间信仰和习俗依然生命力勃发；另一方面，海外华人跨国主义正在民间层面进行的文化实践刺激了东南沿海地方传统文化的复兴和发展。从海外华人跨国主义、故乡社会和当地政府汇合而成的意向和实践正在展示传统文化再创造的过程，这个过程反过来将影响所有参与者的认同形成过程。如果说海外华人的华人属性是开放性的，20 世纪上半叶中国民族主义革命派和改良派为了争取海外华人的支持而施展的种种文化策略促进了华人认同的形成，那么今天正在一个跨越东南沿海地方社会和东南亚华人社会的跨国社会空间进行的文化实践显示了文化民族主义形成的一个路向。

与此相关的一个重要问题是海外华人并不是一个群体。华人散居者的认同,在很大程度上是基于各自群体的经验,这尤其建立在血缘、地缘、方言和地方信仰的基础之上。华人社会内部的分界困难并不亚于华人与非华人的界限。即使同操闽南方言,永春人、南安人、同安人之间的区分和集体认同也远甚于将闽南作为一个集体认同的对象。这个事实首先与华人的移民方式有关。华人的移民链条(migration chains)是在同宗同乡的基础上形成的。在移居地,华人倾向于动员已有的社会资本组织移民社会。因此群体间的分界形成了华人移民社会的脉络。华人社团如宗亲会、同乡会不仅是成员间的互助组织,更提供了社会公共空间,华人散居者因而得以沉浸于各自地方文化的特殊氛围之中。根据 Giddens 的实践理论(practice theory),正是通过这种反复的社会实践,华人散居者得以形成其共同身份的意识,而这样的日常实践反过来又为行为者主体进一步共同经验的获得生产了前提条件。因此,起源于故里的社会组织规范了华人移民社会的内部界限。而华人不同群体之间的界分使得海外华人的华人认同有了具体的含义。曼纽尔·卡斯特(Manuel Castells)认为,在这个令人困惑的世界,人们倾向于依据"基本的认同"重新划分他们自己(Castells, 2000)。华人散居者的认同倾向证实了这个假设。

因此,华人世界的文化民族主义不是大一统的,那种追求虚假的同一性的文化工程往往难以成就其初衷。新加坡华人对新加坡全国宗亲总会近年举办的"春到河畔"的文化活动缺乏兴趣就是一个例证。华人对超越乡缘亲情的文化工程难以产生认同感。

从隔阂对抗走向共存共荣

——马来西亚华巫族群关系的演变

俞云平

摘　要：马来西亚独立初期，华巫两族曾发生严重的种族冲突。此后，政府一方面大力扶持马来人，另一方面也适时调整华人政策，平衡华巫两族的政治经济利益与文化诉求，使两族关系逐步从对抗走向共荣，但共存共荣中充满着矛盾和竞争。未来两族关系的发展，也是有利和不利条件并存。

马来西亚是个多元族群国家，主要有马来族、华族和印度族三大种族集团。[①] 华巫族群关系一直是该国政治的头号问题，研究马来西亚所有的政治经济问题、文化教育问题、华人或马来人问题等，不可避免地都会涉及华巫族群关系，相关成果颇丰[②]，对两族关系的评价也是褒

---

① 按："种族"一词在马来西亚的使用是约定俗成的，具有与"民族"、"族群"一样的含意。据统计，2000 年，马来人占 65.1%，华人 26%，印度人 7.7%，见"Census of Population and Housing Malaysia 2000"，引自马来西亚统计局网站 http://www.statistics.gov.my；2004 年，以马来人为主的当地原著民占 65.7%，华裔占 25.4%，印度裔占 7.6%，见《南洋商报》2004 年 12 月 13 日。

② 近年来的研究成果如：Cheah Boon Kheng，*The Challenge of Ethnicity：Building a Nation in Malaysia*，Singapore：lbCavendish Academic，c2004；Cheah Boon Kheng，*Malaysia：the Making of a Nation*，Singapore：Institute of Southeast Asian Studies，2002；Robert W. Hefner eds.，*The Politics of Multiculturalism：Pluralism and Citizenship in Malaysia，Singapore，and Indonesia*，Honolulu：University of Hawai'i Press，2001；Lee Kam Hing and Tan Chee-Beng，eds.，*The Chinese in Malaysia*，Slangor Darul Ehsan：Oxford University Press，2000；何国忠《马来西亚华人：身份认同、文化与族群政治》，吉隆坡：华社研究中心，2002 年；韦红：《东盟五国民族问题研究》，北京：民族出版社，2003 年。

贬不一，有的给予较高的评价，有的则认为两族关系脆弱、离族群和谐还很遥远。[①] 已有的研究成果往往侧重于分析两族的矛盾冲突及其原因，本文则从历史比较的角度，特别关注两族从冲突走向共处、族群关系相对和谐的政治经济原因，试图用民族与民族主义研究的相关理论对族群关系的演变进行分析，探讨平衡族群利益、化解族群冲突、调和族群矛盾、促进社会和谐的一些基本规律。从华巫关系的演变过程来看，马来西亚基本上走出了20世纪50—60年代华巫两族严重对抗的局面，逐步过渡到各民族互相容忍、共存共荣的阶段，现有的矛盾和竞争是多民族国家族群交流和合作过程中的常态，各民族从对抗向共荣的过渡也将是一个漫长而曲折的过程。

一、从隔阂走向对抗：从独立建国到"5·13"事件

殖民地时期的民族关系在大程度上影响了以后马来西亚民族关系的发展变化。英国殖民者对马来亚的不同民族采取了分而治之的政策，使马来亚形成种族分裂的社会特征，华巫两族在政治、经济及文教等领域基本上都是互相隔离、各自发展的，彼此之间接触交流很少，矛

---

① 2001年马来西亚还获得世界少数民族联盟颁发的首届国际少数民族和谐奖，见《南洋商报》2001年3月21日。对两族关系较为肯定的可参见：In-Won Hwang：*Personalized Political：the Malaysian State under Mahathir*，Singapore：Institute of Southeast Asian Studies，2003；Robert W. Hefner：*Introduction：Multiculturalism and Citizenship in Malaysia，Singapore，and Indonesia*，in Ibid.，Robert W. Hefner ed.，*The politics of multiculturalism：pluralism and citizenship in Malaysia，Singapore，and Indonesia*；林水檺、何启良、何国忠、赖观福合编：《马来西亚华人史新编》第1册，吉隆坡：马来西亚中华大会堂总会，1998年，导言；黄家定：《马来西亚多元族群的政治：在厦门大学的演讲》，《南洋问题研究》2006年第2期。认为两族和谐还很困难的可参见：John R. Clammer：*Ethnic Processes in Urban Malaka*，Raymond Lee，eds.，*Ethnicity and Ethnic Relations in Malaysia*，Detroit，Mich. U. S. A，Center for Southeast Asian Studies，Northern Illinois University，1986；原不二夫著，刘晓民译：《马来西亚华人眼中的'马来西亚民族'》，《南洋资料译丛》2001年第2期；丘光耀《第三条道路：马来西亚华人政治选择批判》，雪兰莪：地球村网络有限公司，1997年。

盾或冲突自然也就很少。[①] 日据时期对华侨采取残酷镇压政策，而对马来民族实行笼络利用政策，这促使华巫两族的矛盾日益突显，也对战后两族关系的发展产生了负面的影响。[②]

独立后，虽然马来人在政治上享有优势地位，但是在经济上，以拉赫曼首相(Tunku Abdul Rahman)为首的联盟政府实行自由资本主义制度，马来亚旧的殖民经济结构仍然没有发生根本性的改变，主要国民经济部门仍然掌握在以英国为首的外资手中。各个种族仍然在原来的格局中生活。情况正如前总理马哈蒂尔所说的，"……他们在外形、语言、文化和宗教方面，都是格格不入的……大部分马来西亚人民之间缺乏交流，其中甚至有许多从未成为邻居。他们生活在各自的世界里……"[③]各种族职业和居住地域的不同，直接导致了各种族贫困率的不同，以及各种族家庭平均月收入的不同。[④] 而这种不同使种族界限与经济地位的划分在一定程度上得以重合，给人以华人富裕、马来人贫穷的印象，从而使马来西亚的种族问题复杂化。

从马来人的角度看，人口众多的马来农民仍然无法摆脱无地和贫穷的状态。而马来人的农村社会是以伊斯兰教为中心的，苏丹的统治

---

① 维多巴素著，郭湘章译：《近代马来亚华人》，台北：商务印书馆，1972 年；J. M. Gullick: *Indigenous political systems of western Malaya*, London, Atlantic Highlands, NJ: Athlone Press, 1998.

② 新马侨友会编：《马来亚人民抗日军》，香港：见证出版公司，1992 年；Cheah Boon Kheng: *The Social Impact of the Japanese Occupation of Malaya* 1942—1945, Yoji Akashi: *The Japanese Occupation of Malaya* 1942—1945, in Alfred W. mccoy, eds., *Southeast Asia under Japanese Occupation*, New Haven: Yale University Southeast Asia Studies, 1980.

③ 马哈蒂尔著，叶钟铃译：《马来人的困境》，吉隆坡：皇冠出版公司，1981 年，第 96 页。

④ 关于马来人与华人在职业、居住地域、贫困率、家庭收入方面的不同，请参阅 *Mid-Term Review of The Second Malaysia Plan* 1971—1975, Kuala Lumpur: Government Press, 1973. p. 4; Phang Hooi Eng, *The Economic Role of the Chinese in Malaysia*, in Ibid., Lee Kam Hing & Tan Chee-Beng (eds.), *The Chinese in Malaysia*, p. 105, p. 109；西口清胜：《当代马来西亚的种族对立与收入分配结构》，《南洋资料译丛》1987 年第 4 期；李永梁、J. 马蒂纳：《马来西亚的经济分工与种族差别》，《南洋资料译丛》1988 年第 4 期；林水檺、何启良、何国忠、赖观福合编：《马来西亚华人史新编》第 2 册，吉隆坡：马来西亚中华大会堂总会，1998 年，第 329 页。

根深蒂固，许多地主与佃农之间存在着依附关系，种种因素使得马来地主与佃农之间即使收入差距扩大，也不会产生阶级对立，正如盖尔纳所说的，“没有族裔特性的、渐进的阶级差异仍然被容忍”，但马来农民与华人碾米业者及商人之间的阶级对立就会导致种族对立，因为“文化上的差异提供了导火索，提供了阵线的划分即识别敌我的方法”。[①] 而城市马来人面临着非马来人的激烈竞争，落后地位更为明显，对非马来人和当政的马来领导层也就更为不满。从华人的角度看，20 世纪 60 年代以后华人的政治认同从祖籍地转向当地，逐渐参与当地政治、关心马来西亚社会，他们对赋予马来人特权的相关宪法条款所持的不满情绪日益强烈，尤其是没能在经济成长中受益的华人，认为马来人的特权是造成他们贫困的根源。

随着各族民众间接触的增多，各族间的猜忌和摩擦也相应增多，彼此之间的不满情绪在逐渐积累，最终酿成了 1969 年的“5・13”种族冲突事件。之后的拉扎克政府对流血事件进行了分析，认为冲突的主要原因是马来人经济地位低下，由此产生对其他种族尤其是华族的不满，激烈的民族冲突因而发生。[②]

然而，民族冲突产生的原因并非那么简单。就社会经济因素来说，经济贫困是产生矛盾的温床，经济差距容易引起不同族群间的隔阂与对抗。安东尼・史密斯指出：如果认为经济因素在产生族裔冲突中没有重大作用，显然是错误的；但单纯的经济因素并不一定导致族群冲突，“那种认为族裔冲突与民族主义主要可以归因为经济因素的看法，

---

① [英]厄内斯特・盖尔纳著，韩红译：《民族与民族主义》，北京：中央编译出版社，2002 年，第 123、125 页。

② 这一看法得到普遍的认同，见马哈蒂尔著，叶钟铃译：《马来人的困境》，第 8 页；林水檺、何启良、何国忠、赖观福合编：《马来西亚华人史新编》第 2 册，第 83 页；Leon Comber，13 *May* 1969：*a History*，*Survey of Sino-Malay Relations*，Kuala Lumpur：Heinemann Asian，1983，p. 74. 而有些学者强调“5・13”的政治原因，见许德发：《历史幽灵与马来西亚的记忆政治：试论 1969 年‘五一三事件”的各种阐释》，王国璋：《反思五一三》，均载于（马来西亚）《人文杂志》2002 年第 15 期；杨建成：《马来西亚华人的困境：西马来西亚华巫政治关系之探讨，1957—1978》，台北：文史出版社，1982 年。还有些学者认为“5・13”是巫统成员发动的推翻东姑・拉赫曼的政变，见 Kua Kia Soong：*May* 13 — *Declassified Documents on the Malaysian Riots of* 1969，Published by Suaram Komunikasi. 2007.

同样是片面的。这种看法忽略了政治这一重要层面”。[①] 在马来西亚，马来人、华人、印度人一直都生活在各自的世界中，各族都有富人和穷人，大部分马来人的贫困状况也由来已久。然而独立后，文化因素及民族感情因素越来越多地渗入到马来人的贫困问题中。马来人与华人的直接交流增多后，马来人深切感受到自己的贫困状况，而种族差别、经济地位差别在一定程度上的重合，更容易使马来人把自身的贫困归咎于华人，认为是外来华人剥夺了他们应得的财富，产生对华人的不满情绪，而马来贵族官僚和小资产阶级抓住时机把马来无产阶级和大量涌入城市的马来游民无产阶级的不满情绪激发出来。

“5·13”事件也使马来西亚各族群深切地感受到，维持种族和谐对国家稳定和经济发展具有重要的意义。“5·13”事件之后之所以未再爆发大规模的种族冲突，虽然以马来人为主导的政府未采取过激政策是重要原因，但华人的忍辱退让也是重要因素。二者的共同作用，才使马华两族关系维持着“不平等的和谐”之局面。[②]

二、从对抗向共存的过渡：新经济政策及其对民族关系的影响

新经济政策是在马来西亚国内民族冲突升级、民族矛盾已经影响到社会安定的情况下实行的，它确定了两大目标：第一是促进经济发展以消灭贫困，第二是在各族群间进行社会财富的重新分配。据此，在1970—1990年间，政府制定和实施了第二个五年计划至第五个五年计划，采取了一系列促进经济、重组社会的具体措施，加大国家对经济乃至社会各个领域的干预力度，其核心就是扶持和提高马来人在社会经济各个方面的地位。[③]

新经济政策在推动马来西亚现代化方面取得了很大成效，1971年

① ［英］安东尼·D. 史密斯著，龚维斌等译：《全球化时代的民族与民族主义》，北京：中央编译出版社，2002年，第81页。

② 陈衍德：《马来西亚华人与马来人族际关系的演变》，陈衍德：《对抗、适应与融合：东南亚的民族主义与族际关系》，长沙：岳麓书社，2004年，第151～152页。

③ 关于新经济政策的具体内容可参见《马来西亚第二个五年计划：1971—1975年中期检讨报告书》，吉隆坡，1973年；Government of Malaysia, *The Third Malaysia Plan* (1976—1980), Kuala Lumpur: Government Printers, 1976；《马来西亚第四个五年计划，1981—1985年》，吉隆坡，1981年。

至1990年是战后马来西亚经济发展最快的时期。[①] 各族群的就业结构也发生了相当大的改变。在专业技术人员、服务业人员、产业工人等职业中,马来人所占的比例已经超过了华人;马来人的收入水平也得到了较大幅度的提高,马来人家庭的平均月收入从1970年的172马元增加到1990年的940马元,与华人家庭的差距已经从2.29倍缩小到1.74倍,也是马来西亚三大民族中增长速度最快的。[②] 在资本拥有的种族分配方面,马来人在个人与信托机构所拥有的股权比例大幅度提高,日本学者原不二夫的研究表明,经过新经济政策的扶持,马来企业家的经济实力快速增长,在制造业等重要行业中甚至超过了华人。[③]

应该说,新经济政策实施20年所带来的经济发展和经济结构的变化、社会结构的重组,改变了原先的殖民地经济结构,在很大程度上化解了马来人和非马来人之间种族冲突的经济根源,也培育出一个马来中产阶级阶层,有利于社会的稳定。[④] 这种有利于马来人的财富重新分配,是在促进经济增长中进行的,它把对其他民族集团(主要是华族)的伤害降到较低的程度。所以说,与东南亚许多国家对华人实施广泛的职业限制、没收华人的财产、甚至将华人驱逐出境等措施相比,马来西亚的新经济政策是比较温和的,华人经济的发展虽然受到很多制约,但仍有一定的空间。然而,新经济政策的实行也给民族关系带来了许多负面影响。

其一,新经济政策极大地挫伤了华族普通民众的爱国热情,不利于各民族共同的国家认同的形成。国家利益与族群利益既有一致的一

---

① 关于1971—1990年马来西亚的经济情况可参见:马来西亚政府:《马来西亚第四个五年计划,1981—1985》,吉隆坡,1981年;*Mid-Term Review of The Fifth Malaysia Plan* 1986—1990,Kuala Lumpur:Government Printers,1989;马来西亚财政部:《经济报告1991—1992年》;Government of Malaysia,*The Second Outline Perspective Plan* (1991—2000),Kuala Lumpur:Government Printers,1991.

② Phang Hooi Eng,*The Economic Role of the Chinese in Malaysia*,Lee Kam Hing & Tan Chee-Beng (eds.),*The Chinese in Malaysia*,p. 105. Table 4.4,p. 109. Table 4.6,p. 112 Table 4.7.

③ 原不二夫:《马来西亚马来资本与华人资本关系的新发展》,陈文寿主编:《华侨华人的经济透视》,香港:香港社会科学出版社,1999年,第254～289页。

④ 关于马来中产阶级的专论可参见 Abdul Rahman Embong,*State-led Modernization and the New Middle Class in Malaysia*,New York:Palgrave,2002.

面,也有矛盾的一面。虽然族群层面上应强调“文化多元主义”,但在民族国家层面上更应强调“政治的统一”。而政治的统一应包括族群之间的平等——政治上权利的平等。在一定的历史条件下,可以对经济上处于弱势的族群实施优待政策,以提高他们参与公平竞争的能力,但这种优待应该是有限的、过渡性的,否则其消极影响会日益突显。新经济政策对马来人利益的过分维护,公开或非公开地排斥非马来人,势必影响到非马来人对这个国家的真正认同。事实上,华人社会也有贫富差别,华人中的大多数并不是一般人想象中的“中产阶级”,而是普通的劳动者。以种族而不是以贫富为标准的不平等政策贯穿到社会生活的各个方面,极大地伤害了华族民众的感情[①],打击了他们发展经济的积极性,不利于国家的长远发展。

其二,新经济政策不利于种族界线的消弥。多民族国家的发展应是族群界线的趋于模糊,而不是愈益鲜明。然而,新经济政策将族群权益与族群身份挂钩,族群分野不仅没有模糊,反而趋于明晰,以种族为界线的政治、经济乃至文化纷争接连不断。[②] 这实际上强化了华人的族群意识,使华人明白只有加强族群团结,才能具备与对方抗衡的力量,这或许是华族无奈的选择。

其三,新经济政策不利于贫富差距的缩小。新经济政策在社会重组方面的作用是比较突出的,然而许多政策只惠及某些特选的精英集团成员。例如信托制下的财富重组可以产生大量的发财机会,然而只有少数精英集团成员才能获得这种机会;又如,政府企图通过提供有条件的补助及服务来减少农村马来人的贫困,但最贫困的马来稻农根本就没有资格享受到这些优惠。[③] 结果是,各种族内部财富分配的不平衡,逐步取代长久存在的各种族之间财富分配的不平衡,成为突出的社会矛盾,而马来族内部的不平衡是最为严重的。显然,各种族内部贫富差距的扩大最终会损害到民族关系的和谐,因为只有各种族内部贫富

---

① 华人普遍表达出“如果土地不承认他们的儿女,如何倾注心中的爱”的苦闷心情,参见何国忠:《马来西亚华人:身份认同、文化与族群政治》,第 221～227 页。

② 比较突出的如 1987 年的华小高职事件,参见柯嘉逊:《马来西亚华教奋斗史》,吉隆坡:雪兰莪中华大会堂,1991 年。

③ 参见欧斋·默密特著,辜瑞荣译:《监守自盗——新经济政策谁得益》,吉隆坡:社会分析学会,1987 年,第 125 页、154～155 页。

差距的缩小，才会使整个社会的财富分配趋于平衡，从而逐步消除包括民族矛盾在内的各种社会矛盾。虽然民族矛盾的最终解决还须靠文化手段，但没有一定的经济基础也是不行的。

从总体上看，可以说新经济政策的正面效应大于负面效应，否则也无法解释马来西亚经济、社会各方面的进步，包括民族关系的趋于和缓。从华族的角度来看，新经济政策固然使他们的经济地位相对下降了，但是他们的经济实力在绝对量上并未减少，所以还在他们的容忍范围之内。也正是因为这种容忍，才能使前一个时期所形成的“不平等的和谐”之种族关系能够持续下来，并为下一个时期朝着更好的方向发展创造了条件。

三、竞争中的共荣：新发展政策时期

（一）新发展政策与“2020 年宏愿”

新经济政策届满后，政府于 1991 年公布以新发展政策为核心的“第二个长期发展计划”。与此同时，首相马哈蒂尔提出“2020 年宏愿”，就是要在一代人的时间里把马来西亚建设成一个充分发达和工业化的国家，他明确指出，将改变新经济政策，不再无条件地支持马来人在工商业方面的发展。“2020 年宏愿”在马来西亚引起了极大的反响，尤其受到华人社群的欢迎。新发展政策就是实现“2020 年宏愿”的第一阶段。

从民族关系的角度看，新发展政策并没有改变新经济政策所要达致的最终目标，但它比新经济政策有所进步，在具体的政策策略上有所调整。比如虽然马来人占有 30%公司股权的目标不变，但没有规定实现该目标的具体时间，它着重强调应该在“经济增长与平等分配”的原则下进行经济运行，以实现国家的团结与经济发展的均衡。马来领导人试图以更开明、开放的态度来改善族群关系，从而调动华人的积极性。在新发展政策的指导思想之下，20 世纪 90 年代以来，政府在对待华人的问题上，采取了一系列较为宽松的政策，被称为“小开放政策”。

在经济方面，政府继续倡导华巫经济合作。从 1991 年开始，土著经济大会常常邀请华人企业家参加，共商合作大计。政府还重新界定土著企业的定义，即土著占有 35%股权的企业便属于土著企业，而过去则必须是土著占有 51%以上股权的企业才能被划为土著企业。

在文化教育方面，虽然华文教育的发展仍然受到种种限制，华人文化仍然面临被同化的处境，但政府领导人也多次表示不打算取消华文教育，在多种场合肯定华文教育在培养国家建设所需人才方面做出的贡献。政府还鼓励马来学童、大学生、公务员学习华文。20 世纪 90 年代，南方学院、新纪元学院、韩江学院等一批华文大专院校相继建立。政府对华人文化的排斥态度也有所缓和，比如舞狮不但获得批准，而且被列为国庆日游行的项目之一；华人的传统文化也成为"马来西亚旅游年"的亮点之一；国家语文出版局还率先出版《论语》、《孟子》的马来文译本，公开宣称伊斯兰教文明与儒家思想有许多可融合之处。

在华人的国家效忠以及对华人的评价上，政府也表现出较为信任与肯定的态度，像 20 世纪 80 年代那样公开质疑华人投资中国大陆是不效忠国家的批评已经很少，政府转而鼓励包括华人在内的马来西亚企业家投资中国大陆。在 2003 年第七届世界华商大会的开幕式上，首相马哈蒂尔指出埋头苦干、创业才干、艰苦奋斗是华人成功的要素，肯定了华人为所在国的发展所作出的重大贡献，也肯定了马来西亚华人与马来人的互相协作。[①]

进入新世纪以来，政府继续推行较为开明的华人政策，在第九个五年发展计划中，政府对华人新村的拨款额、对华文小学的拨款额等也有所增加；2004 年的《种族关系》教科书风波也在政府的努力下成功化解。这些举措都受到华人社会的欢迎。

（二）曲折中的进步：新形势下华巫关系的发展

随着政府华人政策的宽松，华巫族群关系逐渐走出了 20 世纪 50—60 年代冲突对抗的局面，朝着各民族互相容忍、共存共荣的方向迈进。民意调查显示，各族人士普遍认为现阶段的种族关系融洽，以自己是马来西亚人为自豪，对前景抱有很高的期待，但负责调查的专家同时指出，目前的种族交流主要体现在商业和政府事务方面，实质性的交流还不是很多，各族之间互不信任的状态也有待改变。[②]

华人社会对国民阵线政府各项政策的认同也在 20 世纪 90 年代达

---

① 《海外华人为所在国发展作出贡献，第七届世界华商大会在吉隆坡隆重开幕，马哈蒂尔发表讲话》，转引自《华侨华人资料》2003 年第 5 期，第 30 页。

② "We are united, feel proud and lucky but…", New Straits Time, 20 March 2006, Column 8.

到了前所未有的程度。1995 年大选，华人选民全力支持执政党，国民阵线不仅赢得优势继续执政，而且创下了自执政以来的最高支持率。1999 年大选，在华人经济遭受亚洲金融危机严重打击的情况下，绝大部分华人仍然投票支持国阵政府。而华人反对党——民主行动党却在这两次大选中失去了大部分华人的选票，反映出华人选民的选票投向主要依据各政党之现行政策而非其种族构成，显示出族群政治色彩的弱化。而在 2008 年 3 月的大选中，由人民公正党、民主行动党和回教党组成的反对党联盟一举获得 82 个国会议席，还夺得槟城、雪兰莪、霹雳、吉兰丹、吉打五个州的执政权，反对党能取胜的原因之一就是其跨种族的竞选宣言，关注民生问题、淡化种族问题和宗教争议，因此不但有许多非马来人投票给公正党和回教党，也有相当部分马来人投票给民主行动党。而国阵虽然在 222 个国会议席中获 140 席继续执政，但首次失去三分之二多数议席的优势。但是，应该看到，种族政治、种族思维并不是短期内可以改变的，民众投票给反对党的原因之一也是想借此表达对经济低迷、贪污腐败等现象的不满，种族因素仍然将在一程度上制约着马来西亚的政治发展。

归根结底，华巫两族的主要矛盾还是围绕着公民的权利平等问题。虽然已经进入了新发展政策时期，但是新经济政策的精神一直被延续下来，关于是否应该坚持新经济政策精神的争论从来就没有停止过。政府认为马来人还很弱小，还需要大力扶持，马来人拥有的股权，至 2004 年也只达到 18.9%，离 30%的目标还有很大的差距。① 然而本地华人及部分学者对政府的统计数据存有怀疑，2006 年 10 月，两族还就此问题展开过激烈的争论。② 华人社群还认为，不少马来人或土著分配到股份后，很快就卖掉套现，只“拿”不“持”，这样何时能达到 30%股权的目标？③ 这就牵涉马来人是应该继续享受优惠和照顾、还是应该培养自己的竞争力这样一个问题。

---

① 见《南洋商报》2006 年 4 月 1 日 W8。

② 杨凯斌：《股权争议：19%或 45%？》，转贴自《当今大马》，2006 年 10 月 9 日；佚名：《“社经教育问题应跨越政治” 董教总：监督施政是人民权利》，转贴自《独立新闻在线》2006 年 10 月 17 日。以上两条均采自厦门大学南洋研究院网站，2006 年 10 月。

③ 《巫统大会精彩依旧 马来人路在何方？》，www.asia1.com.sg/zaobao/新加坡联合早报网 04-09-26。

显然，马来领导人已经注意到上述问题。在2004年的巫统第55届全国代表大会上，首相阿都拉劝告马来人要勇敢地丢掉“拐杖”，不要一直依赖政府的扶助政策，“如果这种趋势持续下去，马来人将会变得更加软弱，继续依赖“拐杖”的后果是更不能行走，最终可能要坐轮椅。”[①]阿都拉继马哈蒂尔之后在公开场合批评马来人缺乏竞争力，表明马来领导人已开始认识到，马来人经济地位的薄弱也要从自身的不足当中寻找原因。与以前一味指责别的民族相比，马来领导人的这种变化应该说是一种进步，有利于种族关系向好的方向发展。

总之，新形势下的华巫两族关系表现出两面性的特征，一方面矛盾、摩擦不断，另一方面交流合作加强；既有互相指责，又有容忍让步，竞争与共荣并存。这说明，从对抗到共荣的过渡是一个充满着痛苦与曲折、且时有反复的过程。

四、华巫族群关系的走向

在马来西亚，民族矛盾主要表现为华巫两族的矛盾，其由来已久且将继续存在。如何化解这种矛盾并将其损害降至最低限度，是该国民族关系能否长久和谐的关键。华巫两族关系的发展，其有利条件和不利条件同时并存。

就有利条件而言，马来西亚作为一个多元民族、多元文化共存的国家已经是客观现实，带有强制性的同化政策已告失败，长期共处的历史经验和现实状况让各民族逐步认识到民族关系和谐、社会稳定的重要性。各族精英也逐渐明白，在族际政治这种结果不确定的博弈行为中，如果每个民族都无视他族利益、不计后果地追求本民族利益的最大化，势必导致“没有赢家”的最差博弈结果；但如果各方能在竞争与合作中整合、平衡各民族利益，才能获得利益的最优化，从而达成“没有输家”的最佳博弈结果。[②] 而且各民族之间，特别是各民族的政治精英之间经过多年的磨合，已经具有一定的相互适应的能力，能够彼此沟通、彼此容忍。这就为“共赢”创造了良好的条件。再者，市场经济从本质上

① 《阿都拉：面对全球化竞争马来人须丢掉“拐杖”》，www.asia1.com.sg/zaobao/新加坡联合早报网 04-09-24。

② 王建娥、陈建樾等：《族际政治与现代民族国家》，北京：社会科学文献出版社，2005年，第49～50页。

说是一种建立在利益主体分化基础上的博弈经济，较为完善的市场经济是一种不同利益主体之间的良性博弈。在这样的体制中，利益表达是博弈的基础。马来西亚的政党、议会、选举制度和表达言论和自愿结社的制度等，虽然与严格意义上的民主制度还有距离，但毕竟为各族人民提供了活动的舞台，各民族的利益是通过各种合法的政党、团体、传媒去呼吁，通过协商去争取的。

就不利条件而言，现行的宪法和选举制度对华人来说是不公平的，马来人仍然把华人看成是外来者，认为华人必须承认马来人的主导性和支配性，不容许质疑马来人的特权，华人被迫接受这样的现实。再者，华人的人口比例持续下降，2005 年已降至 25%左右。在此情况下，“华人的地位在未来的日子里也许会出现变化”，亦即会失去左右政局的力量。① 从华人内部来看，2008 年的大选表明，华人社会进一步分裂，马华公会从上届的 31 个国席 76 个州席，下跌至本届的 15 个国席 32 个州席，民政党则几乎全军覆没，只保住 2 个国席和 4 个州席。华基政党在执政党内地位的进一步下降，有可能削弱华人在国家政治、经济、文化决策等方面的影响力。虽然民主行动党获得 28 个国席 73 个州席的好成绩，夺得槟州执政权，但一个以少数族裔为主的在野党对现行政策的影响力可能有限。而民行党虽然与公正党和回教党联合组成了“新人民阵线”，但它与其他两党、特别是回教党的最终目标仍有较大的差距，在一些问题上甚至是对立的，它能在联合阵线中发挥多大的作用、三党可以在怎样的限度内维持合作，都是令人担忧的。比如民行党在霹雳州虽然夺得议席最多，但因该州州务大臣不能由华人担任，遂由回教党人士担任，民行党也就无法在州政府中居主导地位，这已经引起部分华人的不满。② 从马来人内部来看，回教党时时对巫统产生威胁，马来人贫富差距扩大的严酷事实增强了伊斯兰复兴运动的群众基础，巫统也不能不受到影响，出现许多伊斯兰化的倾向。③ 阶级矛盾与民族矛盾相互交织的复杂情况，有可能产生两种后果，一是居心不良的政客利用阶级矛盾来挑起种族矛盾并以后者掩盖前者；一是马来西亚多

① 黄家定：《人口比率逐年下降，华人地位起变化》，转引自《华侨华人资料》2001 年第 2 期，第 1 页。

② 相关报道见《南洋商报》2008 年 3 月 11—15 日 A 版。

③ 陈中和：《马来西亚伊斯兰政党政治：巫统和伊斯兰党之比较》，新纪元学院马来西亚族群研究中心、策略资讯研究中心，2006 年，第 183～186 页。

元种族的客观现实被忽视从而使维系社会稳定的支柱受到削弱。而无论出现哪种后果，都会对华巫两族关系产生负面影响。

总而言之，包括华巫两族关系在内的马来西亚民族关系毕竟是东南亚各国中较为和谐的。展望未来，民族关系朝着融合方向发展仍具有很大的可能性。对马来人及其主导的政府来说，必须倡导协调与妥协，为了共同的利益，寻求彼此可以接受的方式和途径来解决民族问题，以此降低非马来人的相对被剥夺感，而不是简单的少数服从多数或者为了一部分人的利益而牺牲另一部分人的利益。对华人来说，在现行的政治框架之下，华人的地位较难改变，多元种族平等相处理想的实现尚有待时日；必须认识到华巫两族矛盾的长期性，在抗争中需要耐心并讲究策略。然而，共存共荣有利于各个民族，这是各民族利益的契合点，有了共同的出发点，马来西亚的民族关系就有希望维持和谐的局面。

壮侗语族语言的数理分类及其时间深度*

邓晓华　王士元

摘　要：本文运用词源统计分析法，对壮侗语族语言作出数理分类以及亲缘关系程度的描述，并通过树枝长短来表示距离关系。显示壮侗语族语言的类簇和分级层次。同时计算出壮侗语族诸语言的时间深度，并分析其形成过程。以新的资料和方法，质疑传统的语言分类理论和方法，并试图提出新的东亚语言区域形成的理论解释。

一、壮侗语族语言的传统分类

（一）诸家的分类

1937年，李方桂（1973）分侗台语族（壮侗语族 Kam-Tai①）为两大

---

* 本课题得到香港特别行政区政府“汉语在亚洲语言中的地位”（CERG ＃9040781）的研究基金及台湾中研院的专项研究基金和国家社科基金重大项目（05&ZD012）的资助。感谢石锋教授为本课题的资料收集整理做了大量的工作，柯津云博士为本文的数据计算提供了许多帮助。同时感谢 James W. Minett 博士的帮助。有关同源词的确认工作得到倪大白、梁敏两先生的大力协助，深表感谢。

① 中国境内的壮侗语族语言的分布：主要分布在广西、贵州、云南、湖南、广东、海南等地区。其中临高话、村话和拉珈语集中分布在海南。必须指出的是这些语言在地理上的表现，只是现在的共时的分布，不代表历史上的历时的状态。由于历史上的不断的移民潮以及更重要的因素——”汉化”的影响，历史上的“真实”的语言与民族分布的版图发生了很大的变化。据研究，战国、秦汉时代的“闽越”为福建，“骆越”为两广，“瓯越”为江浙，这些都是属于百越即古壮侗民族居住的区域（陈国强等：《百越民族史》，北京：中国社会科学出版社，1988年），而六朝、唐宋以后，由于“北方化”的结果，则多发展成为“汉化”地区。

语支。即台语支和侗水语支。

上个世纪 50 年代，罗常培、傅懋绩（1954）分中国境内的壮侗语族为三个语支[①]，即壮傣语支、侗水语支、黎语支。罗、傅的分类近似李。

《中国语言地图集》（1988）（以下简称《地图》）则沿袭罗、傅的分类，分壮侗语族 14 种语言为三个语支：

壮傣语支：壮语，布依语，傣语，临高话。

侗水语支：侗语，水语，仫佬语，毛南语，佯璜语，莫语，拉珈语。

黎语支：黎语和村话。

此外，将仡佬语支作为语支未定。

梁敏、张均如（1996）的分类与《地图》相似，只是将仡佬语支作为独立语支单立。

本尼迪克特（Benedict，P. K. 1990）有关壮侗语的分类跟别家不同处是：将仡佬、黎语、临高（Be）分别在三个不同的层次上独立，他运用的是树图的每个分叉点上的二分法，不同于李方桂等人的三分或四分法。本尼迪克特同时认为他的“澳台语系”跟“南亚语系”有一定的底层上的联系。

壮侗语专家 W. J. Gedney（1993）将壮侗语族三分，即泰、侗水、黎和临高。其特点是将黎语、临高话（Be）单立为一支。

（二）分类的标准

历史语言学认为，语言的分类主要依据语言的相似性特征。语言的相似性特征可以有四种解释：a. 语言的平行演变的结果，由于语言发展的普遍性特征导致不同语言的相似性特征。b. 由于语言演变的偶然性造成语言之间的相似性特点。c. 语言共同来源的保留。d. 语言之间相互借用。

李方桂（1977）采用的是音韵学的标准，根据声母、韵母、声调在壮侗语中的不同反映模式来作分类，语音的演变有严格的对应规律可循。

---

① 关于壮侗语族的民族来源，民族学比较一致的观点为，壮侗语族是古代百越民族的后裔，其谱系的历史演化过程为：传说时代的“蛮”、“三苗”—商周时代的“瓯”、”越沤”—春秋战国秦汉时代的“百越”—晋唐时代的“俚”、“僚”民族集团—宋元时代的壮、侗、水、傣、毛南诸壮侗语族民族。百越是中国东南和南部地区古代民族的名称。新石器时代晚期是奠定民族形成的时期，南中国的人群已开始具有明显的区域特点。

他认为采取词汇的标准很危险，因为有大量的文化词不容易排除，而文化词是借用的结果。

但是，最近罗永现（Luo，Yongxian，1997）对壮侗语族分类的研究，表明采用语音的分类标准与采用词汇的分类标准的结果是不同的。马提索夫（Matisoff，1985）认为语音的变化模式反映东南亚语言区域较晚期的面貌，例如声调的产生只在公元16世纪左右（中国的元、明时期），东南亚语言受到北方汉语的扩散影响，导致“北方化”的结果。他认同本尼迪克特依据基本词汇作为分类的标准的方法。

《地图》划分语支的依据主要是同源词的比率。各语支内部同源词约有45％～75％，壮傣与侗水语的同源词约为25％～45％，壮傣语、侗水语与黎语的同源词约为22％～27％。《地图》所依据的同源词的比率跟经典的语言分类的标准有一定的距离；传统的分类理论认为语言分类的标准有沟通度和基本词汇相似率两种。一些语言学家假定80％的基本词汇相似率，作为语言与方言的切分点。大于80％的基本词汇相似率的是方言，而小于80％的基本词汇相似率的则是不同的语言。但是，这也是个很任意的标准。

造成同源词比率统计差别的主要原因是用作统计的同源词的总数不同，例如梁敏、张均如（1996）用斯瓦迪什（Swadesh，1952、1955）提出200的词作算术统计，就跟《地图》的算术统计结果不同。用作统计的词目越大，同源词比率就会越小。因为这存在词频和词的统计“权重”的问题。出现频率较多的词与出现频率较少的词放在一起统计，与完全统计出现频率高的词，其结果会不同。此外，统计的词目数量越大，就越难排除语言之间相互借用的成分。因为我们的目的是研究语言的发生学分类，并计算出语言的进化树的分枝的时间深度，所以，应当尽量分清语言之间的同源和借用的关系。

（三）各种分类的主要分歧

关于壮侗语族的系属问题，李方桂（1976）一直坚持将壮侗语族与苗瑶语族、藏缅语族一起组成汉藏语系。而本尼迪克特（1975、1990）则坚持壮侗语族与汉藏语系分离，两者之间没有发生学关系，只存在接触关系。壮侗语族与苗瑶语族和南岛语族组成澳泰语系。国内学者大多数支持李方桂的观点。但自沙加尔（Sagart，1993）发现南岛语跟古汉语有近60条的同源词，提出南岛—汉同源体系后，近年来国内部分学者开始重视本尼迪克特和沙加尔提出的证据，在李方桂的基础上，又重新建立了一个更大范围的语系，即所谓的“华澳语系”。这些观点的核心仍然是强调汉—台同源。例如曾晓渝(2003)从借词的声调对应角度支持邢公畹的汉—台同源说。关于壮侗语族的内部分类，主要是临高话(Be)的分类不同。本尼迪克特、Gedney(1993)都将黎语和临高话(Be)单立出来，但《地图》和梁、张则将临高话(Be)归为壮傣语支，认为与壮语关系最近。桥本万太郎(Hashimoto，1980)认为临高话(Be)是“混合语”，临高话(Be)的语音特征受到汉语特别是闽语的影响，而基本词则与泰系语言关系很深。法国的萨维那(Savina，1965)认为它是黎语的一支。德国人类学家史图博(Stubel，H.)认为临高话(Be或Ong Be)“可能是黎语和泰汉语的混合语①”。

二、壮侗语族语言的计量分类

(一)分类的标准和方法：100词及数量方法

我们主要依据斯瓦迪什的100词表作同源词的数理分析，同时参考选择雅洪托夫(Yakhontov)的35词表。② 具体统计方法说明如下：

首先，斯瓦迪什的基本词汇表已成功适用于世界上的多种语言(例如“罗赛塔计划”Rosetta Project)。但是各语言不见得会有完全相对应的词汇语义范畴；极可能有找不到对应词汇，或对应词汇的意义有相当距离(王士元，1994)。该表运用于壮侗语族语言需经过一定的修订，例如壮侗语专家倪大白在确认笔者提供的同源词表时认为：斯瓦迪什的基本词汇表第9词“地”并不很适合于壮侗语言比较，所以我们换用词义确切的“水田”。类似的例子还有第66词“站”换用雅洪托夫35词表中的“盐”，第97词“全部”换用雅洪托夫35词表中的“风”。雅洪托夫35词表虽然在历史比较语言学界有较大影响，但我们在前期的汉藏语关系计量研究中，发现此词表并不很适合，分析其原因在于词目太少；我们认为斯瓦迪什词表最具有词义稳定性，用于统计的词目太少，误差必大，难以反映语言间的关系的信息，但统计的词目太多，则难以

① 参看Hashimoto(1980)文中的讨论。

② 参看Starostin(1995)文中附录依据雅洪托夫的35个稳定词项的构拟形式比较统计表。

排除语言间的借用。如果我们不能很好地排除借词，则画出来的树图会与事实相去甚远。

其次，词目与义项往往纠葛不清，同一个词目下，不同的语言会有不同义项的对应形式。我们采用的是"词根词源统计法"，采取较严格的语义对当原则。例如："灰(草木灰)、叶(树叶)、根(树根)、虱(衣虱)、角(牛角)、乳(乳房)、肉(肌肉)、皮(皮肤)、名(名字)。"

在具体分析了壮侗语族的12种语言的基础上，我们最后画出壮侗语族语言树形图。树形图包含两个重要的信息：(1)语言集团的呈阶级式的聚合分类；(2)树枝的长度可以反映语言从祖语分离的时间距离以及各语言间的亲缘程度。

生物学家发明的一些研究生物种系发生分类的程序，对语言学家很有用。因为语言学与生物学有相似的生物遗传基因系统，生物学的分类与语言学分类很类似，而科学研究的一个重要特点，就是可用公式来反复验证和测量研究对象。生物学家为生物种系发生分类设计出很好的计算程序。最有影响的是1967年由Fitch和Margoliash发明的以及1987年由Saitou和Nei发明的程序，1990年Felsenstein将此两种合成为称PHYLIP的软件。有关的具体运算过程说明，请参见有关文章[①]。

历史语言学认为同源词的证据对于重建语言史，比起语音等其他语言特征来说，更为重要[②]。同源词的意义并不仅仅是原始祖语的"保留"(Retention)，它同时还具有"创新"(Innovation)或"突变"的意义，"创新"(Innovation)是语言再分类的极重要标志，它有一个重要特点：同源词的"创新"(Innovation)是一种单向的演变，是不可逆向的变化，例如，"腹"的原始词义，在语言中可能演变为"肚(dù)子"、"肠子"、"胃"等词义，但是，"肚子"、"肠子"、"胃"等词义不可能再演变回"腹"的原始词义。我们则可根据词义的再分化或"突变"的程度，对语言重组作次生的分类。例如，我们可根据各语言对核心词义变化的特征"创新"(Innovation)的"共享"的差异，利用计算机生物学程序PENNY重新对中国的语言及方言作出发生学的分类。"创新"(Innovation)既可反映语言的同源关系，也可反映语言的接触的关系。而许多学者却往往忽略了"创新"(Innovation)对重构的重要意义。

---

① 参看Wang(1994)及邓晓华、王士元(2003a. b)文中的讨论。

② 参看Greenberg(2001)的论述。

同源词数据显示：同一个大簇（语支）的同源词语音形式较接近，而又以同一个小簇的语音形式更为接近。

(二)数理分类的主要步骤

1. 相似矩阵(Similarity Matrix)

首先优选出同源词[①]，编制同源词表，然后计算出每对语言的同源百分比。

表 1

	壮	布依	临高	傣西	傣德	侗	仫佬	水	毛难	黎	泰	老挝	南岛	汉藏
壮														
布依	92													
临高	66	61												
傣西	77	73	54											
傣德	72	69	51	89										
侗	63	63	51	54	49									
仫佬	62	57	46	47	44	77								
水	67	64	51	52	49	82	81							
毛难	59	57	41	49	44	75	79	76						
黎	47	41	43	47	43	36	35	35	37					
泰	79	73	53	85	82	53	50	51	48	42				
老挝	78	71	52	90	86	50	47	49	46	40	92			
南岛	33	31	29	31	31	32	28	31	27	24	33	32		
汉藏	15	15	12	15	13	12	12	12	12	12	15	14	8	

表 1 同源词数据说明：南岛语与汉藏语不是单一的语言，我们采用其早期形式与壮侗语早期形式进行比较，以此来判断它们之间的同源关系，进而统计同源数目。这种方法广用于历史语言学。在具体计算时，先确立南岛语与汉藏语分别作为一个已知的较为疏远或最早分离出来的语言来作为树图的参照系数（outgroup），完全不会影响所比较的壮侗语 12 支语言的分类计算。我们采用经南岛语专家，例如：Dempwolff（1934、1937、1938），Dyen（1971），Dahl（1973、1976），Blust（1980、1989、1996）认可的原始南岛语的同源词构拟形式跟李方桂（1976）、梁敏和张均如（1996）、吴安其（2002）等构拟的原始壮侗语形式进行比较，以便发现和解释它们之间的同源关系。原始汉藏语的同源

① 因限于篇幅，本文的词汇附录省略。

词构拟形式采用马提索夫(2003)、吴安其(2002)等的研究成果①。

2. 距离矩阵(Distance Matrix)

由于数理树形图是通过分枝的长度来反映语言间的距离的,所以,我们必须把上面的相似矩阵转换为距离矩阵(Distance Matrix)。

表 2

	壮	布依	临高	傣西	傣德	侗	仫佬	水	毛难	黎	泰	老挝	南岛	汉藏
壮	0.00	3.62	18.05	11.35	14.27	20.07	20.76	17.39	22.91	32.79	10.24	10.79	48.15	82.39
布依	3.62	0.00	21.47	13.67	16.12	20.07	24.41	19.38	24.41	38.72	13.67	14.87	50.86	82.39
临高	18.05	21.47	0.00	26.76	29.24	29.24	33.72	29.24	38.72	36.65	27.57	28.40	53.76	92.08
傣西	11.35	13.67	26.76	0.00	5.06	26.76	32.79	28.40	30.98	32.79	7.06	4.58	50.86	82.39
傣德	14.27	16.12	29.24	5.06	0.00	30.98	35.65	30.98	35.65	36.65	8.62	6.55	50.86	88.61
侗	20.07	20.07	29.24	26.76	30.98	0.00	11.35	8.62	12.49	44.37	27.57	30.10	49.49	92.08
仫佬	20.76	24.41	33.72	32.79	35.65	11.35	0.00	9.15	10.24	45.59	30.10	32.79	55.28	92.08
水	17.39	19.38	29.24	28.40	30.98	8.62	9.15	0.00	11.92	45.59	29.24	30.98	50.86	92.08
毛难	22.91	24.41	38.72	30.98	35.65	12.49	10.24	11.92	0.00	43.18	31.88	33.72	56.86	92.08
黎	32.79	38.72	36.65	32.79	36.65	44.37	45.59	45.59	43.18	0.00	37.68	39.79	61.98	92.08
泰	10.24	13.67	27.57	7.06	8.62	27.57	30.10	29.24	31.88	37.68	0.00	3.62	48.15	82.39
老挝	10.79	14.87	28.40	4.58	6.55	30.10	32.79	30.98	33.72	39.79	3.62	0.00	49.49	85.39
南岛	48.15	50.86	53.76	50.86	50.86	49.49	55.28	50.86	56.86	61.98	48.15	49.49	0.00	109.69
汉藏	82.39	82.39	92.08	82.39	88.61	92.08	92.08	92.08	92.08	92.08	82.39	85.39	109.7	0.00

3. 从无根树到有根树

从距离矩阵转换成无根树有许多种方法,我们采用的计算程序,则是最有影响的、1967 年由 Fitch 和 Margoliash 发明的以及 1987 年由 Saitou 和 Nei 发明的程序。虽然有的学者批评 Saitou 和 Nei 提出的毗邻连接法(Neighbor Joining)无法完全排除语言间的借用成分,但到目前为止,学术界仍然公认毗邻连接法(Neighbor Joining)较为科学,可信度较高。

对 12 种语言,采用毗邻连接法,黎语作为参照系数。

图示说明:树图上的数字表示距离的长短,树枝的距离只计算每一树枝的端口到根部的横向距离,以及各个树枝横向距离的相加,而不管纵向的关系;属于同簇内的各语言比簇外的各语言关系更密切。

树图一显示壮侗语族 12 支语言,可分为四个较大的聚类,即黎、临高、壮傣(壮、布依、傣西、傣德、泰、老挝)、侗水(侗、仫佬、毛南、水)。其

① 参看 Dempwolff(1934、1937、1938), Dyen(1971), Dahl(1973/76), Blust(1980、1989、1996), Matisoff(2003),何大安(1999),吴安其(2002),梁敏、张均如(1996),Sagart(1999、2002)等关于同源词的讨论。

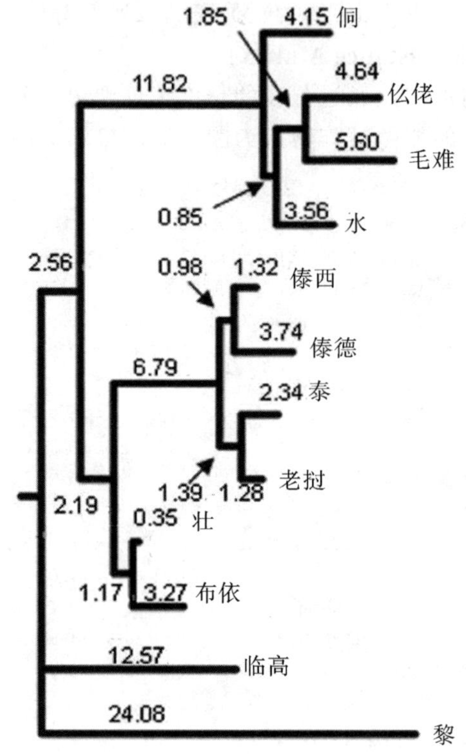

树图1　壮侗语族语言数理树形图

分级和层次可假设为：由于黎、临高的树根分离点的数字为零，所以可以认为树图的第一层为三分，即黎、临高和壮侗等；第二层次则为：壮傣与侗水；第三层次则为壮、布依与傣西、傣德和泰、老挝组成一个簇类；而侗与水（仫佬、毛南）组成一个簇类；第四层次则为傣西、傣德和泰、老挝组成一个小簇，显示平行关系。水与仫佬、毛南组成一个簇类；侗水的远近关系依次为侗、水、仫佬、毛南。树图的数字代表树枝的长短距离，反映语言之间的亲缘关系的远近，树枝长的表示两种语言亲缘距离远，树枝短的则表示两种语言亲缘距离近。而同一个小簇类里的语言关系则比外簇类的语言关系近。树图一显示在壮侗语族 12 支语言中，各个树枝的分离点到树根的距离长度能够反映语言分化时间的先后和早晚，即树根与各层次的分离点的远近与分离时间一致，可表现从母语分离的时间深度。同时，其分类的结果以及各语言之间亲缘关系远近的描述则应是可信的。

从树图结构来看，如果各个语言的发展是均衡的话，那么，代表各个语言的各个分枝的末端应显示出对齐均等的情况；事实上，由于存在语言的接触，必然导致大量的语言成分的相互借用，所以，语言变化速度的均衡发展是不可能的；树图充分反映出语言的发展速度是不均衡的。从树图发现，壮侗大簇中的壮—布依小簇分离点距离树根最近，这种结果可从两方面获得解释：

（1）保守原则：壮—布依小簇语言比起其他各簇语言较多地保留了母语的成分，所以距离树根较近。

（2）接触原则：这暗示中心语言与周边语言的关系，如果侗语保留母语的一个同源词，但壮语未保留，后来壮语向侗语借过来，则壮语会离根部近。这反映了语言间借用的方向。

黎与临高相比，黎的线条长，而临高的线条则较短，这暗示临高与壮语簇接触多，黎与临高在地理上体现出南、北区别，北部更靠近大陆壮侗地区。这体现出树图结构的"俭省原则"。

树图二：增加南岛语的数据，变成 13 支语言，发现树图一计算出来的 12 支壮侗语族语言各个小簇的分类格局仍然未变。只是，南岛语独立为一支，临高与黎合为一簇，与壮傣构成一大簇。总分为三大簇：南岛、壮傣黎、侗水。

树形图说明：

植根的位置：经验的做法是取树图中距离最长的两支语言的中点做根。但可根据实际更合理的情况植根点，只要在树图整体结构不改变的情况下，计算时，用来给树加根的最好办法，就是先确立一个已知的较为疏远或最早分离出来的语言来作为树图的参照系数，而树根一定是在参照系数与其他语言的线条之间的两分的位置上。例如我们把黎、南岛和汉藏作为参照系数的语言。必须说明的是，树根和分离点的概念所代表的意义不同，树根代表假设中的祖语，而分离点则代表各语言分枝。

树形图说明：

我们分别使用了毗邻连接法和 Fitch、Margoliash 发明的计算方法，结果都一样。各分级层次的类簇相同。增加南岛语和汉藏语数据，由 12 支语言变成 13 支或 14 支语言后，分类的情况仍然相同。这就说明分类结果是可信的。

从几个不同的树图比较来看，我们有个重要的发现：随着语言数的增加和减少的数据的变化，树图的反映很敏感，都会体现在树图的不同变化上；而最重要的变化是临高这支语言在图中出现的位置，即摆放的

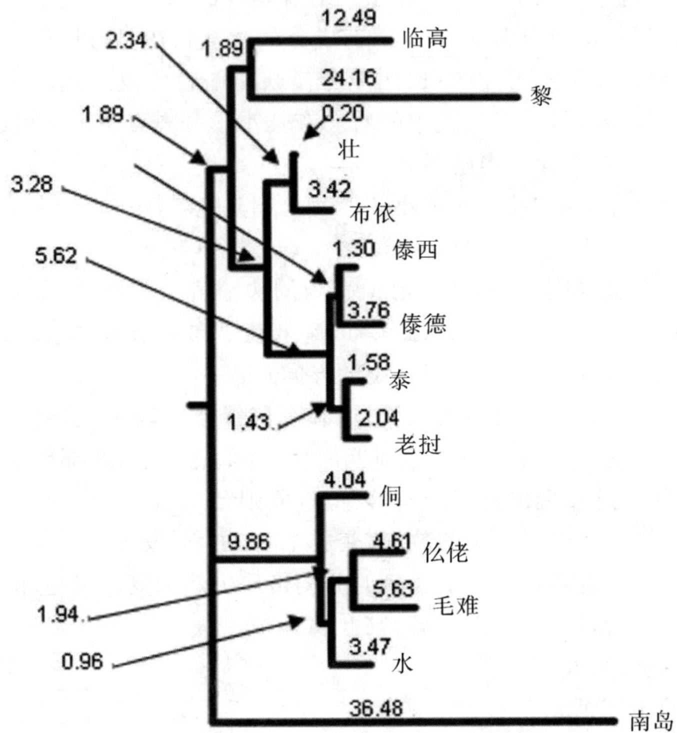

树图 2　13 种语言，采用毗邻连接法，南岛语作为参照系数

位置，这就反映了临高这支语言在壮侗语言中的特殊地位，而传统的分类正是认为临高系属未定。数理分析的结果跟传统的定性分析相合。

壮侗语族的 12 支语言，可以分为四大聚类：黎、临高、壮傣、侗水。

如果增加南岛语，并以南岛语为参照系数，可以分为四大聚类：南岛、黎语与临高、侗水、壮傣。

如果抽去黎的数据，则临高归入壮傣大簇，显示临高分别跟黎与壮语最为接近。

壮侗语族的阶级分层为：如果以黎为参照系数，则分三大聚类，即临高、壮傣、侗水。如果以汉藏为参照系数，则第一层次为南岛与黎、临高、壮傣、侗水；而第二层次则为黎与临高、壮傣、侗水；第三层次则为临高与壮傣、侗水；第四层次则为壮傣和侗水。

（三）计量分类跟传统分类的比较

最重要的差别：

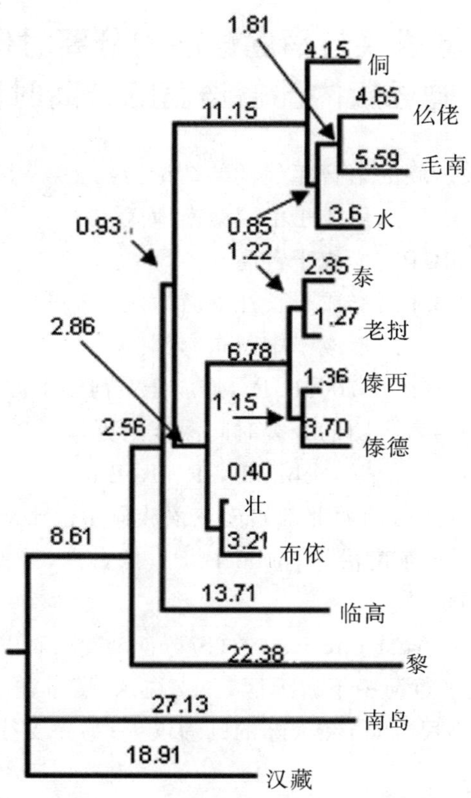

树图 3　14 种语言,采用毗邻连接法,汉藏语作为参照系数

1. 传统分类只重视语言差异的定性分类,而无法作语言间亲缘关系距离程度的量的分析。而计量分类可作亲缘关系程度的描述,并通过树枝长短来表示距离关系。

2. 虽然两者使用的材料和方法不同,但分类的结果却大致一样。

3. 计量分类可以显示语言的类簇和分级层次。

4. 传统分类都没有细分出壮侗语族各语言较小的聚类和关系程度,《地图》和梁敏、张均如都认为临高话只跟壮语关系最近,而与黎语关系最远。因系不同语支之间的差别。而我们的研究表明:各种的树图结构显示,临高分别跟黎和壮的亲缘关系最近。

我们认为,语言学的数理分类认定临高话分别与黎语和壮语的亲缘关系最为接近,这一结论是较科学的,其可信度较高。

三、壮侗语族与南岛语族的分离时代以及壮侗语族内部各语言的分离时代

已有的相关语族的语言年代学的结论为：

南亚语 6000B. P.，形成于中国西南地区。

南岛语 6000B. P.，形成于台湾。

苗瑶语 2500B. P.，形成于长江下游地区。

壮侗语 2500B. P.，形成于中国东南部。

汉藏语 6000B. P.—7000B. P.，形成于黄河中上游地区。

而较上位的语言集团的分裂时间深度则更长。

南岛南亚说（Austric）Schmidt，Reid，Blust：Austric 9000B. P.，形成于中南半岛（或云南西北部），南亚语族向中南半岛扩散；而南岛语族 7000 B. P.，则经东南沿海，6000 B. P.，抵台湾，开始真正的南岛语向南太平洋岛屿扩散。

汉澳说（Sino-Austronesian）说（Sagart，1993、1999）：8500B. P.—7500B. P.，形成于黄河中下游地区，一支往东，携带稻米耕作技术到达台湾，成为今南岛民族，留在大陆的则为汉人；另一支往西南，成为今藏缅语族。

最近，沙加尔（2002）又提出了一个“扬子语族”（Yangzian，9000 B. P.），形成于长江中下游地区主要包括南亚语和苗瑶语。

由于以上的语言年代学的年代顺序，主要依据的是考古学的证据，并没有经过语言学数据的计算，而考古学的证据无法为历史上的族群断代编年，所以，各家的编年顺序有较大的分歧。

词源统计分析法可以帮助我们计算出语言分裂的时间的深度，虽然这种方法受到许多人的批评，认为语言学不同于生物学，用作测量单位的基本词汇，受到横向传播的干扰较大，并不像生物学的基因单位那样稳定[①]，但是，任何科学的方法都有其局限性。如果这种计算方法的结果能够跟其他学科诸如考古学、民族学、人类学的研究结论一致，那么，就有相当高的可信度。

---

① 参看 Colin Renfrew，April McMahon，Larry Trask（eds.）（2000），*Time Depth in Historical Linguistics*（2000）的讨论。

两种语言的核心词共享程度的比率不同，其分裂年代的时间深度便是不一样的。我们采取一种较为合理的计算方法，即分别统计出每1000年的保留比率为75％～95％的结果，采取它的平均值，其公式：

$$P(La,Lb)=r^{2t} \quad t=lg(P(La,Lb))/(2lgr)$$

其中 r 表示每千年的保留比率，t 表示每千年分离的值。

最后认为采用每1000年的保留比率为85％的计算方法较合理，采用每1000年的保留比率为85％的计算结果较符合人文学科的研究结论。可比较下表：

表3

85％ rentention	壮	布依	临高	傣西	傣德	侗	仫佬	水	毛难	黎	泰	老挝	南岛	汉藏
壮	0	257	1278	804	1011	1421	1471	1232	1623	2323	725	764	3411	5837
布依	257	0	1521	968	1142	1421	1729	1373	1729	2743	968	1054	3603	5837
临高	1278	1521	0	1896	2072	2072	2389	2072	2743	2597	1953	2012	3808	6523
傣西	804	968	1896	0	359	1896	2323	2012	2195	2323	500	324	3603	5837
傣德	1011	1142	2072	359	0	2195	2526	2195	2526	2597	611	464	3603	6277
侗	1421	1421	2072	1896	2195	0	804	611	885	3143	1953	2133	3506	6523
仫佬	1471	1729	2389	2323	2526	804	0	648	725	3230	2133	2323	3916	6523
水	1232	1373	2072	2012	2195	611	648	0	844	3230	2072	2195	3603	6523
毛难	1623	1729	2743	2195	2526	885	725	844	0	3059	2258	2389	4028	6523
黎	2323	2743	2597	2323	2597	3143	3230	3230	3059	0	2669	2819	4391	6523
泰	725	968	1953	500	611	1953	2133	2072	2258	2669	0	257	3411	5837
老挝	764	1054	2012	324	464	2133	2323	2195	2389	2819	257	0	3506	6049
南岛	3411	3603	3808	3603	3603	3506	3916	3603	4028	4391	3411	3506	0	7771
汉藏	5837	5837	6523	5837	6277	6523	6523	6523	6523	6523	5837	6049	7771	0

以上只能计算出每对语言的分离时间，但是，我们的目的是要在树图上反映出各个语言进化分枝的时间深度，而树图各个分离点的时间深度的表示亦使我们对整个语言群的进化时间有个较为全面的整体理解，而不限于仅了解每对语言的时间深度。所以，我们采用一个公式来转换：

分离点时间＝(最大值＋最小值)/2

树图说明：数字为距今的相对年代。我们知道如果语言的演变是以均衡的速度发展的话，那么，从同一个祖语分裂出来的语言的进化结果是相同的，体现在树图上，代表各个语言的分枝的末端应等齐，即各

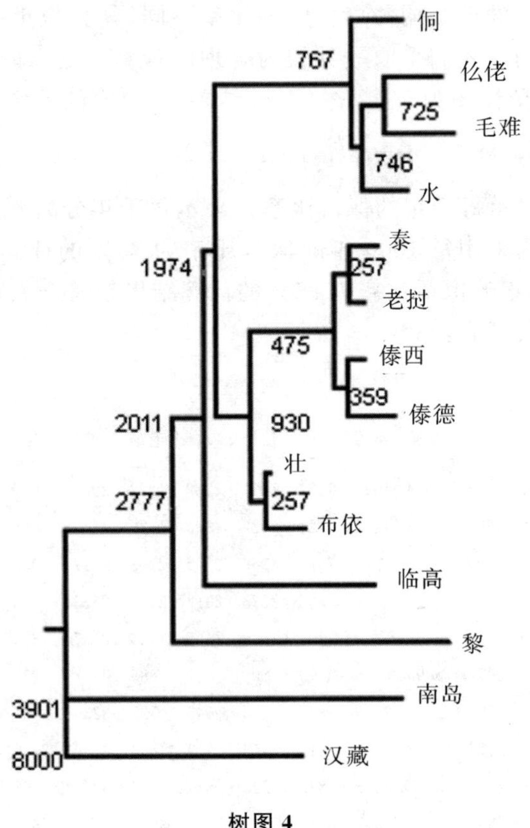

树图 4

个分枝的末端距离树根的距离是等同的。但事实上语言的演化速度不可能是均衡的,所以体现在树图上各个分枝的末端并不等齐。这主要是因为:(1)各个语言从祖语分裂后,有不同的保留率;(2)各语言之间存在着程度不同的借用。所以,各个语言的树枝长短不同,距离根部的距离亦不相同。采用词源统计法计算语言的分离时间,只能算出一个大致的范围,无法作精确的计算,所以,树图的分离点时间跟树形的不一致处,这是计算语言学家都已认识到的事实。

图中的年代序列与民族史的编年大体相当,即百越—南岛集团形成于约 4000 B. P. ,其主要地域为中国东南部。秦汉帝国统治后,南岛集团退出中国大陆。黎族在海南土著的基础上,约 2700 B. P. ,相对独立出来,而临高则在唐宋之前的汉人移民潮的影响下,约 2000 B. P. ,逐步独立出来;魏晋时,在百越主体上,约 1900 B. P. ,形成僚俚民族集团,最初独立出壮,约 900 B. P. ,分离,至南宋,文献正式出现壮族的

“僮丁”的族称。部分壮族亦被称为“狼人”、“依人”。而各语支内部诸民族如壮与布依,傣、泰与老挝则在明清时代分离;壮侗水毛南仫佬诸族均是从魏晋时期的“僚”族发展而来的。而水与侗、毛南、仫佬则于宋元时代分离,元明时期,侗族从一个地理行政单位的名词——垌转化为民族共同体的族称。宋代文献未见有侗的记载。文献记载茅难蛮(毛南族)与忯水蛮(水族)共同居住在一个地域,“明显是近亲的民族群体”(王文光,1999)。语言学的时间分离统计结果与民族史实相符。

必须特别说明的是,为了画树图植根的方便,我们采用了原始汉藏语的数据,因为几可确信,原始汉藏语跟我们所比较的13支语言,关系最为疏远,所以,可以作为植根的分离点。在比较的100词中,我们认为原始汉藏语有8个词跟南岛语有对应关系,即“火、角(牛角)、眼、骨、血、飞、盐、风”。还有一些借用可能性较大的核心词,例如“水田(低洼地)、弩(箭、射)、头、头发、肚子、蛇、路、巫、马”。事实上,原始汉藏语与原始南岛语互相对应的这批词是很难区分同源和借用关系的。张光直(1989)和van Driem(2002)都认为北方强大的龙山期文化深刻地影响到中国东南的原南岛语文化,时间约在6000 B. P.,如果考古学的结论属实的话,这批词中的大部分词则是中国东南“北方化”的结果——借词。由于原始汉藏语与原始南岛语之间的亲缘关系还未确定,所以,我们在计算时只是将原始汉藏语的数据作为一个参照系数来处理,这样并不影响用其他语言数据得出的结果。

四、几种语言演变理论的模式的假设

(一)语言扩散(Diffusion)的多向性

传统认为南岛语的扩散是单向的观点应重新审视,从目前的发现看,至少应有两个方向:

(1)大陆东南沿海(4000B. P.)→云南及东南亚岛屿→台湾。例如:“稻米、弩、萨满”等为南岛南亚同源词。

(2)大陆东南沿海→台湾。例如“狗、脚、穿山甲”等。

这说明不同的语言形态传播的方向可以不同,即语言漂流(Drift)无定式。

壮侗语跟南岛语的分离可以从Dixon(1997)的“聚变—裂变语言演变模型”(punctuated equilibrium)和Bellwood(1996)的“网状结构模

型”(Reticulate models)的理论得到较合理的解释。秦汉帝国对中国东南百越—南岛区域的完全统治，导致大陆原南岛语的突变，打破了语言渐变的本来的平衡系统，而北方移民的大量涌入南方以及北方中原文化的优势地位的确立，加速了百越—南岛语言的“汉化”速度，导致壮侗语跟南岛语的彻底分离，这就是南岛语在大陆“突然消失”的根本原因。这种现象也可以用物理学上的“复杂适应系统理论”(Complex Adaptive System)来解释，如水持续加温后，会突然非线性地从液体转变为气体，这种从量变到质变的非线性过程叫“相变”(phase transition)或“涌现”现象。

(二)语言同质成分具有多层次和多源性

东亚五个语言集团有一些不同层次上的同质性，其来源包括：

(1)远古人类南北蒙古人种的共同来源，如“火、盐、猪、路、骨、鸟、头”等同源词。

(2)南方蒙古种(马来人种)的同质性。如“狗、老虎、蛇、杀(死)、水田、村落(坂)、萨满(南方称“童”，与北方的称“巫”不同，这反映南北两个不同的文化系统的差异)、手、五”等。

(3)新石器时代以来北来文化的传播和扩散，如“马、犬、弩、稻米、针、铁”等同源词。Pulleyblank(1996)等人认为汉语的“马”* mraʔ 来源于印欧语的 * marko—，他们是通过比较英语 mare、蒙古语 morin、原始藏缅语 * m-rang 得出这一结论的。

“犬”，* k^whanʔ，来源于希腊语 kuon。但是分子人类学最近的研究认为：世界范围的驯化“狗”起源于东亚。我们的最新研究则认为驯化“狗”起源于藏缅语族地区。

“车”，* k^wla，与北高加索语 * $k^w{}_\circ l_\circ$– 有同源关系。

“骨”，* kut，与北高加索语 * kŏca，Basque 语 khotx 有同源关系；Na-Dene 语：s-kut。

“巫”，* m(r)jaʔ 跟古波斯语 magu 对应。中国北方的萨满宗教的传播当来自西北亚地区。

Starostin(1995)和 Bengtson(1999)曾经提出一批重要的核心词如“血、骨、死、火、角、风”等，论证汉语跟高加索及印欧语的同源关系。

如果这种同源关系确立的话，只能有两种解释：人类 13 万年前走出非洲，6 万～4 万年前到达亚洲南部及北部，这是远古人类语言底层的保留；先汉民族与原藏缅民族的蒙古人种与高加索人种的早期经济文化接触的结果。

我们认为远古人类共同体的语言的保留率应是很少的。事实上，同源词证据表明蒙古人种与高加索人种的接触主要为文化上的接触。

(4)不同语言集团的边缘的“文化交互作用圈”的影响。

但是应把握好语言同质性的“度”的问题。区别不同层次的“同”，对重建语言树的各个不同的阶级的原始母语至关重要；“汉—台”同源是较晚期层次上的“同”，有大量的北来移民和文化词的移借，而“Greater Austric”则包括旧石器世代以前的人种的“同”，过分强调了史前的“同”。所以，应重新评估语言树的科学价值。

(三)充分注意到不同语言集团的区域性特征的异质性，即各个语言树的阶级(hierarchical structures)“创新”(innovations)

例如在壮侗语族大区中各个较小的区域，其区域性特征明显。“侬(人)、骹、团”等反映古闽越区域特征，而不同于两广的“骆越”区域系统。

五、结　论

本文运用词源统计分析法的原则，对壮侗语族语言作出数理分类以及亲缘关系程度的描述，并通过树枝长短来表示距离关系，显示壮侗语族语言的类簇和分级层次，表明计量的统计的结果跟传统的定性分类大致相同，但计量的方法更为科学，分类更为合理准确。此外，本文提出了跟传统分类的不同看法：即临高话分别跟黎语和壮语的亲缘关系最近。而传统的分类都认为临高话只跟壮语关系最近，而与黎语关系最远，临高话与黎语体现为不同语支之间的关系。我们从壮侗语言进化树形图的结构变化，提出应当重新检讨传统的西方历史语言学的谱系分类的框架，即仅仅在一个语言的平面上，人为地划分语族、语支、语言、方言，这种方法太过于简单，并已过时，体现不出语言的分层和整体结构。从树图看，语支这一层次不是固定不变的，而是呈动态状态，而且是多层次的，即不止一个语支，树图的每个分离点都可等同于“语支”的位置。语言进化树形图能够改进传统的分类理论，更好地反映语言的分层和整体之间的相互关系。

我们采用每千年保留率的平均值的计算方法，不仅仅计算出每对语言的分离时间，而且计算出树图各个分离点的分离时间。其结论与考古学和人类学的最新研究成果一致。我们的计算结果不同于许多语言学家已有的看法。

我们讨论了壮侗语族的形成过程及其时间深度，认为南岛语族生活在以华南为中心的广大区域，约4000B. P. 开始分离，并经东南沿海或西南—中南半岛向台湾及南洋群岛扩散。最后，我们试图采用几种不同的语言进化理论来解释东亚语言区域的形成过程，以便建立一种多学科的理论框架。

（原刊于《中国语文》2007年第6期，获教育部第五届高等学校科学研究优秀成果奖）

参考文献

邓晓华　王士元

2003a 《苗瑶语族语言亲缘关系的计量研究：词源统计分析方法》，《中国语文》第3期。

2003b 《藏缅语族语言的数理分类及其形成过程的分析》，《民族语文》第4期。

何大安

1999 《论原始南岛语同源词》，石锋、潘悟云编《中国语言学的新拓展——庆祝王士元教授65岁华诞》，香港：香港城市大学出版社。

罗常培　傅懋勣

1954 《国内少数民族语言文字的概况》，《中国语文》第2期。

梁敏　张均如

1996 《壮侗语族概论》，北京：中国社会科学出版社，第13页。

潘悟云

1995 《对华澳语系假说的若干支持材料》，In Wang(ed.), *The ancestry of the Chinese language*. *Journal of Chinese Linguistics Monograph* No. 8. Berkeley: University of California. pp. 113-144.

曾晓渝

2003 《论壮傣侗水语古汉语借词的调类对应》，《民族语文》第1期。

张光直

1989 《新时器时代的台湾海峡》，《考古》第6期。

吴安其

2002 《汉藏语同源研究》,北京:中央民族大学出版社。

王文光

1999 《中国南方民族史》,北京:民族出版社,第180页。

中国社会科学院 澳大利亚国立大学

1988 《中国语言地图集》,朗文出版社。

Bellwood,P.

1996 Phylogeny versus reticulation in prehistory, *Antiquity*. Vol. 70,pp. 881-890.

Benedict, P.

1942 Thai, Kadai and Indonesian: A new alignment in Southeast Asia. *American Anthropologist*. Vol. 44. pp. 576-601.

1975 *Austro-Thai: Language and Culture, with a Glossary of Roots*. New Haven, HRAF Press.

1990 *Japanese- Austro-Thai*. Ann -Arbor:Karoma.

Bengtson, John D.

1999 Wider Genetic Affiliations of the Chinese Language. *JCL*. Vol. 27. No. 1.

Blust, Robert.

1980 Austronesian etymologies I. *Oceanic Linguistics*. Vol. 19. No. 1. pp. 1-181.

1983—1984 Austronesian etymologies II. *Oceanic Linguistics*. Vol. 22. No. 23. pp. 29-149.

1988. Austronesian etymologies III. *Oceanic Linguistics*. Vol. 25. pp. 1-123.

1989 Austronesian etymologies IV. *Oceanic Linguistics*. Vol. 28. pp. 111-180.

1996 Beyond the Austronesian homeland:The hypothesis and its implications for archaeology. In Ward H . Goodenough,ed. , *Prehistoric Settlement of the Pacific*. *Transactions of the American Philosophical* Society. Vol. 86. No. 5. pp. 117-137.

Dahl, Otto Christian.

1973/1976. Proto-Austronesian. *Scandinavian Institute of Asian Studies Monograph Series*. Vol. 15. Lund and London, Curson Press.

Dempwolff, Otto.

1934, 1937, 1938 Vergleichende Lautlehre des austronesischen *Worschatzes*. Vol. 3. Beiheft zur Zeischrift fur Einge-borenen-Sprachen 15, 17, 19.

Dixon, Robert M. W.

1997 *The Rise and Fall of Languages*. Cambridge University Press. pp. 3-4.

Dyen, Isidore.

1971 The Austronesian Language of Formosa. In Thomas A. Sebeok (ed.), Current *Trends in Linguistics*. Vol. 8. The Hague, Mouton, pp. 168-199.

Felsenstein, J.

1990 *PHYLIP Manual*, *version*3. 3 *University Herbarium*. University of California, Berkeley.

Fitch, W. M. and E. Margoliash 1967 Construction of phylogenetic trees. *Science* Vol. 155. pp. 279-284.

Gedney, W. J,

1993 William J Gedney's the Saek Language. Ed. by Thomas John Hudak. (*Michigan Papers on South and Southeast Asia* No. 41.) Ann Arbor: Center for South and Southeast Asia Studies, University of Michigan.

Hashimoto, Mantaro(桥本万太郎)

1980 The Be Language: a classified lexicon of its Limkow dialect. *Institute of the Study of Language and Cultures of Africa and Asia*. Tokyo.

Joseph. H. Greenberg

2001 The Methods and Purposes of Linguistic Genetic Classification, *Language And Linguistics*. Vol. 2. No. 2. pp. 1-26.

Kitching, Isn J. , Peter L. Forey, Christopher J. Humphries & David M. Williams. 1998 Cladistics: The Theory and Practice of Parsimony Analysis. 2nd ed. New York. Oxford University Press.

Li, Fangkuei(李方桂)

1973 Languages and dialects of China. *Journal of Chinese Linguistics* , pp. 1-13.

1976 Sino-Tai. *Computational Analysis of Asia and African Languages* Vol. 3. pp. 39-48.

1977 *A Handbook of Comparative Tai*, The University Press of Hawaii.

Luo, Yongxian

1997 The Subgroup Structure of the Tai Languages: A Historical-Comparative Study. *Journal of Chinese Linguistics Monograph Series* No. 12.

Matisoff, J. A.

1985 Linguistics of The Sino-Tibetan area: *The state of the Art*, Thurgood, Graham, J. A. Matisoff, David Bradley(eds.), The Australian National University.

Matisoff, J. A.

2003 Handbook of Proto-Tibeto-Burman. University of California Press. Berkeley.

Pulleyblank, E. G.

1996 Early contacts between Indo-Europeans and Chinese. *International Review of Chinese Linguistics*. Vol. 1. pp. 1-24.

Ruhlen, Merrit

1991 *A Guide to the World's Languages*: *Vol. 1*: *Classification*, Stanford University Press.

Sagart, Laurent

1993 Chinese and Austronesian: evidence for a genetic relationship. *Journal of Chinese Linguistics*. Vol. 21. No. 1.

1999 The Roots of Old Chinese. Amsterdam: John Benjamins.

2002 The vocabulary of cereal cultivation and the phylogeny of East Asian languages. IPPA.

Saitou, N. & M. Nei

1987 The neighbor-joining method: a new method of reconstruciting phylogenetic trees. *Molecular Biology* and Evolution Vol. 4. pp. 406-425.

Savina, F. M.

1965 *Le Vocabulaire Bê.* (*Présenté par A-G. Haudricourt*). Hanoi and Paris: Ecole Française d'Extrēme-Orient.

Sheila, Embleton

2000 Lexicostatistics/ Glottochronology: From Swadesh to Sankoff to Starostin to future horizons. in Colin Renfrew, April McMahon, Larry Trask eds., *Time Depth in Historical Linguistics*. The McDonald Institute for Archaeological Research University of Cambridge.

Starostin, S.

1995 Old Chinese vocabulary: A historical perspective. In Wang (ed.), *JCL*. pp. 225-251.

Swadesh, M.

1952 Lexico-statistic dating of prehistoric ethnic contacts, *Proceedings of the American Philosophical Society*. Vol. 96. pp. 452-463.

1955 Time depths of American linguistic groupings, *American Anthropologist*. Vol. 56.

van Driem, George 2002 Tibeto-Burman replaces Indo-Chinese in the 1990s: Review of a decade of scholarship. *Lingua*. Vol. 111. pp. 79-102.

Wang, Willian S. Y. (王士元)

1994 Glottochronology, lexicostatistics, and other numerical methods. Encyclopedia of Language and Linguistics. Pergamon Press.